TREMEMBÉ

O PRESÍDIO DOS FAMOSOS

Ullisses Campbell

TREMEMBÉ

O PRESÍDIO DOS FAMOSOS

MATRIX

Direitos em língua portuguesa para o Brasil:
Matrix Editora
www.matrixeditora.com.br
/MatrixEditora | @matrixeditora | /matrixeditora | /matrixeditora

Diretor editorial
Paulo Tadeu

Assistente editorial
Mayara Oliveira

Capa
Wander Mendes

Edição e checagem
Gabriela Erbetta

Pesquisa jurídica
Vivien Aviles Pesce

Arte e diagramação
Marcelo Córreia

Revisão
Adriana Wrege

Créditos das fotos:
Fotos da pág. 95 (Suzane e Sandrão) - André Vieira / Editora Globo
Foto da pág. 290 (Robinho na seleção) - A. Ricardo / Shutterstock.com
Foto da pág. 328 (embaixo) - reprodução TV Globo
Demais fotos: arquivos pessoais, páginas da internet e páginas de processos criminais

CIP-BRASIL - CATALOGAÇÃO NA PUBLICAÇÃO
SINDICATO NACIONAL DOS EDITORES DE LIVROS, RJ

Campbell, Ullisses
Tremembé: o presídio dos famosos / Ullisses Campbell. - 1. ed. - São Paulo: Matrix, 2025.
376 p.; 23 cm.

ISBN 978-65-5616-598-1

1. Prisões - Tremembé (SP). 2. Prisioneiros - Tremembé (SP). 3. Crime e criminosos. I. Título.

25-99415.1 CDD: 365.981
CDU: 343.811(815.6)

Carla Rosa Martins Gonçalves - Bibliotecária - CRB-7/4782

SUMÁRIO

Para a minha mãe Doraci Campbell, meu pai Evandro Campbell (in memoriam), meus irmãos Marcello, Wellington e Michelle e meus sobrinhos.

Gratidão eterna aos meus guardiões jurídicos

Alexandre Fidalgo

Juliana Akel Diniz

Agradecimentos especiais

Adriana Martorelli (advogada)
Ana Clara Costa (jornalista)
Ana Cristina Romam Passarelli (advogada)
Ana Genaro (advogada)
Ana Paula Macedo (jornalista)
Assessoria de Imprensa do Tribunal de Justiça de São Paulo
Beto Ribeiro (jornalista)
Fabiana Matos (professora)
Fábio César Ferreira (Sindicato dos Policiais Penais de São Paulo)
Fernanda Herbella (delegada de polícia)
Gabriel Mendeleh (diretor audiovisual)
Inês Stanisiere (jornalista)
Isaac Batista de Carvalho Neto (juiz federal)
Joel Silva (produtor)
Julia Prioli (head de séries – Amazon Studios)
Juliana Rosenthal (dramaturga e roteirista)
Lílian Tahan (jornalista)
Luís Costa Pinto (jornalista)
Luiz Marcelo Negrini (promotor de Justiça)
Madre Maria Geralda de Oliveira (Congregação de Nossa Senhora do Bom Pastor)
Marcelo Botosso (historiador)
Maria Angélica de Moura Miranda (jornalista)
Maria Laura Neves (jornalista)
Matilde Leone (jornalista)
Rodrigo Rangel (jornalista)
Secretaria de Administração Penitenciária de São Paulo
Silvio Mattoso Gonçalves de Oliveira (procurador federal)
Vivien Pesce (advogada)

A coisa mais assustadora que existe é aceitar a si mesmo completamente.

Carl Jung

APRESENTAÇÃO

A LINHA QUE SEPARA

Encravado no coração do Vale do Paraíba, no interior de São Paulo, o Complexo Penitenciário de Tremembé é um território singular. Com uma população de quase 7 mil almas distribuídas em cinco unidades, já foi destino de alguns dos nomes mais notórios da crônica policial brasileira. Suzane von Richthofen, os irmãos Cravinhos, Alexandre Nardoni, Anna Carolina Jatobá e Elize Matsunaga passaram por lá. Ainda estão presos Roger Abdelmassih e Lindemberg Alves. Mais recentemente, chegaram Robinho, Thiago Brennand, Anaflávia Gonçalves e sua ex-companheira Carina Abreu. Todos ocuparam as manchetes dos jornais. No entanto, Tremembé é, sobretudo, território de anônimos. Homens e mulheres condenados por crimes brutais, cujas histórias são tão escabrosas que, em muitos momentos, afrontam a ficção mais criativa.

Entrei pela primeira vez na Penitenciária de Tremembé em 2014, para entrevistar o ex-senador Luiz Estevão, preso por corrupção. Voltei dezenas de vezes nos anos seguintes, durante a pesquisa dos livros *Suzane, assassina manipuladora* e *Elize Matsunaga, a mulher que esquartejou o marido*. Aos poucos, passei a investigar a fundo a dinâmica do presídio e, principalmente, a rotina das pessoas que ali cumprem pena. Foi desse mergulho contínuo que nasceu a ideia de escrever este livro.

Cada capítulo desta obra é ilustrado com o *mugshot* dos presos. Conhecidas como "santinhos", essas fotos 3 x 4 são feitas pela polícia e pela administração penitenciária logo após a prisão. Trata-se de um registro obrigatório, previsto em lei, com a função de identificar o criminoso perante as vítimas, os investigadores e a Justiça. As imagens costumam capturar o impacto do flagrante: olhos arregalados, expressão abatida, olheiras profundas, hematomas ou, em alguns casos, uma inquietante frieza no olhar.

Tremembé – o presídio dos famosos nasceu de dois anos de investigação e escrita. Segue a tradição do jornalismo literário, em que apuração rigorosa e narrativa envolvente caminham juntas. São nove capítulos que poderiam, cada um, sustentar um livro independente. Juntos eles formam uma coletânea de crônicas da vida – vidas atravessadas pela culpa, pela sentença e pela exclusão.

Mais do que revelar o funcionamento de um presídio, a obra investiga as engrenagens ocultas que movem o sistema carcerário brasileiro. Tremembé escancara, com concreto e grades, a estrutura simbólica de um país cujo modelo punitivo reproduz a desigualdade social de forma crua. As celas não regeneram. Apenas reorganizam as hierarquias do mundo livre.

Em um dos capítulos, o leitor vai enxergar como o choque de classes se materializa entre os muros. Presos pobres lavam roupas, limpam celas, cozinham para os mais ricos em troca de pequenas quantias. No topo da cadeia estão ex-juízes, empresários, políticos. Figuras do alto escalão, como Luiz Estevão, mantiveram sua influência intacta ali dentro. O castigo atinge todos, mas não com o mesmo peso.

A obra revela aspectos inusitados da vida cotidiana entre os detentos. A disputa de vaidades, os códigos de convivência, os conchavos, as intrigas. Na ala masculina, assassinos enfrentam estupradores em campeonatos de futebol. Na feminina, as detentas desfilam em concursos de beleza para eleger a Miss Tremembé, numa tentativa desesperada de resgatar algum fiapo de autoestima sob o peso da condenação.

A narrativa contempla também as histórias das vítimas – vivas ou mortas – porque nenhum crime termina no momento em que é cometido e punido. Cada capítulo carrega não apenas o retrato do condenado, mas a presença dos que foram atingidos. Famílias destruídas, vidas interrompidas e traumas irreversíveis.

Ao longo das próximas páginas, o leitor perceberá que o abismo entre liberdade e prisão é mais estreito do que se imagina. Bastam segundos de imprudência, como dirigir alcoolizado depois de uma festa. Um transtorno mental negligenciado, como a depressão. Uma forte emoção desencadeada por uma explosão de ciúme. Às vezes, basta uma única decisão errada para que alguém comum atravesse o portão de entrada da penitenciária. Nem todos que chegam ali são monstros. Tremembé também é destino de quem perdeu o rumo. É justamente a dissonância entre a trajetória de vida dessas pessoas e os crimes que cometeram que transforma cada relato em um alerta importante.

Este livro não é sobre eles. É sobre nós.

Boa leitura.

CAPÍTULO 1

OUTONO SEM FIM

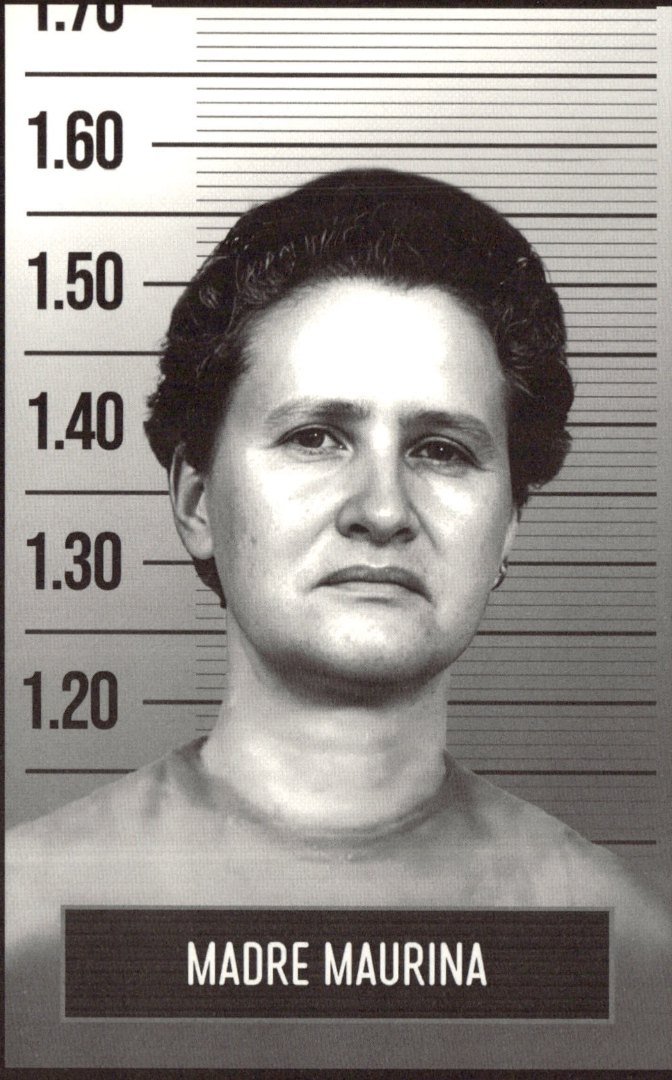

Gostaria que a justiça se guiasse por métodos eficazes, com base na ciência e no respeito à dignidade humana.

Ribeirão Preto, 25 de outubro de 1969

Todo último sábado do mês, cerca de trinta membros do clero reuniam-se no Colégio Auxiliadora, no Centro da cidade, para discutir os interesses da Igreja Católica na região. O ritual seguia com precisão litúrgica, em um salão amplo com janelões voltados para um jardim florido. Sobre a mesa imensa talhada em madeira de lei repousavam Bíblias abertas, cadernos de anotações, pautas impressas, canetas, documentos institucionais, um crucifixo, velas apagadas, castiçais discretos, envelopes selados e uma pequena campainha de chamada.

Logo cedo era servido um farto café da manhã. Pães, frutas, bolos, biscoitos e um bule de chocolate quente circulavam entre os presentes. À cabeceira sentava-se o arcebispo de Ribeirão Preto, Dom Felício César da Cunha Vasconcellos. À sua direita, Dom Angélico Sândalo Bernardino, que anos depois seria promovido a bispo auxiliar da Arquidiocese de São Paulo.

Esbaforida e com duas horas de atraso, adentrou o salão a madre superiora Maurina Borges da Silveira, de 45 anos, diretora do Lar Santana havia nove meses. Por uma hora, limitou-se a escutar os homens de batina e as freiras veteranas. Momentos depois, ela pediu a palavra para relatar os problemas da instituição que dirigia: goteiras, vazamentos, rachaduras, superlotação, falta de recursos. Em reuniões anteriores, ela costumava ser ouvida com respeito e era até elogiada pelo arcebispo. Naquele dia, porém, ao tentar falar, foi grosseiramente interrompida de forma recorrente por Dom Felício, em um processo de fritura constrangedor.

Ao meio-dia a reunião foi encerrada, e as cozinheiras da instituição serviram o almoço na mesma mesa. Havia carne assada de panela, arroz, feijão, macarrão, salada, purê de batata, farofa de ovos, suco de laranja. Maurina mal começara a comer quando uma secretária se aproximou, discretamente, para avisá-la de um telefonema. A chamada foi transferida para um aparelho instalado na sala dos religiosos. A madre interrompeu a refeição e foi atender. Do outro lado da linha, a noviça Lúcia de Fátima, voluntária do Lar Santana. A voz dela tremia:

– A polícia está aqui! – exclamou a noviça, ofegante.

– A polícia? – repetiu Maurina.

– Sim. Há uma viatura parada bem na entrada do orfanato. Três policiais!

– Mas o que eles querem?

– Disseram que vieram atrás da senhora...

– Estou no Colégio Auxiliadora. Peça que venham até aqui.

– Eu tentei, madre. Mas eles não aceitaram. Exigiram que a senhora venha imediatamente!

Famintos, os religiosos – entre bispos, monsenhores, párocos, padres, irmãs superioras, freiras e noviças – almoçavam com urgência, esvaziando os pratos com voracidade. Maurina retornou ao salão pedindo que alguém a levasse até o Lar Santana naquele momento, pois estava sendo esperada pela polícia. No meio da comilança, nenhum representante da fé cristã se ofereceu para prestar essa caridade. A religiosa insistiu, já que havia três carros da Igreja Católica no estacionamento do Colégio Auxiliadora. "Acho que serei presa! Por favor, me ajudem!", suplicou. Não houve resposta.

O único som que se ouvia naquele salão era o de pessoas mastigando e talheres raspando os pratos de vidro temperado.

Sob o sol escaldante, coberta pelo hábito cinza-claro de tecido grosso, Maurina seguiu a passos largos pela calçada da Rua Duque de Caxias, homenagem a um dos grandes generais do Império. No caminho, populares a interpelavam pedindo bênçãos. "Deus te abençoe, meu filho", sussurrava, quase correndo pelos paralelepípedos, entre os carros.

O trajeto entre o Colégio Auxiliadora e o Lar Santana, na Vila Tibério, tem quase três quilômetros. Maurina fez o percurso todo em vinte minutos.

À porta do orfanato, o delegado Renato Ribeiro Soares a aguardava com dois agentes. Ao lado deles, a irmã Celestina e a noviça Lúcia de Fátima choravam. Dentro do camburão da polícia, algemado, estava o funcionário Pedro Degani, de 33 anos, chamado pelas freiras de Jardineiro. O delegado segurava uma pasta preta de plástico com elástico. Com o rosto encharcado de suor, a madre quis saber:

– O que houve? Por que o senhor prendeu o Jardineiro?

– Eu sou o delegado Renato Soares. Entre na viatura. Vamos até a delegacia conversar.

– Conversar o quê? – perguntou Maurina.

– Entre na viatura!

– Não sou criminosa! Não vou entrar no carro da polícia! Se quiser que eu vá, chame um táxi! – exigiu a religiosa.

Sem alternativa, o delegado chamou um táxi e a religiosa foi levada ao Quartel da Força Pública de Ribeirão Preto. Na entrada, Maurina ficou apreensiva. Havia um corredor polonês formado por dezenas de soldados uniformizados e com olhar frio, portando a arma oficial da repressão, o FAL (fuzil automático leve) de cano longo, potente, barulhento e projetado para matar de longe. Ao atravessar aquele corredor, sentiu-se no centro de uma mira invisível. Quatro policiais a conduziram sem algemas. Maurina perguntou se estava presa. Levaram-na a uma sala de paredes escuras, sem janelas. Sobre uma bancada, uma barra de ferro, cordas de náilon, fios elétricos e um alicate.

Meia hora depois, Soares chegou com outro delegado, Miguel Lamanno. Ambos eram titulares da Seccional de Polícia de Ribeirão Preto. Um deles pousou a pasta preta sobre a mesa e iniciou o interrogatório:

– A senhora é comunista? – perguntou Soares.

– Não! Meu ideal é religioso, e por ele hei de trabalhar até o fim da minha vida. Ninguém poderá mudá-lo. Minha promessa foi feita a Deus, não aos homens.

– Essa pasta estava no orfanato?

– Sim!

– Foi a senhora que a entregou ao Jardineiro?

– Sim!

– Cadê o conteúdo dela?

– [silêncio]

– O Jardineiro disse que a senhora queimou. É verdade?

– [silêncio]

– Responde, caralho! – alterou-se.

– Sim, é verdade!

Maurina ouviu gritos de horror vindos da sala ao lado. Pedro Degani, o Jardineiro, e mais dois estudantes estavam pendurados no pau de arara, um dos métodos de sevícia mais cruéis empregados pelos órgãos de repressão da ditadura militar. Esse instrumento de tortura foi adaptado de uma estrutura de madeira usada na zona rural para empoleirar e amarrar aves domesticadas pelos pés, como araras, papagaios e maritacas. No passado, também foi usado para castigar pessoas escravizadas.

O Jardineiro foi pendurado pelos joelhos a uma barra de ferro, tendo os pulsos amarrados aos tornozelos, suspenso a cerca de um metro do chão. O corpo curvado e tracionado pelo próprio peso forçava as articulações ao extremo, dificultando a respiração. Imóvel, vulnerável e indefeso, ele foi espancado enquanto os militares exigiam revelações sobre a madre e a tal pasta preta.

De volta ao interrogatório de Maurina, o delegado Soares perguntou se ela sabia do "aparelho" instalado no orfanato e operado pelos estudantes. A religiosa disse não ter noção do que os jovens faziam no Lar Santana. Soares chamou outros militares para testemunhar a humilhação adiante. Suavemente, o delegado ordenou que a freira tirasse o hábito. "Sempre tive curiosidade de saber o que essas mulheres usam por baixo", comentou um soldado, com desprezo. Outro policial ergueu o tecido comprido e alisou as pernas de Maurina. Ela afastou-se de forma súbita. Contrariada, começou a se despir bem devagar.

Retirou o rosário. Soltou o cordão da cintura. Desabotoou a túnica. Tirou a anágua. A camiseta. Depois o véu, seguido da coifa branca. Soltou os grampos. Por fim, o crucifixo. Ficou apenas com as roupas íntimas. Mas o delegado determinou que ela ficasse completamente nua. Nenhuma lágrima. O rosto imóvel. O corpo exposto.

Ato contínuo, foi colocado na mesa o tradicional equipamento de choque conhecido como "pimentinha" ou "maquininha". O dispositivo, semelhante a um rádio de campo, consistia numa caixa metálica branca com alças, fios enrolados e um dínamo manual acoplado. Ao girar a manivela, a energia mecânica era convertida em corrente elétrica, cuja intensidade variava conforme a velocidade da rotação. Uma pequena bateria automotiva potencializava as descargas. Maurina sentou-se numa cadeira de madeira, com os pulsos amarrados atrás do encosto. Nas extremidades dos cabos, dois pregadores metálicos foram presos aos seus mamilos, umedecidos com soro fisiológico para intensificar o choque. O delegado Lamanno posicionou-se ao lado do aparelho, segurando a manivela com firmeza. Soares respirou fundo. Agora sereno, retomou o interrogatório:

– Madre Maurina, sinceramente, não queria que passasse por isso. Até porque sou católico praticante. Não é fácil para mim. A senhora pode evitar tudo agora. Basta colaborar.

– Vocês estão cometendo uma injustiça. Deus vai acertar as contas com todos! – respondeu, firme.

– A senhora conhece o estudante "Antônio"?

– Não!

– E Mário Lorenzato?

– Sim, conheço!

– "Antônio" e Mário são a mesma pessoa – esclareceu o delegado.

– Eu não sabia!

– Ele frequentava o Lar Santana?

– Sim!

– O que ele fazia lá?

– Não sei.

– A senhora fazia parte do levante armado organizado pelos terroristas?

– Não!

– Vou perguntar mais uma vez. Reflita sobre a resposta: a senhora integrava as Forças Armadas de Libertação Nacional?

– Não!

Frequentadores da missa dominical da Catedral Metropolitana de Ribeirão Preto, os delegados Soares e Lamanno entreolharam-se.

Nove meses antes

Fundado nos anos 1930 pela Congregação das Irmãs Franciscanas da Imaculada Conceição, o Lar Santana consolidou-se, ao longo das décadas seguintes, como uma das instituições mais respeitadas de Ribeirão Preto no acolhimento de meninas entre 6 e 14 anos, órfãs ou em situação de vulnerabilidade social. Em casos excepcionais, aceitava adolescentes de até 17 anos, crianças fora da idade escolar e até bebês, geralmente deixados na surdina em caixas de papelão na porta do orfanato durante a madrugada. A instituição oferecia abrigo, alimentação, ensino, formação religiosa e acompanhamento psicossocial. Na década de 1960, funcionava nos regimes de internato e creche. Ou seja, parte das meninas vivia no local em tempo integral sob os cuidados das freiras; outras chegavam ao amanhecer e eram levadas de volta pelas famílias no fim da tarde. Toda a formação acontecia dentro da própria instituição, conduzida pelas freiras, responsáveis pela disciplina, instrução e assistência espiritual.

Visto da rua, o Lar Santana impunha respeito. Com dois andares e quase 2.500 m² de construção em um terreno de 8.000 m², o prédio era vigiado por dois pastores alemães e protegido na frente por muros altos, que anos depois dariam lugar a grades de ferro marrom com pontas de lança prateada. Nas laterais e ao fundo, muralhas erguiam-se de forma contínua. Um caminho de cerâmica vermelha cortava o jardim desde o portão principal até a escada frontal, de doze degraus, conduzindo à recepção. A fachada, assentada sobre pedras, sustentava janelões ladeados por plantas que suavizavam os contornos do casarão.

No piso térreo, logo à esquerda de quem entrava, havia uma sala com um piano de cauda usada para receber visitas. À direita ficava o escritório da madre superiora. Defronte à entrada, uma escada conduzia ao andar superior. Ao longo do térreo, corredores com pé-direito alto conectavam as salas de aula distribuídas na parte frontal do prédio, além de uma pequena enfermaria. Na parte de trás ficavam o refeitório, o salão de convivência e os dormitórios, com janelas voltadas para os fundos da construção. Um pátio central reunia diariamente as internas, alinhadas para cantar o Hino Nacional. Uma sala menor, de uso coletivo, abrigava a televisão em preto e branco, acessível apenas a algumas alunas selecionadas por idade, desempenho escolar e comportamento. As que atendiam aos critérios podiam assistir às novelas.

O piso de tábuas corridas era encerado pelas internas com escovão até ficar reluzente. A madeira estalava sob os passos, principalmente no silêncio da noite. No segundo andar ficavam as salas internas de circulação restrita e, nos fundos, um outro corredor levava à clausura das freiras, isolada do restante da estrutura. No quintal, o pomar se organizava com pés de jabuticaba, goiaba, manga, laranja, limão e tamarindo, fruta azeda pouco apreciada pelas internas. A horta, ao lado, fornecia parte das verduras usadas nas refeições. Pedro Degani, funcionário cedido pela prefeitura de Ribeirão Preto, respondia pelo cultivo dos canteiros, pela poda das árvores, por pequenos reparos e serviços de carpintaria. Foi de tanto ser visto entre as flores que ele ganhou das freiras o apelido de Jardineiro. Pedro circulava pelos pátios com discrição, incumbido de manter tudo funcionando.

Em fevereiro de 1969, na manhã em que chegou ao orfanato apenas com uma malinha simples, madre Maurina foi apresentada a essa estrutura pela irmã Celestina, veterana da casa. Desde então, passou a liderar um time de trinta funcionários, entre freiras, professoras, assistente social, secretárias, merendeiras, serventes, além de dois vigilantes e o Jardineiro. Naquele período, o Lar Santana estava com a lotação máxima extrapolada. Atendia quase 200 crianças, sendo pelo menos 70 em regime de internato e as demais em sistema de semi-internato. Em geral, as meninas eram levadas por mães que trabalhavam o dia todo ou por mulheres em situação de extrema carência, sem meios de sustentar as filhas.

Cansada, após percorrer as dependências e conhecer a equipe religiosa, a nova diretora foi levada aos seus aposentos. Era um quarto modesto, com cama de solteiro, colchão fino, armário de madeira e uma pia de louça branca - acomodações compatíveis com os votos de pobreza assumidos por ela no momento da consagração.

Madre Maurina Borges da Silveira nasceu em 20 de junho de 1924, num povoado próximo ao município de Perdizes, interior de Minas Gerais. Filha de Antônio Borges da Silveira e de Francelina Teodora dos Santos, foi a quinta de onze irmãos. Cresceu em uma família humilde e profundamente religiosa, que encaminhou vários filhos para a igreja: Manoel ingressou na ordem dominicana, Maria tornou-se freira, e o mais velho, padre Vicente Borges da Silveira, teve papel decisivo na formação espiritual da irmã. Foi ele que apresentou Maurina à Congregação das Irmãs Franciscanas da Imaculada Conceição, dedicada a servir aos pobres e à vida comunitária.

Desde cedo, Maurina demonstrava personalidade firme e forte senso de justiça, o que gerava atritos com a mãe, severa na criação dos filhos. Já o pai mantinha com ela uma relação mais afetuosa. Na biografia *A coragem da inocência de madre Maurina Borges da Silveira*, escrita pelo frei Manoel Borges da Silveira com Saulo Gomes e Moacyr Castro, o irmão frei Vicente a define assim: "Madre Maurina sempre foi decidida. Quando resolveu entrar para o convento, ninguém tirou essa ideia da cabeça dela. Era teimosa desde pequena, mas uma teimosia do bem. Se ela achava que estava certa, ninguém a fazia recuar. Eu via nela uma fé muito maior do que a minha".

Na infância, Maurina estudou até o terceiro ano primário em escola rural. Aos 14 anos, foi enviada ao Colégio São Domingos, em Araxá (MG), onde conviveu com freiras e fortaleceu sua vocação. Com as irmãs dominicanas, chegou a atuar como "martinha" – aluna pobre que ajudava nas tarefas do colégio em troca de estudo. Depois de um período na roça, foi levada pelo pai ao convento das irmãs franciscanas em Araraquara (SP), onde ingressou no juvenato em 1942, aos 18 anos. Era carinhosamente chamada pelos pares de irmã Maura.

Formou-se professora e, mais tarde, graduou-se na Faculdade de Filosofia, Ciências e Letras da Pontifícia Universidade Católica de Campinas, cursando Pedagogia logo em seguida. Em 1966, foi nomeada mestra de noviças e transferida para a casa provincial da congregação em Araraquara. Três anos depois ela assumiu a direção do Lar Santana em Ribeirão Preto, substituindo irmã Neli dos Santos, uma freira progressista.

Maurina tinha uma aparência serena. Rosto marcante, olhos azuis miúdos, bochechas cheias, maxilar suave e pele clara, marcada por pés de galinha e sulcos entre o nariz e os cantos da boca, chamados popularmente de bigode chinês. Usava óculos grandes de aro metálico dourado e tinha cabelos castanhos curtos e ondulados. Dedicou-se com firmeza, discrição e profundo senso de missão à vida comunitária.

No começo, nenhuma criança internada no Lar Santana tinha algo próprio. Nos dormitórios não havia brinquedos nem armários – apenas camas cobertas com lençóis floridos e um móvel de três gavetas, onde ficavam as Bíblias e os terços. As roupas, inclusive íntimas, eram doações compartilhadas, organizadas na lavanderia pelas internas mais velhas, que também cuidavam das menores. Se uma menina vestisse uma blusinha pela manhã, após o banho ela era devolvida, lavada, e no dia seguinte era usada por uma coleguinha. O mesmo ocorria com os calçados: sapatos novos ou não eram despejados aos pés de uma imagem de Nossa Senhora das Graças, na área externa, onde as meninas escolhiam os pares que lhes servissem. Até as escovas de dentes eram coletivas. Para as aulas, todas vestiam uniformes impecáveis, padronizados conforme a faixa etária.

A partir dos anos 1960, o orfanato sofreu mudanças. Cada criança passou a ser identificada por um número, iniciado pelo 01 e seguido em ordem cardinal. Os algarismos eram bordados nas roupas, facilitando a organização no roupeiro e na lavanderia. As escovas de dentes também passaram a ser individuais.

Ainda nos primeiros dias de sua gestão, madre Maurina foi chamada à secretaria para arbitrar um impasse inusitado. Uma mulher, desesperada para manter o emprego de balconista num armarinho, vestiu o filho de 6 anos com roupas femininas, pôs um laço rosa no cabelo dele e o apresentou como "Vitória" na recepção da creche. As religiosas responsáveis pelo acolhimento não perceberam o disfarce e aceitaram a criança. No pátio, durante o recreio, uma garotinha se aproximou e perguntou se ele era menino ou menina. "Sou menino", respondeu. Outra quis saber o que ele estava fazendo ali. Um pequeno alvoroço se formou, mas ninguém contou nada às freiras. A farsa só foi descoberta mais tarde, na hora do banho.

No fim do dia, a mãe voltou para buscá-lo e foi aconselhada a levar a criança a uma instituição para meninos. A mulher implorou com lágrimas no rosto que o filho fosse mantido no Lar Santana. "As creches estão superlotadas. Se eu não trabalhar, não terei como alimentá-lo", argumentou, desesperada. As freiras recorreram à nova diretora. Maurina ouviu os argumentos da mãe sem interrompê-la. Quando a mulher parou de falar, a madre foi taxativa: "Regras existem para ser respeitadas. Seu filho não poderá ficar aqui".

Incrédula, a mãe deixou o orfanato com o menino no colo. Antes de passar pelo portão, deu meia-volta e confrontou Maurina pela última vez. "A senhora nunca saberá o que eu estou sentindo porque não é mãe. Se fosse, não teria feito o que fez!", esbravejou. A religiosa ficou sem acreditar no desaforo que ouviu.

No final do expediente, irmã Celestina entrou na sala da administração. Sentou-se à mesa da diretora. A freira veterana, de 55 anos, convidou a superiora a fazer uma reflexão sobre o caso da mãe que vestiu o filho de menina. "Às vezes, madre, as regras precisam servir à vida", começou. Maurina não falou nada. Apenas apertava os dedos contra a palma da mão. Celestina prosseguiu: "Certamente a senhora conhece as escrituras sagradas melhor do que eu. Mas me permita lembrar uma passagem importante: 'Se alguém tem o que precisa para viver e vê seu irmão passando necessidade, mas não ajuda, como pode dizer que tem o amor de Deus?' [1 João 3:17]". A líder continuou calada. "O menino não tem culpa. Amanhã ele estará ao relento, com fome, no colo daquela mãe desempregada", completou Celestina. Ao ouvir a repreensão da irmã sobre o amor ao próximo, madre Maurina permaneceu calada por um longo tempo, lutando com ambivalência entre a regra e a misericórdia. "Não posso abrir exceção, irmã. A senhora sabe disso. Se o fizer uma vez, amanhã serão dez e, depois de amanhã, vinte. [...] A regra não protege só a instituição. Ela garante a justiça", encerrou, reforçando sua visão institucionalista da caridade e da fé.

No dia seguinte, foi a própria Celestina que telefonou ao Educandário Coronel Quito Junqueira – instituição beneficente que acolhia meninos em situação de risco, mantida por doações e convênios com o poder público em Ribeirão Preto. Apesar da superlotação, a freira conseguiu uma vaga para a criança, recebida no dia seguinte.

Ainda fazendo reconhecimento de território, Maurina fez uma inspeção no refeitório do Lar Santana acompanhada da noviça Lúcia de Fátima. Ao abrir os armários e examinar as prateleiras da despensa, ficou intrigada. Havia fardos de arroz e feijão, pacotes de macarrão, latas de óleo, sacos de açúcar. A variedade já chamava atenção, mas a quantidade parecia incompatível com uma instituição carente. Numa das prateleiras mais altas ela notou algo incomum: latas de leite em pó Ninho empilhadas ao lado de embalagens genéricas, mais baratas, usadas no preparo das refeições das internas. Havia também latas de achocolatado Nescau, leite condensado Moça, farinha láctea Nestlé e Neston – uma mistura contendo fibras, aveia e cereais –, além de biscoitos recheados. A madre perguntou à noviça de onde vinham aqueles alimentos nobres para uma instituição pobre como aquela. Uma merendeira, sem hesitar, respondeu rapidamente: "Tudo doação, irmã. Algumas pessoas são tão generosas conosco... A senhora nem imagina".

Circulando pelos corredores da escola, Maurina ficou incomodada com os estalos das palmatórias acertando a mão das crianças. A nova diretora tentou abolir esse tipo de espancamento nas salas de aula. No entanto, algumas freiras alegaram que o método era indispensável para alfabetizar crianças com mais de dez anos com dificuldade para ler, escrever e fazer contas. A superiora prometeu introduzir, no futuro, recursos alternativos para substituir esse tipo de tortura, como contratos pedagógicos e reforços positivos, nos quais a disciplina se construiria com base na responsabilidade, não na violência. Também eliminou aos poucos práticas como ajoelhar no milho e castigos físicos aplicados com chicote durante o recreio.

Coube também à madre superiora pôr fim a uma prática desumana comum no Lar Santana até 1969. Sempre que o orfanato extrapolava a lotação máxima, a ponto de faltar alimentos e camas para as crianças, as freiras, lideradas por irmã Neli, alinhavam as internas de 7 a 14 anos em fila indiana e ordenavam que deixassem o casarão em busca dos próprios pais. As irmãs acreditavam que parte delas não voltaria, por eventualmente serem aceitas pelas famílias. Isso ocorria aos sábados, bem cedo, sob a justificativa de que os pais estariam em casa nesse dia e horário.

Era inacreditável. Em grupo, meninas saíam sozinhas de mãos dadas pelas ruas de Ribeirão Preto. Aos poucos, dispersavam-se pelas esquinas. Algumas sabiam o caminho a seguir. Outras, sem sequer conhecer o nome dos pais, apenas seguiam aquelas que tinham destino. No fim do dia, como era de esperar, a maioria retornava ao orfanato. Ao descobrir essa dinâmica aviltante, Maurina ordenou a suspensão imediata, salvo em situações excepcionais – como será mostrado mais adiante.

"Saí diversas vezes pelas ruas com a minha irmã nesse esquema. Mas não procurávamos nossos pais. Até porque minha mãe morava em São Paulo. Meu pai morava em Ribeirão Preto. Mas ele não nos aceitava porque já estava casado com outra mulher e tinha outros filhos com ela. Geralmente nós íamos para a casa de uma tia ou da minha madrinha. Mas acabávamos voltando para o orfanato no final da tarde, porque não tinha lugar para dormir na casa dos parentes", relatou, emocionada, Marlei Aparecida de Almeida, de 67 anos, no dia 4 de abril de 2025. Ela ficou no Lar Santana dos 7 aos 13 anos. Hoje, formada em Química, é empresária em Ribeirão Preto.

Outra ex-interna confirmou em relatos que saía com frequência do Lar Santana sob ordens expressas das freiras. Com 66 anos em 2025, a aposentada Maria Imaculada Gonçalves de Almeida contou ter marcas na memória impossíveis de serem apagadas. Quando tinha 10 anos, ia em grupo pelas ruas de Ribeirão Preto em busca de moradia. Na hora de dispersar, ficou junto de suas duas irmãs mais velhas. Ela lembra que as freiras não deram justificativa, explicação ou qualquer orientação sobre aonde ir, com quem ficar, nem por quanto tempo deveriam permanecer longe. Apenas foram mandadas embora. Sem saber exatamente o que fazer, as três meninas perambularam pelos bairros de Ribeirão Preto. "Atravessamos ruas, dobramos esquinas, cruzamos bairros inteiros até batermos à porta de uma prima chamada Osvaldina, que morava na Rua Aurora, a dez quadras do orfanato. Esperávamos acolhimento, ao menos um prato de comida ou um canto para dormir. Em vez disso, encontramos a porta fechada. Osvaldina nos atendeu por uma janela, dizendo que ali não havia lugar para nós, encerrando a conversa com a maior frieza", disse Imaculada em maio de 2025. Depois da recusa, seguiram caminhando até o bairro Ipiranga, onde foram acolhidas por uma conhecida da família chamada Madrinha Geralda, que as abrigou até a segunda-feira. Em seguida, retornaram ao orfanato como se nada tivesse acontecido. Maria Imaculada mora hoje em Belém do Pará.

Diversos relatos de egressas do Lar Santana denunciaram outra prática recorrente no orfanato, inclusive na época em que madre Maurina administrava o local. As freiras costumavam agenciar as meninas maiores de 10 anos para trabalhar como empregada doméstica em casa de família, em Ribeirão Preto. O dinheiro pago pelos patrões ajudava a manter o local, que sempre enfrentou dificuldades financeiras. As crianças recrutadas costumavam estudar pela manhã e trabalhar à tarde, folgando no final de semana. Hoje professora, Rosely da Silva, de 55 anos, entrou no Lar Santana aos cinco anos de idade, em 1975. Permaneceu internada até 1982, quando saiu aos doze anos, após sua mãe conseguir uma casa para morar com os filhos. Durante o período em que esteve no orfanato, começou a trabalhar em casa de família aos onze anos, por determinação das freiras. "Estudava de manhã no SESI de Ribeirão Preto, almoçava no orfanato e às 13h tinha que estar numa residência a dois quarteirões dali. Lá eu prestava serviços domésticos a um casal de idosos. Minhas tarefas incluíam limpar a casa, varrer, passar pano, lavar o banheiro, o quintal e toda a louça acumulada do dia anterior. Por não alcançar a pia, utilizava um banquinho para lavar as panelas", contou Rosely em junho de 2025. O serviço terminava às cinco da tarde. Ao final de cada semana, aos sábados, recebia das freiras um pequeno pacote com moedas, identificado com seu nome. Ela não sabia qual era o valor total, mas gastava o dinheiro em doces, pipoca, quebra-queixo e coquinho, vendidos na porta da escola.

Rosely relatou que outras meninas também trabalhavam fora, em arranjos semelhantes, e que todas recebiam essas quantias modestas como pagamento. Ela não soube dizer se as freiras retinham parte do valor. Também contou que sua irmã, por ter comportamento considerado inadequado pelas religiosas, era frequentemente colocada para trabalhar na cozinha do orfanato como forma de punição. Ao sair do Lar Santana, Rosely foi morar com a mãe, os irmãos e depois cursou Pedagogia. Hoje atua como professora substituta na rede municipal de Ribeirão Preto e trabalha também como cuidadora de idosos durante a noite.

Interna da época de Maurina, Marlei, irmã de Maria Imaculada, também testemunhou o trabalho em casa de família sob a batuta das freiras. Aliás, ela tem péssimas lembranças dessa exploração infantil. Relata que, entre os 10 e os 12 anos, passou fins de semana fora do Lar Santana por determinação das irmãs. Foi enviada para a casa de uma mulher chamada Marta, sob o argumento de que faria companhia à filha da dona da casa, de idade próxima. Tudo mentira. Na prática, ela fazia tarefas domésticas intensas durante todo o final de semana, retornando ao orfanato apenas na noite de domingo. Durante essas estadas, era responsável por varrer, passar pano e encerar um alpendre extenso de piso vermelho, semelhante ao que também limpava no próprio orfanato. No domingo, após assistir à missa matinal com a família, todos da casa almoçavam e dormiam. Marlei era forçada a lavar sozinha a louça acumulada das refeições do fim de semana. Subia em uma caixa de cerveja, de madeira, para alcançar a pia. Na casa, dormia no chão do quarto da menina, em um colchão. Não se recorda de ter feito refeições à mesa com a família. "Certa vez, passei o meu aniversário trabalhando nessa casa. Me lembro de passar a manhã inteira encerando o chão vermelho da varanda com os joelhos apoiados diretamente sobre o piso áspero, o que causou um ferimento. A filha da mulher também fazia aniversário no mesmo dia. Trabalhei empolgada porque a patroa prometeu que, na festa, também cantariam parabéns para mim. Depois da aniversariante apagar a vela do bolo, perguntei se os convidados não bateriam palmas em minha homenagem. A patroa disse que não, pois isso ofuscaria a alegria da outra menina. Parece uma bobagem, mas nunca esqueci desse dia. Fui chorar no quintal, no meio das galinhas e dos porcos", recorda-se.

Adoção à brasileira

No terceiro mês após sua chegada, Maurina presenciou uma cena recorrente no Lar Santana. Uma adolescente de 14 anos, conhecida como Ana, chegou sob um temporal, completamente encharcada. Bateu à porta do orfanato trazendo nos braços um bebê com menos de um mês de vida, enrolado em fraldas sujas. Já passava das cinco da tarde e a mãe nem sequer havia almoçado. Queria deixar o filho. Disse trabalhar como empregada doméstica em tempo integral desde os 10 anos em uma casa de família. Engravidara do filho dos patrões. Segundo afirmou, Ana só poderia manter o emprego caso se desfizesse do bebê, conforme a exigência da dona da casa.

Maurina acompanhou aflita o desenrolar daquela história. "É menino ou menina?", perguntou. Irmã Celestina tirou o alfinete da fralda, olhou o sexo do bebê e respondeu se tratar de um menino. A diretora fechou o semblante. "Qual o problema?", questionou a mãe, sem saber que a casa era exclusiva para meninas. Antes que a superiora se manifestasse, Celestina pegou o bebê no colo e começou a enxugar o rostinho dele. Providenciou uma manta nova, enquanto a mãe fazia um lanche. Em silêncio, a irmã lançou um olhar firme em direção à madre. Maurina ofereceu resistência, arqueando levemente as sobrancelhas. Celestina, então, afagou o bebê com delicadeza e aproximou-o do próprio peito, como se dissesse claramente que aquele menino já havia sido acolhido. O gesto teve efeito. Maurina cruzou os braços, suspirando com discrição. Sem dizer uma palavra, permitiu que o bebê ficasse no orfanato – mesmo com a superlotação e contrariando os critérios da instituição.

As freiras explicaram à mãe que o bebê seria encaminhado para adoção em breve, pois o Lar Santana não contava com estrutura para cuidar de recém-nascidos. Além disso, a casa atendia exclusivamente meninas, o que tornava impraticável a presença de um menino. Uma outra condição foi imposta. Ana deveria comparecer todos os dias para extrair o leite do peito e deixá-lo em uma mamadeira, garantindo a alimentação do filho. Ela concordou. Passava lá todas as manhãs bem cedo, apenas para isso.

Após uma semana nesse ritmo, Ana pediu para pegar o filho no colo e amamentá-lo diretamente. Uma funcionária perguntou se o bebê já tinha nome. Não havia sido registrado. A mãe adolescente foi conduzida até um compartimento improvisado como berçário, onde reconheceu o filho enrolado numa manta. Emocionada, pegou-o nos braços, o amamentou e, sem falar com ninguém, deixou o orfanato com a criança.

Quando deram pela falta do bebê, as freiras acreditaram que Ana decidira enfrentar os patrões e ficar com o filho. No dia seguinte, porém, ela retornou com a criança nos braços dizendo que não poderia mantê-la. Suplicou para poder visitar o bebê duas vezes por dia, para amamentá-lo, acariciá-lo e brincar um pouco com ele. Ao ver as lágrimas nos olhos da adolescente, madre Maurina, mesmo contrariada, concordou.

Ana passou a chamar o filho de José e tornou-se assídua no orfanato. No entanto, ao ser obrigada a viajar com os patrões para uma fazenda em Ipuã, ficou ausente por seis dias. Assim que retornou, correu ao Lar Santana.

– Cadê meu filho?

– Ele foi adotado no fim de semana – informou a noviça Lúcia de Fátima.

– Quem autorizou?! – questionou Ana, fora de si.

O Lar Santana abria as portas diariamente para famílias interessadas em adotar crianças órfãs. Adoções eram raras, mas, quando surgia um bebê de pele branca, o processo costumava ser rápido. Foi o que ocorreu com José. Um casal vindo da capital o adotou e, pouco tempo depois, o filho de Ana já tinha outro nome e certidão de nascimento com o sobrenome dos pais adotivos, como se fossem os pais biológicos. Naquele tempo, a prática de registrar uma criança como se fosse filho de sangue, mesmo sem nenhum trâmite judicial, era conhecida como "adoção à brasileira" - geralmente feita com o consentimento da mãe biológica. O artifício persistiu até os anos 1980, especialmente em áreas rurais e periféricas. Com o tempo, passou a ser considerado crime de falsidade ideológica, conforme o artigo 299 do Código Penal, por envolver a inserção de informação falsa em documento público. Hoje, toda adoção precisa ser autorizada pela Justiça, com aval do Ministério Público e acompanhamento da Vara da Infância.

Ana fez um escândalo no Lar Santana. Maurina acolheu a jovem e tentou consolá-la, explicando que o casal adotante tinha condições financeiras para criar a criança. "Você é muito nova para ser mãe. Você tem condições de oferecer afeto ao seu filho, mas não pode sustentá-lo. Pense no bem-estar dele", sugeriu a madre. Aos poucos, Ana foi se resignando. Mesmo assim, passou um mês inteiro retornando diariamente ao orfanato, na esperança de que os pais adotivos mudassem de ideia e devolvessem a criança - algo que nunca aconteceu.

O tempo revelou um mecanismo camuflado e perverso a respeito das adoções no Lar Santana. Muitas famílias de Ribeirão Preto e cidades vizinhas passavam pelo orfanato com a justificativa de adotar uma menina entre 12 e 14 anos. As portas da instituição estavam sempre abertas para esse tipo de visita. As adolescentes mais espertas eram escolhidas. Mas elas não eram adotadas como filhas. Os casais buscavam, na verdade, empregadas domésticas sem referência familiar para trabalhar em tempo integral, sete dias por semana, dormindo no emprego. Naquele tempo, o orfanato estimulava esse tipo de saída. Sem alternativa, as meninas mudavam-se somente com a roupa do corpo. Não eram sequer matriculadas na escola.

"Só quem viveu em orfanato desde criança até a adolescência sabe o que significava ser levada para trabalhar em casa de família. Quando completávamos 14, 15 anos, éramos assombradas pela possibilidade de ser expulsas e acabar morando na rua. Naquela época, era normal ser empregada. Havia até um incentivo das freiras. Lembro que a irmã Neli disse uma vez que, mesmo que morássemos com os nossos pais, acabaríamos trabalhando em casa de família, porque éramos pobres. Eu fui levada por um casal de fazendeiros de Sertãozinho. Meus 'pais adotivos' disseram que me tratariam feito filha. Eu tinha 14 anos. Não esqueço que... [silêncio]. Na hora em que foram me buscar, as freiras pediram, em troca da adoção, uma contribuição em alimentos para ajudar na criação das demais crianças. [...] Nunca fui filha. A verdade é essa. Comecei como babá dos filhos dos meus patrões, um casal por volta dos 30 anos. Os filhos cresceram e virei empregada da casa. Meus patrões envelheceram, me tornei cuidadora deles. Fiquei na fazenda até eles morrerem, em 2020, aos 95 anos. Os filhos e os netos herdaram a propriedade e fui expulsa de lá. Sabe quanto eu recebi por essa dedicação de 46 anos? Nem um centavo!", relatou Maria Costa Martins, de 70 anos, moradora do asilo São Vicente de Paulo, em Sertãozinho.

O aparelho

Andando pelos corredores do Lar Santana, Maurina cruzou com três jovens caminhando apressadamente pelo prédio principal. Ao passarem pela religiosa, pediram-lhe a bênção. Viraram o corredor, entraram sorrateiramente numa das salas e fecharam a porta. Intrigada, a diretora perguntou a Celestina quem eram aquelas pessoas. "São estudantes universitários e secundaristas de movimentos sociais ligados à Igreja. Reuniam-se na paróquia da Vila Tibério, mas o padre ficou preocupado com a repressão e mandou que viessem pra cá. Aqui eles ocupam uma sala no prédio lateral", explicou a freira.

A princípio, Maurina torceu o nariz para os estudantes. Ponderou que o Lar Santana estava superlotado e destinar uma sala inteira a eles significava reduzir a área disponível para as crianças. "A irmã Neli [ex-diretora] cedeu o espaço por tempo indeterminado", reforçou Celestina.

A madre superiora chegou a cogitar a desocupação da sala, mas mudou de ideia após os estudantes organizarem uma festa junina que reuniu mais de mil pessoas na área externa do orfanato, enfeitada com bandeirinhas e balões. O bairro compareceu em peso. Havia comidas típicas, quadrilha, barraca do beijo, correio elegante, fogueira. Tudo organizado pelos jovens. No fim, o dinheiro arrecadado foi entregue integralmente à direção da instituição.

No dia seguinte à festa, Maurina procurou os estudantes para comentar sobre o sucesso do evento. Bateu à porta da sala. Um rapaz de altura mediana, magro, de fala mansa e olhar seguro foi quem atendeu – disse chamar-se Mário Lorenzato. Em vez de convidá-la para entrar, ele saiu e fechou a porta atrás de si, como se quisesse impedir que a diretora olhasse para dentro. Ela sorriu, valorizou a caridade dos rapazes, mas saiu de lá intrigada. No dia seguinte ela voltou às seis horas da manhã, para uma visita surpresa. Ficou chocada ao perceber que a porta estava trancada por fora, reforçada com uma corrente e cadeado.

A religiosa não fazia ideia de quem era Mário Lorenzato, de 29 anos. Universitário do curso de Estudos Sociais e funcionário da prefeitura de Ribeirão Preto, ele presidia o Movimento Estudantil Jovem (MEJ), formado por operários, secundaristas e universitários da periferia. O grupo promovia debates sobre justiça social à luz do cristianismo, atuando no campo das ideias e nas obras assistenciais da Igreja Católica.

Na surdina, Lorenzato operava em outra frente. Em 1966, ajudou a fundar as Forças Armadas de Libertação Nacional (FALN), organização clandestina criada em Ribeirão Preto a partir da ruptura de militantes do PCB com a via institucional. O movimento defendia o enfrentamento direto ao regime dos generais e sonhava com uma guerrilha, tanto na zona rural quanto na urbana. Aproveitando-se da legitimidade do MEJ, Lorenzato começou a recrutar jovens para a nova causa. Dizia que só discutir já não bastava. Era preciso pegar em armas. A interseção entre o MEJ e as FALN ocorria ali mesmo, nas entranhas do Lar Santana.

No "aparelho" instalado no orfanato também era rodado um jornal independente chamado *O Berro*, cujo *slogan* era "O berro é a arma do povo". Editado por Vanderley Caixe, de 25 anos, estudante de Direito e líder das FALN, o periódico era escrito no centro acadêmico da Faculdade de Direito Laudo de Camargo, da Universidade de Ribeirão Preto, e impresso às escondidas nos mimeógrafos instalados no esconderijo do Lar Santana. Inicialmente, Caixe fazia questão de pôr seu nome verdadeiro na publicação, para dar aparência legal ao material e facilitar as doações financeiras. Nas primeiras edições, o jornal criticava o regime militar de forma moderada, abordando temas como desigualdade, repressão política e dependência econômica do Brasil em relação aos Estados Unidos. As cópias eram cuidadosamente camufladas na sala secreta, sob o nariz das freiras franciscanas.

O aparelho incrustado no Lar Santana não era o único segredo daquele casarão. Certo dia, madre Maurina passava por uma das alas onde dormiam crianças sem referência familiar quando algo lhe chamou a atenção. Notou algumas meninas com idade entre 8 e 12 anos deitadas em colchões mais espessos e macios do que o habitual. Ao examinar de perto, viu cobertores de grife e roupas com etiqueta. Chamou a irmã Celestina e pediu explicações. Ficou perplexa com o que ouviu. Pelo menos quinze meninas, registradas na instituição como órfãs, na verdade eram filhas de mães solteiras com posses – algumas da alta sociedade de Ribeirão Preto. Ou seja, as falsas órfãs eram herdeiras de empresários, fazendeiros, criadores de gado e até de usineiros. Estupefata, Maurina concluiu o óbvio: aquelas crianças não deveriam estar sob o teto do Lar Santana.

Na mesma tarde, a diretora ordenou à noviça Lúcia de Fátima que levantasse na secretaria os endereços de todas as mães ricas. Enquanto a equipe fazia a pesquisa, uma dessas mulheres apareceu no orfanato vestida com roupa de festa. Um empregado carregava dezenas de sacolas de supermercado abarrotadas de alimentos. Maurina os interceptou na porta.

– Para quem são esses mantimentos?

– Para as crianças do orfanato.

– Leve de volta as compras e sua filha. A senhora tem condições de criá-la.

– Eu não posso. Nem é minha filha. É neta. A mãe engravidou de um gringo durante um intercâmbio e já voltou para o exterior. Veio ao Brasil só para parir. Meu marido não aceita a neta de jeito nenhum. Minha filha é rompida com a família. É uma história tão complicada, irmã... – explicava a mulher.

– O Lar Santana atende apenas crianças carentes. Procure um abrigo privado – sugeriu a madre.

– A questão não é essa. Em nenhum outro lugar as crianças são tratadas tão bem quanto aqui – insistiu a avó.

Maurina ordenou que Lúcia de Fátima buscasse a menina naquele instante. Num piscar de olhos, a mulher mandou o empregado largar as sacolas no chão, entrou no carro de luxo e desapareceu. Na semana seguinte, a diretora pegou uma Kombi e um motorista emprestados da Arquidiocese de Ribeirão Preto e acomodou as quinze meninas no veículo, com a ajuda de duas freiras. Lúcia de Fátima sentou-se no banco da frente, ao lado da madre. Quando o motor da Kombi deu partida, a superiora foi confrontada por irmã Celestina pela janela:

– A senhora vai devolver todas elas? – questionou.

– Estou errada? – devolveu a superiora.

– Essas mulheres fazem uma contribuição importante para o orfanato. Trazem comida, roupa, doações em dinheiro. A senhora mesma viu na despensa como essa ajuda é preciosa. Se tirarmos as filhas delas daqui, quem vai sustentar as outras crianças?

– Não abro mão dos princípios. Essas vagas são para quem não tem nada – respondeu Maurina.

– Sem essas doações não vamos conseguir manter nem o básico.

– O Lar Santana não é depósito de filhos de gente rica.

– Mas essas meninas são vítimas. Não merecem passar por isso. Pense melhor!

– Não estou rejeitando as crianças, irmã. Estou rejeitando o privilégio – tentava encerrar a diretora.

Lúcia de Fátima também argumentou:

– Madre, pense na possibilidade de a senhora estar enganada. Essas meninas foram desprezadas dentro de casa. As mães não as querem. Algumas até escondem que têm filhas. Talvez aqui seja o único lugar onde elas recebem algum cuidado, afeto.

– Não cabe à congregação acolher quem é rejeitado por vergonha. Cabe a ela acolher quem não tem opção.

– Mas e se a única opção for o abandono? Não devemos acolher? – insistiu Celestina.

Maurina ficou um minuto em silêncio, pensativa. Olhou para as duas religiosas, engoliu em seco, mandou a noviça descer da Kombi e deu ordem para o motorista seguir viagem. As meninas estavam sentadas, coladinhas, lado a lado. As mais velhas choravam. As menores permaneciam imóveis, com os olhos arregalados.

A madre passou o dia nessa função. Com os endereços em mãos, bateu em todas as portas. Em uma das casas, a mãe justificou que não podia ficar com a filha porque iria se casar com um homem que não aceitava enteados. Disse que já havia cuidado da menina por três anos. Ofereceu dobrar o valor do cheque semanal doado ao orfanato. Maurina respondeu apenas: "Sua filha não cabe mais na minha casa". Fechou a porta da Kombi e seguiu em frente.

Em uma fazenda, a mãe disse diante do marido que não conhecia a criança de 9 anos de que Maurina tentava se livrar. O homem empunhou um rifle para o alto e mandou que tirassem a menina dali imediatamente. "Ela não é bem-vinda!", esbravejou. Corajosa, Maurina deixou a criança aos cuidados da mulher, voltou para a Kombi e partiu sem dizer uma palavra. Até a menina cuja mãe vestia roupas de festa foi devolvida compulsoriamente.

No início da noite, restavam apenas três crianças na Kombi – os endereços estavam desatualizados ou as famílias haviam se mudado sem deixar rastro. No retorno ao Lar Santana, as freiras evitaram a superiora.

Ela seguiu direto para os aposentos, sem jantar. Tomou banho e rezou diante de uma imagem de Nossa Senhora.

A história sobre a restituição dessas crianças nunca foi consenso entre jornalistas, biógrafos e historiadores que conheceram Maurina. Publicamente, ela assumiu pela primeira vez que devolveu as filhas de famílias endinheiradas numa entrevista ao jornalista Luís Eblak, da *Folha de S.Paulo*, publicada na edição de domingo, 7 de junho de 1998. "Tem uma coisa que eu nunca disse a ninguém. É sobre os ricos de Ribeirão Preto. No Lar Santana tinha muita criança filha de mãe solteira e rica, o que era um escândalo social para a época. Então as crianças ficavam lá, mas o lugar era para os pobres. Eram mais de duzentas crianças, e pelo menos quinze eram filhas de mães solteiras e ricas. Elas estavam tomando o lugar de outras, necessitadas, que precisavam de fato ficar no orfanato. As famílias davam cheques e alimentos para nós e tudo o mais, mas o correto era que as crianças vivessem em suas casas. O que eu fiz? Devolvi as quinze crianças. Fui à casa de cada uma delas e as devolvi. E eram mansões, casas enormes. Eu dizia para as famílias: 'O orfanato é lugar de criança carente que precisa de um lugar para viver, que não tem pai nem mãe'. Acho que isso acabou influenciando de algum jeito o que me ocorreu depois. Não sei quem eram as famílias, mas isso deve ter tido ligação com a minha prisão."

Uma semana depois de devolver as meninas, por volta das sete da manhã, Maurina foi chamada por Pedro, o jardineiro faz-tudo, à entrada do orfanato. O funcionário fez um alerta sobre um enorme oitizeiro que estava prestes a cair, ameaçando destruir o telhado do prédio principal, inclusive a cobertura da sala da administração. A diretora olhou intrigada para a árvore. À primeira vista, parecia saudável, com folhas verdes e sombra farta. Pedro bateu de leve no tronco. O som era oco, quase abafado. Ele foi categórico ao afirmar que, apesar da boa aparência, a árvore estava podre por dentro. Bastaria uma ventania forte para a queda ser inevitável.

Enquanto os dois discutiam o destino do oitizeiro, um grupo de estudantes passou apressadamente pelo portão, sem cumprimentá-los, subindo rapidamente a escadaria. "Esses comunistas não dizem mais nem bom-dia", resmungou Pedro. Maurina autorizou o corte da árvore. "Feche o portão, interdite a entrada e faça o que deve ser feito. Se for mesmo necessário, corte-a pela raiz", determinou a diretora.

Em seguida, Maurina foi até a copa e pediu às merendeiras que preparassem rapidamente uma garrafa térmica com café preto, leite, pão com manteiga, biscoitos doces e suco. "Para quantas pessoas?", quis saber a funcionária. "Para muitas", respondeu a superiora, decidida. Pouco depois, ela mesma acompanhou a merendeira, que empurrava o carrinho metálico de lanche até a sala onde os estudantes haviam entrado.

Ao se aproximar, a madre ouviu vozes abafadas do outro lado da porta, que dessa vez, surpreendentemente, estava destrancada. Num impulso, abriu-a rapidamente, pegando os cerca de doze jovens de surpresa. Na sala outrora secreta, as cadeiras escolares formavam um semicírculo, todas ocupadas por estudantes atentos à lousa, onde Lorenzato apontava para um mapa desenhado com giz, destacando a região de Ribeirão Preto – especialmente as cidades de Sertãozinho, Cravinhos e Jaboticabal. As cadeiras, a lousa, uma caixa de giz e um apagador eram os únicos objetos presentes.

Diante da súbita chegada da diretora, houve um silêncio sepulcral. Maurina entrou tranquila, ofereceu o café da manhã, e os jovens começaram a se servir. Lorenzato aproximou-se com um sorriso gentil, beijou-lhe a mão e fez um pedido inesperado: queria que a religiosa falasse aos estudantes sobre o amor.

Empolgada e sem desconfiar de nada, Maurina dirigiu-se à secretaria para chamar todas as freiras, inclusive Celestina e Lúcia de Fátima, ainda fragilizadas pelo recente episódio da devolução das meninas. Quando a diretora voltou à sala, agora acompanhada pelas irmãs, a lousa já estava limpa, sem nenhum vestígio do mapa. As cadeiras continuavam no mesmo lugar, com os estudantes acomodados, aguardando a palestra.

Maurina falou durante três horas sobre o amor como mandamento cristão. O ponto alto da apresentação foi quando a madre citou, comovida, um trecho da primeira carta aos Coríntios: "Se eu falasse as línguas dos homens e dos anjos, mas não tivesse amor, seria como um bronze que soa ou como um címbalo que retine. Ainda que eu tivesse o dom da profecia, conhecesse todos os mistérios e toda a ciência; ainda que tivesse uma fé capaz de mover montanhas, mas não tivesse amor, eu nada seria" (1 Coríntios 13:1-2). Ao terminar, Maurina foi aplaudida. Saiu reconfortada e com a certeza de não ter visto nada comprometedor naquela sala. O que ela não podia imaginar é que, minutos antes, no mesmo quadro agora vazio, estava desenhado o plano detalhado do sequestro de um usineiro, programado para dali a algumas semanas.

Sem as crianças filhas de gente rica no Lar Santana, a previsão de irmã Celestina começou a se concretizar. A despensa passou a minguar, ameaçando a segurança alimentar das internas. Preocupada com as finanças da instituição, Maurina pediu socorro aos estudantes, já que o orfanato nunca fora prioridade para a Arquidiocese de Ribeirão Preto. Ela já havia torrado todo o dinheiro arrecadado na festa junina para restaurar o encanamento do banheiro principal e ainda havia problemas no telhado. Os rapazes, então, intensificaram a organização de eventos beneficentes, buscando levantar dinheiro para o orfanato. Em retribuição, a diretora equipou a sala ocupada pelo movimento jovem com mesas de reunião, mais cadeiras, armários, gaveteiros e um ventilador.

Lorenzato tornou-se próximo de madre Maurina, frequentando a secretaria do orfanato em busca de materiais de escritório, como grampeador e resmas de papel. A relação entre os dois tornou-se tão cordial que ele chegou a convidá-la para integrar a diretoria do MEJ, como relata o historiador Marcelo Botosso em artigo publicado na edição de janeiro de 1998 da revista *Ensaios de História*, da Universidade Estadual Paulista (Unesp). "De fato, ela foi chamada para fazer parte da diretoria do MEJ, mas recusou devido às suas ocupações na administração do Lar Santana", escreveu Botosso.

No videodocumentário *Todos estão perdoados*, produzido por Fernando Henrique Stivaletti Vitor, Heloísa Helena Zanoni, Milton Cerqueira Leite Junior e Paula Cristina Cardoso de Sousa como trabalho de conclusão do curso de Jornalismo na Universidade de Araraquara (Uniara), sob orientação do professor doutor Fabricio José Mazocco, Lorenzato concedeu uma entrevista na qual afirmou categoricamente: "A madre nunca soube nada a respeito do que estávamos fazendo na sala cedida dentro do orfanato. Ela sempre estava preocupada com as atividades da igreja, com o bem-estar das crianças. Aparecia lá na sala apenas para repassar mensagens institucionais". No documentário *Maurina, o outono que não acabou*, de Gabriel Mendeleh, Lorenzato reforça que a religiosa desconhecia completamente o funcionamento do aparelho.

A temperatura na sala dos estudantes começou a subir em setembro de 1969. Mesmo com linha editorial ainda moderada, *O Berro* foi censurado pelos militares. A simples crítica à desigualdade social, à repressão e à dependência econômica do Brasil já era suficiente para que o jornal fosse considerado subversivo pelos generais. Viaturas da polícia passaram a recolher os exemplares disponíveis nas bancas e proibiram os jornaleiros de recebê-los. A repressão também desativou pontos de distribuição, como a Associação dos Bancários (ASBAN), e passou a rastrear leitores e colaboradores. Mais de cem padres e religiosos deixaram de receber o periódico regularmente.

Na clandestinidade, *O Berro* acabou se transformando num jornal altamente incendiário. Deixou para trás a cautela e assumiu de vez sua função como instrumento de resistência. As novas edições, agora distribuídas apenas entre simpatizantes e militantes das Forças Armadas de Libertação Nacional (FALN), traziam charges agressivas, textos anônimos e artigos que defendiam abertamente o enfrentamento da ditadura. Em uma das capas, uma charge retratou policiais espancando estudantes com cassetetes, rotulados como "opressão" e "latifúndio", enquanto a vítima usava uma camiseta com a palavra "povo". Um artigo afirmava que distribuir panfletos já não bastava – era preciso reagir. O nome de Vanderley Caixe, líder das FALN, desapareceu do expediente. O universitário passou a ser chamado pelos companheiros pelo codinome "Pedro". Lorenzato tornou-se "Antônio". *O Berro*, definitivamente, deixava de ser um grito e passava a ser um chamado.

Certa manhã, irmã Celestina entrou na sala para cumprimentar os jovens e notou, sobre uma das mesas, um exemplar da nova versão de *O Berro* ainda úmido e com cheiro de álcool – sinal de que havia sido recém-impresso. Folheou com atenção e se espantou com o teor. Inspecionou discretamente a sala em busca do mimeógrafo, mas não encontrou nada. Inquieta, levou o periódico até Maurina. Bastaram algumas páginas para a diretora ficar arrepiada.

Na manhã seguinte, enquanto tomava café no refeitório, a madre superiora avistou de longe Lorenzato entrando no orfanato com um grupo de cinco jovens, entre eles uma moça. Viu quando se dirigiram à sala secreta e foi atrás. Entrou sem bater, já chamando por ele. Surpreendentemente, Lorenzato não estava lá. Havia evaporado. Confusa, Maurina percorreu o olhar pelo ambiente. A sala era contínua, sem divisórias. Aproximou-se dos estudantes:

– Cadê o Lorenzato? – interrogou a diretora.

– Ele não veio hoje, madre – respondeu um deles com naturalidade.

– Como não? Acabei de vê-lo entrando aqui faz menos de um minuto.

– A senhora deve ter se confundido. Só estamos nós nesta sala – insistiu o rapaz.

Por um instante, Maurina hesitou. Acreditou que poderia estar ficando louca. Até a jovem que ela tinha visto ao lado dele estava ali, sentada, serena. As janelas, do tipo basculante, eram intransponíveis. E os armários, estreitos demais para esconder alguém. Abalada, mas tentando manter a compostura, pediu que avisassem a Lorenzato que precisava vê-lo com urgência.

A bem da verdade, Maurina não veria mais Lorenzato nas dependências do Lar Santana. Tanto ele quanto Vanderley já andavam armados e administravam o núcleo mais agressivo das FALN em Ribeirão Preto. Àquela altura, o movimento reunia mais de cem jovens. A dupla de militantes criou uma célula denominada "base de inteligência", encarregada de capitalizar a causa revolucionária por meio de assaltos e sequestros de empresários, crimes chamados pelos militantes de "expropriações" e "capturas". Estruturados em grupos compartimentados e orientados pela lógica da guerrilha, os jovens tomavam como referência os ensinamentos de Carlos Marighella, ex-deputado comunista e principal teórico da luta armada no Brasil. Os integrantes atuavam com precariedade – tinham poucas armas –, mas exibiam alto grau de organização e convicção ideológica.

A derrocada das FALN aconteceu em outubro de 1969. Os estudantes definiram que o primeiro sequestro seria de qualquer integrante da família Marchesi, um clã bilionário dono de usinas de açúcar, instituições financeiras e várias lojas varejistas em Ribeirão Preto e arredores. Os guerrilheiros cavaram um buraco no meio da mata para funcionar como cativeiro. O plano era engenhoso: uma jovem vestiria um hábito confeccionado pela estudante de Enfermagem Áurea Moretti Pires, de 25 anos, codinome "Maria", e se posicionaria na estrada de acesso à fazenda da família Marchesi, como se fosse uma freira franciscana. Quando algum empresário passasse de carro, ela interceptaria o veículo pedindo doações para as crianças do Lar Santana. Nesse momento, outros militantes, armados, renderiam a vítima e a conduziriam até o cativeiro. Todo o esboço dessa operação estava desenhado no quadro da sala secreta do orfanato quando madre Maurina entrou lá pela primeira vez e proferiu a palestra sobre o amor.

Em outro ponto da mata, cinco integrantes das FALN – vestidos com roupas camufladas – vigiavam o terreno onde o cativeiro fora escavado. Certo dia, resolveram tirar um cochilo depois do almoço em redes presas entre árvores. Um jagunço de uma fazenda próxima passou de bicicleta e os viu adormecidos. Desconfiado da cena, ele seguiu direto para a Seccional de Polícia de Ribeirão Preto e relatou ter avistado guerrilheiros armados acampados na mata.

A Polícia Civil, a Força Pública e o Exército montaram uma operação integrada, invadiram o terreno e capturaram inicialmente dois militantes, de codinomes "Lucas" e "Cláudio", ambos estudantes secundaristas. Submetidos ao pau de arara, delataram imediatamente os colegas e revelaram detalhes do sequestro que nunca se concretizou, por pura inexperiência dos integrantes das FALN. O próximo a cair foi Vanderley Caixe, preso em 19 de outubro de 1969. Na tortura, levou choques nos dedos e nos testículos, teve dentes quebrados e levou porretadas na cabeça até desmaiar. Ao recobrar os sentidos, declarou que preferia apanhar mais um pouco a entregar o paradeiro de Lorenzato e de Áurea Moretti, até então foragidos.

Em Ribeirão Preto, as sessões de violência ocorriam preferencialmente no Quartel da Força Pública, no Centro da cidade – então um bairro predominantemente residencial –, onde despachavam os delegados Soares e Lamanno. Os gritos vindos das salas de tortura eram tão altos que passaram a incomodar a vizinhança. Por causa disso, era comum moradores irem até a delegacia diariamente pedir que aquela violência fosse cessada ou praticada em outro lugar.

No dia seguinte, 20 de outubro, os jornais diários já estampavam os nomes dos principais militantes das FALN. Maurina estava na diretoria do Lar Santana bem cedo quando a noviça Lúcia de Fátima lhe entregou a edição do *Diário da Manhã*, com destaque para a caçada a Lorenzato. A madre entrou em pânico por causa da sala secreta, embora assegurasse a si mesma que nada vira de comprometedor por lá. Não conseguiu dormir pelas três noites seguintes. Passava a maior parte do tempo confinada na capela do orfanato, meditando e conversando com Deus sobre qual atitude tomar, segundo declarou em entrevista à jornalista Matilde Leone, em 1984. Nesse mergulho interior, chegou à seguinte conclusão: a sala secreta era perigosa e ameaçava os estudantes, o orfanato e as freiras.

Na tarde de 24 de outubro de 1969, uma sexta-feira, Maurina pediu ao faz-tudo Pedro Degani que permanecesse no trabalho depois do expediente. Por volta das 22h, quando todos dormiam, a diretora foi até a sala secreta. A porta estava trancada à chave, envolta pela corrente grossa e selada com cadeado. Sob ordens da diretora, o jardineiro arrombou tudo usando um machado.

Enquanto isso, em outra sessão de tortura na boca do porco – como eram chamadas as delegacias na época da ditadura –, os jovens secundaristas revelaram aos militares que as FALN mantinham um aparelho no Lar Santana. Deduraram a existência de uma pasta preta com elástico, na qual constava a lista de todos os integrantes do grupo, com os respectivos endereços, além de um caderno com os nomes de todos os financiadores do movimento, inclusive os valores doados e o telefone de cada um.

No orfanato, Maurina acendeu a luz da sala secreta e inspecionou tudo minuciosamente com o Jardineiro. Vasculhou armários: apenas livros escolares, revistas em quadrinhos, jornais, giz, apagador, uma garrafa térmica e resmas de papel. A lousa estava limpa.

Pedro, que trabalhava no Lar Santana havia mais de dez anos, resolveu revelar à madre superiora o maior segredo daquele lugar: havia uma porta camuflada por um tapete no piso de tábua corrida da sala secreta, com acesso ao porão por meio de uma escada de cimento.

Com as pernas bambas, Maurina desceu ao subsolo. O ambiente estava escuro. Quando a luz foi acesa, sentiu que ia desmaiar. O espaço havia sido reformado pelos estudantes com o consentimento de irmã Neli, a antiga diretora. Ficou claro como água cristalina que ali funcionava uma gráfica clandestina e que o lugar servia de base para as atividades das FALN.

No porão, a diretora se deparou com um verdadeiro *bunker* clandestino. Havia uma caixa de munição e fardamentos do Exército, indicando o envolvimento direto com atividades paramilitares. Equipamentos gráficos estavam espalhados pelo ambiente: dois mimeógrafos com seus respectivos insumos, um duplicador, duas máquinas de escrever e dezenas de resmas de papel sulfite. Armazenados em armários sem portas, todos esses itens eram utilizados na impressão de material subversivo. Pilhas de manifestos e panfletos revolucionários dividiam espaço com uma mala repleta de documentos, charges e artigos defendendo a luta armada, além de diversos pacotes do jornal *O Berro* e um exemplar do livro *A guerra de guerrilhas*, de Che Guevara. Entre os papéis, destacava-se a pasta preta contendo a contabilidade das FALN, com documentos plastificados e organizados. Havia ainda a roupa de freira que seria usada como disfarce e alimentos desviados da despensa do orfanato.

Determinada, Maurina ordenou ao Jardineiro que fizesse imediatamente uma cova nos fundos da instituição. Enquanto ele cavava, a madre rezava ajoelhada na capela. Às três horas da madrugada de sábado, 25 de outubro de 1969, já com o buraco pronto, os dois lançaram dentro tudo que poderia ser destruído pelo fogo.

– Madre, essa pasta está novinha. Posso ficar com ela? – perguntou Pedro.

– Tire tudo que está dentro, jogue no buraco e leve a pasta para sua casa ainda hoje – autorizou a religiosa.

Sobre o material, Maurina despejou o mesmo álcool usado nos mimeógrafos, acendeu um fósforo e só se afastou quando tudo virou cinza. Na aurora, as freiras do orfanato começaram a despertar. As crianças seguiam para o café da manhã no refeitório. A diretora, que não pregara os olhos, contou à irmã Celestina o que havia descoberto. "Não sou ingênua. Eu sabia que o Lorenzato e os demais estudantes tinham ideias esquerdistas, discutiam problemas sociais, como a fome e o desemprego. Mas luta armada? Não! Nem pensar! Sou sumariamente contra!", desabafou, horrorizada.

A fogueira ainda lançava fumaça escura no ar quando o sol nasceu. Maurina avisou que não haveria nenhuma atividade pela manhã e orientou as freiras a deixarem o Lar Santana, sem dar nenhuma explicação. Apenas a irmã Celestina permaneceu. Em seguida, a diretora informou às internas que a casa estava superlotada e que seria necessário reduzir o número de crianças. Mandou que todas saíssem mais uma vez pelas ruas de Ribeirão Preto à procura de seus pais e só voltassem no fim do dia. Com o internato vazio, a diretora escondeu os mimeógrafos, as máquinas de escrever e a munição em um armário da secretaria.

Bem longe do orfanato, foragido, Lorenzato procurou abrigo em uma igreja no bairro do Ipiranga, em São Paulo. O padre recusou-se a acolhê-lo e o encaminhou a uma paróquia na cidade de Santos. Mais uma vez, ouviu um não. Com o cerco se fechando, foi parar na casa de uma tia em São Caetano. Lá ele acabou reconhecido, denunciado e preso sob a acusação de violar a Lei de Segurança Nacional. Como de praxe, foi torturado e levado ao Presídio Tiradentes, onde permaneceu por dois anos e dois meses, segundo documentos da Comissão da Verdade. Em interrogatório, admitiu participação na organização do *Berro*, na movimentação de propaganda comunista e na articulação com setores da Igreja, mas negou envolvimento em ações violentas. Jornais o rotulavam como "terrorista", "subversivo", "meliante" e "bandido". Alguns artigos ridicularizavam as FALN, classificando seus integrantes como amadores – sobretudo em comparação com os militantes da Ação Libertadora Nacional (ALN) e da Vanguarda Popular Revolucionária (VPR), cujas ações armadas tinham grande repercussão na imprensa, especialmente em São Paulo e no Rio de Janeiro.

No mesmo dia em que ateou fogo aos papéis subversivos, Maurina participou da reunião eclesiástica mensal no Colégio Auxiliadora, presidida por Dom Felício César da Cunha Vasconcellos. Parte da diocese já sabia da existência do aparelho no Lar Santana. Por causa da ligação com Lorenzato, a diretora ganhou desprezo dos líderes da igreja presentes no encontro. Por medo e falta de apoio, decidiu não contar aos superiores sobre o que havia descoberto no porão do orfanato.

Enquanto madre Maurina participava da reunião no Colégio Auxiliadora, o faz-tudo Pedro Degani cruzava o portão do Lar Santana segurando a pasta preta. No mesmo instante, uma viatura policial chegou em alta velocidade com a sirene ligada, chamando a atenção de todos. Da viatura saíram o delegado Renato Ribeiro Soares e dois agentes armados. O policial arrancou a pasta das mãos do Jardineiro, constatou que estava vazia e deu-lhe voz de prisão. Pedro levou dois tapas, um em cada lado do rosto, e foi algemado. Irmã Celestina e a noviça Lúcia de Fátima, alertadas pela movimentação, correram até o portão. O delegado iniciou o interrogatório do Jardineiro ali mesmo, diante das freiras:

– Quem deu a pasta a você?

– Foi a madre Maurina.

– Onde essa pasta estava?

– No porão.

– Onde estão os documentos que estavam dentro dela?

– Eu não sei.

Humilhado, Pedro foi jogado violentamente no camburão. O delegado mandou as freiras chamarem a superiora urgentemente. Celestina explicou que ela estava participando da reunião mensal com os bispos no Colégio Auxiliadora. Ele, então, ordenou que as religiosas telefonassem a ela imediatamente, antes que o orfanato fosse invadido pela tropa do Exército.

* * *

Para compreender o drama de Maurina e todas as suas camadas, é preciso ter uma noção do contexto político em que ele se desenrolava. O golpe militar no Brasil ocorreu em 1º de abril de 1964 – embora seus adeptos, para evitar a associação com o Dia da Mentira, preferissem datá-lo como 31 de março. As Forças Armadas, com apoio de setores conservadores da sociedade, da elite econômica e do governo dos Estados Unidos, depuseram o presidente João Goulart, sob a justificativa de conter o avanço do comunismo e restaurar a ordem.

O regime instaurado em seguida perdurou por 21 anos. Foi marcado por autoritarismo, censura, repressão a opositores, tortura, banimentos, desaparecimentos forçados e a suspensão de direitos civis. Durante esse período, o país foi governado por presidentes militares e atravessou fases de endurecimento e abrandamento, até a lenta redemocratização nos anos 1980.

A Igreja Católica apoiou o golpe e caminhou, num primeiro momento, ao lado do regime. Parte significativa do episcopado via os militares como uma barreira contra o comunismo e um pilar da ordem cristã. Entre os religiosos alinhados a essa visão estavam Dom Paulo Evaristo Arns, então bispo de Petrópolis; Dom Jaime de Barros Câmara, arcebispo do Rio de Janeiro; Dom Antônio de Castro Mayer, bispo de Campos; e Dom Geraldo de Proença Sigaud, arcebispo de Diamantina. Todos aderiram à narrativa anticomunista que justificava a repressão.

A oposição eclesial ao regime só viria com o tempo, encabeçada por setores progressistas do clero. Dominicanos como Frei Tito e Frei Betto, além de figuras como Dom Hélder Câmara e até mesmo Dom Arns, tornaram-se vozes dissonantes. "Mas essa resistência não veio de imediato. O próprio Dom Paulo declarou que sua ruptura com o regime começou apenas após as denúncias de tortura contra os integrantes das FALN e madre Maurina. Segundo ele, foi esse episódio que despertou seu ímpeto de denunciar publicamente as arbitrariedades. Até então, sua crítica era mais voltada ao método repressivo do que à institucionalidade do regime", explicou o historiador Marcelo Botosso, em 25 de março de 2025.

Dom Hélder, por sua vez, que havia inicialmente referendado o golpe, também passou a combatê-lo, à medida que cresciam os relatos de violência. Ambos viriam a denunciar violações de direitos humanos e apoiar perseguidos políticos. Dom Arns, inclusive, foi um dos articuladores do projeto *Brasil: Nunca Mais*, que revelou sistematicamente os casos de tortura cometidos por agentes da repressão. "Ainda assim, ao longo de todo o período ditatorial, a Igreja como instituição jamais se manifestou oficialmente contra o regime", observou Botosso.

Somente em 2014 a Conferência Nacional dos Bispos do Brasil (CNBB) reconheceu publicamente esse histórico de omissão. Em documento divulgado naquele ano, a entidade declarou: "Se é verdade que, no início, setores da Igreja apoiaram as movimentações que resultaram na chamada 'revolução', também é verdade que a Igreja não se omitiu diante da repressão tão logo constatou que os métodos usados pelos novos detentores do poder não respeitavam a dignidade da pessoa humana e seus direitos".

Enquanto isso, os maiores jornais do país mantinham apoio escancarado ao regime militar. Veículos como *Folha de S.Paulo*, *O Estado de S.Paulo*, *O Globo* e *Jornal do Brasil* endossaram publicamente o golpe de 1964 e legitimaram a permanência dos militares no poder por meio de editoriais e cobertura enviesada. Uma das maiores evidências desse alinhamento foi a maneira como cobriram a prisão dos integrantes das FALN e de Maurina.

Em 14 de novembro de 1969, a *Folha de S.Paulo* estampou na capa: "Desbaratado grupo que planejava um levante armado". A reportagem na página 6 dizia: "O grupo terrorista que vinha atuando em várias cidades do interior de São Paulo [...] acaba de ser completamente desbaratado". O texto exaltava os méritos da "Operação Integração", listando os donativos e materiais supostamente desviados pela madre e pelos jovens militantes.

No dia seguinte, *O Globo* foi ainda mais agressivo: "Freira dava alimento das crianças aos guerrilheiros". A reportagem acusava Maurina de repassar toneladas de mantimentos, organizar festas para financiar armas e colaborar com assaltantes. A manchete sintetizava o papel que os jornais assumiram: o de legitimar a repressão por meio de acusações infundadas e sensacionalistas.

Em 2013, *O Globo* publicou um editorial reconhecendo que seu apoio ao golpe foi um erro. Já a *Folha de S.Paulo* nunca fez um *mea culpa*. Pelo contrário, em 2009 causou indignação ao usar o termo "ditabranda" em editorial, minimizando a repressão, os assassinatos e a censura institucionalizada. Após críticas, o jornal reconheceu o equívoco do artigo, mas não chegou a se retratar por sua atuação durante o regime.

A excomunhão

Presa no Quartel da Força Pública de Ribeirão Preto, madre Maurina encarava os delegados Renato Ribeiro Soares e Miguel Lamanno. Ambos tinham 43 anos, dois a menos que ela. Os policiais tentavam arrancar "verdades" da religiosa para capturar os subversivos foragidos. A freira estava completamente nua, com o par de grampos metálicos da máquina de choque preso aos mamilos – prática comum nas sessões de interrogatório, para ampliar a dor e a humilhação. Ainda assim, mantinha-se firme. "Tudo que eu sei é o que eu disse. Os estudantes, de fato, ocupavam uma sala e o porão do Lar Santana. Mas eu desconhecia que eles planejavam uma luta armada", relatou mais uma vez. O delegado Soares se levantou, aproximou-se lentamente de Maurina e sentou-lhe um tapa violento no rosto, derrubando seus óculos no piso frio da sala de tortura. Com a força da pancada, a religiosa sentiu um estalo na cervical, deixando o rosto virado para o lado e a cabeça baixa. Mas não chorava, conforme atestam documentos da Comissão Nacional da Verdade, órgão do governo federal criado em 2011 para apurar violações de direitos humanos ocorridas no regime militar.

O delegado Soares estava endemoniado:

– Porra, sua freira terrorista! A senhora acha que estamos de brincadeira? Os comunistas de merda já entregaram a senhora. A casa caiu, sua puta!

Sentada na cadeira de madeira, com os braços amarrados atrás do encosto, Maurina estava sem comer e sem beber água havia mais de doze horas. À sua frente, policiais e agentes militares cochichavam sobre a resistência impressionante da madre. Ela ergueu a cabeça, olhou fixamente para cada um e, com a voz firme, repetiu que era inocente. Nesse momento, o delegado Soares colocou uma fita-crepe na boca da religiosa. Em seguida, Lamanno girou com força a manivela da máquina de choque. A corrente percorreu os cabos e atravessou os mamilos da religiosa por meio dos pregadores metálicos. O impulso invadiu o tórax e espalhou-se pelos nervos e órgãos internos. A dor foi imediata – lancinante, como se o corpo fosse rasgado por dentro. Maurina se contorceu. Os espasmos eram reflexos da contração muscular forçada. A descarga desestabilizou o sistema nervoso, desencadeando tremores, respiração irregular e uma salivação espessa que escorria pela boca.

O rosto da religiosa ardia, latejante, ensopado de suor. As mãos tremiam, presas atrás da cadeira. A primeira sessão durou cinco minutos. No total, a máquina foi acionada quatro vezes ao longo de uma hora. Para torturá-la psicologicamente, os policiais fingiam novas descargas, apenas para se divertirem com a expressão de pavor que ela fazia. No fim do dia, Maurina estava com os mamilos em carne viva e tão debilitada que mal conseguia articular as palavras. O corpo ainda convulsionava em pequenas ondas de dor. Só não tombou porque permanecia amarrada. Estava consciente por um milagre.

À noite, Maurina finalmente pôde beber água, tomar banho e vestir roupa limpa (calça e camiseta de moletom). Jantou café com leite e pão na cela número 3, onde permaneceu sozinha. Não conseguiu dormir. De madrugada, o delegado Soares foi até o cubículo da freira, que permanecia deitada, imóvel sobre um colchão, com os olhos bem fechados e o rosto virado para a parede. O policial caminhava pela galeria sacudindo um molho de chaves. O som metálico era um acréscimo à tortura psicológica, pois os presos entravam em pânico ao imaginar uma nova sessão de violência. O delegado parou em frente à cela de Maurina. Dessa vez ela ouviu um conselho. "Madre, eu sou católico. Não compactuo com as violências praticadas contra a senhora. Estou apenas cumprindo ordens dos generais. Vim aqui avisá-la, como cristão, que as coisas vão piorar. Se eu fosse a senhora, entregaria todos os nomes dos terroristas que frequentavam o porão do Lar Santana. Isso a pouparia. A senhora sofreu até agora porque destruiu o material guardado no orfanato. Vamos! Nos ajude!", implorou Soares. Calada Maurina estava e calada continuou. Preferiu fingir um desmaio para não responder ao delegado.

No segundo dia dc prisão, um domingo, a madre implorou para ir ao Lar Santana buscar roupas limpas e um terço. Foi liberada pelo delegado Soares, mas com duas condições: que dois policiais a acompanhassem e que o orfanato estivesse completamente vazio – ou seja, que ela não trocasse uma única palavra com absolutamente ninguém. Caso contrário, enfrentaria pela primeira vez o pau de arara. Para garantir o silêncio no casarão, irmã Celestina ordenou que as crianças saíssem mais uma vez às ruas da cidade em busca dos pais. Um grupo menor, sem chance de encontrar os familiares, seguiu com a noviça Lúcia de Fátima até o mercado municipal de Ribeirão Preto, onde pediram frutas, legumes e verduras para a instituição, que enfrentava sua maior crise alimentar. Celestina não conteve o pranto ao ver Maurina com hematomas no rosto, caminhando até a clausura para pegar seus pertences.

No dia seguinte, a religiosa teve mais um revés. Soube pelos próprios policiais que o Jardineiro, sob tortura, havia falado sobre o armário onde estavam escondidos os mimeógrafos, as munições e o fardamento do aparelho. Os militares fotografaram a sala secreta, o porão e o buraco no quintal tomado por cinzas recentes. Diante das novas evidências, os agentes voltaram ao quartel sedentos por retaliação. "A senhora poderia ter contado tudo, né, madre? Mas não, preferiu a mentira", gritou Soares.

Maurina foi reconduzida à sala de tortura. Agora ela vestia uma saia longa, camisa de mangas compridas e sandálias com tiras de borracha. O delegado Lamanno, apontado como o mais carrasco, mandou que a freira ficasse em pé, descalça, com as mãos estendidas sobre a mesa. Dessa vez, os grampos foram presos aos dedos indicadores. Um balde de água foi despejado sob seus pés, formando uma poça que se alastrava pelo chão de cimento cru. Quando Lamanno girou a manivela, a descarga percorreu o corpo com intensidade brutal. A eletricidade, potencializada pela água, provocou um espasmo inteiro – súbito, prolongado, sem trégua. Maurina arfava, como se lutasse contra um afogamento interno. O suplício atingia agora um grau novo, inominável.

Os delegados Renato Ribeiro Soares e Miguel Lamanno estavam sempre de terno escuro bem-cortado, camisa branca e gravatas sóbrias em tons fechados. Os cabelos, cuidadosamente penteados para trás com o auxílio de brilhantina, ganhavam rigidez e um aspecto luminoso. Ambos eram altos e corpulentos. Ostentavam bigodes espessos no estilo *chevron*, cobrindo todo o lábio superior e descendo levemente nas extremidades. Eram devotos de Sérgio Paranhos Fleury, um dos mais temidos carrascos da ditadura militar brasileira. Delegado do Departamento de Ordem Política e Social (DOPS) e figura central da Operação Bandeirante (Oban), Fleury tornou-se o maior emblema do aparelho repressor e do terror de Estado. Ganhou notoriedade ao conduzir interrogatórios com agressividade extrema e humilhação deliberada. Liderava grupos responsáveis por sessões de suplício e execuções sumárias, sendo apontado como chefe do temido "Esquadrão da Morte". Perseguiu ativistas, guerrilheiros, padres, freiras e estudantes. Entre suas vítimas mais conhecidas estão Carlos Marighella, morto em emboscada por ele planejada, e Frei Tito, brutalmente violentado sob custódia.

Quando soube da prisão de Maurina em Ribeirão Preto, Fleury telefonou aos pupilos para perguntar se ela havia confessado crimes em seus interrogatórios. "Ela diz que não sabia do aparelho montado no orfanato. Mas ajudava os terroristas desviando alimentos das criancinhas. Também acobertou uma gráfica e guardou armas e munições no Lar Santana", contou Renato Soares. Segundo pessoas que conviveram com Fleury na época do regime militar, ele tinha um verdadeiro fetiche por torturar padres e freiras. Para se satisfazer, seguiu até o quartel onde a madre estava presa.

Frente a frente com a religiosa, Fleury perguntou se ela já tinha ouvido falar dele. "Eu conheço o senhor dos jornais", contou, encarando-o. O delegado ironizou, dizendo que não era tudo aquilo que a imprensa dizia sobre ele. "Tanto que vou te fazer uma proposta. Farei uma única pergunta à senhora e encerro o depoimento, dependendo da sua resposta. Pode ser?" A religiosa ficou calada. Ele então mandou entrar na sala Mário Lorenzato, que vestia trapos e estava machucado da cabeça aos pés. Teve as unhas das mãos arrancadas com alicate. O estudante estava com o rosto inteiramente roxo e com as pálpebras tão inchadas que os olhos não abriam. Ele não conseguiu enxergar a religiosa. Mesmo assim pediu bênção a ela, usando um fiapo de voz.

Maurina ficou atordoada quando viu o jovem. "Eu ia pedir para ele se sentar, mas, como a senhora mesma pode ver, ele não tem condições. Nem de se sentar, nem de se deitar. Só consegue ficar em pé, tadinho", ridicularizou o monstro. "Mas, como eu disse, vou lhe fazer só uma pergunta: a senhora era amante desse verme terrorista?". Ela respondeu negativamente, virando a cabeça de um lado para o outro lentamente.

Dois policiais entraram na sala e espancaram Maurina pela enésima vez. Durante uma tarde inteira, ela foi submetida a agressões físicas acompanhadas de perguntas constrangedoras. Os militares apalpavam seu corpo, tocando-a com evidente intenção de humilhá-la. À luz da legislação da época, isso não era classificado como estupro, já que o crime se restringia à penetração forçada. Mesmo assim, os abusos tinham nítido teor sexual e buscavam quebrar sua resistência moral e espiritual. "A senhora é virgem?", questionou Fleury. "Quer que eu chame um amigo padre para te interrogar?", debochava. "Cadê seu Deus? Clame por Ele! Foi abandonada, né?", prosseguia.

Por incrível que pareça, porém, o delegado Renato Soares era devoto de Nossa Senhora Aparecida. Depois de testemunhar o encontro de Maurina com Fleury, o policial teve um arroubo de compaixão. Começou a entrar em crise, acreditando que poderia ser castigado por Deus por ter torturado uma freira.

Maurina pernoitou numa cela da delegacia com outras presas, incluindo Áurea Moretti, a estudante de Enfermagem. Na madrugada, um sargento descrito por ela como "muito gordo e bêbado" foi buscá-la para, supostamente, uma nova sessão de tortura. Quando voltou ao espaço, segundo relato de Moretti, Maurina estava "diferente". Entrou calada e deitou-se em posição fetal. As demais presas suspeitaram que ela havia sido violentada sexualmente. Apesar da brutalidade dos agentes e da frequência de estupros contra mulheres presas, a madre sempre negou ter sido vítima de conjunção carnal. "Isso nunca aconteceu. Fui excessivamente espancada, humilhada e levei muito choque", sustentava. Em entrevista publicada na edição de 7 de junho de 1998 na *Folha de S.Paulo*, a madre foi questionada novamente sobre os supostos abusos. "De onde acha que vieram tantos boatos sobre a senhora, como os episódios do seu envolvimento com guerrilheiros e a violência sexual?" A religiosa respondeu: "Porque eles torturaram Mário Lorenzato para que ele mentisse..."

Três semanas após sua prisão, em 16 de novembro de 1969, Maurina foi formalmente indiciada por infração à Lei de Segurança Nacional, que durante o regime militar abrangia uma série de práticas consideradas subversivas. O inquérito a acusava de acobertar as atividades das FALN, esconder munições no orfanato e acobertar uma gráfica clandestina utilizada para fins de propaganda de atos terroristas. Com isso, passou a responder a um processo na Justiça Militar, juntamente com Lorenzato e Vanderley Caixe.

Por causa do indiciamento e da suspeita de estupro, o delegado Renato Ribeiro Soares solicitou a transferência de Maurina para uma cela isolada na Delegacia de Polícia de Cravinhos, a 23 quilômetros de Ribeirão Preto. Lá ela foi trancada numa solitária. A muito custo recebeu a única visita do irmão, padre Vicente – ainda assim, por apenas dez minutos, separados por uma grade e sob vigilância constante de um policial. Envergonhada, tentou minimizar sua situação. Admitiu ter sido torturada, mas afirmou estar bem. Sem revelar a identidade do emissário, o sacerdote transmitiu a ela um recado da Igreja Católica: diante da instabilidade política no país, ela deveria manter em absoluto sigilo tudo que estava passando. O silenciamento visava proteger tanto a Congregação das Irmãs Franciscanas da Imaculada Conceição quanto a própria madre. Obediente, Maurina permaneceu calada por muito tempo.

No dia 22 de novembro de 1969, o regime dos generais fez mais uma investida contra a Igreja Católica em Ribeirão Preto. O delegado Lamanno pediu a prisão preventiva do cônego Angélico Bernardino, diretor do jornal *Diário de Notícias*, sob a alegação de que ele fazia críticas às autoridades policiais e oferecia apoio velado a "terroristas", contribuindo para a instabilidade social. Ao contrário da atitude diante da prisão de madre Maurina, brutalmente espancada por três semanas, a arquidiocese da cidade reagiu com rapidez. No dia seguinte, o arcebispo Dom Felício Cunha Vasconcelos – o mesmo que ignorara a religiosa na reunião do Colégio Auxiliadora – assinou um decreto excomungando os delegados Soares e Lamanno.

A princípio, Soares não levou a sério sua expulsão da Igreja. No domingo, 23 de novembro, ele compareceu à missa das 18h na Catedral Metropolitana de Ribeirão Preto acompanhado da família. Durante a celebração, foi surpreendido com o anúncio de que não era mais bem-vindo à casa de Deus. O vexame público desestabilizou o policial. O templo estava lotado quando o pároco leu, em voz alta, o decreto comunicando sua excomunhão. Segundo o documento, Dom Felício considerava que os delegados haviam violado princípios fundamentais da fé cristã ao praticar atos de brutalidade contra inocentes, inclusive membros da própria Igreja. Em nota enviada à imprensa no dia seguinte, a autoridade religiosa justificou a excomunhão como um "ato de justiça diante de abusos intoleráveis".

Teoricamente, ser excomungado significa ser banido da comunhão da Igreja – a pessoa perde o direito de receber os sacramentos e de participar ativamente da vida litúrgica. É a penalidade mais grave da instituição. Na prática, o excomungado continua sendo católico, mas fica impedido de comungar, de se confessar, de se casar na Igreja ou de exercer cargos e funções eclesiásticas, até que se arrependa e a pena seja revogada por autoridade competente. Na polícia, Renato ainda ouviu a chacota de Lamanno: "Agora, sim, estamos invisíveis aos olhos de Deus", ironizou.

A Torre das Donzelas

Construído em 1852, o Presídio Tiradentes, localizado no Centro de São Paulo, foi inicialmente utilizado como prisão comum e depósito de pessoas escravizadas. Durante o Estado Novo, passou a abrigar presos políticos enquadrados na Lei de Segurança Nacional, função que se intensificou no período da ditadura de 1964. Após terem sua detenção oficializada ou condenação confirmada pela Justiça Militar, muitos presos políticos eram transferidos para lá. O presídio tinha condições precárias – celas insalubres e alimentação deficiente – e vigilância constante.

Logo após a excomunhão dos delegados de Ribeirão Preto, Maurina foi transferida de Cravinhos, onde esteve incomunicável por 29 dias, para o Presídio Tiradentes. Na nova casa, ficou inicialmente isolada numa cela individual, instalada no topo da construção, em um espaço batizado pelos funcionários como "Torre das Donzelas". O ambiente era hostil: sem chuveiro, com piso de cimento, paredes de reboco áspero, uma pia e um buraco no chão em lugar do vaso sanitário. A ventilação vinha de uma pequena janela gradeada. Havia apenas uma coberta fina e um banco fixo na parede. O travesseiro era improvisado com a própria roupa.

Como as demais detentas, a freira permaneceu por uma semana usando apenas uma calcinha, sem absorvente, exalando mau cheiro. Só depois conseguiu tomar banho. Maurina permaneceu em cela individual durante toda a sua estada, sem jamais dividir o espaço com outras presas. A comunicação entre elas era aos berros, através das janelas gradeadas. Ainda assim, a freira se empenhou em conhecer a história das companheiras de galeria, bem como das funcionárias encarregadas da vigilância do setor.

Durante sua permanência em Tiradentes, foi notificada de que estava sendo processada pela Justiça Militar. Passou a ser defendida pelo advogado criminalista José Carlos Dias, notório por representar perseguidos políticos e pela proximidade com Dom Paulo Evaristo Arns. Em 1998, ele se tornaria ministro da Justiça do governo Fernando Henrique Cardoso. Nas visitas, o advogado enchia a religiosa de esperança.

Nos primeiros dias, o que mais causava sofrimento a Maurina era a abstinência espiritual. Não comungava desde que fora presa. Certo dia, uma agente penitenciária lhe entregou discretamente um guardanapo de papel. A madre pensou se tratar de um bilhete. Para sua surpresa, havia dentro uma hóstia – pequena, redonda, símbolo do corpo de Cristo para os católicos. Para uma religiosa, a comunhão não é apenas um rito. Significa o reencontro com a divindade, um alimento sagrado que, segundo a tradição cristã, fortalece o espírito e sela a presença de Deus no corpo do fiel. Maurina verteu lágrimas pela primeira vez desde que fora capturada. Naquele instante sentiu-se menos só, menos exilada de sua própria fé. Desde então, passou a receber uma hóstia por dia. Com isso, recuperou a força interior, ganhou respeito entre as demais presas e foi tratada com deferência pelas funcionárias.

Na mesma ala, três celas adiante de Maurina, estava presa a jornalista Rose Nogueira, de 23 anos, repórter do jornal *Folha da Tarde*. Rose havia dado à luz um bebê fazia 33 dias. Além da saudade do filho, sofria fisicamente por causa das sessões de espancamento. Em certa ocasião, ao ser levada de volta para a cela, passou pela porta de Maurina. Ao reconhecer o hábito da freira, gritou:

– Madre, eles me chamaram ontem para uma nova sessão de tortura. Tiraram a minha roupa toda. Na hora do choque elétrico, meu leite começou a escorrer. Levei soco no rosto por causa disso. Hoje pela manhã me aplicaram à força uma injeção na coxa para cortar meu leite. Agora estou sentindo uma dor insuportável nos seios.

– Quantas injeções eles aplicaram? – perguntou Maurina.

– Só uma!

– Então foi estrógeno. Seu leite está empedrando. Por isso você sente dores fortes. Faça massagem ao redor dos mamilos até drenar os dutos dos seios. A dor vai parar logo – sugeriu a freira.

Rose foi presa sob a acusação de integrar a Ação Libertadora Nacional (ALN) e de ter emprestado sua casa para uma reunião da organização – da qual participaram Carlos Marighella e outros dirigentes. Na delegacia, a jornalista admitiu ter cedido o espaço, mas negou envolvimento direto nas decisões do grupo. Segundo contou, estava em casa, debilitada, com sangramento decorrente de uma ruptura da bexiga durante o parto, e cuidando do filho recém-nascido.

A injeção aplicada em Rose no presídio, de fato, era estrógeno – hormônio prescrito em alguns contextos clínicos para inibir a produção de leite materno. Injetado de forma abrupta e sem supervisão médica, provocou empedramento e dor aguda nos seios da jornalista, que havia sido presa junto com o marido, o jornalista Luiz Roberto Clauset. Ela ficou encarcerada por nove meses; ele, por dois anos. Rose permaneceu todo esse tempo sem ver o filho, Cacá Clauset, que mais tarde se tornaria piloto de rali, com reconhecimento internacional. Livre, Rose retomou a carreira jornalística, tornou-se repórter e editora do *Jornal Nacional*, da TV Globo. Depois, integrou a equipe de criação do programa *TV Mulher*. "Tentei engravidar novamente, mas não consegui, por causa do excesso de choques elétricos. [...] Os agentes da repressão me disseram que a tortura seria um sofrimento eterno. Pois não é que eles estavam cobertos de razão? Quase sessenta anos depois, ainda sinto seus efeitos psicológicos. Ficou marcado. Não passa nunca", disse a jornalista, emocionada, aos 79 anos, em 3 de abril de 2025.

Em dezembro de 1969, madre Maurina foi transferida para a Penitenciária Feminina de Tremembé, uma das mais antigas do estado de São Paulo. Construída na década de 1930 como hospital para tratamento de tuberculose, fora posteriormente convertida em reformatório, sob os cuidados da Congregação do Bom Pastor de Angers. No Brasil, as religiosas desse reformatório se dedicavam à recuperação de mulheres marginalizadas – condenadas pela Justiça, ex-prostitutas e outras em situação de vulnerabilidade. A diretora da unidade, irmã Maria Benigna Consolata do Amaral Goulart, conhecida como irmã Zuma, foi quem articulou a ida de Maurina para lá.

Zuma soube, por meio de um capelão militar, que havia uma freira franciscana entre as presas políticas do Presídio Tiradentes. Ele comentou, rindo, que ela havia comido o pão que o diabo amassou nas mãos dos delegados de Ribeirão Preto. O advogado de Maurina já havia solicitado sua remoção, mas a Justiça Militar negara, sem oferecer justificativa. Em paralelo, irmã Zuma encaminhou um ofício com o mesmo pedido ao diretor-geral do Departamento dos Institutos Penais do Estado de São Paulo, Fernando José Fernandes. Mais uma negativa. "As presas subversivas deveriam permanecer em Tiradentes", justificou.

Na época, as penitenciárias femininas de Tremembé e do Carandiru não eram administradas diretamente pelo que hoje corresponde à Secretaria de Administração Penitenciária (SAP). A Congregação do Bom Pastor era responsável pela gestão direta das unidades, cabendo ao Estado apenas o fornecimento de mantimentos e o envio dos policiais penais. Contrariada com a resposta do governo, irmã Zuma lançou sua cartada final. Foi pessoalmente ao gabinete do juiz corregedor dos presídios do Vale do Paraíba e ameaçou abandonar a administração de Tremembé caso a Justiça não autorizasse a remoção de Maurina. Com receio de uma crise institucional e temendo uma fuga em massa, o magistrado autorizou a transferência.

Em Tiradentes, a polícia algemou a madre e estava prestes a pô-la num camburão quando irmã Zuma chegou e assumiu o controle. Ela estava numa Kombi da congregação, acompanhada por outras três irmãs. Informou que, a partir daquele momento, Maurina estava sob a responsabilidade delas. A freira deixou Tiradentes vestida com um hábito branco e um crucifixo no peito, sentada no banco dianteiro do veículo. Chorou pela segunda vez.

Em Tremembé, a madre não foi encarcerada, como previa a ordem judicial. Ingressou como se fizesse parte do *staff* do presídio. Nem sequer dormia em cela. As internas – em sua maioria condenadas por roubo, assalto e homicídio – usavam uniforme branco e marrom. Maurina mantinha as suas vestes religiosas. "Trabalhava em Tremembé na época em que ela passou por lá. Para se ter uma ideia, ninguém – nem eu – sabia que era presidiária. Para todos os efeitos, era uma freira como outra qualquer", contou madre Maria Geralda Resende, de 86 anos, em 2 de abril de 2025. "Maurina prestava assistência espiritual às detentas. Ensinava a lidar com o sofrimento e a solidão. Incentivou irmã Zuma a ressocializá-las por meio do trabalho e criou um programa para reaproximá-las da família", relatou a religiosa.

A paisagem ao redor da nova casa de Maurina contrastava com tudo que vivera em prisões. Tremembé se abria para o Vale do Paraíba, onde o terreno despencava em declive acentuado, revelando um bosque espesso acompanhando o curso do rio. Eucaliptos esguios, palmeiras, samambaias e bromélias cresciam entre pedras e raízes. Ao fundo, em vez de muralhas, havia apenas uma cerca de arame trançado com espirais de aço. Só a frente e uma das laterais tinham muros de concreto. O restante do terreno sumia na vegetação. O silêncio predominava, rompido apenas pelo canto dos pássaros ou pelo estalo metálico dos portões. Para quem viera de celas escuras, aquilo era um sopro de alívio. Maurina recolhia-se à capela, confessava-se e comungava todos os dias.

Nesse ambiente aprazível, a freira decidiu usar uma máquina de escrever para mandar uma carta ao ministro da Justiça da época, Alfredo Buzaid, relatando o que havia sofrido nas mãos dos militares. A epístola quebrava seu compromisso de ficar calada. Datado de 17 de dezembro de 1969, o documento começava clamando aos céus: "Invocando a Deus como testemunha da verdade de minhas palavras, venho relatar a Vossa Excelência as violências que sofri por parte de agentes da Polícia de São Paulo, com a conivência de delegados de Ribeirão Preto". Em seguida, justificava o gesto: "Aqui tem, Excelência, um relatório que lhe apresento como desencargo de consciência, pois espero com ele estar contribuindo para que outros não venham a sofrer os vexames e maus-tratos a mim dispensados".

Pôr no papel o sofrimento decorrente de tortura já seria doloroso para qualquer pessoa. Para uma freira, registrar esses episódios em uma carta trazia implicações ainda mais profundas. Maurina optou por omitir as passagens mais humilhantes do ponto de vista moral e religioso. Silenciou sobre os grampos nos seios, o momento em que ficou nua diante dos policiais e as ameaças de violência sexual. "Para uma religiosa casta voltada para uma vida sagrada, esse tipo de confissão é altamente constrangedor. Você não faz nem ideia. Era difícil para a madre se lembrar dessas cenas extremamente violentas do ponto de vista espiritual", relatou a irmã Maria de Assunção Cerqueira, de 95 anos, da Congregação do Bom Pastor, em 28 de janeiro de 2025.

Na carta de três páginas, Maurina destacou os abusos verbais. Contou que, durante os interrogatórios, os policiais a interrompiam com gritos, ameaças e insultos de teor obsceno. "Sinto-me envergonhada de repeti-los", escreveu. A freira declarou que não conseguia esquecer frases agressivas ditas pelos delegados, do tipo "você sabe que usamos de torturas, mas para você não será difícil suportar, porque a vida das freiras já é uma tortura. [...] É tão cínica, como pode se fazer de inocente, sua freira do diabo?".

Mais adiante, a madre descreveu a violência física. "Foi então que ligaram a máquina de choques e se divertiram às minhas custas. Os fios presos aos meus dedos faziam o corpo estremecer. Ligavam e desligavam a corrente como se fosse um jogo." Ao final do relato, ingênua, pedia providências ao ministro do governo militar: "Gostaria imensamente que fossem usados métodos eficientes na aplicação da JUSTIÇA, inspirada na ciência e, sobretudo, no respeito à dignidade da pessoa humana, criada que foi à imagem e semelhança de Deus".

Obviamente, a carta de Maurina não teve resposta. Alfredo Buzaid, ministro da Justiça na época, havia participado diretamente da elaboração do Ato Institucional nº 5 (AI-5) – resolução que oficializou a repressão no país. Buzaid também ficou marcado por assinar o decreto que impôs censura prévia à imprensa e aos programas de entretenimento da televisão.

Plenamente adaptada à rotina da Penitenciária Feminina de Tremembé, Maurina dizia às irmãs que preferia trabalhar na ressocialização das presas a cuidar dos órfãos do Lar Santana. Sob a responsabilidade da Congregação do Bom Pastor, saía com as freiras na Kombi, passeava pelos municípios de Tremembé e Taubaté e chegou a visitar o Santuário de Aparecida. Mas a tranquilidade durou pouco. Três meses após sua chegada ao presídio, uma nova ação dos movimentos de resistência ao regime militar mudou sua vida de forma abrupta.

Em 11 de março de 1970, integrantes da Vanguarda Popular Revolucionária (VPR), entre eles Eduardo Collen Leite, o Bacuri, sequestraram o cônsul japonês Nobuo Okuchi. A captura ocorreu na Rua Piauí, bairro de Higienópolis, na zona oeste de São Paulo. O diplomata foi levado para um cativeiro em Indianópolis, na zona sul. Para libertá-lo, os militantes exigiram do governo o exílio de quatro presos políticos: Shizuo Osawa (Mário Japa), 25 anos, estudante; Octávio Ângelo, 36 anos, torneiro mecânico; Diógenes José Carvalho de Oliveira, 26 anos, comerciário; e Damaris Lucena, 28 anos, dona de casa, que deveria sair do país com os três filhos menores. Rapidamente o pleito foi aceito pelos militares.

Os líderes da VPR, encabeçados por Bacuri, porém, avaliaram que os nomes da lista não teriam grande destaque na imprensa. De forma calculada, resolveram então incluir madre Maurina como forma de ampliar o impacto noticioso, inclusive fora do Brasil. O plano funcionou. A repercussão foi explosiva. Incrédula, Maurina soube pela televisão que seria expulsa do país contra a própria vontade.

Desesperada, acionou seu advogado, tentou contato com o Ministério da Justiça e com integrantes da VPR. Queria ser substituída por outro preso político. "Prefiro ficar em Tremembé e responder pelas acusações que me são imputadas aqui. Estou disposta a ser julgada no meu país, mesmo que seja condenada", declarou na época. Nada adiantou. Tanto o governo militar quanto os militantes - numa convergência rara - mantiveram o nome da freira na lista de pessoas que seriam obrigadas a deixar o Brasil, sem direito a retorno enquanto vigorasse o regime ditatorial.

Quatro dias depois do sequestro do cônsul japonês, Dom Paulo Evaristo Arns foi até a Penitenciária Feminina de Tremembé para se despedir da madre. Celebrou uma missa na capela do presídio, com a presença de todas as presas. Em seguida, as freiras a levaram ao Aeroporto de Congonhas, na Kombi da congregação. Ninguém nunca tinha visto Maurina tão abalada. Chorava copiosamente.

Ao entrar no avião da Força Aérea Brasileira rumo ao exílio, em 15 de março de 1970, ela sentou-se próximo à janela. Um militar ordenou, porém, que a fechasse, dizendo que expatriados não mereciam sequer olhar para o país que estavam deixando.

Maurina desembarcou na Cidade do México, onde permaneceu asilada por quase uma década. Em terras estrangeiras, deu continuidade à sua missão religiosa e educacional. Passou a lecionar Filosofia da Educação em uma universidade mexicana, onde conquistou o respeito dos alunos e dos colegas. Paralelamente, iniciou os preparativos para fundar uma casa da ordem das franciscanas no país. Acompanhou a formação de três jovens vocacionadas, com estudos em estágio avançado. Também se dedicou a trabalhos sociais junto a comunidades camponesas, costurava roupas para doação, escrevia cartas em nome de trabalhadores analfabetos e prestava apoio espiritual e prático a exilados políticos brasileiros.

Enquanto estava fora do Brasil, a freira teve sua prisão preventiva revogada pelo Conselho Permanente de Justiça do Exército, em 15 de março de 1979. Com essa decisão, assinada pelo juiz auditor Nelson da Silva Machado Guimarães, seus advogados pediram seu retorno ao país. Mas ela preferiu ficar no México até terminar seu trabalho religioso.

O que mais chama atenção na trajetória de Maurina é o modo como, ao longo dos anos, ela serviu aos interesses de terceiros. Quando os estudantes do MEJ e das FALN perceberam que ela estava prestes a descobrir o aparelho instalado no subsolo do Lar Santana, aproximaram-se com um convite pitoresco para uma palestra sobre o amor – o intuito era unicamente distraí-la. A Arquidiocese de Ribeirão Preto, mesmo ciente da movimentação política no orfanato, permaneceu omissa. Até a excomunhão dos delegados Soares e Lamanno soou mais como reação à prisão do cônego Angélico Bernardino do que como resposta à violência sofrida pela religiosa. "A arquidiocese não deu a mínima para ela", concluiu a jornalista Matilde Leone, autora de vários textos biográficos sobre a religiosa.

Maurina também foi usada pela VPR, que a incluiu na lista de exilados por conveniência política. Por fim, quando a madre estava apta a voltar ao Brasil, o Ministério da Justiça acionou o Serviço Nacional de Informações (SNI), órgão vinculado diretamente ao gabinete do presidente da República. Até nesse parecer, Maurina surge como peça de utilidade alheia.

No ofício nº 098/16/AC/76, de 27 de março de 1976, o SNI elencou os possíveis efeitos da medida que beneficiaria a freira, dividindo-os entre pontos positivos e negativos para o governo. Por um lado, advertia que permitir o retorno de uma banida, especialmente para ser julgada, poderia estimular outras solicitações semelhantes. Por outro, destacava que a medida transmitiria ao público – especialmente ao clero – a imagem de um governo "justo", "sensível" e "comprometido" com os pronunciamentos da Justiça Militar. O relatório concluiu que a permissão seria oportuna e recomendava que fosse acompanhada por uma campanha de divulgação, a fim de capitalizar os ganhos institucionais e minimizar os impactos.

Aos 54 anos, Maurina embarcou, na noite de 8 de março de 1979, no voo 871 da Varig, na Cidade do México, rumo ao Brasil. Pousou em Congonhas às 9h30 do dia seguinte. No saguão, emocionou-se com a quantidade de gente que festejava seu retorno. Estavam lá as irmãs Celestina e Lúcia de Fátima, já ordenada freira. Todas as religiosas de Tremembé compareceram. Havia até egressas do sistema penal recepcionando-a. Jornalistas perguntaram sobre os métodos de tortura aplicados pelos militares. "Não quero falar sobre isso. Ficou para trás", cortou. O então repórter da *Folha de S.Paulo* Fernando Foch quis saber se ela guardava mágoas dos militares. "Nenhuma. Estão todos perdoados", anunciou.

Em 29 de março de 1979, Maurina foi inocentada pela Justiça Militar por falta de provas, encerrando-se um ciclo jurídico de quase uma década. Na sentença, consta que o Conselho Permanente de Justiça da 2ª Auditoria Militar de São Paulo decidiu, por unanimidade, absolvê-la da acusação de acobertar um aparelho da organização FALN em Ribeirão Preto. O juiz auditor, tenente-coronel José Carlos Vieira de Brito, afirmou em seu voto que "não havia provas de que a religiosa soubesse do que se passava no subsolo do orfanato".

No julgamento, dezenas de jornalistas disputavam a atenção de Maurina. Ela havia sido orientada pelos militares a não dar entrevistas. Sentada no banco dos réus, porém, encarou uma repórter da TV Globo que permanecia em pé, ao fundo, segurando um microfone, na área reservada à imprensa. No final, a freira se levantou e caminhou até a profissional. Surpreendentemente, foi a madre quem fez a pergunta: "Como está o seu bebê?". A repórter era Rose Nogueira, colega de galeria no Presídio Tiradentes. Maurina havia se lembrado do sofrimento da companheira, cujos seios doíam por causa do leite empedrado. A mãe falou que o filho estava com 9 anos e esbanjava saúde. Rose ainda conseguiu informações exclusivas com a madre para o *Jornal Nacional*. Tamanha era a emoção de Rose que ela quase não concluiu a reportagem.

Logo após o veredito da Justiça Militar, a freira voltou ao México para concluir uma missão pastoral junto aos agricultores. Retornou ao Brasil quatro anos depois. Quis distância de Ribeirão Preto e do Lar Santana, que fechou as portas definitivamente em 2014 por falta de recursos – em abril de 2025 o prédio estava em ruínas. A madre viajou em missão por Brasília, Paraná e Santa Catarina. Fixou residência em Catanduva (SP), onde intensificou seu trabalho religioso na Congregação das Irmãs Franciscanas da Imaculada Conceição.

Quarenta e três anos depois de massacrarem a freira, os delegados Renato Ribeiro Soares e Miguel Lamanno tiveram o destino selado. Soares morreu em 22 de julho de 2012, aos 86 anos, vítima de um infarto fulminante em sua residência. Na velhice, enfrentava uma metástase óssea que causava dores insuportáveis na coluna. Um dia depois foi a vez de Lamanno. O carrasco faleceu aos 87 anos, no Hospital São Lucas, em Ribeirão Preto. A certidão de óbito revelou uma lenta deterioração do corpo: insuficiência respiratória, pneumonia e piora de uma doença pulmonar obstrutiva crônica (DPOC), agravada por décadas de tabagismo. Os dois policiais tiveram a excomunhão revogada pela Igreja Católica em 1975. Nunca pagaram pelos crimes cometidos.

Pedro Degani, o Jardineiro, morreu em 13 de setembro de 1990, aos 54 anos, vítima de um acidente vascular cerebral (AVC) hemorrágico. Segundo o relato dos médicos à família, o problema de saúde era sequela dos espancamentos sofridos na delegacia de Ribeirão Preto. Pedro deixou quatro filhos, de dois casamentos. "Meu pai ficou três dias desaparecido na época da ditadura. Morreu acreditando na inocência da madre superiora", disse a caçula, Vanessa Degani, em 31 de março de 2025.

Logo após retornar definitivamente ao Brasil, Maurina foi submetida a uma cirurgia para a retirada de um adenoma cromófobo da hipófise. O tumor cerebral fora diagnosticado ainda durante o exílio no México. Localizada na base do cérebro, a lesão era sequela direta da violência que sofreu nas mãos dos militares, segundo dizia.

Nos últimos anos de vida, madre Maurina lamentava com frequência o desprezo sofrido por integrantes da própria Igreja, inclusive de algumas franciscanas, que passaram a considerá-la impura por causa dos supostos estupros sofridos por ela, divulgados massivamente pela imprensa na época. Em entrevistas, a religiosa negava peremptoriamente ter sido violentada sexualmente pelos militares. "A rejeição dói mais do que choque elétrico", repetia. Para uma freira, a castidade não era apenas um voto – era o sinal de entrega total a Deus. Ser vista como violada significava, para muitos, ter perdido o vínculo espiritual que a mantinha na vida religiosa. Esse julgamento acompanhou Maurina tanto no Brasil quanto no exílio no México, onde também enfrentou olhares atravessados, desconfiança e silêncio.

Em 2010, aos 86 anos, Maurina passou a viver na Casa Provincial São José, mantida pelas Irmãs Franciscanas da Imaculada Conceição, em Araraquara, interior de São Paulo. Chegou à casa muito enfraquecida e dependente de cadeira de rodas. Não tinha mais forças nem equilíbrio para caminhar sem apoio. Instalou-se no quarto 9, uma das acomodações reservadas às freiras debilitadas, onde recebia cuidados constantes de enfermeiras e religiosas. A ala, construída especialmente para acolher irmãs idosas e doentes, era integrada ao espaço central da sede provincial – um ambiente com jardins, árvores, pássaros e flores.

Faleceu em 5 de março de 2011, às 15h05, de acordo com a certidão de óbito assinada pelo médico Ralfo Costa Castanheira. A causa da morte foi registrada como falência múltipla de órgãos, demência senil do tipo Alzheimer e senilidade. Foi sepultada no Cemitério São Bento, em Araraquara. Sua partida foi serena, "como uma vela que lentamente se apaga", nas palavras de madre Marlene da Silva, que a acompanhou até o último instante.

Maurina nunca recebeu apoio psicológico para tratar suas feridas, nem da Igreja nem do Estado. Na finitude, já bastante fragilizada, apresentava sinais crescentes de desorientação e perda de memória. O avanço do Alzheimer a afastava aos poucos da realidade. Sentada na cama, com o olhar perdido, às vezes dizia: "Corram, corram... É melhor correr". Mesmo com comprometimento neurológico, guardava fragmentos vívidos do passado. Falava com frequência do Jardineiro, relembrando o sofrimento que ele enfrentou após destruir, a pedido dela, documentos que comprometeriam jovens perseguidos pela repressão. Repetia, emocionada: "Não deixem que machuquem o Jardineiro. Por favor! Ele não tem culpa de nada. Ele não tem culpa de nada". Em outros momentos, confidenciava às irmãs: "Se pudesse, assumiria o lugar dele".

No dia de sua morte, almoçou um purê leve e deitou-se, assistida pelas religiosas e pela enfermeira de plantão. As últimas palavras de Maurina foram ditas a madre Marlene: "Quer saber? Não me arrependo de nada do que eu fiz. Nada! Se o tempo voltasse, tocaria fogo novamente em tudo aquilo!".

Fundado em 1932 em Ribeirão Preto, o Lar Santana chegou a acolher 200 meninas órfãs nas décadas de 1960 e 1970. Fechou as portas definitivamente em 2014. Durante a ditadura, abrigou um "aparelho".

O casarão funcionava como orfanato e escola. Entre as meninas sem pai nem mãe, havia filhas rejeitadas por mães solteiras da elite de Ribeirão Preto.

Volta e meia, as crianças eram mandadas para fora do orfanato. A ideia era que saíssem em busca dos pais ou de uma família que as adotasse. Sem sucesso, a maioria retornava no fim do dia.

As irmãs Maria Imaculada, Marlei e Marlene, internas do Lar Santana. As duas mais velhas (Marlei e Marlene) eram obrigadas pelas freiras a trabalhar em casas de família. Recebiam moedas como forma de pagamento.

Mineira, madre Maurina revelou desde jovem profunda vocação religiosa, ingressando na Congregação das Irmãs Franciscanas da Imaculada Conceição com fé inabalável e dedicação aos pobres.

Os delegados Renato Ribeiro Soares e Miguel Lamano foram excomungados pela Igreja Católica por espancarem e aplicarem choques elétricos em madre Maurina e em outros religiosos.

Pedro Degani, jardineiro do Lar Santana, foi preso e torturado no pau de arara. As sequelas persistiram até sua morte.

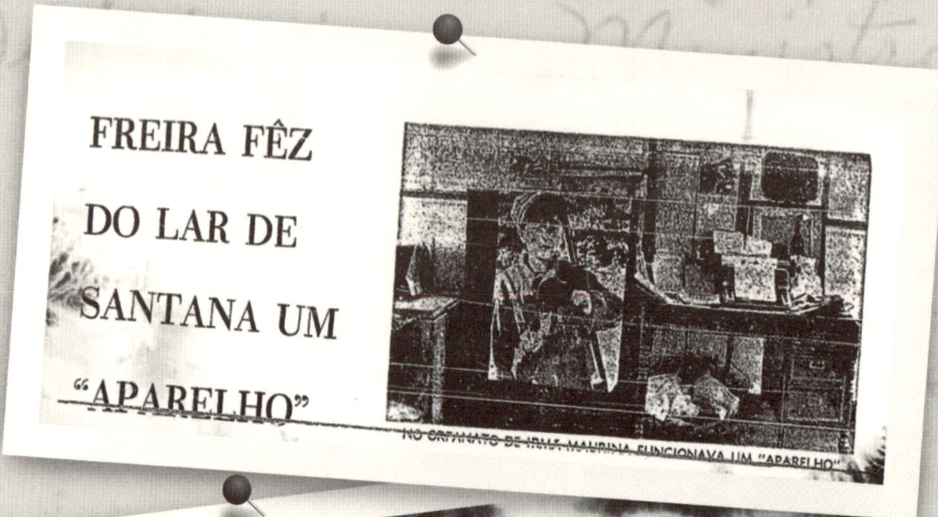

FREIRA FÊZ DO LAR DE SANTANA UM "APARELHO"

NO ORFANATO DE IRMÃ MAURINA FUNCIONAVA UM "APARELHO"

Freiras desviavam a comida de crianças para guerrilha

FREIRA DAVA ALIMENTO DAS CRIANÇAS AOS GUERRILHEIROS

RIBEIRÃO PRÊTO (O GLOBO) — A polícia descobriu que a Madre Superiora do Lar de Santana, Irmã Maurina Borges da Silveira, desviava, para o grupo terrorista a que pertencia, gêneros alimentícios destinados às crianças e doados pela organização "Caritas" ou por pessoas da cidade. Um dos principais "aparelhos" subversivos funcionava no próprio Lar de Santana.

A Madre concedia também autorização para os grupos terroristas promoverem bailes no "Lar"; os fundos oficialmente serviriam para manter as crianças desamparadas mas na realidade eram entregues aos terroristas para compra de armas e munições. Cêrca de seis toneladas de donativos foram desviadas para os terroristas. Irmã Maurina autorizou-os também a pedir donativos em nome das instituições de caridade do município.

na, os quais estão contribuindo para que o povo se afaste cada vez mais da Igreja.

O titular da Regional de Ribeirão Prêto, delegado Renato Ribeiro Soares, estêve em São Paulo, conferenciando com o diretor da Ordem Política, que lhe

Presos foram além de 100

Lázaro Geraldo dos Santos

Orfeu Tibério Júlio

Mauro Rosa Mosca

Cobertura extremamente parcial e tendenciosa da imprensa contribuiu para a demonização de estudantes e religiosos que resistiam ao regime militar.

Madre Maurina morreu em 2011, aos 86 anos, em decorrência do Mal de Alzheimer e de um tumor no cérebro. Perdoou seus torturadores e disse não guardar arrependimento. "Faria tudo de novo."

CAPÍTULO 2

LUZ NA PASSARELA

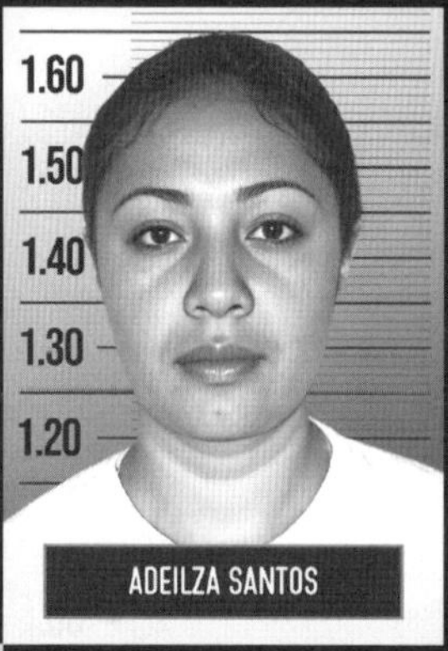

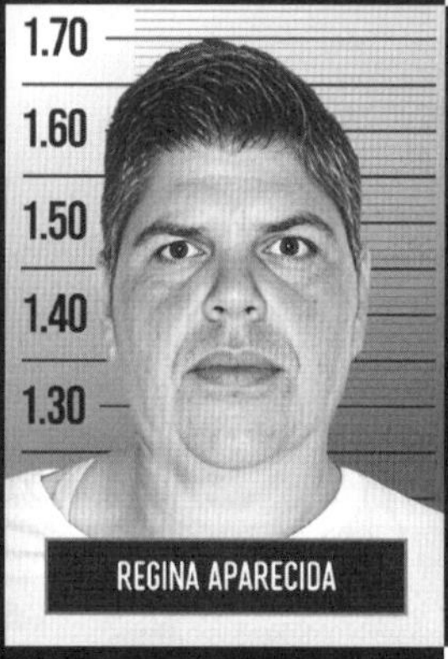

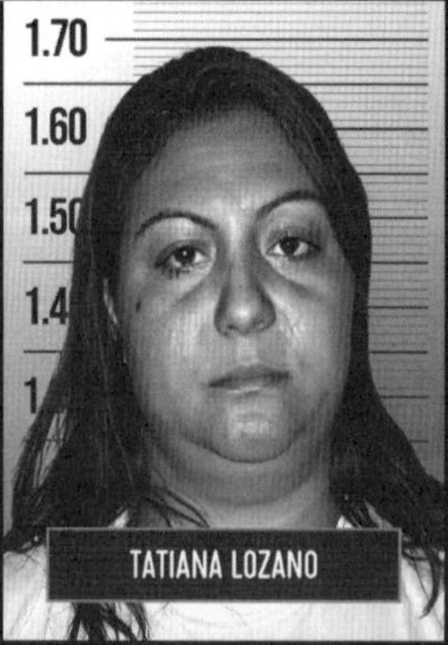

Essas mulheres, afastadas da sociedade e fora dos padrões impostos pela moda, são reais e precisam ser humanizadas.

Tremembé, 17 de agosto de 2017

A Penitenciária Feminina 1, batizada de Maria Eufrásia Pelletier, estava agitada desde as primeiras horas da manhã. Na galeria principal, algumas detentas subiam e desciam escadas para pendurar balões coloridos no alto das colunas. Técnicos ajustavam os equipamentos de som e luz, enquanto funcionários martelavam um tablado de meio metro de altura no centro da área livre. Internas da ala de costura circulavam com sacolas de TNT, carregando tecidos com pigmentos fluorescentes, flores de plástico, rendas e enfeites bordados à mão nas semanas anteriores. Outras penduravam faixas brancas com mensagens de autoajuda. Numa delas, à direita, lia-se: "A beleza também é um ato de renascimento". Em outra: "A autoestima é o primeiro passo para a liberdade".

Do outro lado do pátio, presas ajeitavam arranjos improvisados sobre mesas de plástico cobertas com toalhas de cetim sintético. Numa sala lateral, improvisaram um camarim. O cheiro de esmalte se misturava ao de perfumes doces e desodorantes em spray. Cartelas de maquiagem passavam de mão em mão, acompanhadas por pequenos espelhos e instruções de beleza sussurradas. Em clima de festa, algumas detentas realçavam o rosto com pinceladas discretas; outras preferiam tons extravagantes e brilhantes, sobretudo ao redor dos olhos. Sintonizado numa estação FM, um rádio portátil tocava músicas animadas, abafadas pelo riso nervoso de quem ensaiava passos de dança nos corredores. Perto da cozinha, o entra e sai constante de mulheres uniformizadas e um aroma convidativo sugeriam que algo especial também estava sendo preparado ali.

Tudo começou com uma ficha de inscrição, preenchida alguns meses antes. Nela, as reeducandas tiveram de informar nome, matrícula, cela e idade e explicar por que desejavam participar do encontro especial. Entre as perguntas, apareciam curiosidades típicas de celebridades, como o prato favorito, a música mais romântica que já ouviu, de quem sentia mais saudade e o maior sonho para a vida depois do castigo. A intenção era montar um retrato emocional e cultural das envolvidas, ainda que muitas respostas soassem moldadas ao figurino da ressocialização.

A participação, no entanto, dependia de uma triagem rigorosa, que levava em conta o histórico disciplinar e a assiduidade em cursos, atividades de leitura, oficinas e frentes de trabalho interno. Tinham mais chances aquelas que cumpriam regras, colaboravam com a rotina da unidade e demonstravam adesão às propostas institucionais. Já as que acumulavam sanções, se envolviam em brigas, desobedeciam a ordens, causavam conflitos ou simplesmente se recusavam a participar da dinâmica coletiva, eram automaticamente excluídas da seleção.

As escolhidas recebiam um tratamento diferente desde os primeiros ensaios. Eram retiradas das tarefas diárias, liberadas de algumas obrigações e passavam a circular com mais liberdade pelos setores da penitenciária. Faziam até prova de figurino. Para muitas, integrar a festa representava uma rara chance de se destacar em meio à massa carcerária e conquistar prestígio entre as demais internas. Em certos casos, elas conseguiam chamar a atenção de figuras influentes do sistema e da imprensa. A celebração se convertia, portanto, em ferramenta de ressocialização – mas também em instrumento de gestão. Sendo assim, o evento reforçava a lógica da meritocracia prisional, em que o acesso a determinados espaços simbólicos era condicionado à performance disciplinar. Era a pedagogia da recompensa disfarçada de entretenimento.

À medida que as horas avançavam, o burburinho crescia. Os preparativos eram acompanhados de perto pela diretora da unidade, Eliana Maria de Freitas Pereira, que observava cada detalhe com austeridade. "Acredito que o ser humano pode mudar. Transformar-se. Redimir-se. Nosso papel aqui é incentivar essa evolução. Lidamos com mulheres em situação de vulnerabilidade. Queremos que elas se reconheçam como pessoas dignas, com identidade e autoestima", declarou Eliana em uma entrevista naquele mesmo ano. Ao seu lado, a coordenadora de moda, Karina Bressani, reforçava a importância simbólica daquela produção: "A ideia é quebrar paradigmas. Essas pessoas, afastadas da sociedade e fora dos padrões impostos pela moda, são reais e precisam ser humanizadas".

Como a movimentação na penitenciária fugia ao esquema tradicional do dia a dia, o efetivo de policiais penais foi ampliado. Muitos permaneciam de prontidão nas torres de observação, vigiando o pátio com atenção redobrada. Outros circulavam pelas galerias com cassetetes em punho, abordando internas sempre que julgavam necessário. Nada passava despercebido pelo controle de entrada. Produtos de uso pessoal, itens de beleza, adereços cenográficos e alimentos trazidos de fora eram inspecionados com rigor.

O alvoroço dentro da penitenciária de Tremembé cresceu ainda mais quando chegou o momento de as internas trocarem a calça cáqui e a camiseta branca por roupas de festa. Naquele instante, começaram a chegar detentas vindas de diferentes unidades prisionais do estado. Transportadas em viaturas da Polícia Penal – os chamados bondes –, foram conduzidas até o camarim, onde arrumaram o cabelo com secador e fixador. Das visitantes, a que mais chamava atenção era Kadisse Melo, de 28 anos, custodiada na penitenciária de Ribeirão Preto. Esguia, cerca de 1,75 metro de altura, ela vestia um tomara que caia verde-água com babados volumosos e sapatos de salto alto que realçavam sua postura. Da Penitenciária Feminina de Sant'Anna, em São Paulo, veio Heloísa Mamede, de 35 anos, com porte atlético e expressão marcante. Usava um longo verde e preto com gola decorativa, e o cabelo, cuidadosamente escovado, caía sobre os ombros.

Os preparativos dentro de Tremembé anunciavam o início do Miss Primavera, concurso de beleza anual promovido com pompa e *glamour* pela Secretaria da Administração Penitenciária (SAP) de São Paulo. Desde 1995, o certame elege a criminosa mais bonita do sistema penal. Os jocosos apelidaram o título de "Miss Xilindró". Realizado em etapas, o evento começava com seletivas locais e culminava em uma final estadual. Em 2017, essa última fase foi sediada na unidade feminina de Tremembé, com a presença de personalidades ilustres – juízes da execução penal, promotores, funcionários da SAP e, claro, representantes de diversas penitenciárias paulistas. Familiares das internas também compareciam, embora em número reduzido: mulheres presas, diferentemente dos homens, recebem pouquíssimas visitas na cadeia.

O júri do Miss Primavera 2017 era composto por assistentes sociais do sistema penal, duas psicólogas forenses convidadas, um psiquiatra, a dentista da penitenciária e a juíza corregedora dos presídios do Vale do Paraíba, além da interna mais famosa do sistema prisional paulista, Suzane von Richthofen, então com 33 anos. A mestra de cerimônias era a *drag queen* egressa de Tremembé, conhecida como Alvará Delux. Outras detentas ilustres, como Anna Carolina Jatobá (condenada a 26 anos pela morte da enteada, Isabella Nardoni) e Elize Matsunaga (sentenciada a 16 anos por matar e esquartejar o marido), ajudavam a preparar as colegas de galeria para o concurso e ofereciam apoio moral.

Além de eleger a Miss Primavera de todo o sistema penal, o concurso premiava outras categorias, como Simpatia, Plus Size, Garota Revelação e uma das mais festejadas: Mister Tremembé – título dedicado aos homens transexuais custodiados em penitenciárias femininas e às mulheres que se identificavam como lésbicas e apresentavam expressão de gênero masculino, apelidadas na comunidade carcerária de "caminhoneiras", "tanque de guerra" e "trator". Essas chamavam atenção por trocar a calcinha pela cueca e desfilar com traje de gala completo: paletó escuro, camisa branca plissada, sapato social e, muitas vezes, gravata borboleta colorida. Algumas entravam de braço dado com outras internas e assumiam o palco com pose firme, andar largo e olhar direto, arrancando aplausos da plateia. Em 2014, quem venceu a categoria foi Sandra Ruiz, de 34 anos, uma sequestradora conhecida como Sandrão. Na época, ela mantinha um relacionamento estável com Elize Matsunaga. Saiu de Tremembé, transferida de penitenciária em 2017, já namorando Suzane von Richthofen.

Como em toda disputa, o concurso de miss na penitenciária envolvia intrigas, conchavos, comentários venenosos e muita fofoca. As visitantes não toleravam as detentas de Tremembé, conhecida por abrigar pessoas presas por crimes considerados imperdoáveis. As forasteiras Kadisse e Heloísa, por exemplo, estavam condenadas por tráfico de drogas e furto de carro, respectivamente. Já os delitos das internas locais envolviam crimes que até o diabo rejeitava, tamanha a crueldade, grau de violência e peso das penas. Falar disso em público, no entanto, era malvisto. Um código não escrito impunha silêncio durante o evento. Comentários sobre a ficha corrida das candidatas só circulavam à boca pequena. Já as detentas de Tremembé detonavam as visitantes com adjetivos quase infantis, como "cafonas", "feias" e "tábua de passar roupa".

Na disputa pelo título principal, a primeira candidata a surgir diante do público foi Adeilza Maria Santos, de 32 anos, representando a penitenciária de Tremembé. Entrou ao som de "Show das Poderosas", de Anitta, exibindo um sorriso largo e luminoso que revelava dentes cintilantes. Alta, de silhueta fina e feições bem delineadas, vestia um longo azul-petróleo com mangas de renda e corte ajustado ao corpo que acompanhava com leveza seus movimentos cadenciados. O cabelo, preso num coque alto e simétrico, emoldurava o rosto maquiado com batom vermelho-escuro, sombra acetinada, sobrancelhas arqueadas e olhos bem contornados com lápis. Caminhava com passos coordenados e presença marcante, ora encarando os jurados, ora olhando em direção ao portão de entrada, como se equilibrasse a coreografia com a expectativa de ver alguém chegar.

No meio do desfile, a expressão de alegria de Adeilza começou a se desfazer. O olhar antes vívido se perdeu no vazio. Os ombros curvaram-se. Derramou uma enxurrada de lágrimas, borrando toda a maquiagem e deixando um rastro de rímel preto no rosto. Ainda assim, seguiu a performance. Enquanto cruzava o tablado pela última vez, recebia estímulos da plateia, que aplaudia e gritava, bebia refrigerante em copos de plástico e comia doces e salgadinhos. Ao final da travessia fez meia-volta, olhou entristecida para a mesa avaliadora e saiu da passarela cambaleando. O júri, impassível, seguia atento a cada detalhe.

Adeilza não chorava à toa. A candidata esperava receber, naquele dia especial, a visita do filho mais velho, Eduardo, de 18 anos. Desde que fora presa, em 2005, nunca mais tinha visto o menino. Enviava cartas e mais cartas implorando por uma visita. Nunca recebeu resposta. "Ele tinha só 6 anos quando cometi um erro e vim parar em Tremembé. Eu queria que ele visse como estou bonita. Como estou diferente. Como estou digna do perdão dele. Queria ver o rosto dele. Sendo mãe, eu tenho esse direito. Não tenho? Ele nunca me visitou porque era menor de idade e só podia entrar na cadeia com um acompanhante. Mas isso nunca aconteceu, porque a minha família virou as costas pra mim. Só que agora meu filho tem 18 anos. Poderia me visitar sozinho, se quisesse. Tinha esperança de que ele adentrasse atrasado na penitenciária, a tempo de me ver desfilando. Seria um sonho realizado. Quando percebi que meu tempo estava acabando e ele não chegou, comecei a desmoronar", justificou, logo após descer da passarela.

Em Tremembé, Adeilza era uma das presas mais carismáticas. Bem-relacionada e risonha, todo mundo queria estar perto dela. Conseguiu emprego tão logo pisou na penitenciária. Começou na jardinagem e passou pela cozinha, preparando o café da manhã e o almoço das internas. Por mérito, chegou aonde todas queriam estar: na oficina de costura da Fundação Professor Dr. Manoel Pedro Pimentel (Funap). Na oficina, as detentas aprendem corte e costura industrial com foco profissionalizante, capacitando-se para o mercado de trabalho após o cárcere. A atividade laboral na cadeia tem ainda o benefício de abater a pena. Para crimes cometidos antes de 2020, como o de Adeilza, aplica-se a norma mais benéfica prevista na antiga redação da Lei de Execução Penal (Lei nº 7.210/1984): um dia de trabalho equivale a um dia a menos na condenação. Essa lógica foi alterada pelo Pacote Anticrime (Lei nº 13.964/2019), que passou a exigir três dias de trabalho para cada um de remição. No caso de Adeilza, o cálculo anterior continuou valendo, porque uma lei nova não retroage para prejudicar o cidadão. Toda a jornada de Adeilza em Tremembé lhe rendeu 346 dias de remição – quase um ano inteiro reduzido da sua sentença de 16 anos.

Adeilza desceu da passarela amparada pelas amigas. Até as candidatas vindas de outras penitenciárias se comoveram com seu drama familiar. Mas, afinal, o que aquela miss simpática e graciosa fez para estar morando em Tremembé? Seu crime é considerado um dos mais perturbadores da penitenciária.

Quando tinha 21 anos, Adeilza era balconista e vivia em união estável com o autônomo Ricardo Moraes Barbosa, de 32 anos, com quem teve Eduardo. Eles moravam no município de Rio Grande da Serra, na região metropolitana de São Paulo. No início de 2005, o casal se desentendeu e resolveu dar um tempo no relacionamento. Durante a separação de três meses – entre janeiro e março –, ambos se envolveram com outras pessoas, praticando sexo sem compromisso. No início de abril, Ricardo procurou por ela e pediu para voltar. Adeilza quis uns dias para pensar. Depois de uma semana, eles reataram e voltaram a morar juntos após uma segunda lua de mel.

Adeilza sempre foi magra. Em dezembro, Ricardo e a mãe dela, Maria Luiza, perceberam que ela ganhara peso na região abdominal – mas, segundo ela tinha dito à família, não havia possibilidade de estar grávida. Com essa certeza, procurou atendimento no posto de saúde do bairro, e depois em um hospital público. O diagnóstico mencionava um cisto benigno no ovário. De acordo com o médico, essa alteração era comum, o que justificaria o inchaço e até os episódios de enjoo. Dias depois, Adeilza apareceu com um ultrassom nas mãos. A imagem comprovava uma formação cística.

Ricardo descobriu da pior maneira possível que a esposa havia mentido. Às vésperas do Natal de 2005, em uma madrugada, Adeilza dormia ao lado do companheiro quando começou a sentir contrações no ventre. Sem acordá-lo, correu e trancou-se no banheiro. Ele despertou com os gemidos da mulher. Preocupado, bateu à porta:

– Adeilza, está tudo bem? – perguntou.

– Estou com cólica menstrual.

Ricardo se abaixou e espiou pelo buraco da fechadura. A visão era limitada e distorcida, mas foi bastante para deixá-lo em choque: a esposa estava sentada no chão, com o colo banhado em sangue. Ele insistiu:

– Adeilza, abre a porta! Deixa eu te ajudar. Vamos ao médico!

– Não precisa. Já saio!

Contando, ninguém acredita. Adeilza dava à luz de forma clandestina no box do banheiro. O parto, silencioso, passou despercebido por Ricardo. Ao ver sangue no corpo da mulher, ele realmente acreditou se tratar de menstruação e voltou para a cama. Faltavam poucos minutos para as quatro da madrugada, e logo mais ele acordaria para trabalhar. Mas o pior ainda estava por vir.

Dentro do banheiro, Adeilza nem sequer esperou o primeiro choro do recém-nascido, que já repousava em seu colo. Usando a mão direita, ela pressionou a face do bebê com firmeza, tapando-lhe a boca e o nariz. Ainda envolto pela placenta, o pequeno não teve tempo nem de abrir os olhos. Com as vias respiratórias obstruídas, a criança entrou em sofrimento agudo. O corpo reagiu com espasmos curtos e desordenados. Os braços e as pernas se moveram rapidamente, enquanto o tronco enrijecia. A boca se abriu e fechou várias vezes, roçando de leve a palma da mão materna. A pele perdeu coloração, os lábios ficaram arroxeados. Em cerca de dois minutos, os movimentos cessaram. As pálpebras, agora entreabertas, revelavam olhos imóveis. O tórax, instável, ainda tentou duas ou três expansões, sem sucesso. Logo o corpo amoleceu e esfriou. A cabeça tombou de lado. O bebê morreu sem emitir som, sem nome e ainda preso à mãe assassina pelo cordão umbilical.

Logo depois, a infanticida tomou banho e lavou o corpo do filho. Para garantir que a vítima estava morta, Adeilza foi até a cozinha, pegou uma faca comprida e voltou ao banheiro. Fincou a lâmina no tórax do cadáver. Já clareava o dia quando Ricardo, impaciente, bateu com força na porta, dizendo que precisava usar o banheiro. Com o acesso livre, ele entrou, urinou e saiu. O recém-nascido não foi notado porque Adeilza o havia enrolado numa toalha e escondido dentro do cesto de lixo, ao lado do vaso sanitário.

Em seguida, ela pegou o filho e atravessou o quintal até chegar a uma região pantanosa. Cavou uma cova rasa com uma pá de lixo e enterrou o bebê. Na mesma manhã, Ricardo contou à sogra, por telefone, o que vira pela fechadura. Maria Luiza encontrou a filha abatida, na cama. Após uma discussão acalorada, arrastou-a até o Hospital São Lucas. Lá, uma médica constatou sinais recentes de parto. Adeilza, no entanto, sustentou a história antiga: dizia sofrer de um problema ginecológico, diagnosticado meses antes como cisto no ovário.

Desconfiada, a profissional da saúde saiu do consultório e telefonou para a polícia. Pressionada, Adeilza admitiu pela metade, ainda no hospital, o ocorrido no banheiro de sua casa algumas horas antes. "Eu realmente tive um bebê, mas ele nasceu morto", mentiu. A assassina justificou o enterro improvisado como uma forma de evitar burocracia, pois não queria lidar com certidões, cartório, explicações. "Escondi tudo do meu marido para poupá-lo da dor de perder um filho", falseou. Diante da frieza do relato, tanto a médica quanto a mãe passaram a desconfiar de algum desequilíbrio mental.

Na delegacia de Rio Grande da Serra foi registrado o boletim de ocorrência nº 186/2005. Nele, Adeilza sustentava a versão de que o bebê era natimorto. Mas sua história começou a ruir assim que os policiais localizaram o corpo. O recém-nascido apresentava um ferimento visível no tórax e o laudo do Instituto Médico Legal (IML) concluiu que a criança havia respirado após o parto. Os peritos aplicaram um teste conhecido como docimasia hidrostática, que consiste em submergir os pulmões em água para verificar se flutuam. O resultado foi positivo, evidenciando a presença de ar – ou seja, houve vida extrauterina. Outros sinais também apontaram sobrevida mínima. O estômago do bebê estava vazio, sem traços de leite materno, indicando que ele não havia sido alimentado após o nascimento.

Havia apenas resquícios de líquido amniótico, possivelmente engolido ainda no útero, como é comum em recém-nascidos. Isso demonstrava que a criança viveu por alguns instantes, mas morreu antes de receber os cuidados básicos. O cordão umbilical permanecia intacto, e a pele arroxeada reforçava a hipótese de asfixia. A causa da morte foi determinada como obstrução mecânica das vias aéreas. Já a lesão no tórax, provocada por objeto perfurocortante, não apresentava infiltração sanguínea nem reação inflamatória, o que comprovava que o golpe fora desferido depois do óbito.

No dia 13 de janeiro de 2006, Adeilza foi interrogada pelo delegado Marcelo Bianchi Fortunato. A cara de pau da assassina impressionou. Aos policiais, ainda sustentava a versão de que sofrera um aborto espontâneo. Mentiu ao dizer que desconhecia a gravidez até o momento do parto. Alegou ter feito um teste de farmácia após dois meses de atraso menstrual, cujo resultado deu negativo. Continuou a mentir ao afirmar que, em consulta médica, ouviu que apresentava o tal cisto no ovário. Justificou que, como não sentia enjoo, tontura ou outros sintomas típicos da gestação, convenceu-se de que não estava grávida. Faltou com a verdade ao relatar que sentiu uma dor súbita no baixo ventre e que, ao correr para o banheiro, expeliu o bebê prematuro. Disse que desmaiou em seguida e que, ao despertar, viu a criança imóvel. Quando foi questionada sobre a perfuração no tórax do bebê, sugeriu que teria sido feita por outra pessoa em um ritual satânico depois de tê-lo descartado.

No julgamento realizado em 9 de novembro de 2010, no Tribunal do Júri de Ribeirão Pires, presidido pela juíza Maria Gabriela Riscali Tojeira, Adeilza, enfim, falou a verdade. Interrogada diante dos jurados, confessou: "Eu sabia da gravidez. Fingi estar doente porque não queria perder meu marido. Descobri a gravidez após a gente reatar e o filho não era dele. Era do meu amante. Entrei em pânico. Fiz tudo por amor ao meu marido. Inventei a história do cisto e mostrei um exame sem nome, que ninguém conferiu. Quando senti que o bebê ia nascer, eu queria sumir. Enganei todo mundo e agora vou carregar isso pro resto da vida", declarou.

A miss Tremembé foi condenada a 16 anos de prisão por homicídio duplamente qualificado – por motivo torpe e mediante asfixia. A promotoria sustentou que o assassinato teve como motivação o desejo de ocultar a origem da gravidez, resultado de um relacionamento fora do casamento. Já o bebê não chegou a ser registrado em cartório com nome próprio. Para fins legais, foi identificado apenas como "recém-nascido do sexo masculino, filho de Adeilza Maria Santos e pai desconhecido". O corpo foi removido pelos peritos e levado ao Instituto Médico Legal, onde foi emitido o laudo de óbito. Não há nos autos registro de sepultamento. Pelos cantos da penitenciária, Adeilza ainda chorava por causa do abandono familiar.

Miss Monstro

Disputando o título de Miss Plus Size, subiu à passarela de Tremembé Regina Aparecida Costa, de 36 anos, com cabelos escuros na altura da nuca, olhos inquietos e um sorriso dominante. Com o corpo avantajado, optou por um vestido avermelhado de tecido esvoaçante, com mangas amplas de crepe que suavizavam o volume dos braços. O corte reto e confortável lhe dava liberdade para caminhar com naturalidade. As unhas, pintadas de vermelho-sangue, combinavam com o batom terracota e os brincos de acrílico. Desfilava com firmeza, pois o carisma ali pesava mais que a beleza, algo raro naquela figura de alma doente. A cada passo, a candidata lançava olhares para os jurados, acenava para a plateia e distribuía sorrisos no varejo, na busca por uma coroa. A miss dava tudo de si, mas ela tinha pouco a oferecer.

A bem da verdade, era um disparate Regina concorrer a algum título do concurso, sob qualquer pretexto de ressocialização, a não ser que houvesse a categoria Miss Monstro Tremembé. Natural de Araraquara, ela cumpria pena de vinte anos por ter prostituído a própria filha, de 11 anos. Segundo o Ministério Público, Regina obrigava a menina a manter relações sexuais com homens adultos dentro da própria casa, no município de Monte Aprazível, noroeste de São Paulo. A primeira dessas relações foi com seu namorado, o pedreiro Marco Marques de Souza, de 24 anos, apelidado de "Trem". A mãe fechou um acordo para receber 50 reais a cada sessão de sexo do rapaz com a filha.

Regina trabalhava como coletora de látex num seringal. Certo dia, Marco foi até o emprego da namorada e se declarou apaixonado pela enteada, iniciando um conflito com a mãe, que dizia amá-lo. Para não perder o namorado nem o "negócio", a seringueira propôs que o jovem se mudasse para a casa dela. Assim, Marco "namoraria" as duas. Em troca, o pedreiro passaria a sustentar a família. Nas primeiras semanas, o homem alternava as noites. Numa dormia com a mãe, noutra abusava da filha. Por vezes levava comida, pagava contas e garantia dinheiro para a cocaína de Regina.

Passados alguns meses desse arranjo criminoso, Marco saiu de casa, alugou um barracão e foi morar somente com a menina. Numa visita inesperada da mãe dele, Cleide Souza, houve uma ameaça. A senhora disse categoricamente que, se o filho não levasse a menina imediatamente de volta para Regina, ela iria à delegacia fazer uma denúncia. Apavorado, "Trem" devolveu a menor e passou a fazer visitas "combinadas", sempre mediante pagamento.

Com a filha por perto, Regina começou a agenciá-la para outros homens, dentro e fora de casa. Era comum a criança ser vista na companhia da mãe em bares e casas noturnas de reputação duvidosa de Monte Aprazível, negociando programas. Em alguns casos, ela mentia dizendo que a filha tinha 16 anos. A coitada também era obrigada a fazer sexo por telefone com homens que queriam apenas "conversar".

Quando descobriu que a garota estava fazendo programas com diversos clientes, enciumado, Marco procurou Regina propondo exclusividade, mediante uma oferta maior em dinheiro. A criança suplicou à mãe "pelo amor de Deus" para não fazer mais sexo, "pelo menos por um tempo", pois sentia fortes dores. Ouviu como justificativa que o aluguel da casa estava atrasado e havia iminência de despejo. "A nossa moradia depende do seu trabalho", justificou a mãe.

Em outra ocasião, a criança apresentou sangramento durante as relações sexuais com adultos e voltou a pedir à mãe para largar a prostituição forçada. Dessa vez, Regina a espancou violentamente e ainda ameaçou expulsá-la de casa. "Aqui todo mundo tem de trabalhar", sentenciou a cafetina. Sem saída, a vítima continuou se submetendo às ordens da mãe por longos dois anos.

No dia 4 de maio de 2010, o horror ganhou proporções inacreditáveis. Na época da colheita em canaviais, chegou à cidade um ônibus com dezenas de colonos para trabalhar nas plantações das redondezas. Por serem forasteiros, os cortadores de cana eram chamados pelos nativos de "gringos". Regina pegou a filha pelo braço e a levou até o barracão onde os boias-frias pernoitavam. Com medo de morrer durante um estupro coletivo, a garota deu um jeito de escapar.

No dia seguinte, a criança resolveu dar um basta na vida degradante que levava. Acordou antes da chegada do primeiro cliente e caminhou sozinha até o Conselho Tutelar. Lá ela contou à conselheira Ângela Cristina de Araújo Rosa que era estuprada de forma contínua, forçada pela mãe.

A denúncia por si só já era chocante, mas ganhou contornos ainda mais dramáticos porque a menina estava com uma boneca de pano. Rapidamente, Regina e Marco foram presos. A guarda da vítima ficou com a avó materna, Idalina Martins Veiga.

Na delegacia, a denúncia se consolidou com exames médicos, estudo psicossocial, depoimentos de vizinhos e de assistentes sociais. Regina, em juízo, afirmou que prostituía a filha porque estava na miséria. Marco foi mais ousado. Justificou o crime dizendo que amava a vítima e que pretendia até se casar com ela.

No laudo do IML, ficou atestado que a menina apresentava "rotura himenal incompleta não recente". Na linguagem técnica, isso significa que o hímen já havia sido parcialmente rompido em data anterior ao exame, não sendo uma lesão recente. Esse tipo de achado é compatível com abuso sexual repetido ao longo do tempo, como no caso da filha de Regina, violentada continuadamente por dois anos.

No processo penal da criminosa (nº 0002753-41.2010.0369), há uma bizarrice no procedimento de oitiva da vítima. Em 11 de agosto de 2010, aos 12 anos, a criança foi submetida a um depoimento formal na delegacia do município de Adolfo (SP). Precisou responder diretamente a um delegado sobre como ocorriam os abusos sexuais. Embora a avó Idalina estivesse presente, o adequado teria sido realizar uma escuta especializada ou um depoimento especial, conduzido por profissional capacitado, como uma psicóloga ou uma assistente social, em ambiente protegido e com metodologia apropriada à idade e vulnerabilidade da vítima. Esses cuidados minimizariam o impacto dos traumas vividos por ela. No documento policial, consta a assinatura da garotinha como "declarante" e da avó como "responsável legal".

A ida da menina à delegacia, além de humilhante, mostrou-se ainda mais desnecessária, já que ela havia prestado relatos semelhantes um mês antes a duas assistentes sociais designadas pela Justiça a pedido do Ministério Público. À luz do Estatuto da Criança e do Adolescente (ECA), o ato foi inadequado. Os artigos 18 e 100 já previam, na época, o dever do Estado de assegurar dignidade e respeito à menor de idade, protegendo-a de qualquer tratamento constrangedor ou vexatório.

Julgados na 2ª Vara Judicial da Comarca de Monte Aprazível, a miss Tremembé e o "Trem" foram condenados pelos crimes de estupro de vulnerável, concurso de pessoas e crime continuado com agravante por envolver criança. Na sentença condenatória, o juiz Leonardo Grecco explicou como a conduta dos réus configurou uma dinâmica perversa de exploração reiterada, sustentada pela vulnerabilidade absoluta da vítima e pela quebra do vínculo de confiança imposto pela maternidade. O estupro de vulnerável ficou caracterizado porque a vítima tinha apenas 11 anos no início das agressões sexuais. O crime continuado se aplicou pela reiteração sistemática dos abusos ao longo do tempo, em um mesmo contexto de violência. O concurso de pessoas ficou evidenciado na participação ativa da mãe nos atos, tanto ao permitir o acesso do namorado à filha quanto ao facilitar a convivência e agenciar outros encontros com finalidade sexual. A agravante de ascendência foi aplicada justamente porque Regina era a mãe da vítima. Ambos foram punidos com vinte anos de prisão em regime fechado – uma pena até baixa para o tamanho da violência contra uma criança, capaz de comprometer o seu desenvolvimento.

Em Tremembé, Regina não era flor que se cheirasse. Em 2015, cumprindo pena no regime fechado, ela namorava a presa Nicole de Almeida Chagas. Ambas estavam confinadas na cela 8, apelidada internamente de "gaiola do amor". Esse local, dentro da penitenciária, era reservado exclusivamente às custodiadas que formalizassem na administração o relacionamento sério com outra detenta. No espaço, casais homoafetivos tinham autorização para dividir a mesma cama, que ainda contava com o luxo de uma cortina para proporcionar privacidade, apetrecho apelidado pelas criminosas de "come quieto". Na época, Regina e Nicole compartilhavam o mesmo colchão nesse alojamento especial.

Foi nesse contexto que Regina começou a desconfiar de que Nicole estivesse flertando com outra interna, Thamires Ágata dos Santos Trindade Vicente. As supostas investidas amorosas aconteciam tanto na "gaiola do amor" quanto durante o banho de sol, no pátio externo. Em decorrência dessa suspeita, Regina e Nicole discutiam constantemente. Os bate-bocas geralmente eram interrompidos pelas policiais penais, que ameaçavam levá-las à solitária, cela de isolamento disciplinar, conhecida popularmente como "pote".

Certa vez, Regina flagrou Nicole e Thamires cochichando e rindo no corredor da galeria. Num ímpeto, ela arremessou um ventilador de mesa nas costas da parceira. A confusão levou a agressora a ser recolhida no "pote" por quinze dias. Durante esse período, Nicole deu um jeito de ir até lá e aproveitou para terminar o relacionamento com a cafetina através das grades. Após o rompimento, ambas perderam o privilégio de permanecer na "gaiola do amor", retornando às celas comuns.

Cerca de um mês depois, Regina novamente flagrou Nicole em situação que considerou suspeita com Thamires. Em outro acesso de raiva, avançou sobre a rival, agredindo-a com socos, chutes e puxões de cabelo, chegando a arrastá-la pelo chão, segurando-a pela calça. O episódio resultou em uma investigação disciplinar realizada pelas policiais penais de Tremembé, na qual Regina foi considerada culpada e foi punida com a perda de sessenta dias de remição de pena conquistados com o trabalho como costureira na oficina da Funap. Nicole e Thamires, em depoimentos oficiais na sindicância, afirmaram que nunca tiveram um relacionamento amoroso, mantendo apenas amizade. No entanto, um ano depois, as duas estavam dormindo agarradinhas no mesmo beliche, camufladas pelo "come quieto".

Segundo os laudos anexados ao processo de execução penal, Regina apresentava traços de personalidade marcados por impulsividade, dependência emocional e ausência de autocrítica. O parecer psiquiátrico forense do dr. Leandro Gavinier classificou-a como portadora de transtorno de personalidade do tipo misto (CID-10: F61), diagnóstico aplicado quando há características sobrepostas de diferentes transtornos, como o antissocial e o dependente. No exame, Regina demonstrou afeto pouco ressonante, ausência de reações emocionais espontâneas e rigidez para refletir sobre as próprias condutas. Embora não utilizasse o termo "psicopata", o laudo descrevia traços compatíveis com essa condição: frieza diante de crimes graves, negação persistente da responsabilidade pelo que aconteceu com a filha e dificuldade de demonstrar empatia. A avaliação médica indicava ainda uma tendência a manipular os fatos em benefício próprio e um funcionamento afetivo empobrecido. Sua estrutura psíquica, embora funcional na prisão, exigia atenção contínua, sobretudo pela incapacidade de acessar sentimentos de culpa ou de estabelecer vínculos baseados na confiança. A uma psicóloga da penitenciária, Regina disse que, em liberdade, sua primeira atitude seria procurar pela filha e pedir perdão.

Corpo em chamas

A candidata seguinte a mostrar toda a sua graça no desfile de Tremembé foi Tatiana Ferreira Lozano, de 32 anos. Com 1,65 metro de altura, concorreu ao título de Miss Revelação. Recém-chegada à penitenciária, usava um vestido tomara que caia cor de cereja, com saia godê em camadas de tule leve, estruturado para valorizar a silhueta. O busto ajustado criava um efeito de ampulheta, marcando o contorno do tronco. Os cabelos pretos e bem lisos estavam presos num rabo de cavalo alto com finalização polida, destacando as linhas do rosto. Tatiana iniciou a caminhada com passada firme, mantendo o queixo nivelado e o olhar frontal. No centro da passarela, girou sobre o próprio eixo em um pivô limpo, retornando com leve balançar dos quadris e os braços bem posicionados ao longo do corpo. A maquiagem seguia a paleta do traje, com batom rosado e sombra dourada cintilante. Ao final do trajeto, parou em meia-ponta, posou com a mão na cintura e lançou um sorriso lateral para os jurados. Em seguida, a mestra de cerimônias se aproximou com o microfone e fez a pergunta clássica: "Quem você mais ama neste mundo?". Ela respondeu de pronto: "Meus filhos. Meu marido. Minha família".

Durante a inscrição para o concurso, Tatiana foi questionada por uma assistente social sobre os motivos de sua participação. Respondeu que havia anos não via o marido, Alex Canteli Pereira, de 33 anos, um operador de colheitadeira por quem ainda era apaixonada e com quem teve um filho, então com 5 anos de idade. "Quando soube que as candidatas seriam fotografadas, pensei que seria ótimo se eu aparecesse bem-vestida, sem esse uniforme horroroso. Quem sabe, me vendo arrumada, o Alex volta para mim. É tudo que eu mais quero na vida", declarou.

Funcionária da cozinha de Tremembé, Tatiana trabalhava em um supermercado antes de ser presa, no município de Cravinhos, na região metropolitana de Ribeirão Preto. Além do garotinho de 5 anos, ela era mãe de Itaberli Lozano Rosa, de 17 anos. Segundo parentes, sua relação com o filho mais velho foi amorosa durante toda a infância. Na pré-adolescência, as coisas começaram a mudar. "A partir dos 11 anos, ele começou a se comportar feito menina, causando vergonha na família", comentou Tatiana.

Com 12 anos, Itaberli pegou a maquiagem da mãe às escondidas e passou no rosto. Gostava de batom rosa-clarinho. Aplicava nos lábios e espalhava pelo rosto para adquirir aparência de boneca. Depois, se olhava no espelho e sorria para si mesmo, encantado com a própria imagem. Aos 14, pediu uma Barbie de presente de Natal. Tatiana explicou que meninos brincam com armas de fogo e meninas com fogão e panelinhas. Deu a ele uma metralhadora que acendia luzes de LED quando disparada. O adolescente fez cara feia quando viu o brinquedo.

Para ganhar bonecas, Itaberli teve uma ideia genial. Como era bastante popular na escola, esperou a professora de Matemática sair e foi até a frente da sala. Anunciou que fazia trabalho voluntário num abrigo para meninas e pediu doações de brinquedos para entregar a elas. No dia seguinte, seus colegas lhe deram vinte bonecas usadas, de todo tipo e tamanho – entre elas, Suzi, Fofolete e Moranguinho. O garoto fez uma triagem e ficou com as melhores.

Em casa, escondeu as bonecas dentro de uma caixa no fundo do guarda-roupa, para que a mãe não visse. Para brincar, trancava a porta do quarto. Uma semana depois, foi descoberto por acaso. A mãe de um colega encontrou Tatiana no salão, fazendo as unhas, e comentou sobre a generosidade do filho ao recolher bonecas para meninas carentes. Enfurecida, a mulher foi até o quarto do jovem e flagrou a coleção. Fez uma pilha no quintal, despejou álcool e incendiou tudo, até o plástico derreter por completo. Quando Itaberli viu suas bonecas carbonizadas, disse que fugiria de casa. Tatiana tentou explicar mais uma vez que aquilo não era brincadeira de garotos. "E se eu for uma menina?", perguntou o filho. "Se você for uma menina, saia de casa, porque não sou mãe de veado", disparou.

Com o tempo, os conflitos entre mãe e filho por causa da sexualidade dele foram se intensificando. Quando completou 15 anos, Itaberli chamou Tatiana para uma conversa. Sem rodeios, anunciou que era gay e que estava namorando um rapaz da mesma idade. "Não aceito! Arrume suas coisas agora e vá para a casa da sua avó. Só volte aqui quando você se tornar homem", ordenou. Aos prantos, o jovem pegou algumas mudas de roupa e obedeceu à mãe. Na saída, fez questão de dizer que a amava.

Duas semanas depois, Itaberli voltou para visitá-la na hora do almoço. Disse que sofria por estar longe da família. Durante esse tempo, publicou diversas mensagens nas redes sociais sobre a dor que sentia. Na conversa com a mãe, tentou explicar que sua orientação sexual não era uma escolha, mas uma característica imutável. Tatiana propôs um acordo: ele poderia voltar para casa, desde que reprimisse o desejo por homens – o que ela chamava de "pecado". Exigiu ainda que não demonstrasse nenhum traço considerado feminino. Com muito esforço, Itaberli aceitou as condições e retornou ao lar.

Nos primeiros dias, a convivência entre mãe e filho foi harmoniosa. De dia, Itaberli levava meninas para casa e se trancava com elas no quarto, o que deixava Tatiana orgulhosa. Às vezes, sentava-se no sofá com alguma garota e lhe dava beijos de novela diante de todos. Mas aquilo era apenas encenação. De madrugada, quando a casa estava em silêncio, ele recebia garotos às escondidas. Entravam na ponta dos pés, iam direto para o quarto, transavam e saíam antes de o dia clarear.

Numa dessas visitas, Itaberli foi flagrado. A mãe pegou um fio de cobre e deu-lhe tantas chibatadas que arrancou-lhe sangue das costas. Enquanto batia, Tatiana pedia a Deus que expulsasse o demônio do corpo do filho. No dia seguinte, com ferimentos graves, o jovem voltou mais uma vez para a casa da avó.

Dessa vez, com saudade, Tatiana foi buscá-lo. Os dois fizeram mais um acordo. Itaberli prometeu, pela segunda vez, que jamais faria sexo com homens. A avó ainda tentou alertá-lo sobre aquela promessa impossível de ser cumprida no plano terreno. Os dois voltaram para casa, e por meses ele realmente não se relacionou com ninguém, fossem garotos ou garotas.

Em maio de 2015, Itaberli tinha 16 anos. Para exercer sua sexualidade longe dos olhos da mãe, seguia com amigos de ônibus de Cravinhos para Ribeirão Preto, percorrendo 27 quilômetros até a cidade vizinha. Lá ele frequentava bares e boates voltados ao público gay. Os amigos o aconselhavam a sair de casa para se livrar da mãe opressora. "Essa solução seria a mais acertada, se não fosse pelo amor que sinto pela minha família. Por incrível que possa parecer, eu amo a minha mãe e meu irmão mais novo. Gosto até do meu padrasto. Sem uma família, fico com a sensação de não pertencer a lugar algum", dizia Itaberli aos amigos de noitada.

Certa vez, Tatiana chamou o filho para mais uma conversa séria. Tentou explicar que também o amava. A implicância com a sexualidade dele era, segundo ela, um cuidado excessivo – no interior, argumentava, a discriminação era mais intensa, muitas vezes acompanhada de violência. Esconder a condição gay seria, portanto, uma forma de sobrevivência. Para reforçar seu argumento, mostrou ao filho recortes de jornais com notícias sobre homossexuais brutalmente assassinados, vítimas de homofobia. "Tenho medo que você dê em cima de um homem heterossexual e ele revide batendo em você. Leia essas reportagens para ver como estou certa", pediu. "Mãe, o mundo não é mais assim. Muita coisa está mudando. Nunca fui vítima de discriminação na cidade", argumentou.

Como Itaberli fez pouco caso dos recortes, Tatiana decidiu colocar um plano em prática. Contratou cinco jovens por 500 reais e ordenou-lhes que espancassem o filho no meio da rua. Durante a surra, os agressores deveriam deixar claro que ele apanhava por ser gay. No momento da contratação, Tatiana fez um pedido: "Batam bastante nele, mas não o suficiente para ele ficar de cama, pois não tenho tempo de cuidar de gente doente".

No dia 2 de outubro, Itaberli caminhava pela calçada da Avenida Pedro Duarte Amoroso quando foi surpreendido por cinco homens em motos. Um deles lhe deu uma rasteira e o derrubou no chão. Em seguida, ele levou uma série de chutes, inclusive na cabeça. Durante o espancamento, um dos agressores gritou: "Vira homem, seu veadinho!". Um segundo elemento puxou uma arma e apontou para a cabeça do jovem, que começou a chorar. Por fim, ele foi jogado dentro de uma boca de lobo, onde quase morreu afogado. Chegou em casa todo machucado. Diante da dor, deu razão à mãe. Pediu que fosse levado à delegacia e a um hospital. "Você viu o rosto deles?", perguntou o padrasto. "Não. Estavam usando capacete", respondeu Itaberli. "Então não adianta nada", concluiu Tatiana.

À medida que os dias passavam, Itaberli assumia cada vez mais a identidade de gênero feminino e passou a usar roupas extravagantes e coloridas, o que intensificava o incômodo da mãe – já assumidamente homofóbica diante de colegas de trabalho, amigos e vizinhos. Nos almoços de família, com a mesa cheia de parentes, Tatiana olhava para o filho e disparava comentários escabrosos: "Prefiro ver meu filho morto do que desfilando por aí de mãos dadas com um homem", "Você é uma aberração que eu pari por engano", "Se eu soubesse que você seria veado, teria abortado na primeira semana", "Se te pegar olhando pra homem de novo, eu arranco esse olho com uma colher", "Cada vez que você fala desse jeito, tenho vontade de vomitar", "Teu jeito me dá nojo, parece uma mulher com defeito". Todos riam, enquanto Itaberli chorava por dentro.

Em dezembro de 2016, Tatiana teve mais uma conversa séria com o filho. Em tom dramático, pediu que ele saísse de casa definitivamente. A avó paterna já havia oferecido um quarto ao neto, à disposição para quando quisesse se livrar dos ataques da mãe. Como a violência seguia em escalada, o jovem decidiu aceitar a mudança. Saiu com poucas roupas, dizendo que voltaria depois para buscar o restante de seus pertences. Mal cruzou a porta, Tatiana entrou no quarto e iniciou uma inspeção minuciosa. Debaixo do colchão ela encontrou duas edições antigas da extinta revista *G Magazine*, com o ex-deputado federal Alexandre Frota e o ator Mateus Carrieri nus. No fundo do guarda-roupa, deparou com uma caixa que guardava um pênis de borracha, vibradores, um plugue anal, duas cuecas do tipo *jockstrap* (modelo que deixa os glúteos à mostra, originado no universo esportivo e apropriado pela estética gay) e um *harness* de couro (conjunto de tiras com origem fetichista, associado à subcultura *leather* e à liberdade sexual *queer*).

Inconformada com a descoberta, Tatiana acionou outra vez um grupo de rapazes para dar uma sova no próprio filho. Ofereceu dinheiro a dois estudantes – Victor Roberto da Silva, de 19 anos, e Miller da Silva Barissa, de 18. A dupla recrutou uma adolescente de 15 anos como cúmplice. Itaberli vivia na casa da avó. Fingindo arrependimento, Tatiana ligou para ele dizendo estar sensibilizada pelo clima festivo de fim de ano. Jurou amá-lo incondicionalmente e afirmou ter decidido aceitá-lo como ele era. Disse que queria reatar a relação e tê-lo de volta em casa. Sem suspeitar da emboscada, Itaberli aceitou retornar naquele mesmo dia. O plano era simples. Os três se esconderiam no quintal. Tão logo a vítima entrasse, seria espancada.

Na noite de 29 de dezembro, Itaberli chegou em casa animado, imaginando que passaria o *réveillon* com a família. Ainda na calçada, abraçou a mãe e prometeu conter o comportamento que ela considerava inadequado. Assim que passou pelo portão e entrou na garagem, foi atacado. Victor e Miller desferiram golpes no rosto da vítima, quebrando seus dentes incisivos. Enquanto isso, a adolescente aguardava no quintal. Em seguida, os dois o derrubaram e o cobriram de pontapés. Durante a investida, Itaberli conseguiu se levantar e correu tropeçando para dentro da casa. Ao ver Tatiana parada no corredor, suplicou por socorro: "Mãe, eles vão me matar! Me ajuda!", gritou, com a boca empapada de sangue. Ela permaneceu imóvel, sinalizando com o olhar para que a violência continuasse.

Os rapazes derrubaram Itaberli mais uma vez, agora no chão da sala. Começaram a atacá-lo com força, mirando o abdômen, as costelas, o tórax. Um golpe acertou o fígado. Outro, o baço. O organismo do jovem começou a entrar em colapso. O sangue se acumulava internamente, provocando queda da pressão e dificuldade respiratória. Ele se encolhia, mas os agressores não paravam. A cada impacto, o corpo era empurrado alguns centímetros adiante, como se fosse um saco de batatas. O deslocamento prosseguiu pela sala, atravessou o corredor e só parou no quarto dele. O coração da vítima acelerava para compensar a queda de oxigenação. A visão começou a escurecer. Um dos golpes atingiu o tórax e rompeu a pleura. O sistema respiratório entrou em colapso.

Sobre o tapete, Itaberli gemia baixo, trêmulo, com os olhos semiabertos. A pele começava a empalidecer. Ele tentou mexer a mão, mas os dedos não respondiam. A consciência começou a falhar. Ainda assim, escutou o som da gaveta da cozinha sendo aberta. Tatiana entrou no quarto com uma faca de corte. Ao perceber a arma branca nas mãos da assassina, Victor e Miller saíram da casa. Ela agachou-se lentamente ao lado do filho e, em transe, fez carinho no cabelo dele. O corpo já estava em pré-choque. O cérebro operava com reserva mínima de oxigênio.

Naquele momento, deitado no chão em posição fetal, Itaberli soube que era o fim da linha. Tossiu três vezes, engasgando-se com o próprio sangue. Murmurou num fiapo de voz: "Apesar de tudo, mãezinha, eu te amo". Tatiana segurou o queixo do filho e virou-lhe o rosto de um lado para o outro, como quc buscando o ponto exato. Em seguida, cravou a faca no pescoço dele. Uma. Duas. Três vezes. A primeira perfurou a jugular. A segunda atingiu a traqueia. A terceira se aprofundou na artéria carótida. O sangue verteu pelo piso de taco, formando uma poça vermelha densa ao redor do cadáver. Tatiana permaneceu ajoelhada até o corpo esfriar. Depois se levantou, apagou a luz do quarto e foi lavar as mãos.

No quarto ao lado, o marido da assassina dormia o sono dos anjos. Eram quase três da madrugada quando Tatiana acordou o companheiro, Alex. A forma como ela comunicou a morte do filho é surreal, conforme consta dos autos do processo penal nº 635-17.2017.8.26.0153. O diálogo a seguir foi extraído desses documentos:

– Amor, acorda! Acorda! Fiz uma cagada!

– O que foi? – quis saber Alex.

– Matei o Itaberli! Preciso da sua ajuda para jogar o corpo fora!

– O quê?!

– Não aguentava mais ele! – justificou Tatiana.

Atordoado, Alex foi até o quarto conferir se o enteado realmente estava morto. Tapou o nariz para se livrar do cheiro intenso e ferroso de sangue coagulado. Abriu a janela para tentar arejar o ambiente. O corpo de Itaberli permanecia imóvel, com os olhos entreabertos e vidrados; a pele já começava a enrijecer. Da área externa da casa, Victor e Miller espiaram para dentro do quarto pela janela, também confirmando a morte do jovem. "Tia, cadê o nosso dinheiro?", cobrou um deles. "Vocês passaram do ponto. Não era para matá-lo. Era só para dar um susto", rebateu Tatiana, prometendo o pagamento para depois. O menor de idade, ao se aproximar, a encarou firme:

"Passamos do ponto? Tá de brincadeira, né? Eu vi a senhora esfaqueando seu filho no pescoço". Em seguida, o trio foi expulso da casa.

Sozinho, Alex enrolou o corpo de Itaberli no mesmo edredom que o cobria enquanto dormia, pouco antes de ser acordado pela esposa. Tentou colocá-lo no porta-malas de seu Volkswagen Gol vermelho, mas, por causa da rigidez cadavérica, o morto não se ajustava ao espaço. Ainda por perto, Victor e Miller notaram a dificuldade do motorista em se livrar do corpo e ofereceram ajuda em troca de mais dinheiro. A solução encontrada pelos três foi abaixar completamente o encosto do banco do passageiro e deitar o corpo ali. Enquanto isso, Tatiana limpava o chão do quarto com Veja Multiúso e água, tentando apagar qualquer vestígio de sangue.

Ato contínuo, Tatiana assumiu o volante do Gol. Alex sentou-se no banco traseiro e Victor e Miller foram orientados a desaparecer. Pouco antes de amanhecer, o casal deixou Cravinhos pela Avenida Pedro Duarte Amoroso, seguiu pela Rodovia Altino Arantes (SP-351) e, após alguns quilômetros, acessou uma estrada vicinal de terra batida. O caminho sinuoso cortava áreas rurais e plantações até atingir a entrada da Fazenda das Flores, na zona rural de Ribeirão Preto. Ali eles pararam o veículo próximo a um canavial. Alex e Tatiana tiraram o corpo de Itaberli do carro e o jogaram entre os pés de cana. Em seguida, voltaram para casa.

No dia seguinte, Tatiana e Alex trabalharam normalmente. Ele foi para uma fazenda operar a colheitadeira e a assassina seguiu para o supermercado Mialich, onde havia sido recentemente promovida ao cargo de gerente. À noite, deitaram-se como se o dia tivesse sido comum. No meio da madrugada, alguém bateu à entrada da casa. Tatiana acordou sobressaltada. A residência estava toda escura. Alex dormia um sono tão profundo que roncava feito um porco.

A passos curtos, ela seguiu até a sala e parou diante da porta para conferir se ainda havia alguém do lado de fora. As pancadas se repetiram três vezes de forma ritmada, como se quisessem anunciar a chegada numa sintonia. "Quem é?", perguntou Tatiana, sem abrir. "Mãezinha, sou eu. Itaberli. Abre para eu entrar. Quero conversar com a senhora." Apavorada e ao mesmo tempo curiosa, ela abriu somente a janelinha. Quase caiu para trás quando viu o rosto do filho em estado de putrefação, deformado pelo ataque de animais. Tatiana soltou um grito de horror tão estridente que até os vizinhos ouviram.

Alex deu três bofetadas no rosto da esposa para acordá-la do pesadelo. "Esse veado não vai me deixar em paz nem depois de morto!", esbravejou

Tatiana. Fora de si, a assassina trocou de roupa, entrou no carro com o marido e seguiu até o canavial onde havia desovado o cadáver do filho. Parte dele, de fato, já tinha sido consumida por animais. Tatiana pegou um galão e uma mangueira e retirou quase dez litros de gasolina direto do tanque do automóvel, usando a boca para fazer a primeira sucção. Coube a Alex despejar o líquido inflamável sobre os restos mortais e acender um fósforo. Em poucas horas, o corpo do jovem virou cinzas.

No dia seguinte, a avó paterna de Itaberli ligou para Tatiana querendo notícias do neto. A mãe afirmou que não via o filho havia uma semana. Para dar credibilidade à farsa, foi até a delegacia de Cravinhos e registrou um boletim de ocorrência comunicando o desaparecimento. Cínica, ainda saiu à procura dele pela vizinhança e na casa de colegas da escola. Mas a máscara não se sustentou por muito tempo. Trabalhadores rurais encontraram os restos mortais de Itaberli no canavial e acionaram a polícia. Dias depois, Tatiana já era o principal nome na lista de suspeitos. Uma perícia no celular dela revelou em detalhes a trama macabra para matar o próprio filho.

Tatiana e Alex foram presos em 11 de janeiro de 2017. Na delegacia, ela confessou ter matado por se sentir ameaçada. "Eu pedia para ele não levar homens em casa por causa do meu filho pequeno, mas era comum acordar de madrugada com estranhos de cueca andando por ali", sustentou. Quando julgada pelo Tribunal do Júri, mudou de versão: alegou legítima defesa. Disse que Itaberli a agredia, fazia ameaças constantes e até exigira ganhar uma arma de fogo como presente de aniversário. Ao longo das investigações, apresentou ao menos cinco relatos diferentes. Em alguns, admitia o crime. Em outros, transferia a culpa para os jovens que espancaram o filho. Victor e Miller, por sua vez, culpavam unicamente a mãe.

Na fase de inquérito, Alex tentou livrar Tatiana da responsabilidade. Disse que Victor e Miller haviam sido contratados apenas para dar um corretivo no garoto, mas passaram dos limites e o esfaquearam. No julgamento, no entanto, botou o assassinato todo na conta da esposa. Alegou que apenas ajudou a ocultar o cadáver por medo e para proteger a família. "Fiz tudo por amor à minha esposa e para garantir a segurança do meu filho pequeno", justificou. O "tudo", nesse caso, foi queimar o corpo do enteado num canavial um dia depois da desova.

Para o advogado de defesa da assassina, Hamilton Paulino Pereira Júnior, Tatiana foi empurrada ao limite por um filho que a aterrorizava dentro da própria casa. Relatou que Itaberli já havia ameaçado matar o irmão caçula, o que não era verdade. Ainda segundo o defensor, o jovem manipulava a mãe emocionalmente e a chantageava com exigências constantes. Hamilton reiterou que os dois rapazes convocados pela sua cliente não foram chamados para matar, mas apenas para dar "um corretivo". O advogado também acusou o esposo de Tatiana de traição processual, ao romper a estratégia combinada no dia do julgamento. No júri, surpreendentemente, Alex responsabilizou unicamente Tatiana. Por fim, o criminalista rejeitou a tese de homofobia: "Ela nunca teve problema com a sexualidade do filho. O que havia era medo. Medo de ser morta dentro de casa", defendeu. Quando questionado sobre quem desferiu as três facadas no pescoço da vítima, respondeu com um simples: "Sei lá".

Em 2016, ano em que Itaberli foi assassinado, o Brasil bateu um recorde de mortes violentas de pessoas LGBTQIA+. Foram 343 registros, segundo levantamento do Observatório da Violência do Grupo Gay da Bahia, uma das organizações não governamentais mais antigas e respeitadas do país no monitoramento de crimes motivados por orientação sexual e identidade de gênero. A média era alarmante, com uma morte a cada 25 horas.

A situação se agravou em 2017. O mesmo observatório contabilizou 445 mortes, sendo 387 homicídios e 58 suicídios ligados a contextos de violência contra pessoas LGBTQIA+. Foi o maior número já registrado desde o começo da série histórica, iniciada nos anos 1980. A frequência das mortes aumentou, com uma vítima a cada 19 horas – um salto de quase 30% em relação ao ano anterior. Era o auge de uma escalada de ódio sem precedentes.

Os números oscilaram nos anos seguintes, mas permaneceram em patamares inaceitáveis. Em 2023, o observatório registrou 257 mortes violentas, número inferior ao de 2016 e 2017, mas ainda preocupante. A média nacional era de uma morte a cada 34 horas. Em 2024, a curva voltou a subir. Foram 291 mortes, um aumento de 13,2% em relação ao ano anterior. A média piorou para uma morte a cada 30 horas. A maior parte das vítimas era composta por homens gays, travestis e mulheres transexuais assassinados com arma branca ou de fogo, muitas vezes dentro da própria casa ou em via pública. Menos de um terço dos casos teve autoria conhecida.

Dados paralelos reforçam o mesmo alerta. O Anuário Brasileiro de Segurança Pública, que utiliza registros formais das polícias estaduais, apontou 214 assassinatos de homossexuais e transexuais em 2023. O aumento foi de 42% em comparação com 2022, quando houve 151 mortes. Os casos de lesão corporal contra pessoas LGBTQIA+ subiram 21%, enquanto os estupros aumentaram 40,5%. Os registros de injúria por homotransfobia, enquadrada na Lei do Racismo desde 2019 por determinação do Supremo Tribunal Federal, também explodiram em 2023. Foram 2.090 ocorrências em todo o país, mais que o dobro do ano anterior, que somava 783 casos – um salto de 88%.

Tatiana foi condenada a 25 anos e 8 meses de prisão por homicídio qualificado por motivo torpe, meio cruel e recurso que dificultou a defesa da vítima, além de ocultação de cadáver e corrupção de menores, já que havia um adolescente entre os envolvidos. Victor e Miller receberam 21 anos e 8 meses cada um, pelos mesmos qualificadores do homicídio e também por corrupção de menores. Alex pegou apenas cinco anos, pelos crimes de ocultação e destruição de cadáver. Tatiana foi para a Penitenciária Feminina de Tremembé, os três homens para a Cadeia Pública do município de Santa Rosa de Viterbo.

Como Alex jamais oficializou o fim do relacionamento, Tatiana alimentava uma ponta de esperança de reatar o casamento. Inscreveu-se no concurso de miss com o desejo de tirar uma boa foto e enviá-la ao marido. Na penitenciária, ouviu de outras detentas que um crime cometido a dois pode fortalecer os laços do casal. Essa teoria reacendia sua ilusão, sobretudo porque Alex declarou no tribunal que queimou o corpo do enteado por amor à esposa.

Em Tremembé, na tentativa de conquistar a progressão ao regime semiaberto e garantir o direito às saídas temporárias, Tatiana enfrentou o exame criminológico em 2024. Diante da psicóloga forense Monique Zacharia Chagas, confessou o assassinato e tentou reescrever a própria história com foco no recomeço. "A prisão me transformou numa outra pessoa. Amadureci com o tempo. O que mais desejo é abraçar meu filho caçula e dar a ele todo o amor que guardei aqui dentro. Tudo que faço agora é pensando nele", declarou. Tatiana tentava mostrar, no exame, o tipo de mãe que desejava ser. Mas o retrato mais fiel da mãe que ela foi estava registrado nas palavras de Itaberli, publicadas no Facebook dois dias antes de sua morte: "Lembrando que essa mulher que eu chamava de mãe me espancou e colocou uma penca de moleques atrás de mim para me bater. Me pôs para fora de casa e me deu uma surra. Sabe por quê? Porque eu sou gay! Questão de conversa é uma coisa. Espancar é outra. O nome dela é Tatiana Ferreira Lozano, mais conhecida como Taty". Ao fim do desabafo, ele deixou um alerta: "Cuidado com quem vocês chamam de mãe".

Luxo, poder e riqueza. Uma vez por ano, a Secretaria de Administração Penitenciária de São Paulo promove um concurso de beleza para eleger a detenta mais bonita do sistema prisional.

O júri era formado por psicólogos forenses, juízes corregedores e assassinas famosas, como Suzane von Richthofen.

O desfile na Penitenciária Feminina de Tremembé também elege o Mister do Ano. Em 2014, o título ficou com Sandra Ruiz, o Sandrão, que namorou Elize Matsunaga e Suzane von Richthofen dentro da unidade.

Regina Aparecida explorava sexualmente a própria filha de 11 anos em Monte Aprazível (SP). Um dos abusadores era seu namorado, Marco de Sousa, conhecido como Trem.

Tatiana Lozano matou o filho, Itaberli. Com a ajuda do marido, Alex Pereira, levou o corpo do adolescente de 17 anos até um canavial nos arredores de Cravinhos (SP), onde o cadáver foi queimado na tentativa de ocultar o crime.

Tatiana, Alex, Itaberli e o caçula. Nas redes sociais, a família aparentava ser amorosa.

Itaberli foi atraído pela própria mãe para uma emboscada, assassinado com três facadas dentro de casa e teve o corpo carbonizado. Ao justificar o crime, Tatiana resumiu: "Não aguentava mais ele".

CAPÍTULO 3

BRILHA LA LUNA

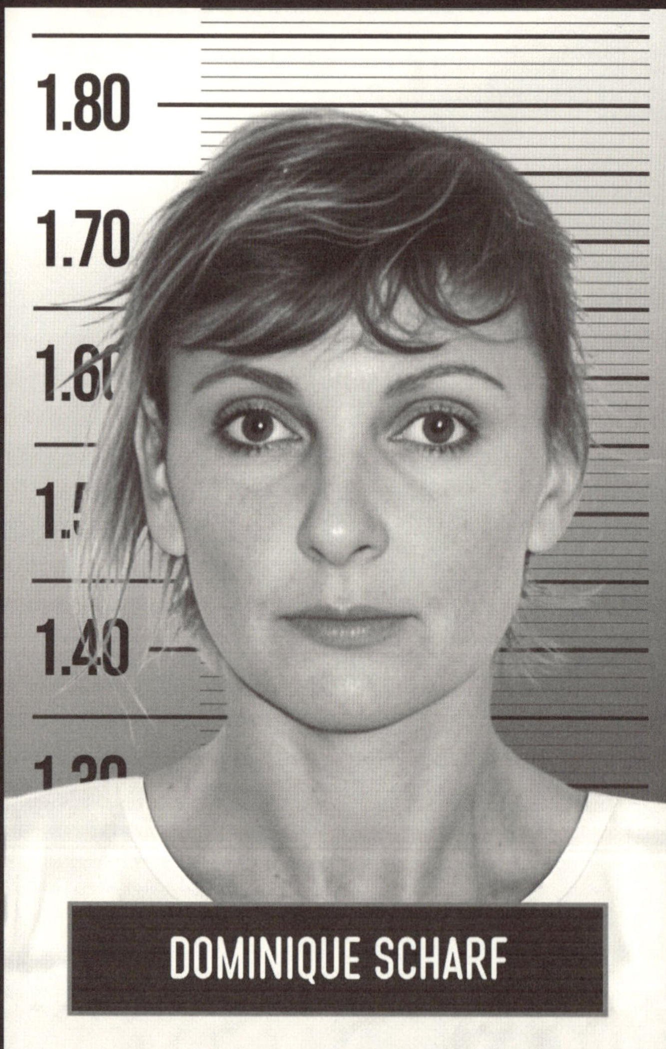

Uma mulher tão bonita
quanto vagabunda.

Tremembé, 17 de agosto de 2017

A festa na Penitenciária Feminina de Tremembé seguia para o ato derradeiro. Quando a Miss Primavera 2017 foi coroada, sob aplausos e lágrimas, o pátio ainda fervia à espera do show musical de encerramento, momento mais esperado do dia. Mesmo de dia, luzes se reposicionaram sobre o palco improvisado. Um *pop* instrumental preencheu o ambiente e os primeiros acordes marcaram a entrada da atração principal: o trio feminino liderado pela detenta Dominique Cristina Scharf, de 57 anos, conhecida como a Dama do Cárcere.

Alta, magra, branca, de rosto fino e porte aristocrático, ela destoava completamente do perfil das colegas – em sua maioria mulheres baixas, negras, pobres e marcadas por histórias de exclusão. Parecia ter dinheiro, charme e etiqueta, um ar de sofisticação natural típico de quem sempre transitou com desenvoltura por ambientes de prestígio. Mesmo sendo amadora, Dominique fazia a primeira voz. Conduzia a melodia principal das músicas com presença, afinação e um timbre marcante. O talento bruto compensava a falta de técnica, e sua liderança vocal ajudava a definir a identidade sonora do trio. Para abrir o show, escolheram a empolgante "Brilha la luna", da *girl band* brasileira Rouge, que fez todo mundo se levantar da cadeira e dançar no pátio da casa penal. Até a juíza corregedora dos presídios foi vista batucando com as pontas dos dedos na mesa, acompanhando o ritmo da música.

Para a performance, Dominique escolheu um figurino que refletia sua exuberância contida: vestido verde-prateado brilhante, ajustado ao corpo, com recortes nos ombros e mangas decoradas com plumas rosa-vibrante, evocando os palcos *pop* dos anos 1980. Um colar longo com pingente metálico balançava sobre o colo a cada movimento. Uma presilha dava o toque final aos cabelos loiros, cortados na altura dos ombros, com leve ondulação nas pontas armadas com laquê. A maquiagem impecável realçava os traços com sombra lilás esfumada, cristais aplicados ao redor dos olhos e batom berinjela com microbrilhos.

Mesmo sob os holofotes, Dominique odiava Tremembé. Dizia às poucas amigas de cela que aquele lugar não era apropriado para cumprir sua pena. Incomodava-se profundamente com o perfil das moradoras da penitenciária, onde predominavam mulheres condenadas por crimes que considerava repugnantes: assassinato por omissão de socorro, canibalismo, carbonização, decapitação, envenenamento, esquartejamento, estupro de crianças vulneráveis, homicídio em rituais religiosos, infanticídio, indução ao suicídio, parricídio, pedofilia e sequestro com execução de reféns. Cercada por esse cenário de horror, Dominique sentia-se deslocada naquela atmosfera carregada de "espíritos doentes e energia carregada", como ela mesma definia. Repudiava até mesmo as companheiras do próprio grupo musical, com quem dividia os ensaios e os aplausos. Costumava dizer que merecia estar num presídio diferente, mais colorido, entre reeducandas "do seu nível", como ocorrera no passado.

Além de criminosos horrendos, Tremembé – tanto a unidade feminina quanto a masculina – também acolhia advogados, bombeiros, celebridades, empresários, escrivães, ex-juízes, jogadores de futebol, jornalistas, médicos, oficiais de justiça, policiais civis, federais, militares, municipais, penais e rodoviários; assim como políticos, promotores de justiça e servidores públicos do alto escalão, independentemente do crime cometido. Era essa "elite do crime" que dava ao complexo penal o *status* de "presídio das estrelas". Dominique só estreitava laços com essas detentas "sofisticadas". Não à toa, sua melhor amiga era a ex-juíza Maria Cristina de Luca Barongeno, a presa mais chique, elegante e respeitada da penitenciária feminina. Era chamada de "Baronesa", um trocadilho com seu sobrenome. As demais detentas disputavam a chance de lavar suas roupas, esmaltar suas unhas e arrumar seus cabelos, fosse para conquistar sua simpatia, receber algum mimo em troca ou simplesmente ostentar a proximidade com a presa mais influente da galeria. Como a ex-juíza era rica, algumas mulheres pobres sonhavam com a possibilidade de ser ajudadas pela "autoridade" na vida pós-cárcere. Outras pediam auxílio à ex-magistrada para entender as complexidades do processo de execução penal, os autos que registram cada etapa da trajetória da criminosa na prisão, desde o ingresso na penitenciária até os benefícios, punições, cálculos de remição e as tão sonhadas mudanças de regime.

A Baronesa de Tremembé tinha feições delicadas e ares de quem parecia ter saído de um editorial de revista de moda. A pele clara, os olhos fundos e expressivos e os cabelos castanhos escorridos sempre bem-cuidados contrastavam com a aspereza da prisão. Sentava-se com postura ereta, ombros firmes, falava com articulação e mantinha hábitos supostamente refinados, mesmo no xilindró. Quando tomava café, mesmo em copo de plástico, segurava o recipiente com três dedos – polegar, indicador e médio, enquanto o anelar se retraía discretamente e o mindinho se projetava para fora, esticado e rígido, um gesto afetado que simulava elegância, mas emprestava a ela um exagero caricato.

Ex-juíza federal da 23ª Vara Cível de São Paulo, Maria Cristina Barongeno foi condenada por corrupção a seis anos e oito meses de prisão em 2016, num esquema milionário que favorecia empresas endividadas com decisões judiciais encomendadas. Em troca, recebia vantagens de advogados, como carros de luxo – algo criminoso e vexatório para quem recebe salário do poder público justamente para aplicar a lei. As ações de empresários ricos eram propositalmente direcionadas à sua vara, onde ela concedia liminares usando apólices antigas e inválidas da dívida pública, manobra que permitia fraudes contra a Receita Federal e a suspensão de cobranças bilionárias, livrando empresas de pendências estratosféricas com o Fisco.

Em Tremembé, no regime semiaberto, volta e meia a ex-juíza era chamada para mediar conflitos paroquiais. Certa vez, a detenta Márcia Crystal, de 34 anos, condenada a 22 por ter matado a amante do marido com uma foice, desentendeu-se com a ex-garota de programa Amanda Miranda, de 27, sentenciada a doze anos por esfaquear uma travesti 72 vezes no Centro de São Paulo. A briga começou com um bate-boca no Beco das Estrelas, onde estavam Suzane von Richthofen, Elize Matsunaga, Sandrão e Anna Carolina Jatobá. Tudo por causa de um esmalte de unha roxo-vibrante recém-adquirido por Amanda no corre da semana.

A disputa por um frasco tão pequeno pode parecer bobagem, mas não é. Em Tremembé, ou mesmo em qualquer outro presídio feminino, no regime semiaberto, onde as detentas dormem num alojamento coletivo, qualquer item de uso pessoal pode ganhar valor simbólico e provocar discórdia. Em 2017, a ala de progressão tinha capacidade para 89 mulheres, mas abrigava 153. O excesso de internas aumentava a tensão cotidiana e fazia com que pequenos atritos rapidamente ganhassem proporção periclitante. O esmalte da discórdia estava guardado no "canguru", apelido dos porta-trecos de crochê pendurados na lateral do beliche, divididos em bolsões fundos onde as presas costumam armazenar produtos de higiene, escovas, remédios, cosméticos, canetas e papéis.

Quando voltou da faxina e subiu para a comarca – nome dado às camas dos beliches de concreto –, querendo tirar um cochilo, Amanda percebeu que o esmalte havia sumido. Minutos depois, viu as unhas da colega Márcia Crystal pintadas exatamente com a mesma cor. Uma presa fuxiqueira, conhecida como Cíntia Língua de Cobra, 44 anos, condenada por carbonizar o marido, cochichou no ouvido de Amanda que Márcia havia escondido o item de beleza no fundo de uma sacola de supermercado usada para guardar calcinhas. O problema é que não havia o nome de Amanda no frasco para ela afirmar que era seu, o que dificultava a comprovação de posse. Numa rotina em que todas vestem o mesmo uniforme, usam sapatos iguais e cabelo preso, pintar as unhas com uma cor exclusiva torna-se uma forma de expressão individual. Uma maneira de afirmar a identidade, de se diferenciar das demais e preservar um traço mínimo de vaidade.

Avessas àquele tipo de confusão, Dominique e Baronesa estavam no mesmo beco quando a discussão começou. Amanda primeiro perguntou a Língua de Cobra se ela havia visto quem pegou seu esmalte. A detenta tinha esse apelido não somente porque era futriqueira. Aos 18 anos, mandou um *body modifier* (modificador corporal, em tradução livre) cortar a ponta de sua língua ao meio para bifurcá-la, fazendo alusão à língua bífida das serpentes. Cíntia disse em voz alta não saber do paradeiro do objeto, mas apontou com os olhos para as coisas de Márcia Crystal. Sem pedir licença, a ex-prostituta rasgou a sacola de plástico da colega e pegou o esmalte. A atitude foi suficiente para iniciar uma luta corporal. Entre socos, chutes e puxões de cabelo, Márcia Crystal pegou um rádio de pilha e o jogou contra o rosto da oponente. Dominique acionou uma policial penal, enquanto Língua de Cobra incentivava a briga gritando "ela te chamou de ladra e você vai deixar barato?". Outras torciam por Amanda, dizendo "a puta pegou a tua canetinha [gíria para esmalte] na maior cara dura!". De repente, Baronesa interveio com um grito de "ordem na comarca!", seguido de uma sentença. A ex-juíza determinou com soberania que Márcia Crystal devolvesse o objeto sob litígio a Amanda. Em seguida, abriu seu porta-treco e repassou um esmalte verde-oliva novinho em folha para a acusada de furto. Quando a policial penal chegou ao beco, a "audiência" já estava encerrada.

No pátio, já em instâncias superiores, Língua de Cobra destilou mais uma porção de veneno. Contou a Amanda que Márcia Crystal havia prometido cortar sua jugular com uma arma branca artesanal ainda naquele dia. "Ela quer ver seu sangue escorrendo pelo chão", afirmou a fofoqueira. De fato, mesmo com um esmalte novo, a detenta não estava satisfeita com a decisão da Baronesa. Pegou um alicate de unha comum, soltou suas hastes e transformou uma delas em canivete improvisado. A peça metálica, fina e pontiaguda, foi moldada e afiada por horas no cimento cru da parede, para se tornar ainda mais letal. Amanda nem esperou pela rival. Estufou-se para parecer mais ameaçadora e caminhou até ela. Já chegou sentando um murro na mulher, estourando-lhe os lábios. Dessa vez, as policiais penais agiram rápido e levaram as duas para celas de castigo individual, conhecidas como "pote".

Esse tipo de confusão dentro da penitenciária gera um processo interno chamado Apuração de Procedimento Disciplinar, aberto pela Secretaria de Administração Penitenciária (SAP). Durante a investigação, ouviram-se testemunhas – presas que presenciaram a troca de sopapos, como Língua de Cobra e Dominique – e as policiais penais que apartaram as duas. Todos os depoimentos foram registrados em atas, conforme determina a Lei de Execução Penal. Houve colheita de provas e relatórios circunstanciados, assinados pelos funcionários da penitenciária.

No final, saiu uma decisão bem diferente da "sentença" da Baronesa. A autoridade apuradora, Tatiana Righeti, concluiu que Amanda cometeu falta grave, incorrendo inclusive em lesão corporal leve. A conclusão foi referendada pelo diretor do Núcleo de Segurança e Disciplina de Tremembé,

Flávio Adamo Albanese. Coube então à diretora do presídio, Eliana Maria de Freitas Pereira, dar o parecer final, cuja redação acusava Amanda de comportamento inconveniente, incorrendo na infração de natureza grave.

A advogada da ex-prostituta, Daniela Carolina da Costa e Silva, chegou a anexar ao processo de execução penal da sua cliente uma petição argumentando que Amanda agiu em legítima defesa. Mas não colou. Por fim, uma juíza de verdade, Sueli Zeraik Armani, sentenciou que Amanda ficasse recolhida no "pote" por trinta dias e perdesse parte da remição da pena, conquistada a duras penas com trabalho duro na faxina lavando pilhas de "cascudas" (panelões) na copa e com leitura de livros emprestados da biblioteca.

Contrariada, Dominique cantou no palco do Miss Primavera 2017 acompanhada das assassinas Amanda e Márcia Crystal. Sua ajudante de palco era a detenta Elisângela Pimentel, filha de um policial, condenada a oito meses em regime aberto por caluniar o então prefeito de Capivari (SP), Rodrigo Proença (PSDB). Durante o período eleitoral, a presa afirmou nas redes sociais que o político teria desviado dinheiro público para comprar uma chácara. Curiosamente, anos depois, o próprio Proença virou réu em outro processo e acabou condenado, em 2019, por improbidade administrativa, após contratar professores temporários sem concurso público. Perdeu o cargo e teve os direitos políticos suspensos por três anos.

Dominique e as duas companheiras aprenderam a soltar a voz dentro da prisão, com um professor de canto que visitava a unidade semanalmente para reger o coral das internas. Conseguiram desenvolver afinação razoável, com bom domínio de respiração e emissão vocal. Um pouco antes da apresentação, a líder recusou-se a posar ao lado das demais cantoras para o fotógrafo da SAP. "Não faço fotos com esse tipo de criminosa. *Sorry*", e esquivou-se.

Apesar de nunca ter matado um mosquito, Dominique acumulava penas que, somadas, totalizavam quase 58 anos de reclusão – uma das condenações mais pesadas de Tremembé. Seu currículo de bandida era tão extenso quanto a Belém-Brasília. Ao longo do tempo ela foi considerada culpada por adulteração de placa de veículos, apropriação indébita, assalto à mão armada, associação criminosa, crime contra o sistema financeiro, dano qualificado, disparo de arma de fogo em via pública, duplicata simulada, estelionato, extorsão, falsidade ideológica, falsificação de documento público, falso testemunho, fraude financeira, furto qualificado, receptação, roubo, sequestro, uso de documento falso e uso de documento alheio. Sua atuação envolvia disfarces e golpes praticados com frieza, manipulação e documentos forjados. Policiais experientes passaram a tratá-la como uma das maiores estelionatárias do estado de São Paulo nas décadas de 1980 e 1990. "Diziam que eu era criminosa, mas eu me via como uma artista. Cada golpe era um evento. Enquanto muitos ralavam em escritório, eu vivia de inteligência e sedução. Bastavam um batom, uma bolsa de grife, um carimbo, um charme, um cheque falso, uma taça de vinho, um documento bem-feito, uma assinatura falsa, uma fotocópia, uma lábia, uma verdade contada pela metade, um papel-carbono, um sorriso... Se isso for crime, então eu mereço um troféu – porque fui simplesmente a melhor", declarou Dominique em 11 de junho de 2024.

Com tantas condenações acumuladas ao longo de duas décadas, a bandida bateu um recorde em Tremembé: era a presa com o maior número de processos de execução penal, somando treze. Só em 2016, o Departamento de Execuções Criminais (Decrim) de Taubaté unificou todos os volumes em uma única peça. No último dia de 2023, Dominique chegou a enviar uma carta de três páginas à juíza Sueli Zeraik Armani pedindo – pelo amor de Deus – para ser solta logo, enquanto reclamava porque não conseguia entender ao certo qual era a soma de todas as suas sentenças, nem quanto tempo faltava para finalmente pegar sua bolsa Chanel e sair de Tremembé pelo portão da frente. "Venho, com o devido respeito, solicitar a concessão de uma oitiva com Vossa Excelência, tendo em vista os prejuízos que estou sofrendo em relação às documentações constantes neste cartório de execução penal. Tenho lutado há anos para conquistar minha liberdade, mas o cumprimento da pena parece não ter fim. As informações apresentadas nos documentos são contraditórias, especialmente no que diz respeito aos saldos e à progressão de pena. Já não sei ao certo qual é minha sentença. E, ao que tudo indica, tampouco este cartório."

"Cumpro pena desde 1991. Após completar 12 anos de reclusão, cometi uma falta, o que interrompeu meu cumprimento. A contagem foi reiniciada em dezembro de 2008, desde então sigo cumprindo integralmente a pena, sem acesso a nenhum benefício. Contudo, entendo que, quando houver condenação por mais de um crime, seja no mesmo processo ou em processos distintos, o regime de cumprimento deve ser fixado com base no total unificado das penas. [...] O que falta, pelo amor de Deus? Clamo por justiça! Será que terei que solicitar uma auditoria no meu processo? Preciso, por acaso, recorrer à mídia para ser ouvida? Já não sei mais o que pensar. [...] Isso precisa ter um fim!", diz a carta da beldade.

Se a biografia de Dominique fosse adaptada para a televisão, ninguém acreditaria no enredo, de tão fantástica que é a sua história. Nascida em São Paulo em 8 de julho de 1960, filha única de pai norte-americano e mãe alemã, ela começou a delinquir ainda na adolescência. O evento disparador foi a morte do pai, Erich Scharf, em 1975. "Ele era muito repressor. Quando faleceu, me senti livre, com uma demanda alta por perigo e aventura. Queria ganhar o mundo, ser notada, transgredir, violar regras, correr riscos, viver à beira do abismo", afirmou.

Com laços familiares frágeis, Dominique passou a roubar dinheiro da mãe, consumir cocaína e furtar em lojas. Aos 17 anos, foi descartada pela mãe, que havia se casado novamente. Sentindo-se abandonada, foi presa pela primeira vez em 1981, aos 21 anos, após três anos aplicando golpes. Até ser condenada pela primeira vez, em 2003, já havia sido algemada mais de cem vezes e passado por dezenas de delegacias da capital e do interior de São Paulo. Entre entradas e saídas do sistema penal, permanece sob custódia do Estado há quase três décadas – ou seja, viveu metade da vida adulta atrás das grades.

Bandida rodada no sistema penal, Dominique passou por diversas unidades prisionais paulistas: a Cadeia Pública de Osasco; o Centro de Reabilitação Penitenciária de Taubaté (CRP); e as Penitenciárias Femininas da Capital, de Campinas, de Franco da Rocha, de Ribeirão Preto, do Tatuapé e de Tremembé – esta última onde, apesar de dizer nunca ter se adaptado, demonstrava desenvoltura no palco durante o encerramento da festa das misses.

Bem-educada, a estelionatária estudou no Colégio Visconde de Porto Seguro, uma das instituições mais tradicionais e exigentes de São Paulo. Fundado por imigrantes alemães em 22 de setembro de 1878, em 2025 o colégio ostentava quatro unidades e cerca de 10 mil alunos. Bilíngue e com currículo voltado à formação de lideranças, a escola era frequentada majoritariamente por filhos da elite econômica e intelectual da cidade. A mensalidade, em valores de 2025, gira em torno de 6 mil reais. A criminosa concluiu o ensino médio na instituição. Na adolescência, já falava com desenvoltura inglês, alemão e espanhol. O português, só começou a falar fluentemente aos 12 anos. Foi nessa comunidade de alta performance escolar, disciplina rígida e valores conservadores que viveu parte da juventude. Entre os ex-alunos ilustres da escola estão a atriz Eva Todor (1919-2017), o velejador Robert

Scheidt – um dos maiores atletas brasileiros de todos os tempos – e a atual rainha da Suécia, Sílvia Renata Sommerlath.

Em Tremembé, para não ser compreendida pela massa carcerária, Dominique costumava falar em inglês com as pouquíssimas criminosas que dominavam a língua estrangeira. Enquanto Amanda e Márcia Crystal estavam se engalfinhando por causa do vidro de esmalte, ela fazia comentários sarcásticos sem legendas com a Baronesa, justamente para que ninguém compreendesse – algo do tipo: *"Just what I needed! Those two bitches fighting over nail polish!" (Era só o que me faltava! Essas duas vacas brigando por causa de esmalte).* Ela também treinava língua estrangeira com um grupo de presas que haviam estudado na cela do regime fechado com Suzane von Richthofen, outra assassina fluente em inglês.

Na primeira fase da carreira criminosa, o melhor amigo de Dominique era o *playboy* Amilton Fernandes Júnior, filho de um delegado de polícia com uma arquiteta. Gay, ele era um jovem bonito, de cabelo castanho-escuro, ondulado e volumoso, levemente bagunçado, sobrancelhas espessas, olhos escuros e expressivos e nariz reto, e vivia sorrindo. Tinha a pele clara coberta de sardas. Costumava vestir calças *jeans* e camisa com os botões abertos no colarinho, deixando visível um pouco de pelos no peito.

Dominique e Amilton se conheceram no Porto Seguro ainda na juventude. Ambos tinham a mesma idade. Selaram uma química sobrenatural para o crime. Juntos, começaram a carreira de pilantras dando golpes em hotéis de luxo em São Paulo e no Guarujá, ainda na década de 1970. O esquema era simples e eficiente. Eles se hospedavam normalmente, deixavam o cartão de crédito como caução quando o recepcionista exigia e desfrutavam as acomodações por tempo indeterminado, pedindo pratos e bebidas caríssimos. Ficavam no hotel entre uma semana e dez dias. Na hora de pagar, pegavam o cartão de volta com o valor já descontado – mas o cartão, claro, nunca era deles. Atraente e sempre bem-vestido, Amilton frequentava boates e saunas em busca de sexo sem compromisso. Na hora da transa, saqueava a carteira do parceiro, retirava dinheiro e o cartão de crédito, usado incessantemente até ser bloqueado. Como o sistema naquela época não era informatizado – as tarjetas eram passadas em um equipamento de plástico, com uso de papel-carbono –, muitas vezes o cancelamento demorava até duas semanas para ocorrer. Geralmente o prejuízo ficava para o dono do cartão ou para o hotel.

A dupla de trambiqueiros também afanava roupas chiques em lojas de departamentos, como nas imponentes unidades da Mesbla, na Avenida Ipiranga, e do Mappin, na Praça Ramos, ambas no Centro de São Paulo. As vendas funcionavam 100% de forma manual. O cliente escolhia os produtos nas gôndolas e os entregava ao vendedor, que anotava os itens e os valores a caneta em um bloco com três vias e papel-carbono, estampado com a logomarca da loja. Uma via era entregue ao cliente, a segunda seguia junto com as mercadorias para o setor de entrega e a terceira permanecia no bloco, para controle contábil no fim do dia. As compras eram então levadas pelo vendedor ao setor de embalagem, onde seriam empacotadas. De posse de uma das vias, o cliente precisava ir ao caixa, pagar e receber o carimbo "PAGO" em letras garrafais no papel. Só com esse comprovante era possível retirar os produtos. Com vocação para a desonestidade, Dominique e Amilton andavam com um arsenal de carimbos "PAGO" idênticos aos das lojas e com almofadas de tinta de várias cores, pois às vezes as funcionárias dos caixas mudavam a tonalidade, justamente para se proteger de fraudes. Assim que pegavam a nota do vendedor, os dois iam a um canto da loja, carimbavam o papel por conta própria e seguiam direto para o setor de embalagens. O funcionário, acreditando na autenticidade da via, carimbava "ENTREGUE" e liberava as sacolas. Aplicaram esse truque por anos.

Como nada é para sempre, Dominique e Amilton acabaram pegos no pulo. Certa vez, foram até a Mesbla da Avenida Paulista furtar roupas, sapatos e acessórios para usar numa festa no Jockey Club. Ambos usavam óculos escuros de grife, além de relógios caros. O visual sofisticado colocava-os acima de qualquer suspeita. Na loja, fizeram o de sempre: escolheram as peças, entregaram-nas ao vendedor, carimbaram a nota por conta própria e seguiram até o setor de entrega, sem passar pelo caixa. O funcionário que recebeu o comprovante falso desconfiou, reteve a mercadoria e chamou o gerente, tocando um sino. Petulante, Dominique desafiou o rapaz:

– Algum problema com a minha nota? – provocou ela, com o olhar por cima dos óculos escuros.

– Essa mercadoria não foi paga – respondeu o funcionário, secamente.

– Como assim? Acabei de sair do caixa. Olha o carimbo! – retrucou ela, erguendo o papel na cara do funcionário.

– Não estou perguntando. Estou afirmando: não foi paga!

Dominique bufou, elevando o tom:

– Você está me chamando de ladra?

Ao lado, Amilton derretia. Ficou trêmulo, pálido, suado e com a boca seca. Morria de medo de desmoralizar o pai policial com uma prisão por furto. De repente, foi tomado por náusea e dor abdominal. Dominique manteve a frieza. Controlou as emoções, ergueu o nariz e seguiu empinada, sustentando a empáfia mesmo diante do constrangimento. Havia uma fila de clientes honestos esperando o desenrolar daquela cena para pegar suas compras, o que aumentava a tensão. Prevendo que aquilo ia acabar mal, o *playboy* deu um jeito de sair de fininho. O gerente chegou e se inteirou da situação. Os seguranças agarraram a estelionatária pelo braço e a levaram até uma sala reservada. Lá ela nem quis discutir. Perguntou quanto custavam as compras dela e do amigo, pagou em dinheiro vivo e foi embora. Na saída, um segurança comentou em voz baixa enquanto ela passava pela porta giratória: "Tão bonita quanto vagabunda". A meliante deu mais um giro na porta e voltou para ficar frente a frente com o funcionário. "O que o senhor disse?", peitou. "Nada, me desculpe", ele amarelou. Obviamente, naquela unidade da loja eles não pisariam mais. Seguiram perpetuando a fraude em outros departamentos.

Gata e rato do crime, Dominique e Amilton tinham 20 anos em 1980. Andavam para cima e para baixo num Fusca novinho que ele ganhara da mãe quando alcançou a maioridade. Nesse carro eles seguiam para praias do litoral paulista, onde aperfeiçoavam os cambalachos. No Guarujá, costumavam frequentar os melhores restaurantes, nos quais aplicavam uma manobra antiga e baixa. Entraram no Rufino's, na época o mais chique da cidade, e pediram lagosta e champanhe Veuve Clicquot, tudo caríssimo. Pouco antes da sobremesa ela abriu a bolsa, pegou uma barata morta, arrancou uma perna serrilhada do inseto e jogou-a sobre os restos da comida. Fingiu tosse, iminência de vômito, ojeriza. Quando o garçom se aproximou, ela fingiu indignação: "Olha isso! Uma perna de barata. Que nojo!", exclamou, ofendidíssima. Constrangido, o gerente liberou a conta e ainda ofereceu ao casal uma nova visita ao restaurante, com tudo pago. Eles não só aceitaram a cortesia como ainda apareceram no dia seguinte com uma turma de dez pessoas. Ao retornar, Dominique se fez de exigente: atrevida, pediu para inspecionar a cozinha, para ter certeza absoluta sobre a higienização do local. Em outros endereços, na falta de baratas mortas no estoque da bolsa, lançavam mão de grampos metálicos ou tufos de cabelos, sempre jogados discretamente sobre a comida.

Por motivos óbvios, o golpe da barata só podia ser aplicado uma única vez em cada restaurante. Sendo assim, volta e meia variavam de balneário, indo parar em Ilhabela e Santos. Mas foi no Guarujá que acabaram sumariamente desmascarados. Três meses após o episódio do Rufino's, entraram no restaurante Dalmo Bárbaro, na Praia de Pitangueiras. Sentaram-se, olharam o cardápio e escolheram um filé-mignon alto com arroz *à piemontese*. Para acompanhar, uma garrafa de champanhe Dom Pérignon, em 2025 cotada, em média, a 2 mil reais. Quase no final do banquete, Dominique sacou da bolsa uma caixa de fósforos contendo uma barata cascuda enorme, já sem as pernas. Teve de jogar o bicho inteiro no prato. Mas nem houve tempo de encenar a indignação. O mesmo garçom que os atendera no Rufino's agora trabalhava no Dalmo Bárbaro. Ele se aproximou da mesa acompanhado do administrador e de dois seguranças. O gerente tomou a iniciativa de desmascará-los:

– Vocês querem pagar a conta e sair discretamente pelos fundos ou preferem que eu chame a polícia?

Ao ouvir a palavra "polícia", Amilton sentiu dor de barriga. Dominique manteve a calma, mas não sabia como resolver a situação. Estavam sem um tostão no bolso. Todos os cartões furtados de terceiros já haviam sido bloqueados. O filho do delegado ofereceu deixar como pagamento o seu relógio Omega Constellation Manhattan, de aço inox, avaliado na época em 1.200 dólares. O gerente recusou. "Vindo de vocês, certamente é falso", desdenhou. O vigarista sugeriu então o Fusca azul 1978 como penhora. Nova negativa. Os seguranças os conduziram a uma sala, onde foram trancados e fotografados. Amilton se ofereceu para limpar o chão e os banheiros enquanto sua parceira lavaria a louça. Nada feito. "O Guarujá inteiro já conhece os dois. Vários cozinheiros acabaram demitidos por falsas acusações de falta de higiene por culpa de vocês, seus picaretas. Não faremos nenhum tipo de acordo", sentenciou o gerente.

Um dos seguranças ligou para o 190. Amilton, apavorado, sentou-se no chão e chorou copiosamente, feito uma criança. Disse que era filho de policial e que seria expulso de casa se fosse preso. Inacreditavelmente, o gerente titubeou:

– Vocês não têm como pagar a conta de forma honesta? – perguntou o administrador.

– Não. Mas tenho uma ideia. A Dominique fica aqui e eu saio para buscar o dinheiro – sugeriu Amilton, com o rosto inchado de tanto chorar.

– Infelizmente não dá para negociar com malandro! – cortou o segurança.

O gerente fez uma nova ligação, resumindo a enrascada ao interlocutor. Amilton já estava em colapso. Dominique, por outro lado, aguardava o desfecho da cena com a mesma frieza com que conduzia seus golpes. Pediu ao garçom um copo de água e um café, como se estivesse numa sala de espera. Quando o gerente desligou o telefone, ela se levantou. "Vou lhe contar uma coisa: nós somos ricos. Fazemos esse tipo de coisa por diversão. Se o senhor realmente quisesse resolver a parada, deixaria o Amilton sair para buscar o dinheiro e pagar a dívida enquanto eu ficaria aqui feito refém em cárcere privado. Até porque, se a polícia for chamada, não vai dar em nada. Vocês sabem disso. O pai dele é um delegado respeitado em São Paulo. Sabe o que vai acontecer? O meu amigo vai levar umas palmadas e amanhã já estará jantando bem de novo", discursou, com a mesma teatralidade que usava nos restaurantes.

Depois de ouvir aquilo, o gerente e os seguranças trocaram olhares. Minutos depois, o garçom retornou à sala com o prato deixado por Dominique, contendo os restos do arroz *à piemontese* e a barata sem pernas de barriga para cima. "Vamos fazer o seguinte. Vocês terminam a refeição – incluindo a barata – e eu libero vocês sem cobrar a conta", propôs o gerente, sério, repousando o prato sobre a mesa. Dominique soltou uma gargalhada debochada diante da sugestão asquerosa. Sem hesitar, Amilton cravou o garfo no inseto, mastigou-o três vezes e engoliu. "Agora posso sair?", perguntou, já deixando a sala feito um foguete.

Com o tempo, o par de malfeitores subiu de patamar. Dominique transava esporadicamente com um executivo da Taurus, a maior fabricante de armamentos leves do mundo. Casado e vinte anos mais velho que ela, esse funcionário, segundo dizia, traficava armas para o exterior. Nesse esquema, a bandida conseguiu dois revólveres calibre 38 para uso pessoal. Um para ela, outro para o filho do delegado. "Esse lance de dar calote em restaurantes não nos levará a lugar algum", justificou a líder da dupla. Quando Amilton ganhou o presente da comparsa, bateu um nervosismo. "Não sei nem pegar nesse troço. Lá em casa meu pai mantém todas as armas trancadas. Melhor ficar com você. Vai que acontece um disparo acidental", justificou. Na verdade, o filho do delegado não tinha o menor talento para ser promovido no crime. Por ele, seus golpes se limitariam a hotéis e restaurantes e aos rapazes que levava para motéis. Já Dominique se mostrava bastante ambiciosa. Queria mais e mais.

Foi dela a ideia de furtar carros de luxo nas ruas de São Paulo. "Chega de andar de Fusquinha", justificou. Tornou-se habilidosa em dois métodos bastante utilizados por ladrões nos anos 1980 para abrir veículos. Usava uma régua de metal e uma chave conhecida como micha. Com a lâmina fina e resistente, deslizava o instrumento entre o vidro e a borracha da porta até alcançar a trava interna, puxando-a com precisão cirúrgica. Já com a chave micha, manipulava o miolo da fechadura até destravá-lo, como se tivesse a chave original em mãos. Fazia tudo tão rápido quanto um relâmpago. Carregava as ferramentas discretamente dentro de bolsas de grife, como Dior, Gucci e Yves Saint Laurent, símbolos de *status* que dissipavam qualquer desconfiança. Com esses dois recursos, ela abria carros estacionados em shoppings, hotéis e restaurantes sem causar alarde, sempre com figurino impecável, como se fosse a legítima proprietária do veículo. Depois, ainda mandava fazer chaves novas a partir de moldes do miolo retirado do cilindro de ignição, peça instalada logo abaixo do volante.

Os estelionatários furtavam carros por puro esporte. Amilton dava cobertura de longe enquanto Dominique se encarregava de destravar os veículos. Uma vez ao volante, ela rodava pelos bairros nobres de São Paulo fumando uma cigarrilha longa, com o amigo-satélite a tiracolo. Os modelos preferidos eram o Ford Landau, um sedã imponente com motor V8 e acabamento refinado muito usado por autoridades; o Alfa Romeo 2300, carro de luxo com *design* europeu e interior confortável; e o Opala Diplomata, símbolo de *status* da elite paulistana da época. Os gatunos eram tão ousados que entregavam a chave a manobristas de restaurantes sofisticados como se o carro fosse deles. Amilton, vaidoso e sedutor, também usava os carros de luxo para impressionar os rapazes com quem marcava encontros casuais. Depois de borboletearem bastante pelas ruas da capital, largavam o veículo em qualquer esquina. Quando o apego era maior, permaneciam até uma semana com ele. Nesse caso, ficavam à vontade para parar em postos de combustível para abastecer e lavar o carro roubado por dentro e por fora.

Certo dia, os dois circulavam pela Marginal a bordo de um Ford Del Rey quando avistaram, logo à frente, um Monza verde-metálico reluzente. O veículo chamou a atenção de imediato. Decidiram segui-lo discretamente, até que a motorista estacionou no Pão de Açúcar do Alto de Pinheiros. A mulher entrou no supermercado carregando uma sacola térmica. Sem perder tempo, Dominique e Amilton abandonaram o carro antigo na vaga ao lado. Com as ferramentas nas mãos, ela abriu o Monza com agilidade. Em menos de dois minutos eles já estavam a bordo do novo xodó, deixando para trás o modelo anterior, sem a menor cerimônia. Ela logo se empolgou ao volante, pisando fundo na via expressa da Marginal, acelerando o carro com gosto. Ficaram tão apaixonados pelo veículo que resolveram seguir para Campos do Jordão e passar o fim de semana por lá.

Na Via Dutra (BR-116), foram parados pela Polícia Rodoviária Federal - não pelo furto, mas porque o carro acelerava a 140 km/h num trecho nas proximidades de Guarulhos, em que a velocidade máxima era de 80 km/h. Amilton quase desmaiou quando o policial pediu os documentos do carro e a habilitação da condutora. Topetuda, Dominique mostrou sua carteira de motorista - por um golpe de sorte, o documento do veículo estava no porta-luvas. A autoridade conferiu tudo minuciosamente, aplicou uma multa por excesso de velocidade e os liberou. A dupla de trapaceiros seguiu viagem tranquilamente, instalando-se na suíte *premium* de um dos hotéis mais luxuosos de Campos do Jordão. Nem é preciso dizer que não pagaram um tostão pela hospedagem, pela comida e pela bebida.

Nos anos 1980, era perfeitamente possível cometer crimes como esse sem ser pego facilmente. Não havia internet, celular, GPS, rastreadores, tampouco câmeras de monitoramento em cada esquina. Os sistemas policiais não eram integrados e a comunicação era feita por telefone fixo ou por papel. Naquela época, um carro roubado dificilmente era detectado pelas autoridades, a menos que fosse encontrado abandonado ou se alguém reconhecesse o veículo e fizesse uma denúncia à polícia. Foi nesse Brasil analógico, lento e burocrático que Dominique e Amilton prosperaram. Hoje, com câmeras em alta definição, *blitze* com leitura automática de placas (OCR) e bancos de dados interligados, um carro roubado dificilmente passaria despercebido, tampouco seu condutor.

No hotel, final da tarde, Amilton foi dar um mergulho na piscina, enquanto Dominique pôs o revólver na bolsa e saiu para dar uma volta. Aproveitou que havia uma festa na boate do saguão e que a maioria dos hóspedes estava lá. Com uma chave-coringa, invadiu cinco apartamentos ocupados, mas momentaneamente vazios. Subtraiu roupas, sapatos, joias, relógios, dinheiro, talões de cheque e cartões de crédito. À noite, depois do jantar, Amilton foi ao bar paquerar uns rapazes. Ela seguiu até o estacionamento e arrombou dois carros, apropriando-se de carteiras recheadas, óculos escuros de grife, frascos de perfume francês, uma caneta

Montblanc, isqueiros Zippo banhados a ouro e *nécessaires* com maquiagens importadas. Encontrou ainda, no banco traseiro de um Mercedes, uma caixa com sapatos italianos da grife Salvatore Ferragamo, modelo Oxford de couro legítimo, acabamento polido, sola de couro e fivela lateral discreta, símbolo de *status* entre empresários, diplomatas e *playboys* da época. Na década de 1980, um par custava entre 300 e 400 dólares, o equivalente a cerca de 1.000 a 1.300 dólares em valores atuais. Era um luxo reservado a poucos, especialmente no Brasil da hiperinflação.

Na manhã seguinte havia um tumulto na recepção. Diversos hóspedes estavam indignados com a insegurança do lugar. Cara de pau, Dominique se juntou aos reclamantes e afirmou que também fora lesada. Partiu dela a sugestão de acionar a polícia e impedir que qualquer hóspede quitasse a conta até que os pertences extraviados fossem localizados. Acreditando que uma quadrilha havia circulado pelo hotel durante a madrugada, o gerente ligou para o 190. Enquanto isso, Amilton organizava discretamente no porta-malas do Monza roubado todos os artigos que a amiga havia arrecadado. Um funcionário registrava num caderno cada item desaparecido dos quartos e veículos. Dominique alegou falsamente ter perdido um colar de diamantes, um anel com pérola e um relógio Technos. Na hora de acertar a fatura, bateu o pé: não pagaria um centavo até reaver "seus objetos".

Os trapaceiros deixaram o hotel por volta das dez da manhã. Pararam em Taubaté para almoçar e aproveitaram para fazer um inventário da rapinagem. Discretamente, Dominique havia embrulhado a caixa de sapatos italianos com papel de seda e entregou o presente a Amilton. Ele experimentou ali mesmo e ficou surpreso ao ver que serviam perfeitamente. A partir daquele dia, o jovem e seus Salvatore Ferragamo tornaram-se inseparáveis.

Por volta das 22 horas, a dupla retornou para São Paulo. Vinham com o som nas alturas, bebendo cerveja, cantando, rindo, comemorando. Levemente embriagados, começaram a fazer um balanço da vida. Dominique revelou que estava mergulhada numa depressão profunda desde a morte inesperada do pai e o desprezo da mãe ainda na adolescência. Disse que esse tipo de aventura lhe dava novo sentido. Com lágrimas nos olhos, Amilton desabafou sobre o pai delegado, que deixara claro que jamais aceitaria um filho gay. "Na frente dele eu sou forçado a encenar um personagem, fingir que sou alguém que não existe. Mas, lá no fundo, ele sabe. Sempre soube.

O acordo tácito lá em casa é simples: eu reprimo meus trejeitos femininos para não expor minha família ao vexame", desabafou.

Os amigos inseparáveis seguiram o restante da viagem de mãos dadas. No finalzinho da Via Dutra, depararam com uma *blitz* toda iluminada com rotolight, composta por mais de vinte viaturas e cerca de oitenta policiais militares fortemente armados. Uma fileira de cones afunilava a pista, obrigando os veículos a passar um de cada vez. Todos estavam sendo parados. A duzentos metros da barreira, já se viam dezenas de pessoas algemadas, detidas por diferentes motivos.

Dominique manteve-se impassível. Amilton teve uma síncope. Como sempre, desabou em lágrimas. "Já era! Finalmente seremos presos e meu pai vai me matar!", previa. O Monza, atulhado com dezenas de itens roubados, ainda seguia em movimento quando ele, em pânico, escancarou a porta e correu rumo ao acostamento, sem sequer fechá-la. No tranco, uma das armas guardadas no bolso lateral da porta caiu no asfalto. Sem trava de segurança, bateu com força e disparou um tiro acidental. O estampido sobressaltou os policiais.

Assustada, Dominique acelerou e colidiu com o carro da frente. No mesmo instante, mais de dez agentes armados com metralhadoras avançaram sobre o Monza, ordenando por um megafone que ela saísse com as mãos para o alto. Amilton recebeu voz de prisão. Desobediente, seguiu em fuga rumo a um matagal com seus sapatos italianos. Um dos policiais disparou uma rajada de tiros na direção dele.

Dominique, pela primeira vez, perdeu o controle emocional e soltou um grito de desespero, como se tentasse salvar a vida do amigo.

Mudança de rota

Assim, em 1981, quando ambos tinham 21 anos, os criminosos de classe média-alta foram presos pela primeira vez. Na *blitz* da Via Dutra, Amilton foi imobilizado enquanto tentava escapar. Preocupada com o parceiro, Dominique se entregou sem oferecer resistência. Levados para a Seccional do Tatuapé, ela teve a pachorra de entregar uma carteira de identidade falsa na hora de apresentar os documentos, mas logo foi desmascarada. Como Amilton tinha o mesmo nome do pai, o delegado o reconheceu imediatamente. Chorando, algemado e com ferimentos causados pela tentativa de fuga, ele suplicou aos agentes que não telefonassem para sua casa. Nem foi necessário: pelo rádio da polícia, o delegado Amilton soube que o filho havia sido preso e correu para o Tatuapé.

Havia um contraste gritante entre os dois prisioneiros. Dominique mantinha-se calma, enquanto o amigo se desfazia em prantos. Depois de uma conversa rápida entre delegados, o pai saiu da Seccional sem se despedir. Colocados juntos numa cela vazia com piso molhado, os dois golpistas se deitaram sobre papelão e jornais velhos. Ao amanhecer, ambos foram liberados sem sequer ser fichados, graças ao corporativismo da polícia de São Paulo.

Na ocasião da *blitz*, Dominique foi pega em flagrante delito com uma série de infrações penais acumuladas, cada uma com implicações jurídicas graves. Estava na posse de um carro furtado, crime que poderia ser agravado porque ela carregava na bolsa os apetrechos usados por ladrões profissionais para destravar portas e janelas. No interior do veículo foram encontrados diversos objetos de valor subtraídos de hóspedes. Esses atos caracterizam o crime de furto qualificado mediante fraude. Além disso, portava uma arma de fogo, enquanto a outra estava caída no asfalto. Ambas eram ilegais e nenhum dos dois tinha porte de arma. A situação ficaria ainda pior com o disparo acidental da arma em via pública. A tentativa de fuga de Amilton durante a abordagem policial configurou desobediência combinada com resistência à prisão. Ainda havia a falsidade ideológica da estelionatária. O conjunto de condutas criminosas cometidas pela parceria poderia render pelo menos 25 anos de cadeia para ela – e um pouco menos para ele, a depender do enquadramento jurídico. Isso tudo foi deixado para lá.

Na casa dos Amiltons, o clima ficou tenso. O pai tirou o cinto da calça e o colocou sobre a cama do filho, iniciando um sermão sobre o certo, o errado e suas consequências. A mãe implorou ao marido que não machucasse o filho único da família. No final, o jovem perguntou se iria apanhar. O delegado balançou a cabeça para os lados duas vezes, sinalizando que, por ora, não haveria violência física. "Surra mesmo você vai levar no dia em que me fizer passar vergonha por ser veado. Como você manteve a postura de homem na delegacia, nenhum policial ficou sabendo desse segredo", pontuou, deixando claro preferir mil vezes ter um filho ladrão a um filho gay.

O delegado havia deixado os dois infratores dormirem na Seccional para que sentissem a hostilidade de uma cela. Mas a lição não surtiu o menor efeito. Na semana seguinte, Dominique e Amilton se encontraram em um café no Centro de São Paulo. Ousada, ela disse que foi ótimo terem sido presos naquelas circunstâncias. “Veja o que descobrimos: seu pai tem prestígio na polícia. Eles nos prenderam e nos soltaram no dia seguinte. É como se tivéssemos superpoderes”, provocou. Amilton não gostou da ideia de continuar aplicando golpes e roubando carros pelas ruas. “Então, tá, mona. Quando você quiser adrenalina para essa sua vida vazia, me avisa. Vou seguir em frente”, avisou Dominique, aborrecida. Não se passaram nem três dias e ele procurou pela amiga perguntando qual seria o próximo carro a ser roubado. E assim ficaram pelo menos por mais três meses, praticando crimes, sendo pegos aqui e ali, presos e soltos no dia seguinte. Amilton já chegava à delegacia dizendo que era filho de delegado. Para assessorá-los, contrataram até um advogado criminalista para cuidar dos trâmites burocráticos. Por último, os policiais de rua já nem os prendiam mais, pois a fama de costas quentes da dupla corria a cidade toda.

Passado um tempo, a vida empurrou Dominique para um lado e Amilton para outro, e eles acabaram se distanciando por um bom tempo. Com 25 anos em 1985, ela conseguiu, por intermédio do amante traficante de armas, um emprego como secretária bilíngue num banco internacional na Avenida Paulista. A agência era usada pelo esquema dele para receber o pagamento pelo armamento desviado da fábrica da Taurus para o exterior. Amilton começou a namorar um jogador de vôlei do Clube Paulistano.

Apaixonada, Dominique passou a acompanhar o amante em viagens ao Paraguai, onde aprendeu a atirar profissionalmente com pistolas, rifles e até metralhadoras. Depois de dois anos trabalhando no banco, a bandida pediu demissão para mergulhar de vez no crime, agora como parceira do traficante de armas. O casal entrava e saía do país pela fronteira entre as cidades de Ponta Porã, no Mato Grosso do Sul, e Pedro Juan Caballero, no lado estrangeiro. Esse limite internacional era ao mesmo tempo um polo comercial legal e ilegal, além de ser ponto-chave para fluxos migratórios, turismo de compras e atividades do crime organizado.

Não demorou para Dominique concluir que jamais prosperaria ao lado do amante, que não falava em se separar da esposa nem se mostrava disposto a incluí-la na linha de frente do tráfico de armas. Dominique colocou um ponto final no relacionamento e montou sociedade com um bandido paraguaio chamado Ezequiel Cabañas, com quem também acabou se envolvendo. Os dois se conheceram numa oficina mecânica e, juntos, montaram um esquema altamente lucrativo de receptação internacional de veículos.

A operação funcionava assim: Dominique roubava carros de luxo em São Paulo e os fazia chegar até a cidade de Ponta Porã, onde Ezequiel os atravessava clandestinamente para Pedro Juan Caballero. Do lado paraguaio, os veículos tinham seus chassis raspados e recebiam novas placas com registros emitidos por contatos na prefeitura local – o que lhes dava aparência de legalidade. Em seguida, os mesmos veículos retornavam ao Brasil, agora com documentação paraguaia falsificada, e passavam por uma segunda etapa de "legalização": eram registrados nos departamentos de trânsito de estados diferentes, como se fossem carros importados, com papéis falsos e numeração adulterada. Dessa forma, voltavam a circular legalmente nas ruas brasileiras – muitas vezes revendidos a empresários, colecionadores e até órgãos públicos.

Em 1988, Dominique já havia encerrado o relacionamento com o bandido paraguaio e passou a namorar sem compromisso. Decidiu investir tudo que arrecadava com o crime em terras na região de Ponta Porã. Chegou a comprar uma fazenda em solo paraguaio. Seu plano era juntar o máximo de dinheiro possível em dois anos e se mudar para a propriedade, onde pretendia se casar, ter filhos e iniciar uma vida voltada à agropecuária. Queria comprar cabeças de gado para produzir leite e carne.

Aos 28 anos, Dominique e Amilton se reconectaram. Ela se emocionou quando viu nos pés dele os sapatos italianos, já surrados, dados de presente sete anos antes. Ele contou que o pai o havia expulsado de casa por causa do romance homoafetivo com o jogador de vôlei. Pretendia comprar um apartamento para não depender mais do teto da família. Unidos pela ambição, separados pelos sonhos, os dois refizeram a parceria em São Paulo. Mantiveram o acordo de "trabalhar" por dois anos – apenas o suficiente para levantar o dinheiro necessário para o recomeço.

Com pressa e mais maduros, começaram roubando carros e enviando ao Paraguai. Mas o "negócio" parecia pequeno diante do anseio da dupla. Dominique e Amilton, que já estava habilidoso com armas, passaram a assaltar pessoas que saíam de joalherias e bancos. Eles seguiam os incautos e davam o bote quando entravam no carro ou davam sopa em pontos de ônibus. Apesar da destreza, Amilton havia combinado com a parceira que jamais atirariam durante essas ações, pois não suportaria a culpa de ferir uma pessoa inocente. Dominique concordou, mas deixou claro que, às vezes, a empreitada não sai conforme o planejado.

Certa vez, os dois estavam dentro de uma agência do Banco do Brasil, no Centro de São Paulo. Dominique percebeu que uma senhora de cerca de 60 anos estava sacando uma quantia considerável no caixa. Decidiram segui-la pela calçada, em uma área bastante movimentada. Amilton sugeriu abortar o plano, pois a vítima não ficaria sozinha em nenhum momento. A parceira discordou, já que a sacola da senhora estava visivelmente abarrotada de dinheiro. Para simular companhia, a mulher andava rente aos outros pedestres. Depois de duas quadras, ela se aproximou de um ponto de táxi e entrou no primeiro da fila. Nesse momento, Dominique sacou uma pistola e apontou para o rosto da vítima. Pela janela oposta, Amilton tentava puxar a sacola enquanto implorava para a parceira não atirar na pobre senhora. Em questão de segundos, o taxista saiu do carro com uma arma, mirou no joelho do ladrão e disparou feito profissional.

Dominique conseguiu fugir. Levado ao pronto-atendimento do Hospital das Clínicas por uma viatura da Polícia Militar, Amilton permaneceu algemado ao ferro da maca enquanto os médicos faziam a sutura do ferimento. A bala passou de raspão pela rótula. Nada grave. No leito hospitalar, o golpista ficou sabendo por um investigador que o taxista era um ex-policial. Consultado pelo delegado que registrava a ocorrência da tentativa de assalto, o pai de Amilton, decidido a se livrar do filho gay, deu ordens expressas para que o colega o tratasse como um criminoso qualquer. Amilton foi indiciado e levado ao Carandiru para aguardar julgamento. Dentro da cela, sofreu espancamentos e estupros quase diários por toda sorte de bandidos, justamente por ser homossexual e filho de policial. Em 1989 ele contraiu HIV na cadeia e sucumbiu rapidamente. Morreu pele e osso, devastado por pneumocistose, toxoplasmose cerebral e candidíase esofágica – todas doenças oportunistas. Em seu atestado de óbito consta que a morte ocorreu em decorrência da aids.

No funeral havia poucos amigos, algumas tias, primos e a mãe, devastada. O pai não compareceu ao velório, tampouco ao cemitério. Dominique era a mais emocionada. Chorava por saudade e, principalmente, pela culpa de não ter desistido daquele assalto quando seu amigo-irmão tanto insistiu. No caixão, os pés de Amilton estavam calçados com os sapatos italianos que ela mesma roubara em Campos do Jordão e lhe dera de presente. Como ele costumava dizer, aqueles sapatos se ajustavam perfeitamente aos seus pés – como se, pela única vez, algo no mundo tivesse sido feito sob medida para ele.

Trinta e seis poses

A morte do amigo alterou novamente a rota de Dominique. Em 1990, a criminosa se aliou a um assaltante de alta periculosidade de São Paulo, chamado Jailton Costa de Lima, de 34 anos. O novo parceiro tinha a ginga e o tipo físico de quem cresceu brigando na rua. Moreno claro, pele marcada pelo sol e olheiras carregadas. O corpo era forte e musculoso. Mantinha a cabeça raspada, olhar fixo e maxilar tenso. Vestia *jeans* surrado, coturno e camiseta justa, quase sempre coberta por jaqueta ou blazer. Falava pouco, com pausas entre frases diretas. Dominique não sentia a menor atração por ele. Apenas o respeitava, como se respeita alguém previsível e perigoso. Sabia controlá-lo com habilidade, como quem segura firme uma coleira. Era impossível para ela circular em lugares sofisticados com o parceiro ogro, como fazia com Amilton.

A nova dupla começou os trabalhos praticando roubo de veículos à mão armada, tanto à noite quanto em plena luz do dia, inclusive em vias movimentadas, como a Avenida Angélica em Higienópolis, e a 23 de Maio, duas vias bastante movimentadas da capital paulista. O *modus operandi* era simples: eles esperavam um carro parar no semáforo e emparelhavam. Em geral, Jailton dirigia. Dominique descia do carro, entrava no veículo da vítima com naturalidade e sentava-se no banco do passageiro, apontando a arma para a condutora – sempre preferiam mulheres. Em seguida, a vítima era obrigada a seguir um trajeto determinado pela assaltante. Em alguma área deserta, a coitada era expulsa do próprio carro e Dominique seguia sozinha até um estacionamento do outro lado da cidade, onde o veículo era coberto com lona e, depois, enviado ao Paraguai para ser "lavado" no esquema de receptação. Todo o dinheiro arrecadado era aplicado em cabeças de gado na sua fazenda paraguaia. Em 1990, ela tinha quase vinte.

Aos 30 anos, Dominique alcançou o auge da beleza. Era esbelta, tinha um andar sensual e sempre vestia roupas de grife coladas ao corpo delineado. Usava os cabelos no tom loiro-claro dourado e mantinha os fios escovados, com brilho controlado e aparência limpa. Coloração uniforme, mas com leves variações naturais, sugeria mechas feitas com cuidado, sem exagero, reforçando a imagem que projetava de mulher refinada e segura. Com todos esses atributos, chamava atenção de homens e mulheres por onde passava. Aproveitou seu magnetismo sexual para aplicar golpes em senhores ricos e feios, mas sem nunca se prostituir, como ela mesma fez questão de frisar. As artimanhas eram tão variadas quanto criativas, sempre desenroladas com a ajuda de Jailton, seu assistente.

Entre o Natal e o ano-novo de 1990, ela conheceu um doleiro, de 65 anos, baixo e com barriga de cerveja. Tinha calvície avançada, comum na velhice. Apenas uma faixa de cabelo persistia nas laterais e na nuca, o clássico formato em ferradura. Os poucos fios que restaram eram tingidos de acaju, numa tentativa desesperada de rejuvenescer. Dominique conheceu o homem no balcão do Gallery, casa noturna de alto padrão na Rua Haddock Lobo, frequentada por figuras da elite paulistana e artistas renomados. De lá seguiram para o motel Ele & Ela, na zona oeste. Para passar a noite fora de casa, o senhor disse à esposa que estava viajando a trabalho.

Na suíte presidencial, o casal pediu uma garrafa de espumante e outra de uísque importado. Para não perder a lucidez, Dominique bebia pouquíssimo. Ela tirou a roupa primeiro, de uma só vez. Ele começou a enrolar: afrouxou a gravata lentamente, depois desabotoou a camisa social botão por botão, fazendo pausas longas. Com receio de que o homem desistisse, a golpista o ajudou a se despir. Chegou a rir ao ver a cueca samba-canção, quebra clima total. Quando ficou completamente nu, o senhor adormeceu, bêbado. Foi aí que a gatuna entrou em ação. Abriu a carteira dele, tirou o documento de identidade e o posicionou sobre a barriga da vítima, cobrindo-lhe o umbigo. Em seguida, pegou na bolsa uma câmera fotográfica Kodak analógica 35 mm e fez diversos *nudes* do homem, com ângulos panorâmicos e de baixo para cima. Depois de gastar um filme inteiro de 36 poses, ela deixou o senhor e saiu do motel sorrateiramente no carro dele, um Mercedes-Benz 560, avaliado na época em 200 mil dólares.

No dia seguinte, o senhor chegou em casa dizendo que havia sido sequestrado no trajeto entre o aeroporto e sua residência. Uma semana depois, Dominique apareceu no escritório dele, no Itaim Bibi, acompanhada de Jailton, que puxava o blazer para o lado e deixava à mostra o cabo de uma pistola presa ao cós da calça sempre que julgava necessário. A trambiqueira jogou as fotos reveladas em cores sobre a mesa do empresário, que então dispensou os seguranças. Ela acendeu sua cigarrilha e foi direta: pediu 10 mil dólares para não enviar os *nudes* feitos no motel à esposa. Também cobrou mais 2 mil pela devolução do carro. Ao perceber com quem estava lidando, o senhor doleiro entregou à bandida uma sacola com dinheiro vivo e propôs algo diferente. Sugeriu que ela sumisse com o veículo enquanto ele registrava o furto e acionava o seguro. Dominique topou. Nascia ali uma parceria que duraria um ano. O empresário encaminhou a ela amigos ricos de São Paulo, do Rio e de Belo Horizonte que toparam fazer parte do esquema contra as seguradoras. Ela levava os veículos até o Paraguai, onde eram adulterados e revendidos com documentos falsificados. O dono recebia o valor da apólice e ainda lucrava com a revenda ilegal. Dominique e Jailton embolsavam parte da indenização e uma comissão pela venda. O carro "sumia" e todos saíam ganhando.

Em novembro de 1991, Dominique conheceu um fazendeiro mineiro de 40 anos no bar do Maksoud Plaza Hotel. Após transarem algumas vezes, resolveram iniciar um romance. Como ele era solteiro, não tinha como ser chantageado com fotos feitas em motel. Com isso, a salafrária usou outro expediente. No quarto mês de relacionamento, ela o encontrou num camarote do Autódromo de Interlagos usando no pescoço um colar Riviera, clássico e discreto, composto por uma sequência perfeita de diamantes com lapidação brilhante, dispostos em platina pura. As pedras impecáveis formavam uma linha contínua de brilho, com os maiores diamantes concentrados no centro. Dominique estava num vestido tubinho preto de crepe italiano, com decote em V que realçava o colar. Levava uma bolsa *clutch* estruturada com fecho dourado, discreta e de grife francesa. O fazendeiro elogiou a joia. Dominique disse que havia herdado a peça da avó alemã. A estampa de rica da embusteira era referendada pelos carros de luxo que dirigia, todos fruto de golpes em seguradoras. Costumava ficar pouco tempo com cada veículo, pois a polícia vivia no seu encalço.

Uma semana depois de ter a joia enaltecida pelo namorado, Dominique contou uma mentira com tamanha dramaticidade que conseguiu expelir três lágrimas. Disse que a avó havia sofrido uma queda ao descer a escada da mansão onde morava, no Morumbi. A idosa precisava de uma cirurgia de emergência porque havia fraturado o fêmur, a bacia, o cóccix e duas costelas. Por pouco não quebrou também o crânio. Como a "fortuna" da família havia sido confiscada pelo Plano Collor e a devolução parcial só estava prevista para dali a três meses, ela precisava de dinheiro vivo com urgência. O fazendeiro se comoveu, mas não deu nenhum sinal de que pretendia ajudar financeiramente. Limitou-se a emprestar seu lenço de seda pura italiana para que a namorada enxugasse o pranto. Dominique então sugeriu que ele comprasse seu colar Riviera pela metade do preço, para que pudesse custear a cirurgia da avó. Ele aceitou. Ficou combinado que fariam uma avaliação profissional e ele pagaria exatamente 50% do valor estipulado. Como era uma questão de vida ou morte, seguiram naquele mesmo instante para o ateliê onde a joia fora comprada.

No balcão, entregaram a peça ao gemólogo, profissional responsável pela certificação de pedras preciosas. Após examinar o colar com lupa de ourives, microscópio, pinça de precisão, refratômetro, lâmpada ultravioleta e paquímetro digital, ele estimou o valor em aproximadamente 100 mil dólares. No dia seguinte, o fazendeiro entregou à namorada um maço com quinhentas notas de 100 dólares, totalizando metade do valor da avaliação. Em troca, Dominique lhe repassou a joia, cuidadosamente acomodada na embalagem original, uma caixa rígida forrada com veludo azul-marinho. Ele acreditava estar fechando o negócio mais lucrativo de toda a sua vida. De posse da grana, a esperta escafedeu-se. E, como naquela época não existia celular, muito menos redes sociais, procurar alguém numa cidade como São Paulo era como buscar uma sombra na noite escura.

Ao dar pela falta da namorada, o fazendeiro tentou revender o colar. Levou a peça a outro joalheiro, que fez um exame criterioso. O diagnóstico o deixou com a boca seca e as pernas trêmulas. "Olha, senhor, essa peça não é nada do que parece. O *design* é sofisticado, sim, mas os materiais são totalmente falsos. A platina é apenas banhada, não maciça. E os 'diamantes' são zircônias cúbicas, pedras sintéticas. Isso aqui tem um valor meramente decorativo, não passa de 200 ou 300 dólares, no máximo, muito aquém do que pagou, né? Sinto muito. Quem vendeu isso ao senhor enganou com perfeição. Imitações assim são comuns em filmes de Hollywood, por isso convencem tão bem. Aliás, é uma 'réplica legítima', se é que esse termo existe", comentou.

Não se sabe se a vítima ouviu aquele monólogo até o fim. Atônito, o fazendeiro dirigiu-se a uma delegacia e registrou um boletim de ocorrência contra Dominique e o avaliador do ateliê, que era cúmplice da impostora. Nem foi preciso fazer retrato falado: a polícia já a conhecia de outros carnavais. Desde então, começou uma caçada implacável à cambalacheira de alto padrão. Mas ela já estava em terras paraguaias, vivendo uma vida campestre em sua fazenda na Colônia Victoria, zona rural de Pedro Juan Caballero.

Especialistas em mentes criminosas sustentam que alguns indivíduos têm a personalidade voltada para a conduta delituosa. Mesmo depois de acumular dinheiro, não cessam. Querem mais e mais. O que os move não é apenas a necessidade material. Bandidos como Dominique se alimentam da adrenalina, do risco de serem pegos.

Outro exemplo é a doleira Nelma Kodama, de 58 anos, cuja estrutura comportamental apresenta traços semelhantes. Condenada na Operação Lava Jato, em 2015, por evasão de divisas, operação de instituição financeira irregular, corrupção ativa e participação em organização criminosa, recebeu sentença de dezoito anos de prisão após ser flagrada tentando embarcar para a Itália com 200 mil euros escondidos na calcinha. Cumpriu parte da pena, até receber um indulto natalino do então presidente Michel Temer, em 2017, que extinguiu sua condenação. Em liberdade e quite com a Justiça, teve a oportunidade de recomeçar uma vida do zero dentro da legalidade. Mas preferiu voltar para a bandidagem, pois não conseguia viver longe dela. Foi presa novamente em 2022, em Portugal, acusada de integrar uma quadrilha internacional de tráfico de cocaína ligada ao Primeiro Comando da Capital (PCC). Amante dos holofotes, Nelma jura inocência até hoje. Um juiz chegou a escrever em uma das sentenças que a doleira tinha "a personalidade voltada para o crime". Em entrevista à revista *Veja*, em 2017, enquanto usava tornozeleira eletrônica e brilhava como influenciadora digital, ela rebateu o magistrado, afirmando que "um réu não pode ser julgado pela personalidade que tem".

No processo de execução penal de Nelma, não há relatórios psicológicos ou psiquiátricos que tracem seu perfil criminoso com profundidade. Quanto a Dominique, submetida a uma série de exames criminológicos, os laudos decifraram os sedimentos cognitivos compactados pelo tempo e pela repetição delituosa. Avaliada pela psicóloga forense Walmira José Theodoro em Tremembé, em 11 de janeiro de 2018, foi diagnosticada com "um funcionamento psíquico pautado por mecanismos refinados de manipulação, construção narrativa e domínio simbólico sobre os outros". Revelava um perfil autocentrado, com baixa tolerância à banalidade da vida cotidiana, o que a levava a construir realidades paralelas em que pudesse exercer controle absoluto, mesmo à margem da lei. Seu envolvimento com o crime transcendia a motivação material. Segundo os laudos, ela operava como em um ritual de reafirmação do próprio valor, como se sua identidade só emergisse no exercício da ilicitude.

Dominique recusava ativamente a vulnerabilidade. Evitava vínculos profundos e administrava afetos com cálculo preciso. Diante das perdas familiares, mantinha silêncio e encobria a dor com vaidade, ironia, sofisticação e altivez. Criou sua própria lenda não para esconder o que sentia, mas para evitar ser tocada emocionalmente. O crime era sua linguagem, um modo de se afirmar no mundo. Seu talento para a encenação talvez fosse um pedido de socorro, articulado com elegância e sem concessões à fragilidade.

Em 15 de julho de 2020, Dominique foi examinada pelo psiquiatra forense Leandro Gavinier na penitenciária. No laudo, ele descreveu um quadro clínico compatível com o código F61 da CID-10, que indica transtorno de personalidade do tipo misto. Essa condição reúne traços de vários distúrbios de personalidade, como o antissocial, o narcisista e o histriônico. O resultado apontou certo amadurecimento emocional e boa contenção dos impulsos. Mas não descartou a presença de padrões disfuncionais. Dominique continuava sendo uma mulher complexa. Ao longo da vida, construiu uma lógica emocional própria, baseada na dissimulação, na ausência de culpa e no prazer pela teatralidade. Seu mundo interno parecia movido por uma força compulsiva. Não buscava acumular bens, mas se manter em movimento, em desafio, em cena. Uma criminosa que nunca procurou redenção, apenas o protagonismo da própria vida.

Escada de maracujá

Em estado depressivo, Dominique não se adaptou à vida bucólica da fazenda em Pedro Juan Caballero, no Paraguai. Já não suportava acordar com mugidos de vaca e cantos de sabiás e bem-te-vis. Vendeu a propriedade com porteira fechada e retornou ao Brasil. Reencontrou Jailton, com quem reatou a parceria. O cúmplice a alertou sobre os desdobramentos do golpe aplicado contra o fazendeiro, um dos primeiros registros de seus crimes nas páginas policiais dos jornais. Para atuar com mais segurança, Dominique alterou o visual. Os cabelos compridos e loiros deram lugar a um corte chanel preto, com comprimento na altura do queixo e pontas discretamente curvadas para dentro, emoldurando o rosto com precisão. A franja reta, cortada pouco acima das sobrancelhas, conferia a ela um ar geométrico. Também conseguiu, por meio de um parceiro, duas cédulas de identidade verdadeiras, emitidas pela Secretaria de Segurança Pública de São Paulo, mas com nomes completamente falsos. Em um dos documentos, chamava-se Celma Ne da Silva; no outro, Maria Ângela Pestana, ambas nascidas em 4 de abril de 1975. Ou seja, nos registros forjados, rejuvenesceu quinze anos – o que considerava um feito, já que sempre manteve a aparência e o espírito joviais, graças à alimentação equilibrada e à prática diária de exercícios físicos.

Celma e Maria Ângela voltaram ao crime com o básico. Assaltavam mulheres no trânsito, roubavam o carro e os pertences pessoais e mandavam os veículos para o Paraguai. Foram as primeiras na prática de um crime que se tornou comum nos anos 1990: a clonagem de automóveis. O esquema era simples e complexo ao mesmo tempo. Roubavam um carro e usavam os dados de outro igual – mesmo modelo, cor e ano, ainda em circulação e sem registro de roubo – para falsificar placas, número do chassi, etiquetas e documentos. O veículo clonado voltava a circular como se fosse verdadeiro, enganando compradores e a polícia. Na época, esse crime prosperava porque ainda não existia a gravação do número do chassi nos vidros, como é exigido hoje.

Na tarde de quinta-feira, dia 17 de agosto de 1995, aos 35 anos, Dominique foi ao Shopping Pátio Paulista, na Bela Vista, aplicar mais um golpe. Estacionou um Fiat Tempra Ouro 16 válvulas, com placas frias, no segundo piso. Na bolsa Chanel, levava um revólver calibre 38 e um talão de cheques roubado de uma mulher assaltada dois dias antes. Entrou na joalheria H. Stern e escolheu um colar de ouro branco 18 quilates com diamantes, esmeraldas e topázio imperial vermelho-cereja em forma de gota, avaliado em 4 mil dólares (valor de 2025).

Dominique preencheu o cheque e apresentou uma carteira de identidade falsa com o nome da verdadeira titular. O documento tinha dados que coincidiam com o cheque, o que dificultou a identificação da fraude. Com passos curtos e rápidos, ela deixou a loja com a sacola. Do lado de fora, olhou para trás e viu os funcionários reunidos em torno do caixa, analisando o cheque. O vendedor responsável pela venda era Roberto Vicente de Lima, de 34 anos. Ao ligar para o serviço Telecheque, o gerente da joalheria soube que o talão era roubado. Avisado de que o prejuízo seria descontado de seu salário, Roberto saiu em disparada pelos corredores do shopping. Desceu as escadas rolantes até chegar ao estacionamento onde estava seu Fiat Uno. Com as mãos trêmulas, deu partida e percorreu os pisos à procura da cliente. Teve taquicardia ao avistar o Tempra subindo a rampa de acesso à Rua Treze de Maio. Acelerou para não perdê-lo de vista.

Na Rua Cincinato Braga, Dominique percebeu que estava sendo seguida e pisou fundo. Avançava sinais e desviava dos carros como se estivesse em fuga policial. Ao chegar ao cruzamento com a Alameda Campinas, próximo do hotel Maksoud Plaza, foi bloqueada por três veículos que aguardavam no semáforo fechado. Roberto parou ao lado, desceu, viu que as portas estavam travadas e esmurrou com força o vidro lateral. Dominique, surpresa, buzinava e acelerava o carro parado, tentando forçar uma brecha. No banco do carona, a sacola com a joia estava visível. Desesperado, o vendedor tentou negociar: "Só me devolve a mercadoria e segue em paz. Por favor! Eu te imploro. Vou ficar sem salário. Tenho filhos. Pelo amor de Deus! Tenha clemência!".

Motoristas e pedestres ao redor hesitavam, sem saber se era um assalto ou uma briga de trânsito. Tudo acontecia a uma quadra da Avenida Paulista, um dos pontos mais movimentados da cidade. Quando viu que o semáforo estava prestes a abrir, Roberto agiu. Quebrou o vidro com um chute, desligou o motor do Tempra e arrancou a chave da ignição. Então, deu a volta para recuperar a sacola. Dominique saiu do carro, sacou a arma calibre 38, apontou para o rival e disparou cinco vezes à curta distância, assustando quem estava por perto. Roberto se jogou no asfalto e se arrastou para debaixo do Tempra. Instantes depois, uma viatura surgiu pela calçada com a sirene ligada. Sob a mira das metralhadoras policiais, a criminosa foi imobilizada e levada algemada ao 4º Distrito Policial.

Na delegacia, puxaram a "capivara" de Dominique. Identificaram de imediato o golpe do colar falso contra o fazendeiro, os furtos em hotéis de luxo, pelo menos seis registros de roubo à mão armada, dois assaltos a idosos na saída de bancos e casos de emissão de cheques roubados. Algumas ações em que ela tomava carros e levava o motorista como refém foram registradas como sequestro e cárcere privado. Sem a proteção do pai de Amilton, a casa de Dominique não apenas caiu – implodiu. Ela passou a ser tratada como criminosa de alta periculosidade e finalmente virou manchete de cadernos policiais de jornal, com direito a foto algemada e o tradicional *mugshot*, aquela identificação policial feita no momento da prisão.

Encaminhada à Penitenciária Feminina da Capital, Dominique passou a ser investigada e indiciada pela polícia, denunciada à Justiça pelo Ministério Público e julgada por uma série de delitos em varas criminais comuns. Foi uma chuva de sentenças. Segundo sua ficha criminal, a ré foi condenada, entre outros delitos, por estelionato, roubo, sequestro, falsificação de documento público, uso de documento falso, furto qualificado e receptação.

Sua ficha policial incluía ainda investigações por apropriação indébita, disparo de arma em local público, associação criminosa, crimes contra o sistema financeiro, falsidade ideológica, dano qualificado, extorsão, duplicata simulada e adulteração de placas de veículos – condutas pelas quais não chegou a ser sentenciada, fosse por falta de provas, manobras processuais ou pura sorte.

Quando a soma das penas já alcançava 36 anos, veio uma surpresa: o episódio do vendedor de joias no trânsito de São Paulo foi aceito pela Justiça como tentativa de homicídio, conforme apontava o inquérito nº 1.213/95. Com isso, o caso deixou o gabinete de um juiz singular e seguiu para o Tribunal do Júri do Fórum da Barra Funda, onde esse tipo de processo costuma ser implacável. Liberada para acompanhar o julgamento, Dominique levantou-se do banco dos réus em 3 de abril de 2003 com mais doze anos de pena, totalizando 48 anos de reclusão até aquela data, conforme consta no cálculo emitido pela Vara de Execuções Criminais em 2025. Na sentença assinada pelo juiz Waldir Calciolari, lê-se: "Condeno Dominique Cristina Scharf, ou Celma Ne da Silva ou Maria Ângela Pestana...", cristalizando as várias identidades de uma das maiores estelionatárias de São Paulo.

Dominique enfrentou dificuldades para se adaptar à vida no cárcere. Nos primeiros dias, comia e vomitava as refeições. Não conseguia dormir. Sentia uma saudade incomensurável da liberdade. Irritava-se com o abre e fecha das portas metálicas das celas. Rejeitava as companheiras de confinamento. Reclamava do uniforme, que não se ajustava às curvas do seu corpo. Tentou customizá-lo, mas foi repreendida. Não recebia visitas. E ainda havia um agravante: sua permanência na prisão parecia infinita, já que seus armários de esqueletos continuavam sendo abertos pela polícia, e a cada nova descoberta vinham mais processos, audiências, condenações. A melancolia, que já era profunda, desceu a patamares ainda mais sombrios. Seus únicos momentos de alegria eram as saídas da cadeia, quando era levada a delegacias e tribunais para ser interrogada.

Matriculada sob o número 89.825-4 no sistema penal, dividia com outras 16 mulheres a cela 140 da Penitenciária Feminina da Capital, no Complexo do Carandiru. O local tinha capacidade para 2.500 almas, mas abrigava quase 3.000, gerando superlotação. Em 16 de setembro de 1996, ou seja, 397 dias após ser presa por ter atirado no vendedor no trânsito de São Paulo, ela começou a aprontar. Estava com 36 anos. Tomava banho de sol no pátio com uma colega de cela chamada Nanci, que aguardava julgamento por tráfico de drogas. Dominique se aproximou dela porque a criminosa falava noite e dia em fugir da penitenciária, "nem que fosse pelo esgoto". Com as sentenças vindo em cascata, a estelionatária também começou a vislumbrar a vida como foragida.

Por volta das 9h20, entrou na penitenciária um caminhão-baú pequeno, da firma Alegria, carregado com insumos para as oficinas que funcionavam dentro do Carandiru. Quando esse tipo de carro chega ao presídio, os policiais que fazem a fiscalização da torre redobram a atenção, pois temem que as presas se escondam no baú e escapem. Quase duzentas caixas estavam sendo descarregadas apenas pelo motorista, e, na falta de funcionários que ajudassem na tarefa, algumas detentas se apresentaram para a função. Voluntariosas, Dominique e Nanci se ofereceram para carregar as embalagens com rolos de tecido, latas de tinta, ferramentas manuais, peças metálicas, martelos e tesouras industriais, além de componentes de reposição para a manutenção de máquinas leves.

As duas se encarregaram de pegar do chão as caixas que outras detentas repassavam de dentro do baú. Espertas, empilharam os volumes para formar uma barreira e bloquear a linha de visão dos policiais da torre. Quando os agentes perderam completamente o ângulo, elas saíram em disparada rumo ao alambrado do pavilhão de trabalho. Feito uma máquina de cortar arame, Nanci abriu um buraco na cerca metálica usando um alicate industrial furtado da oficina. A abertura nem estava completa quando Dominique passou apressada, cortando o rosto, os braços e os ombros. Sangrando muito, atravessou para o lado de fora com o uniforme todo rasgado. Escapou por uma mata no entorno do Carandiru. Rapidamente uma sirene soou para avisar da fuga. Obesa, Nanci ficou entalada na cerca. Foi a primeira a ser recapturada. Dominique não conseguiu ir muito longe. Acabou presa quando tentava atravessar um córrego, no terreno lateral da penitenciária.

As duas foram conduzidas de volta à cela e um auto de infração disciplinar (053/96) apurou as responsabilidades. Em interrogatório, Dominique confirmou a intenção de fuga. Disse que pretendia visitar sua avó na Alemanha, como se isso fosse possível. O episódio foi tipificado como falta disciplinar de natureza grave e registrado no 9º Distrito Policial, que coincidentemente tinha como titular o pai de Amilton. Como punição, acabou levada para o "pote" do Carandiru e, mais tarde, foi transferida para a Penitenciária Feminina de Ribeirão Preto.

Conforme registrou em carta enviada à juíza Sueli Zeraik Armani no fim de 2023, Dominique nunca soube ao certo quanto tempo ainda ficaria presa – por ter cometido crimes em comarcas diferentes, cada sentença gerou um processo de execução separado. A confusão, porém, acabou facilitando sua migração para o regime semiaberto. Segundo o artigo 11 da Lei de Execução Penal, todas as condenações deveriam ter sido somadas antes de o regime prisional ser calculado. Mas essa unificação só ocorre quando alguém formaliza o pedido, seja o juiz, o Ministério Público ou a própria defesa do preso. No caso de Dominique, isso demorou para ser feito. Na década de 2000, todos os processos eram físicos, espalhados por vários fóruns, sem nenhum sistema de integração. O resultado foi que um dos juízes, ao olhar apenas o processo sob sua responsabilidade, autorizou Dominique a deixar o regime fechado e passar para o semiaberto, enquanto ainda havia outras condenações que exigiam o fechado. A unificação, feita em 21 de abril de 2016, fixou sua coleção de sentenças em longos 57 anos, 11 meses e 10 dias.

Beneficiada pela bagunça do sistema processual, Dominique migrou para o regime mais brando em 21 de maio de 2006, quando estava na Penitenciária de Ribeirão Preto. Com essa regalia, era obrigada a trabalhar dentro da unidade prisional. Conseguiu uma colocação na horta, e todos os dias, bem cedinho, depois de comer um pão francês com margarina e tomar café com leite, pegava as ferramentas e seguia para a plantação. Suas tarefas também incluíam alimentar centenas de galinhas e recolher os ovos no aviário, algo detestável para ela. Toda a produção era usada na alimentação das internas. As mulheres trabalhavam sem escolta, já que, naquela etapa do cumprimento da pena, estavam bem perto de alcançar o regime aberto e poderiam completar o restante da condenação em liberdade. Sob essa lógica, nenhuma delas arquitetava planos de fuga. Exceto Dominique, que ainda tinha muita vida para ser vivida além das muralhas.

Esperta, ela passou a se dedicar com afinco à plantação de maracujá, nos fundos da penitenciária. Depois de uma semana empenhada no trabalho agrícola, a bandida pôs um plano ousado em ação. Para sustentar os pés da trepadeira, a direção do presídio mandou fincar uma estrutura imensa feita de ripas de madeira, que ficava encostada na parede. Eram vigas verticais e travessas transversais, formando uma treliça inclinada por quase trinta metros de extensão, escorada direto no concreto. Por ali os maracujazeiros cresciam, subindo e se agarrando aos caibros, até formar uma cortina espessa de folhas, flores e frutos. Dominique percebeu o que ninguém viu. Um dia ela subiu pela plantação pelo lado interno, acobertada pela vegetação. Pisou nas ripas feito uma jaguatirica até alcançar o topo da muralha de seis metros. Corajosa, saltou para o outro lado, quebrando a perna e o braço. Mesmo assim, capengando e morrendo de dor, em 10 de setembro de 2007, aos 47 anos, conseguiu se mandar da prisão, no estilo conhecido entre os criminosos como "sair no pinote".

Ainda em Ribeirão Preto, furtou roupas de um varal e livrou-se do uniforme de presidiária. Em São Paulo, a foragida descobriu um segredo, conforme ela mesma revelou em abril de 2024. Quando um preso escapa da cadeia, ninguém sai atrás dele. Tanto que ela ficou em casa, no bairro dos Jardins, escondida por um mês. Depois, recuperada das fraturas, passou a ter um cotidiano normal, segundo seus parâmetros morais. Reatou a dupla com Jailton e expandiu seus "negócios" com outros parceiros. Montou uma quadrilha especializada em roubo de cargas interestaduais, com ramificações no Paraná e na Bahia. A mercadoria pilhada era redistribuída em depósitos clandestinos, e o dinheiro, lavado por meio de uma casa de shows e do financiamento de bandas de pagode.

Paralelamente, passou a circular com carros de luxo ostentando placas consulares falsas. Usava o prestígio diplomático de fachada para acessar áreas restritas e aplicar golpes em agências bancárias, sempre protegida por nomes falsos e documentos impecavelmente forjados. Também passou a anunciar nos classificados da *Folha de S.Paulo* e do *Estadão* carros de luxo a preço de banana. Marcava encontro com os interessados em estacionamentos públicos. Depois de receber o sinal em dinheiro ou por transferência eletrônica disponível (TED), a bandida simplesmente desaparecia, deixando os "trouxas" a ver navios. Em outra frente, espalhava anúncios em grandes jornais do Norte e do Nordeste, oferecendo modelos populares zero-quilômetro, como Corsa, Fiat e Ford Ka, a preço de fábrica. Dizia vender direto da montadora e exigia o pagamento da primeira parcela como sinal para reservar o veículo. Depois avisava ao cliente por telefone que o financiamento fora aprovado e que o carro já estava a caminho, detalhando com cinismo: "Seu carro vai numa cegonha, tem uma cor linda, segue com cera protetora para preservar a tinta perolada. Um luxo!". O carro nunca chegava e Dominique evaporava. No intervalo de um ano, conseguiu aplicar esse golpe em mais de cinquenta pessoas. Na maioria das vezes, só dava certo porque, do outro lado da linha, sempre tinha alguém querendo comprar carro zero a preço de eletrodoméstico.

Dominique estava certíssima quando disse que ninguém sai atrás de bandido que foge da cadeia. No entanto, ela abusou tanto da sorte ao reincidir nos crimes que sua recaptura ocorreria mesmo que fosse por obra do azar, como de fato aconteceu. Por incrível que pareça, naquele dia a estelionatária fazia tudo certinho. O fim do ano se aproximava e os shoppings lotados já exibiam luzes natalinas e vitrines temáticas. Uma confraternização com o grupo de bandidos que vendia carros fantasmas pelos classificados estava programada para acontecer em um restaurante em Pinheiros.

Não se sabe como nem por que, o fato é que ela decidiu ir ao Shopping Pátio Higienópolis comprar o presente do seu amigo-secreto com dinheiro vivo, e não com cheques roubados. Escolheu uma gravata de seda. Como se tivesse o fetiche de ser honesta por um dia, saiu de casa dirigindo uma picape Ranger que estava em seu nome, totalmente legalizada. No caminho de volta, parou numa *blitz* de trânsito comum montada na Rua da Consolação, em frente ao cemitério. O policial pediu seus documentos e usou o rádio da viatura para passar seu nome verdadeiro para a central. O amigo-secreto ficou sem presente. Dominique foi recapturada no dia 7 de dezembro de 2008, aos 48 anos, após ficar foragida por um ano, dois meses e 27 dias.

Levada para Tremembé, finalmente a bandida parou de pensar em fuga. Mas não em golpes. Mesmo atrás das grades, Dominique encontrou formas de se destacar – do jeito errado, como sempre. Na penitenciária, todas as internas usavam uniformes numerados, com códigos pintados com tinta especial azul-escura para identificar cada detenta no controle interno da unidade. Quando uma presa deixava a cadeia, a roupa dela era recolhida e reaproveitada, mas a numeração era obrigatoriamente substituída. Essa remarcação só podia ser feita por servidores, com os frascos de tinta mantidos em armários trancados a cadeado. Era um procedimento extremamente controlado, técnico, padronizado.

Vaidosa, Dominique recusava-se a passar anos usando o mesmo uniforme, desgastado com o tempo. Não aceitava vestir nada folgado, deformado ou encardido. Seu alvo eram as peças seminovas deixadas por detentas que passavam pouco tempo na unidade. Trabalhando havia mais de um ano na lavanderia, conhecia bem a rotina. Sabia onde estavam os sacos com roupas recém-devolvidas e teve acesso à tinta usada na numeração. Começou a selecionar discretamente os melhores artigos, raspava os números antigos e aplicava sobre eles seu código interno: 188. Passou a circular nas galerias com uniformes em ótimo estado, chamando atenção entre as demais.

Empreendedora, montou um esquema de venda. Oferecia as peças seminovas para outras detentas dispostas a pagar. Em 9 de novembro de 2010, a agente penitenciária Maria Helena Gastão encontrou um saco escondido com diversos uniformes remarcados. Ao ser questionada, Dominique, já com 50 anos, admitiu que alguns estavam com sua numeração, mas negou envolvimento na picaretagem. Tentou culpar outras internas e ofereceu até dinheiro para que alguma mulher assumisse a responsabilidade. "Tem tanta assassina aqui dentro. O que custa assumir uma falsificaçãozinha?", questionou, indignada. Pois é, todas recusaram a oferta. Uma sindicância concluiu que Dominique usou o acesso à lavanderia para burlar o controle e se apropriar das melhores roupas. A infração foi registrada como falta disciplinar de natureza média.

Em junho de 2025, aos 64 anos, Dominique seguia presa em Tremembé. Implorava por liberdade, fosse pela fresta do livramento condicional, fosse pela janela do regime aberto ou pela porta escancarada do cumprimento do tempo máximo de pena, que no seu caso era de trinta anos. Mas a fuga de 2007 atrapalhava seus planos. A decisão mais recente da Justiça obrigou-a a passar por um novo exame criminológico, com outra rodada de entrevistas com psicólogos e psiquiatras forenses. O Ministério Público queria saber o que se passava em sua cabeça depois de tantos anos de cárcere. Todos os seus crimes foram revisados por uma profissional que ficou incrédula ao descobrir o salto pelo muro de seis metros de altura para escapar e ao saber que ela continuava aplicando golpes, mesmo dentro da cadeia. Folheando os laudos e relatórios, a psicóloga lhe fez uma pergunta:

– A senhora conseguiria dizer o que a levava a agir assim tantas vezes?

Dominique deu uma resposta comovente:

– Eu só queria ser amada...

Na Penitenciária de Tremembé, Dominique se apresentou no encerramento do Concurso de Miss. Foi aplaudida pela plateia ao cantar "Brilha la luna", do grupo Rouge.

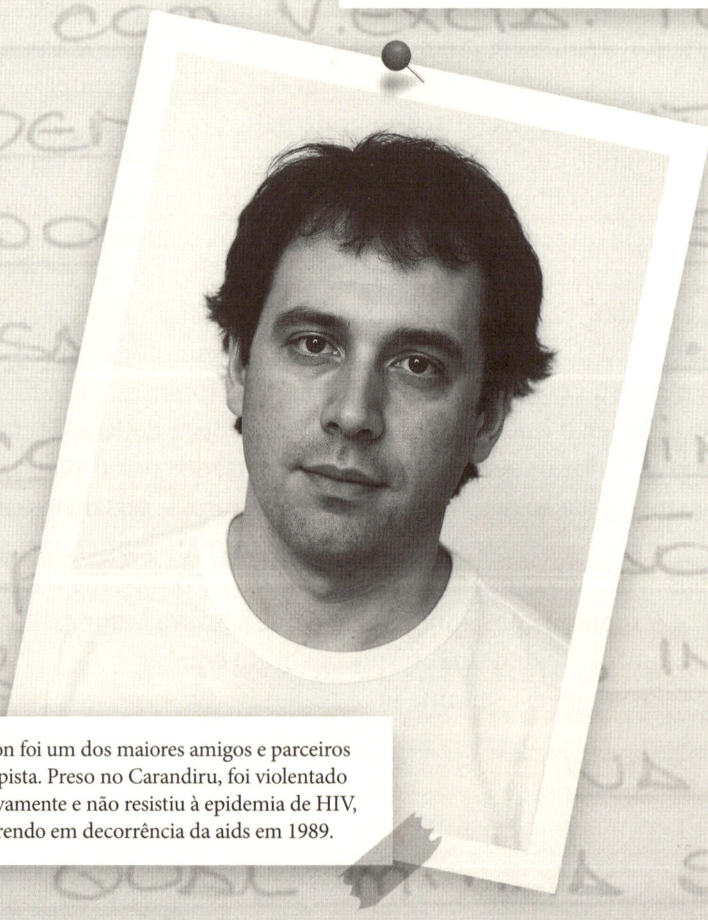

Amilton foi um dos maiores amigos e parceiros da golpista. Preso no Carandiru, foi violentado sucessivamente e não resistiu à epidemia de HIV, morrendo em decorrência da aids em 1989.

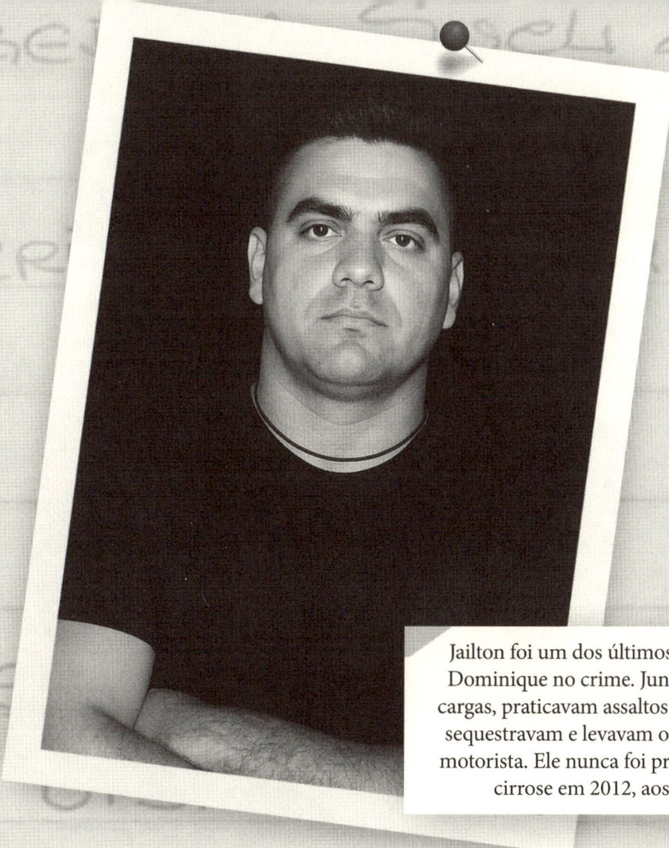

Jailton foi um dos últimos cúmplices de Dominique no crime. Juntos, roubavam cargas, praticavam assaltos à mão armada, sequestravam e levavam os carros com o motorista. Ele nunca foi preso. Morreu de cirrose em 2012, aos 56 anos.

A muralha de seis metros de altura em volta da Penitenciária de Ribeirão Preto não foi impedimento para a fuga de Dominique.

Dominique na porta da Penitenciária de Tremembé durante a saidinha de 2024. Perdeu a liberdade, mas não a pose.

Condenada por corrupção, a ex-juíza Maria Cristina de Luca Barongeno era uma das melhores amigas de Dominique. Falava em inglês para não ser compreendida e atuava como uma espécie de conciliadora nas brigas entre as presas.

Visão distorcida: "Nunca me considerei criminosa, e sim uma artista. Cada golpe era fruto de inteligência, sedução e técnica. Se isso for crime, mereço um troféu, pois fui a melhor".

CAPÍTULO 4

LUX LUXO

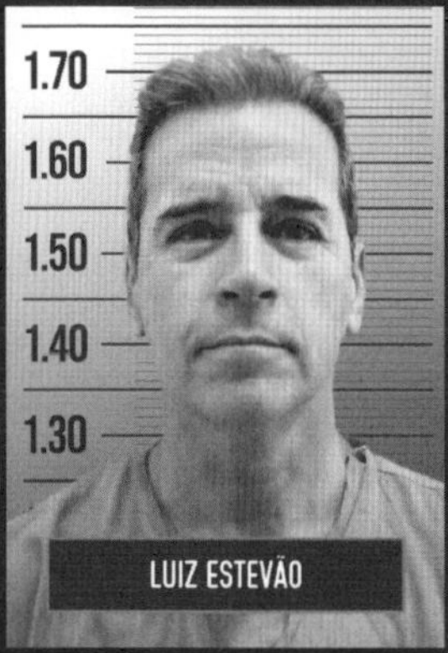

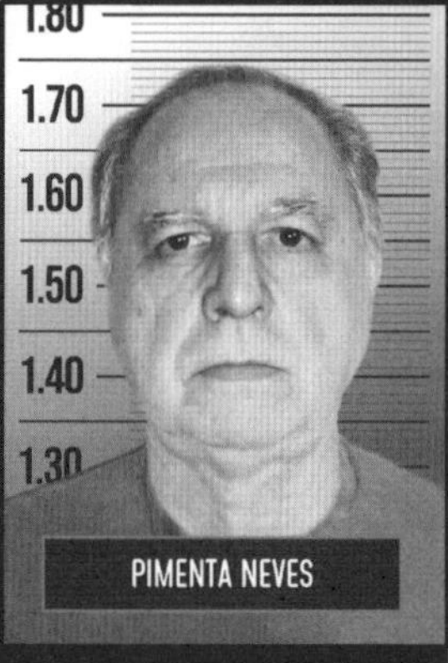

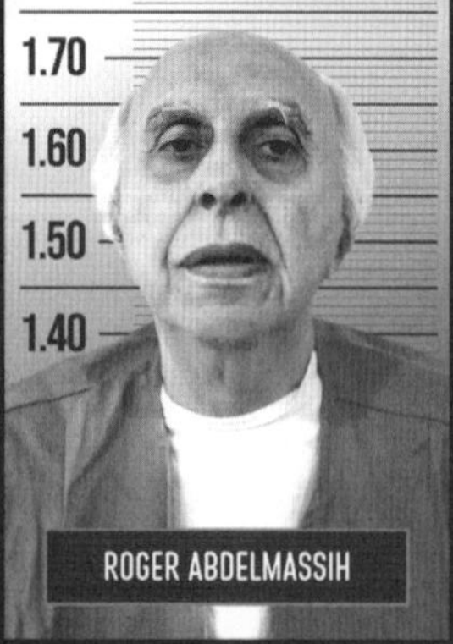

Tremembé é o lugar mais nojento por onde já passei.
Uma noite, acordei com ratos andando sobre o meu corpo.

Tremembé, 28 de julho de 2025

Ao contrário do que muita gente pensa, Tremembé não abriga uma única penitenciária nem é exatamente um lugar tão seguro. Trata-se de um complexo prisional com cinco unidades localizadas no município de mesmo nome, incrustado no Vale do Paraíba entre Taubaté e Pindamonhangaba, cercado pelas serras da Mantiqueira e do Mar. Cortada pelo rio Paraíba do Sul, a região exibe vastas áreas de Mata Atlântica preservada, rica em fauna silvestre. Essa paisagem exuberante contrasta com o ambiente carcerário que concentra os criminosos mais famosos e violentos do país.

Localizado a cerca de 150 quilômetros da capital paulista, Tremembé é um pacato município do interior. Com população estimada em 53.083 pessoas em 2024, a cidade preserva ruas arborizadas, casarões antigos, tradições religiosas e um ambiente urbano que mescla história e modernidade. Fundada oficialmente em 1660, a partir de um povoado de Taubaté que cresceu ao redor de uma capela dedicada a Nossa Senhora da Conceição, Tremembé ganhou notoriedade regional após a chegada da imagem do Senhor Bom Jesus, em 1663. Por ser considerada milagrosa, a escultura sacra passou a atrair romeiros e fiéis de todo o Vale do Paraíba.

A partir do crescimento religioso, a região se consolidou como freguesia em 1866, emancipou-se de Taubaté em 1896 e foi elevada à categoria de cidade em 1906. Em 1993, recebeu o título de Estância Turística do Estado de São Paulo. O nome "Tremembé" é de origem tupi (*Tere-membé*) e significa "jorro" ou "curso de água que se abranda", em alusão à abundância hídrica da região, que ainda hoje influencia a paisagem e a economia locais.

Com ruas tranquilas, clima ameno e boa oferta de serviços públicos, Tremembé é vista por muitos como uma cidade onde ainda se pode viver bem. Os indicadores sociais e econômicos confirmam essa percepção: qualidade de vida acima da média nacional, acesso razoável à educação e à saúde e níveis de desenvolvimento humano que colocam o município entre os melhores do interior paulista. Ao olhar para os números, entende-se por que tanta gente escolheu morar ali.

Tremembé apresenta desempenho consistente em indicadores sociais, econômicos e educacionais. Segundo o censo de 2022, a cidade tem densidade demográfica de 267,79 habitantes por quilômetro quadrado e alcançou, em 2010, um Índice de Desenvolvimento Humano Municipal (IDHM) de 0,785, ligeiramente superior à média paulista (0,783) e bem acima da média nacional (0,727), reflexo de avanços em longevidade, renda e escolaridade.

Na área da educação, 97,8% das crianças entre 6 e 14 anos estavam escolarizadas em 2010. Em 2023, a cidade contava com 17 escolas de ensino fundamental e 4 de ensino médio, somando 5.197 matrículas no fundamental e 1.384 no médio, atendidas por 431 docentes. O Índice de Desenvolvimento da Educação Básica (IDEB) da rede pública chegou a 5,9 nos anos iniciais e a 5,1 nos anos finais, um desempenho considerado satisfatório.

A economia local gira em torno da agropecuária, da rizicultura, do setor de serviços e de pequenas empresas. Em 2021, o PIB *per capita* foi de R$ 18.591,56. O salário médio dos trabalhadores formais era de 2,4 salários mínimos. Em 2022, havia 7.334 pessoas ocupadas formalmente, o equivalente a 14,33% da população economicamente ativa. Apesar disso, dados de 2010 mostram que 39,9% da população vivia com renda *per capita* inferior a meio salário mínimo.

Na saúde, a taxa de mortalidade infantil registrada em 2022 foi de 8,85 por mil nascidos vivos. A cidade contava, segundo levantamento de 2009, com pelo menos oito unidades públicas de saúde.

Do ponto de vista ambiental, Tremembé tinha 10,85 km^2 de área urbanizada em 2019. Em 2010, 86,8% da população tinha acesso a esgotamento sanitário adequado, 80,5% das vias eram arborizadas e apenas 37,4% das ruas estavam completamente urbanizadas.

Em 2023, a receita bruta realizada pela prefeitura foi de R$ 228,2 milhões, com R$ 210,4 milhões em despesas empenhadas. As transferências estaduais e federais representaram 64,39% da receita corrente do município.

Convidado a comentar os impactos econômicos e sociais causados pelo complexo penitenciário na cidade, o prefeito Clemente Antonio de Lima Neto (PSD) preferiu não se manifestar. A assessoria de imprensa da prefeitura, no entanto, enviou um texto crítico seguido de uma queixa: "Aproveitamos para esclarecer que, ao contrário do que se possa imaginar, o impacto ocasionado pelas unidades prisionais instaladas em Tremembé é negativo, uma vez que os sentenciados acabam utilizando a rede pública de saúde e, eventualmente, o auxílio funeral. O município também se responsabiliza pelo recolhimento dos resíduos sólidos domésticos gerados no interior das unidades. Por outro lado, a administração municipal não recebe nenhuma contrapartida do Governo do Estado de São Paulo que possa mitigar os custos relacionados às unidades instaladas pela Secretaria da Administração Penitenciária (SAP)".

Tremembé ganhou notoriedade nacional por concentrar um dos maiores complexos penitenciários do estado de São Paulo. Em julho de 2025, quase 7 mil detentos cumpriam pena no município, o equivalente a 13,5% da população da cidade. As cinco unidades prisionais funcionam em diferentes locais, separadas por poucos quilômetros e sem nenhuma conexão física ou estrutural. Três delas são destinadas ao público masculino: o Centro de Progressão Penitenciária Dr. Edgard Magalhães Noronha (Pemano), a Penitenciária 1 – Dr. Tarcizo Leonce Pinheiro Cintra (P1) e a Penitenciária 2 – Dr. José Augusto César Salgado (P2). As outras duas atendem mulheres: a Penitenciária Feminina 1, batizada de Santa Maria Eufrásia Pelletier, e a Penitenciária Feminina 2, que até hoje não recebeu a designação de um patrono. Cada unidade tem sua própria direção e atende perfis específicos de internos, conforme o regime de cumprimento de pena, o tipo de crime, o gênero e o grau de periculosidade. Todas são subordinadas a um coordenador geral do sistema prisional, na região do Vale do Paraíba.

A distribuição dos presos pelas penitenciárias é feita com base no Decreto nº 50.412, de 2005, que regulamenta o perfil de cada unidade prisional no estado de São Paulo. Veja no quadro a seguir como era a situação em 28 de julho de 2025.

COMPLEXO PENITENCIÁRIO DE TREMEMBÉ

Unidade	Inauguração	Capacidade	Presos(as)	Regime fechado	Regime semiaberto	Prisão civil
Centro de Progressão Penitenciária Dr. Edgard Magalhães Noronha (Pemano)	1989	2 672	2 909	0	2 909	0
Penitenciária 1 - Dr. Tarcizo Leonce Pinheiro Cintra (P1)	1990	1 491	2 215	1 977	238	0
Penitenciária 2 - Dr. José Augusto César Salgado (P2)	1955	584	494	320	123	51
Penitenciária Feminina 1 - Santa Maria Eufrásia Pelletier	1962	462	465	360	105	0
Penitenciária Feminina 2	2011	836	566	450	116	1

A rigor, a P1 masculina recebe exclusivamente condenados em regime fechado, reservado a pessoas que cumprem pena sob vigilância mais rígida e com restrição total de liberdade. Ali estão concentrados presos que não podem conviver com os demais, como ex-policiais, autores de crimes contra crianças, estupradores e internos jurados de morte por facções. É nessa casa penal que está o miliciano Ronnie Lessa, assassino confesso da vereadora Marielle Franco. Até maio de 2025, ele já havia sido condenado cinco vezes, acumulando uma pena de quase 194 anos.

A P2 masculina abriga homens com o mesmo perfil da P1, mas concentra-se naqueles envolvidos em crimes de maior repercussão pública, como políticos, celebridades e criminosos midiáticos. É lá também que ficam os presos civis, recolhidos ao xadrez por inadimplência no pagamento de pensão alimentícia aos filhos. Conhecida como "presídio dos famosos", já recebeu figuras como Daniel e Cristian Cravinhos, Alexandre Nardoni, Gil Rugai, Mizael Bispo, Luiz Estevão e Antônio Marcos Pimenta Neves. Em 2025, ainda estavam ali o ex-médico estuprador Roger Abdelmassih, Lindemberg Alves, assassino de Eloá Pimentel, o ex-jogador Robinho e o estudante Fernando Sastre Filho, réu por homicídio qualificado após matar um motorista de aplicativo enquanto dirigia um Porsche em alta velocidade pelas ruas de São Paulo. De tão cobiçada pelos assassinos, o sonho de Ronnie Lessa era cumprir sua pena por lá. Morar em Tremembé foi, inclusive, uma das condições impostas por ele durante a delação premiada homologada no Supremo Tribunal Federal (STF). Mas seus advogados se esqueceram de especificar que o destino pretendido era a P2, e não a P1, onde há presos ligados a facções criminosas. Coube então à SAP decidir o destino do miliciano. Lessa afirmou aos defensores que poderia ser assassinado a qualquer momento dentro de Tremembé se não fosse transferido o mais rapidamente possível. Até junho de 2025 ele permanecia na P1, isolado, sem acesso a atividades, oficinas nem biblioteca, sob vigilância constante dos homens do Grupo de Intervenção Rápida (GIR), a tropa de elite do sistema prisional paulista, especializada em atuar em situações de risco elevado, como motins e rebeliões, e no apoio aos agentes prisionais.

Na delação, Lessa revelou que Domingos Brazão, conselheiro do Tribunal de Contas do Rio de Janeiro, foi um dos mandantes do assassinato da vereadora Marielle Franco. Segundo ele, a motivação do crime foi a oposição dela aos loteamentos controlados por milicianos, o que afetava diretamente os interesses financeiros do grupo. Em troca da participação no plano, Lessa teria recebido a promessa de dois loteamentos em Jacarepaguá, com lucro estimado em R$ 100 milhões. Também contou que Brazão e o irmão, Chiquinho, outro acusado do crime, tinham agentes infiltrados no PSOL para monitorar Marielle e outros políticos. O depoimento ainda expôs planos para a criação de uma nova milícia na zona oeste do Rio, voltada à exploração de serviços clandestinos e à manipulação eleitoral. Além de Marielle, o presidente da Embratur, Marcelo Freixo, teria sido cogitado como alvo dos milicianos.

Lessa entrou na P1 em 20 de junho de 2024. Recebeu a matrícula número 1.376.415-4 e foi alojado na cela 1 do pavilhão conhecido como "seguro". Ironicamente, um dos corredores da unidade próximo ao setor onde o miliciano se encontrava receberia, em 2025, um painel com gravuras feitas pelos presos em homenagem ao Dia Internacional da Mulher, celebrado em 8 de março. Uma das obras retratava o rosto sorridente de Marielle Franco. Ao lado, apareciam ainda a atriz Fernanda Montenegro, a compositora e maestrina Chiquinha Gonzaga, pioneira da música popular brasileira e defensora dos direitos das mulheres, a princesa Isabel, que aboliu a escravidão no Brasil, e Maria da Penha, símbolo da luta contra a violência doméstica. A justaposição entre aquelas imagens e o cotidiano da penitenciária, na qual muitos internos cumpriam pena por crimes cometidos contra suas companheiras, conferia ao mural um efeito tão involuntário quanto contundente.

A P1 de Tremembé mantém seis pavilhões habitacionais e apresenta uma estrutura organizada, com corredores limpos e controle de acesso por raio X logo na entrada. Há um refeitório amplo, um parlatório com oito cabines separadas por vidro blindado para atendimento jurídico e três salas destinadas a atendimento com psicólogos. O setor educacional conta com cinco salas de aula, onde cerca de dezesseis presos por turno cursam o ensino médio e o fundamental ou participam de programas de alfabetização. As aulas ocorrem pela manhã e valem para remição de pena. A unidade também oferece cursos profissionalizantes e mantém duas fábricas internas: uma de cintos de couro, operada por vinte presos contratados por uma empresa privada, e outra de uniformes. Eles recebem um salário mínimo e, a cada doze horas de trabalho, têm direito a um dia de remição.

No setor de saúde, uma dentista atende cinco homens por visita, realizando procedimentos como extrações e obturações, sempre com os internos algemados. Um posto médico interno presta atendimentos básicos, tendo os presos também sob contenção. A capela da unidade recebe cultos diários entre 13h e 15h, abertos a diferentes denominações religiosas, com exceção das religiões de matriz africana, cujos rituais ocorrem em área externa, devido ao uso de instrumentos sonoros. A P1 mantém ainda uma horta comunitária, com cultivo de verduras utilizadas na alimentação dos moradores, e um canil com cerca de setenta cães resgatados das ruas, cuidados pelos próprios detentos.

Inaugurado em 1989, o Centro de Progressão Penitenciária Dr. Edgard Magalhães Noronha (Pemano) é a unidade mais populosa do complexo de Tremembé, com 2.909 presos em julho de 2025. Famoso pelas saídas temporárias, o presídio fica praticamente vazio nas datas comemorativas, quando pelo menos duas mil pessoas deixam a unidade em mutirão para passar sete dias em casa. Sem vigilância armada nem muralhas, o funcionamento do Pemano depende da disciplina dos próprios detentos, que vivem em alojamentos coletivos e circulam em áreas abertas. Foi ali que ocorreu uma das maiores rebeliões do sistema prisional paulista. Em 16 de março de 2020, após a suspensão das saídas temporárias por causa da pandemia de covid-19, presos incendiaram colchões, lançaram explosivos improvisados e promoveram uma fuga em massa. Viaturas da

Polícia Militar e o GIR foram acionados para conter o motim, enquanto o Corpo de Bombeiros apagava focos de incêndio no pátio. Por precaução, a empresa de ônibus que opera na cidade chegou a recolher a frota. Ao todo, 218 detentos fugiram e 116 foram recapturados nas primeiras horas. A SAP classificou o episódio como ato de insubordinação.

A Penitenciária Santa Maria Eufrásia Pelletier, ou P1 Feminina de Tremembé, atende prioritariamente mulheres condenadas em regime fechado e envolvidas em crimes de grande repercussão nacional. Lá estiveram madre Maurina Borges da Silveira, Suzane von Richthofen, Elize Matsunaga e Anna Carolina Jatobá. Com ensino formal, oficinas de trabalho e práticas religiosas, é uma das mais antigas unidades do complexo penitenciário.

Sua história remonta à década de 1930, quando funcionava como sanatório para tuberculosos convalescentes da Força Pública. Em 1961, o espaço passou a abrigar reeducandas e, no ano seguinte, foi assumido pela Congregação de Nossa Senhora da Caridade do Bom Pastor de Angers, que manteve seis irmãs na direção da instituição. Oficialmente, a penitenciária foi criada em 1963 e permaneceu sob administração religiosa até 1978, quando passou ao controle do governo estadual e recebeu o nome atual.

Inaugurada em 2011, a Penitenciária Feminina 2 é a única do complexo com estrutura contemporânea. Voltada à reintegração social, oferece biblioteca, cursos profissionalizantes, atendimento psicossocial, atividades educativas, brinquedoteca, refeitório infantil, minicampo e playground para visitas com crianças.

Apesar das tentativas de adequação, o Complexo de Tremembé, como um todo, sofre com a superlotação. Originalmente projetadas para cerca de 580 presos por unidade, muitas das penitenciárias operam com mais que o dobro disso. Apenas a Feminina 2 foi construída do zero com estrutura moderna. As demais passaram por reformas improvisadas, criando "puxadinhos" para suportar o aumento da população carcerária. Na P2 masculina, por exemplo, pavilhões foram divididos e celas passaram a comportar até nove pessoas após uma rebelião ocorrida em 2006. Isso reduziu drasticamente o espaço individual e agravou as condições internas, segundo avaliação do Sindicato dos Policiais Penais de São Paulo.

Embora apresente limitações estruturais impostas ao longo dos anos, o "presídio dos famosos" ainda preserva certa ordem visual e funcional. Com 8,4 mil metros quadrados de área construída e arquitetura de linhas retas e estrutura robusta, tem fachada simples e prática, pintada de azul e branco, cercada por árvores e jardins que criam um contraste inesperado com a severidade do ambiente prisional. O nome da penitenciária surge no pórtico de entrada, sustentado por uma guarita de vigilância com portão único de correr. Na recepção, antes de passar pela primeira grade, lê-se no alto da parede uma frase emblemática: "Este presídio só recebe o homem. O delito e seu passado ficam nesta portaria".

No interior, as galerias se distribuem em dois pavimentos dispostos ao redor de um amplo pátio central, cercado por celas com portas metálicas verdes, numeradas em sequência. Durante o dia, a luz natural atravessa o teto de tela de proteção, iluminando o ambiente. Cada cela possui janelas gradeadas voltadas para o pátio, e o acesso aos andares superiores é feito por escadas laterais. A disposição favorece o monitoramento constante, com vigilância mantida por câmeras e pela presença regular dos agentes.

Antes, o "presídio dos famosos" era conhecido como um lugar em que as facções criminosas não chegavam nem perto, justamente para proteger as celebridades encarceradas. No entanto, uma reportagem da *Folha de S.Paulo* publicada em 24 de agosto de 2024 revelou que o Primeiro Comando da Capital (PCC) teria se instalado lá. Dois diretores da Penitenciária 2 de Tremembé foram afastados após denúncias de que um preso ligado ao PCC estaria controlando a rotina interna, escolhendo quem podia trabalhar na fábrica Lipex, dentro do presídio – responsável pela produção de pedras aromatizantes para vasos sanitários –, e concedendo empréstimos a juros a outros detentos e familiares.

Segundo reportagem assinada pelo jornalista Rogério Pagnan, as suspeitas surgiram quando um preso relatou o esquema à juíza de execuções penais Sueli Zeraik Armani durante uma inspeção. A magistrada, que também é corregedora dos presídios de Tremembé, acionou o Grupo de Atuação Especial de Combate ao Crime Organizado (Gaeco). Em 2024, a investigação corria sob sigilo. Segundo documentos obtidos pela *Folha*, o delator também acusou a direção de omissão, por não investigar ou não punir adequadamente o faccionado.

De acordo com funcionários e ex-detentos da P2, o tal preso se apresentou como matador de policiais e integrante do PCC. Controlava a lista de quem podia trabalhar na Lipex e cobrava uma parte dos salários pagos aos presos. O dinheiro era retirado por uma advogada que já foi proibida de entrar em unidades prisionais. A situação se agravou quando foram encontradas, nos pertences dele, folhas sigilosas com depoimentos prestados à juíza, indicando possível vazamento de informações. Há também suspeitas de desvio de mercadorias da unidade, como roupas falsificadas e produtos sanitários, por meio de caminhões da Lipex.

Com a denúncia, a SAP acabou afastando o diretor-geral e o diretor de educação da P2 e abriu um procedimento administrativo para investigar os fatos. Em nota, o órgão do governo de São Paulo afirmou que não compactua com desvios de conduta e que os servidores envolvidos serão responsabilizados caso as irregularidades sejam confirmadas. O suspeito de chefiar o esquema foi transferido para uma ala de segurança.

O preso de 30 bilhões de reais

O dia ainda nem havia clareado e um galo despertou os moradores da P2 com um canto histérico. Quando o relógio marcou seis horas da manhã, uma fila indiana com dezenas de homens já se formava à porta do banheiro. Era nesse horário que o detento Luiz Estevão de Oliveira Neto, de 65 anos em outubro de 2014, costumava deixar seu leito, na parte superior de um beliche de ferro situado nos fundos do galpão 3. Todos os dias ele precisava descer do seu poleiro com cuidado, pois geralmente outros presos dormiam na "praia", como era chamado o chão da penitenciária. Com creme dental Kolynos e uma escova de dentes nas mãos, seguia para a fila do banheiro coletivo.

Após a rápida higiene matinal, outra fila. Dessa vez para pegar o pingado com pão sem manteiga, servido pelos próprios condenados. Assim, sem nenhum traço de luxo ou privilégio, começava a rotina de um dos homens mais ricos do país dentro dos muros de Tremembé.

Estevão é dono de centenas de empreendimentos imobiliários no Distrito Federal, preside o Brasiliense Futebol Clube e exerceu mandato de senador da República e de deputado distrital. Comanda com mão de ferro o portal Metrópoles, um dos veículos de comunicação mais acessados do país. Em 2025, estimava-se que sua fortuna alcançasse a cifra de 30 bilhões de reais. Onze anos antes, o empresário começou a cumprir pena na penitenciária de Tremembé, em decorrência de uma condenação a 31 anos de prisão imposta pela Justiça de São Paulo pelos crimes de corrupção ativa, estelionato, peculato, formação de quadrilha e uso de documento falso nas obras do prédio do Tribunal Regional do Trabalho (TRT) de São Paulo. Como os crimes de organização criminosa e uso de documento falso prescreveram, a pena final foi reduzida para 26 anos. A fraude contábil cometida na década de 1990 escondeu da Justiça um desvio estimado em 1 bilhão de reais.

Assim que pisou no departamento de inclusão de Tremembé, o empresário foi obrigado a trocar a calça que vestia, da grife Diesel, por outra, surrada, de cor cáqui. Com uma camiseta branca toda amarrotada, o figurino simplório compunha o uniforme da penitenciária. Lá dentro, conforme a regra, só são permitidas duas mudas de roupa, que ele pagava para outros presos lavarem com sabão em barra no tanque coletivo.

Como era debutante no xilindró, o ex-senador teve de permanecer dez dias sozinho numa cela de aproximadamente 6 metros quadrados. No cubículo não havia cama, segundo seu relato. Foi obrigado a dormir num colchão fino na "praia". "De todas as penitenciárias por onde passei, Tremembé foi o lugar mais imundo e fedorento. Havia baratas e moscas passeando pelo chão da solitária. Nunca vi algo tão nojento", recordou-se, em 11 de julho de 2025.

Conhecida entre os presos como "pote", a cela de inclusão não tinha chuveiro, mas um cano na parede de onde jorrava uma cascata de água fria. No espaço exíguo, menor que o banheiro de empregada de seu palacete de 1.800 metros quadrados no Lago Sul, em Brasília, não havia cobertor. Passou frio por duas noites, até que um preso caridoso foi até lá e lhe emprestou uma manta. Segundo suas lembranças, as paredes dessa cela estavam grafitadas com mensagens religiosas e exaltações à maconha. "Uma noite, acordei com ratos andando sobre o meu corpo, atraídos, talvez, por restos de alimento. Me senti como um personagem de um conto de Edgar Allan Poe", contou, em referência ao autor norte-americano do século XIX considerado um dos mestres da literatura de terror e precursor do conto policial moderno.

Ao final do estágio de inclusão no "pote", Estevão foi transferido para o galpão do regime semiaberto, conforme determinava a sua primeira sentença. No trajeto até o dormitório coletivo, um policial penal o levou até o último beliche do corredor, no fundo do galpão, estrutura conhecida entre os presos como "beco". Naquele momento ele achou estranho ver tantos espaços vazios. Mas logo entendeu o motivo: estava em andamento uma "saidinha", benefício previsto por lei que permite aos detentos deixar a prisão temporariamente para passar até sete dias com a família. Na ausência dos beneficiados, apenas oito ou dez internos permaneciam no local. Quando a saída temporária chegou ao fim, os detentos retornaram e o cenário mudou radicalmente. O galpão, que contava com 24 beliches, ficou superlotado, com mais de cem homens dividindo o espaço.

Como em Tremembé conviviam lado a lado presos de origens muito distintas, brancos, pretos, analfabetos, letrados, pobres e ricos, cabia ao uniforme nivelar todo mundo dentro dos muros da prisão. Mas essa igualdade ocorria somente no visual. Na prática, as diferenças sociais seguiam atuando com força. Os detentos mais ricos, como Estevão, continuavam sendo chamados de "doutor". Os mais pobres, em geral, assumiam as funções de serviço, como lavar roupa, limpar os banheiros e servir a comida. Havia uma lógica tácita de que quem tinha dinheiro podia pagar por comodidades e quem não tinha se submetia a eles em troca de alguma vantagem. O uniforme apagava as aparências externas, mas não anulava o capital simbólico que cada preso carregava ao cruzar os portões da unidade.

No semiaberto de Tremembé, o trabalho ajudava na redução da pena e pavimentava o caminho para o regime aberto, em que a vida se dá em liberdade vigiada. Os presos eram alocados em atividades internas, como na marcenaria, na biblioteca, na horta ou em empresas terceirizadas instaladas dentro da penitenciária. Em 2014, um grupo de detentos da marcenaria aproveitou uma reforma no forro do galpão para construir uma passagem secreta. Instalaram uma porta camuflada e deixaram uma das telhas laminadas parcialmente solta. Na madrugada, após a contagem noturna – momento em que os policiais penais conferiam os presos e apagavam as luzes –, cerca de dez internos utilizaram uma teresa feita com lençóis para escalar até o forro e sair discretamente da unidade. No entanto, apesar de estarem a poucos passos da liberdade, preferiram não fugir. Caso contrário, se fossem recapturados, voltariam para o regime fechado e perderiam todas as remições alcançadas até ali. Do lado de fora, portanto, a maioria aproveitava para comprar cigarros, bebidas alcoólicas, hambúrgueres e sobremesas, retornando pelo mesmo buraco no telhado. A escapadela durava, em média, duas horas.

Fora da penitenciária, dois detentos com talento para o empreendedorismo passaram a adquirir pedras de *crack* por 10 reais e revendê-las lá dentro por 50. Mas o tráfico de drogas em Tremembé acabou com a descoberta da escapadela noturna por caguetagem, como os presos chamam qualquer tipo de denúncia. Um dos traficantes formou uma clientela cativa de pelo menos dez homens, todos já em estado avançado de dependência química. As pedras eram fumadas à noite. Os efeitos da droga deixavam os usuários em delírio, vagando como zumbis pelos corredores escuros do galpão. Um dos dependentes ficou sem dinheiro para comprar mais *crack* e implorou para adquirir uma pedra fiado. Ao ter o pedido negado, resolveu se vingar e denunciou a passagem secreta à direção de Disciplina. Com a informação, os policiais penais lacraram o forro e encerraram a circulação clandestina. Oito detentos foram punidos por faltas gravíssimas e recolhidos ao "pote". Sem acesso à droga, os dependentes mergulharam em crises intensas de abstinência. Passaram a procurar os traficantes dia e noite, com os olhos esbugalhados, agitados, sem conseguir dormir, falando sozinhos ou simplesmente paralisados, encarando o vazio como se fossem estátuas. O episódio evidenciou não apenas uma grave falha de segurança, mas também a presença viva do tráfico de drogas dentro de um dos complexos prisionais mais vigiados do país.

Em julho de 2025, na condição de anonimato, um dos traficantes que atuaram em Tremembé contou como era o comércio de drogas dentro da penitenciária dez anos antes, quando esteve preso:

"Na prisão dos famosos, tem muito mais gente no corre do *crack* do que se imagina. Tem uns caras ali que você nunca pensaria que são usuários, mas estão afundados até o pescoço. Eu mesmo nem pensava em vender nada. Tava fazendo minha faculdade, quieto, saindo todos os dias da cadeia para estudar na Anhanguera de Taubaté. Aí um parceiro meu chegou e falou: 'Quer fazer um dinheiro? Pega umas drogas, umas pedras, uma maconha aqui fora e revende lá dentro que nós vamos ficar ricos'. Primeiro ele queria que eu pegasse a droga na faculdade e enfiasse no ânus para entrar em Tremembé. Mas não curto esse lance de coisa entrando em mim. Quando fizeram o buraco no telhado, eu pensei: por que não? Peguei uns duzentão que eu tinha e investi. Mano, o bagulho virou. Começamos a vender as pedras a 50 *conto* cada. Começou a aparecer usuário de tudo que é canto no semiaberto. Os caras ficavam loucos, irmão. Loucos de verdade. Tinha preso que queria vender o tênis, caixa de bombom, até a alma, só pra conseguir fumar. Ficavam a madrugada inteira no banheiro fumando. E sabe o que é mais doido? Fumavam e cagavam ao mesmo tempo. Não sei que brisa era aquela. Tinha uns que ficavam agachados no alto das divisórias dos boxes igual passarinho no poleiro, fumando lá em cima, feito doido. A cena era sinistra. Fiquei nesse corre um tempo, mas depois parei, com a descoberta do buraco no telhado. O arrasto que isso causa é pesado demais. Os caras começavam a implorar grana pra família, mendigar no galpão, prometer que iam pagar quinhentão, trezentão, só pra dar mais uns pegas na droga. Na abstinência, parceiro, o visual é de cortar o coração. Os caras ficam tremendo, suados, olhos esbugalhados, sem foco. Em Tremembé era fácil saber se o preso era usuário de *crack*. Bastava acender uma pedra na frente dele. Se fosse viciado de verdade, na hora ele corria ao banheiro para fazer cocô, por causa de uma dor de barriga fulminante. Mas tem um detalhe. O tráfico de *crack* só acontecia em Tremembé porque, na minha época, era uma penitenciária neutra, sem presença do PCC. Se algum traficante vender pedra de *crack* em cadeia do comando, é morte na certa. O PCC proíbe o *crack* justamente por causa da abstinência, que é incontrolável e dá muita bandeira. Mas os manos do comando já chegaram por lá".

O médico dos médicos

Quando Luiz Estevão estava em Tremembé, outro criminoso rico e estrelado desembarcou por lá. O ex-médico Roger Abdelmassih, então com 71 anos, um dos mais renomados especialistas em reprodução assistida do Brasil, havia sido condenado em junho de 2014 a 278 anos de prisão por estuprar 37 pacientes de sua clínica em São Paulo. Em outubro do mesmo ano, sua pena foi reduzida para 181 anos.

Com uma carreira marcada por aparições em programas de TV, presença constante em colunas sociais e uma clientela formada por celebridades, Abdelmassih construiu fama como o "médico dos milagres", cobrando fortunas por tratamento de fertilização *in vitro* e ostentando índices de sucesso acima da média do setor. Na sua carteira de clientes famosos, figuravam nomes como o ex-presidente da República e senador Fernando Collor de Mello (PTB), o ex-jogador de futebol Pelé, o humorista Tom Cavalcante, o senador Renan Calheiros (PMDB), o apresentador de televisão Gugu Liberato e a atriz Luiza Tomé.

As denúncias contra o ex-médico vieram à tona em 2009, revelando um padrão sistemático de violência sexual cometido contra pacientes sedadas durante procedimentos médicos. Segundo o Ministério Público, as vítimas estavam inconscientes quando foram atacadas. Algumas relataram ter acordado com o monstro em cima delas, sem conseguir se mexer, conscientes do estupro, mas incapazes de reagir. A estilista Vana Lopes, uma das primeiras a denunciá-lo, relatou que chegou a acordar durante um dos abusos. Mas estava sem forças para reagir e fugiu cambaleando da clínica.

Os crimes de Abdelmassih ocorreram nas luxuosas instalações de sua clínica na Avenida Brasil, onde também funcionava um centro de pesquisa. As vítimas relataram que confiavam no médico para realizar o sonho da maternidade e muitas empenharam todas as economias em pacotes com múltiplas tentativas de fertilização – tudo pago com antecedência, como ele exigia. Em dezembro de 2016, Vana Lopes deu o seguinte depoimento à revista *Marie Claire*:

"Eu era uma jovem bonita, vaidosa, estilista, vivia na Europa, sempre muito comunicativa e acostumada a receber elogios. Quando eu entrava em um lugar, era comum atrair a atenção dos homens. Nunca vi isso como algo agressivo, por isso não achei estranho quando o médico Roger Abdelmassih começou a me encarar.

Em 1993, estava casada havia sete anos, amava meu marido e sonhávamos com um filho que fosse parecido conosco. Já tínhamos uma filha adotiva, mas queríamos um filho biológico. Como não conseguíamos engravidar naturalmente, buscamos duas clínicas de reprodução assistida. Recomendaram uma pequena cirurgia para o meu marido, mas ele se recusou, com aquele medo comum de homem de mexer em suas 'partes'. Nossa terceira tentativa nos levou à clínica do Abdelmassih, um profissional conceituado, conhecido por engravidar celebridades. Achei que ali teríamos mais chances. Eu estava focada no meu objetivo e só conseguia pensar nos meus bebês. Nas consultas, ele fazia parecer que eu já estava grávida e desacreditava de tudo que os outros médicos haviam dito. Garantia que eu sairia dali com filhos. Para ele, nada era obstáculo. Eu já sentia até o cheiro dos bebês. Ele me perguntava: 'Você já tem nome para as crianças?'. E eu: 'Crianças? Eu pensei que era só uma...'. 'Você vai sair daqui com gêmeos!', prometeu o médico. Saímos de lá já pensando em apelidos. Visualizávamos os bebês, dávamos nomes, criávamos personalidades para aquele sonho.

O tratamento custava o equivalente a um apartamento na praia. E tínhamos esse dinheiro justamente para comprar um imóvel no litoral. Ele nos colocou contra a parede: 'Você prefere ver o mar ou o sorriso dos seus filhos?'. É claro que escolhi os meus meninos. Fomos direto à minha agência bancária e fechamos três tentativas de fertilização. Três! Ele praticamente exigia isso, alegando que diminuía a ansiedade da primeira tentativa. Às vezes me sinto uma idiota por não ter percebido. Ele me preparava para ter até quadrigêmeos, e eu visualizava tudo como se já estivesse grávida.

De acordo com o protocolo, eu tinha que ir à clínica diariamente para tomar injeções hormonais. Na primeira tentativa, foram altas doses, com anestesia para suportar a dor. Estava radiante, certa de que seria mãe. Meus olhos brilhavam. Mas não deu certo. Na segunda, cheguei a engravidar, mas perdi no estágio inicial. Na terceira, tomei um relaxante antes do procedimento. Ele me levou à sala de inseminação, que chamava de 'sala do pintor', onde daria o 'retoque final'. Comecei a orar e apaguei.

Quando acordei, não abri os olhos de imediato. Estava lúcida, mas completamente imóvel. Não conseguia mover um músculo nem pronunciar uma palavra. Minha mente estava confusa. Por um momento, achei que fosse sintoma da gravidez. Ao abrir os olhos, vi tudo: um monstro sobre mim, me violentando. Ele me virava e eu não conseguia reagir. Fez sexo anal, vaginal, lambia meu rosto, fazia o que queria. Eu seguia paralisada. Quando terminou, o vi indo para o banheiro. Eu estava em estado de choque. Consegui me mover, vesti a roupa às pressas e desci as escadas tropeçando. Uma enfermeira me perguntou o que havia acontecido. Eu disse: 'fui violentada'. Ela não acreditou ou fingiu não acreditar.

Peguei um táxi na rua, suja e assustada. Contei tudo ao motorista, que me levou diretamente à delegacia. Relatei tudo ao delegado, que disse que eu estava delirando. 'Ele é o médico das estrelas. Jamais faria isso', disse o policial. Insisti para que registrasse o boletim de ocorrência. Ele registrou, mas me mandou para casa, sem fazer exame de corpo de delito. Eu nem sabia que precisava disso. Fui direto para o banho. Me lavei até me ferir, esfregando cada parte do corpo com força. Queria tirar o cheiro dele de mim. Contei tudo a uma vizinha, que me deu um calmante. Eu pensava em me jogar do 21º andar. Tinha medo de contar ao meu marido e ele querer matá-lo. Fiquei perdida. Passei dias à base de calmantes.

Depois do estupro, comecei a sentir dores terríveis na barriga. Achei que estivesse grávida e abortando. Coloquei uma bolsa de água quente. Pouco depois começou a sair pus pela vagina e pelo umbigo. Tive febre alta. Fui ao hospital. Estava à beira de uma infecção generalizada. Durante o estupro anal, ele levou uma bactéria do ânus para a minha vagina, que estava sensibilizada pela inseminação. Como eu havia tomado hormônios para estimular os ovários, essa bactéria foi absorvida e se multiplicou. Em uma semana, se espalhou pelo corpo.

Fui operada e muito medicada. Perdi as trompas, os ovários e toda a esperança de ter um filho biológico. Saí do hospital com um dreno, mas voltei por complicações. Me recuperei. Procurei um advogado. Fiz um exame de corpo de delito tardio. Descobri que o boletim original havia sumido da delegacia. Se hoje há corrupção, naquela época era ainda pior.

Abandonei a carreira de estilista. Não queria mais desenhar roupas sensuais. Passei a culpar minha beleza e simpatia pelo que aconteceu. Me autossabotei. Comia compulsivamente para ficar feia. Cheguei a pesar 150 quilos. Parei de ir a consultas médicas, deixei de visitar amigos, não saía de casa. Passei quatro anos trancada, sem sequer descer à portaria. Depois, tranquei-me no quarto. Não tinha remorso, mas sentia culpa. Achava que só comigo aquilo tinha acontecido.

Em 2009, uma avalanche de denúncias explodiu. Peguei minha cópia do boletim e levei ao Departamento de Polícia. A delegada ficou chocada: eu havia denunciado antes de todas. Ela me alertou que a imprensa buscava rostos de vítimas. Roger havia dito que suas vítimas 'não tinham rosto'. Eu resolvi mostrar o meu. Relatei minha história à revista *Época*. E então outros casos começaram a surgir. Criei um grupo que, a princípio, se chamava Vítimas de Roger Abdelmassih. Com o tempo, se transformou no Vítimas Unidas, que ajuda qualquer pessoa violentada. Já somos 130 mil. A cada sorriso que recebo de uma vítima acolhida, é como se eu estivesse parindo uma nova criança. É muito bom aliviar a dor de alguém".

Em 28 de janeiro de 2023, Vana morreu em decorrência de um câncer de mama.

Quase morto

Preso inicialmente em agosto de 2009, Abdelmassih conseguiu responder em liberdade. Em setembro de 2010, foi condenado a 278 anos de prisão, mas recorreu. Em 2011, ao tentar emitir um novo passaporte, teve o *habeas corpus* revogado e passou à condição de foragido. Escondeu-se no Paraguai, onde viveu com nome falso ao lado da esposa e dos filhos. Permaneceu foragido até agosto de 2014, quando foi localizado em Assunção pela Polícia Federal brasileira em parceria com a Secretaria Nacional

Antidrogas do Paraguai graças à denúncia de Vana, que o procurava incansavelmente com outras vítimas do estuprador. Abdelmassih foi deportado sumariamente para o Brasil, levado até Foz do Iguaçu. De lá, foi transferido para Tremembé.

Na P2, o médico estreitou laços com Estevão, justamente por estarem no topo da pirâmide social carcerária. Aos presos, o ex-médico esbravejava, dizendo ser inocente. "Essas mulheres são um monte de vadias carentes. Estavam loucas por uma boa transa. As que me denunciaram transaram porque quiseram. Tinha uma que deixava o marido na sala de espera e já entrava no consultório desabotoando o sutiã", justificava. Em todas as fases do processo, o ex-médico sustentou inocência. Até hoje ele se diz vítima de uma grande injustiça.

Dois anos depois de chegar a Tremembé, Abdelmassih conseguiu autorização para cumprir a pena em prisão domiciliar, ao convencer a Justiça de que corria risco iminente de morte. Apresentou um laudo médico fraudulento assinado por outro detento da unidade, o ex-médico Carlos Sussumu, que atuava na enfermaria e atestou falsamente problemas cardíacos graves e pressão arterial elevada. A juíza Sueli Zeraik Armani, então responsável pela Vara de Execuções Criminais da região, concedeu a saída equivocadamente. Durante três anos, Abdelmassih permaneceu em casa, sob o argumento de que precisava de cuidados médicos indisponíveis no sistema prisional. Em 2019, porém, a farsa foi revelada no livro *Diário de Tremembé*, do jornalista e ex-prefeito Acir Filló, também preso de Tremembé. O documento que embasou a decisão da juíza havia sido forjado dentro da própria penitenciária. Confrontado em audiência, Sussumu admitiu que assinou laudos "que não condiziam com a verdade". A Justiça, então, revogou o benefício. Com isso, Abdelmassih voltou à prisão, recebendo tratamento na Casa de Custódia. Mais tarde, foi transferido de volta para a P2.

Desde então, o ex-médico tem recorrido a uma série de relatórios médicos para tentar convencer o Judiciário de que está quase morto. Mas ninguém acredita. Em julho de 2024, aos 81 anos, ele voltou a apresentar um novo laudo, dessa vez com diagnóstico de miocardiopatia dilatada, disfunção sistólica do ventrículo esquerdo e hipertensão arterial pulmonar. O documento relata que Abdelmassih sentiu fortes dores no peito enquanto dormia na cela. Segundo agentes penitenciários, ele chegou a dizer que estava "em processo de óbito, vendo tudo cinza e esfumaçado, como se estivesse na entrada do paraíso". Levado às pressas a uma clínica particular em Taubaté, o exame confirmou a gravidade do quadro clínico. A defesa, comandada por sua esposa e advogada, Larissa Maria Sacco Abdelmassih, pediu a concessão de um indulto humanitário para que ele pudesse morrer no conforto do lar. O caso chegou ao Superior Tribunal de Justiça (STJ). Na corte superior, o ministro Joel Ilan Paciornik solicitou informações atualizadas ao juízo da execução penal. Em resposta, a juíza Sueli Zeraik informou que o estado de saúde do condenado está estável e que ele recebe acompanhamento médico constante dentro da penitenciária. Por ora, mesmo debilitado, Abdelmassih continua cumprindo pena em Tremembé, com liberdade prevista somente para 2047, quando terá 104 anos.

Desde que o ex-médico passou a aparecer no noticiário alegando risco de morte dentro da Penitenciária de Tremembé, um episódio curioso e até então desconhecido começou a se desenrolar nos bastidores. Um casal de irmãos gêmeos, na época com 14 anos, passou a procurar formas de entrar em contato com o ex-médico, afirmando que poderiam ser filhos biológicos dele. A mãe dos jovens havia sido paciente da clínica de fertilização de Abdelmassih. Segundo ela, a gravidez ocorreu justamente após o tratamento com ele. Com o passar dos anos, o esposo começou a desconfiar da paternidade dos rebentos. Baixo (1,60 m), branco, de cabelo escuro, não se via refletido nos filhos. Um dos meninos, aos 15 anos, já ultrapassava 1,85 metro de altura e apresentava traços físicos muito diferentes do suposto pai. Tinha olhos claros, nariz proeminente e cabelo claro com textura parecida com os cabelos de Abdelmassih. A semelhança entre o garoto e o ex-médico de 1,94 metro de altura em fotos de quando era jovem chamou a atenção da família e reforçou a hipótese de que os embriões utilizados no tratamento poderiam conter material genético do próprio Abdelmassih.

Essa possibilidade, embora pareça inverossímil à primeira vista, ganhou força diante das práticas fraudulentas e criminosas do ex-médico reveladas após as denúncias de dezenas de vítimas. Além dos estupros sistemáticos que o levaram à condenação de 278 anos de prisão, Abdelmassih recorria a métodos brutais e enganosos para gerar gravidez em sua clínica de fertilização, como os revelados por Vana. Além da estilista, diversas mulheres relataram que o médico as estuprava dentro do consultório, em procedimentos que deveriam ser clínicos, e ejaculava deliberadamente em seus corpos, acreditando que isso aumentaria as chances de fecundação. Também foram descobertos casos em que ele implantava embriões fertilizados com material genético de terceiros, sem autorização dos casais. Exames de DNA confirmaram que parte dos cerca de 8 mil bebês nascidos após tratamento na clínica não eram filhos biológicos dos homens que pagaram pelo procedimento. Em pelo menos onze casos confirmados, famílias de São Paulo, Rio de Janeiro e Espírito Santo descobriram, por meio de testes genéticos, que o pai legal não tinha compatibilidade genética com a criança.

Diante desse histórico, os gêmeos que alegam ser filhos biológicos de Abdelmassih procuraram a redação da revista *Veja* em 2016. O adolescente manifestou interesse em realizar um teste de DNA com urgência, de olho em uma possível herança, já que o suposto pai estava em processo de morte. A irmã, por sua vez, queria apenas conhecer aquele que acreditava ser seu pai e estreitar laços com ele. "Quero cuidar dele nesses momentos finais", disse a garota. Como os gêmeos eram menores de idade, porém, nenhuma providência poderia ser tomada sem autorização dos responsáveis. A mãe confirmou toda a história e apoiou os filhos. Em 2023, ao completarem 18 anos, os gêmeos voltaram a procurar o jornalista, pedindo ajuda para acionar um advogado e exigir judicialmente o exame de DNA antes da morte de Abdelmassih. Um deles chegou a tentar visitar o ex-médico em Tremembé, mas não conseguiu entrar por não estar no rol de visitas do estuprador.

Na P2, Luiz Estevão também fez amizade com o jornalista Antônio Marcos Pimenta Neves, na época com 77 anos. Reza a lenda que a ideia de criação do portal Metrópoles começou com uma conversa entre os dois no pátio da penitenciária. Ex-diretor de redação do jornal *O Estado de S. Paulo*, o jornalista protagonizou um dos crimes passionais mais escandalosos e midiáticos da história recente do Brasil.

Qual a manchete de amanhã?

Pimenta Neves era um homem de duas faces. A que exibia para o mundo era a do jornalista brilhante, de currículo notável, prestígio consolidado e trânsito livre entre os nomes mais influentes da imprensa e da política brasileira. Começou sua carreira em 1958, como repórter e crítico de cinema no jornal *Última Hora*. Passou pelo *Estadão* três vezes, onde atuou como redator de política, integrante da sucursal de Brasília, correspondente internacional e, por último, no posto de diretor de redação, de onde saiu com a pecha de assassino. Na década de 1960, integrou a equipe da *Folha de S.Paulo* e chegou à chefia da *Folha da Tarde* durante os anos de efervescência do movimento estudantil. Dirigiu a revista *Visão* e foi assessor editorial da presidência da Editora Abril. Em 1974 mudou-se para Washington como correspondente da *Folha*, cobrindo episódios históricos como o escândalo Watergate e a renúncia de Richard Nixon. Também foi correspondente da *Gazeta Mercantil* e do *Estadão* em sua segunda passagem pelo jornal.

Em 1986, o jornalista foi nomeado conselheiro sênior para assuntos públicos da vice-presidência do Banco Mundial. No novo cargo, passou quase uma década circulando entre autoridades e jornalistas brasileiros. Voltou ao Brasil em 1995, para assumir a direção da *Gazeta Mercantil*. Dois anos depois, retornou ao *Estadão* no posto mais alto da redação. Durante esses anos, deixou marcas profundas nos periódicos que comandou. Na *Visão*, transformou a revista numa das principais publicações do país. Na *Gazeta Mercantil* e no *Estadão*, promoveu mudanças estruturais, valorizando o jornalismo investigativo, a qualidade do texto e a ética editorial. Sua gestão era elogiada por incentivar pautas aprofundadas, respeitar os profissionais competentes e manter um padrão elevado de exigência.

Pimenta Neves formou-se em Direito pela Universidade Mackenzie, é mestre em Política Pública Internacional pela Johns Hopkins University e frequentou cursos de extensão em Harvard e no Macalester College. Nos anos 1960, estagiou no *Los Angeles Times*, onde aprendeu técnicas que replicaria no jornalismo brasileiro. Foi casado com a americana Carole Neves, com quem teve duas filhas gêmeas, nascidas em 1970 e radicadas nos Estados Unidos.

A segunda face do jornalista era oculta e sombria. Fora da fachada respeitável, Pimenta Neves era um homem asqueroso. De baixa estatura, sem charme nem presença magnética, tinha traços comuns e apagados. Sua postura encurvada o tornava ainda menos notável. Vivia tenso, o olhar sempre baixo, evitando encarar quem quer que fosse. Na redação, trajava ternos escuros e discretos. Fora do trabalho, vestia-se de forma antiquada, sem vaidade. Tinha uma timidez extrema, confundida por muitos com arrogância. Apesar da formação refinada e dos gestos polidos, escondia inseguranças profundas sob uma aparência de sobriedade e contenção.

Sua autoridade profissional mascarava comportamentos misóginos, grosseiros, racistas e homofóbicos. Era temido por tratar subordinados com arrogância e desdém. Com as mulheres, exercia poder de forma predatória. Seu principal instrumento de sedução era o cargo. Usava a hierarquia para se aproximar de funcionárias, explorando o prestígio acumulado para manter relações baseadas na desigualdade e na submissão. Por trás do jornalista exemplar, escondia-se um homem dominado por vaidade e pelo autoritarismo, incapaz de aceitar a recusa ou a perda de controle.

Em 1995, Pimenta Neves conheceu Sandra Florentino Gomide, então com 27 anos, quando ela começou a trabalhar como repórter na *Gazeta Mercantil*. Jovem promissora, atraente, entrosada com os colegas, chamava atenção tanto pela competência quanto pela beleza. Pouco tempo depois, os dois iniciaram um relacionamento. Em 1996, ela se mudou para a casa dele. Viajavam juntos, compartilhavam amizades e chegaram a trabalhar lado a lado no Uruguai.

Apesar das aparências, o namoro era sufocante. Pimenta Neves controlava os horários de Sandra, cobrava explicações, repreendia-a publicamente. Tomado de ciúme obsessivo, violou senhas de e-mail e monitorava suas comunicações. Sandra rompeu o relacionamento em maio de 2000. Ele não aceitou. Passou a persegui-la, ligava sem parar, aparecia em locais onde ela estava, invadiu seu apartamento, exigiu de volta presentes caros e a agrediu com tapas. Sandra registrou boletim de ocorrência.

No dia 5 de agosto, armado com uma pistola, Pimenta Neves invadiu novamente o apartamento da ex-namorada, agrediu-a verbalmente, deu dois tapas em seu rosto e ameaçou matá-la, caso ela o humilhasse namorando um homem mais novo e atraente. Um telefonema do pai de Sandra interrompeu o ataque. Ela relatou ao irmão que se sentia "como uma caça".

Pouco depois, Sandra foi demitida do *Estadão*. Empenhado em perseguir a ex-namorada, o jornalista usou sua influência para interferir nos bastidores e impedir que ela assumisse cargos em outros veículos. Para se ter uma ideia, Pimenta Neves mandou demitir o repórter Carlos Franco apenas porque ele havia ajudado Sandra a conseguir uma nova colocação. O diretor dizia a colegas que se sentia humilhado por ter sido preterido e chegou a acusá-la de traição com o jornalista equatoriano Jaime Mantilla, após violar seus e-mails pessoais.

Em 20 de agosto de 2000, por volta das 15h, no Haras Setti, em Ibiúna, Pimenta Neves tornou-se um dos assassinos mais famosos do país. Ele havia chegado cedo ao campo de equitação, cavalgou pela manhã, foi para casa e voltou depois do almoço, indicando premeditação. Quando viu a ex-namorada chegar com familiares, pediu a ela para conversar reservadamente. Queria porque queria reatar o namoro. Mas Sandra disse "não" de forma peremptória. A conversa evoluiu para uma discussão acalorada. Pimenta Neves tentou arrastá-la até seu carro. Ela resistiu e virou-se para ir embora. Covarde, ele sacou uma pistola calibre .380 e deu um tiro nas costas da jornalista, dificultando a defesa da vítima. Depois que ela caiu no chão, disparou pela segunda vez, acertando-lhe a cabeça. Testemunhas ouviram os gritos: "Não, Pimenta! Socorro! Alguém me ajuda!". Após o crime, ele recolheu as cápsulas das balas usadas para matar a vítima, guardou-as no bolso, caminhou calmamente, entrou no carro e fugiu.

Logo depois de matar a ex-namorada, Pimenta Neves telefonou para o *Estadão* e repassou um furo de reportagem: "Atirei na Sandra agora há pouco e preciso de ajuda porque quero me entregar". Em seguida, ligou para diretores do jornal e para o amigo Otavio Frias Filho, da *Folha de S.Paulo*, querendo saber qual seria a manchete do dia seguinte na concorrência. Inacreditavelmente, ele estava mais preocupado com a forma como seu crime seria retratado na imprensa do que com as consequências legais, como se ainda fosse o editor-chefe da própria tragédia. Com essas atitudes, Pimenta Neves revelou traços de narcisismo, vaidade extrema e senso de impunidade. Depois dessa sequência de delírios, escondeu-se na casa do publicitário Enio Mainardi (1935-2020), seu amigo de longa data. A propósito, a arma usada para executar Sandra havia sido dada por ele, anos antes, como presente.

Três dias após o crime, o assassino tentou se matar. Apareceu no Hospital Albert Einstein alegando ter ingerido 70 comprimidos de Lexotan e Frontal com pão e água. Foi submetido a uma lavagem estomacal. Escreveu uma carta às filhas, pedindo perdão e prometendo jamais desabonar a imagem de Sandra. No entanto, em seu primeiro interrogatório, mostrou-se arrogante, irritadiço e contraditório. Disse que matou Sandra porque ela o traía incessantemente. Acusou a ex-namorada de ter lhe transmitido uma doença venérea, embora não apresentasse nenhum laudo médico. Alegou que Sandra era carreirista, interesseira e que só progredira na carreira graças a ele. O assassino mencionou, com desdém, que o salário da jornalista saltara de 1.600 reais para 8.500 em um ano graças a ele.

Sobre o dia do crime, Pimenta Neves disse na delegacia que queria "apenas" conversar com a ex-namorada sobre o boletim de ocorrência registrado por ela. No haras, aproveitou para reclamar que Sandra não havia perguntado sobre o estado de saúde de sua filha, que estaria com câncer. Justificou a execução afirmando que se sentiu "profundamente ultrajado" em sua honra pessoal e profissional e que "perdeu o controle". Para completar a cena patética, confessou ter guardado no bolso as cápsulas das balas disparadas contra Sandra, como se fossem um *souvenir* do assassinato. Ao final do interrogatório, Pimenta Neves tentou se colocar como vítima de uma mulher que o "desrespeitou", tentando reabilitar a velha e sórdida tese da legítima defesa da honra.

Submetido ao Tribunal do Júri em 2006, o jornalista apresentou a tese de homicídio praticado sob violenta emoção, mas ela foi rejeitada. O Ministério Público comprovou que ele assassinou Sandra com frieza, motivado por vaidade ferida e incapacidade de aceitar a rejeição. A acusação interpretou o gesto de guardar as cápsulas das balas como expressão simbólica de orgulho pelo crime cometido. Pimenta Neves foi condenado a 19 anos, 2 meses e 12 dias de reclusão por homicídio duplamente qualificado, com reconhecimento de motivo torpe e utilização de recurso que dificultou a defesa da vítima.

Dois anos após o julgamento, a pena do assassino foi reduzida para quinze anos, sob o fundamento de que, na dosimetria, não havia sido considerado adequadamente o atenuante da confissão espontânea. Apesar da condenação desde 2006, ele permaneceu em liberdade por mais cinco anos, interpondo recursos e impetrando *habeas corpus* com o objetivo de postergar o início da execução penal. Só foi preso em maio de 2011, após o Supremo Tribunal Federal (STF) determinar o imediato cumprimento da sentença condenatória. No dia seguinte, Pimenta Neves foi expurgado da sociedade, recolhido à Penitenciária de Tremembé, onde passou a compartilhar cela com outros condenados por crimes da mesma natureza.

Na P2, o jornalista outrora poderoso foi designado para o trabalho de faxina no pavilhão onde cumpria pena. Com vassoura numa mão e balde na outra, percorria diariamente os corredores, lavava o chão das celas, recolhia restos de comida e se ajoelhava para limpar banheiros coletivos. Executava tarefas básicas de manutenção e higiene do ambiente prisional como qualquer outro detento. O trabalho em si era digno e essencial para a rotina do presídio, mas para um homem que durante décadas ocupou o topo da hierarquia jornalística brasileira, dirigindo redações de prestígio, o novo ofício simbolizava um rebaixamento extremo de *status*.

Para se livrar do trabalho pesado de faxina, Pimenta Neves seguiu a mesma estratégia adotada pelo colega de "beco", Abdelmassih. O assassino recorreu aos médicos e apresentou um laudo atestando que ele tinha hérnia inguinal bilateral durante o serviço pesado de limpeza.

As viúvas da elite

Em Tremembé, Luiz Estevão, Pimenta Neves e Roger Abdelmassih estabeleceram entre si uma afinidade imediata, ancorada no perfil comum: todos sexagenários, cultos e oriundos das altas esferas do poder. A conexão logo se consolidou em um trio inseparável, alvo de apelidos jocosos entre os detentos, que os chamavam de "viúvas da elite" ou "tias do chá". Considerados os mais intelectualizados da unidade, eram tratados com deferência por presos situados na base da pirâmide social, que adotavam diante deles uma postura submissa. Os demais criminosos, volta e meia, aproximavam-se dos três e perguntavam se precisavam de algo.

Do trio, o mais adaptado à P2 era Luiz Estevão. Entre os muros da penitenciária, o empresário era chamado de doutor. Logo depois do café da manhã, ele seguia para a academia improvisada no pátio, onde indivíduos condenados por estupro, latrocínio, homicídio e outros crimes se exercitavam. No espaço, os halteres tinham cabo de madeira e garrafas plásticas cheias de areia nas pontas. Por uma hora e meia, o ex-senador fazia repetições, para manter o corpo musculoso outrora esculpido na Bodytech do Lago Sul. "Faço musculação desde garoto", ressaltou.

Depois da malhação, Estevão encontrava os amigos no banheiro coletivo para juntos tomarem uma ducha com sabonete Lux Luxo. "Nunca usei esse sabonete na vida", contestou o ex-senador. Na hora do banho, as "tias do chá" foram aconselhadas a permanecer com sandálias Havaianas, pois o chão era extremamente sujo, inclusive com restos fecais e outras imundícies. "Desde então, nunca mais entrei no banho descalço", ressaltou o ex-senador.

A hora mais prazerosa dos amigos vinha em seguida. Eles iam ao pátio, empilhavam tijolos e montavam banquinhos para ler. Sentados, devoravam livros, como *Diário do hospício* e *O cemitério dos vivos*, de Lima Barreto. Também estudavam línguas estrangeiras e revisavam apostilas sobre as novas regras ortográficas. Nesse contexto teria surgido a ideia do ex-senador de fundar o portal Metrópoles. "Eu era um dos homens mais poderosos do país. Hoje sou um presidiário. Quando sair daqui, quero restaurar a minha reputação e reconquistar o poder. Nada melhor do que um portal de notícias para recuperar o meu prestígio. Mas não vai ser qualquer portal. Vai ser um dos maiores do país. Políticos e empresários vão voltar a bater na porta do meu gabinete", profetizou Estevão dentro da P2.

Durante a breve passagem por Tremembé, onde permaneceu apenas três meses, o ex-senador não se conformou com a ausência de privilégios e o convívio com presos comuns. Incomodado com a rotina carcerária padrão e principalmente com a nojeira do galpão, decidiu articular sua transferência para a Papuda, no Distrito Federal. Mas havia um problema: a penitenciária de Brasília não contava com ala para presos especiais como ele. Estevão então traçou um plano ambicioso, prevendo a reforma com recursos próprios de um bloco prisional que lhe garantisse conforto e privacidade. Para isso, contou com a intermediação de seu advogado, o ex-ministro da Justiça Márcio Thomaz Bastos (1935-2014), que levou pessoalmente a proposta ao então governador do DF, Agnelo Queiroz (PT), segundo relatos de Estevão. O governador teria concordado com a construção, impondo como condição que o próprio empresário arcasse com todos os custos, incluindo materiais de construção, mão de obra e a contratação de engenheiro e arquiteto. O empresário prontamente acionou sua equipe de confiança e financiou integralmente a reforma do bloco 5 do Centro de Detenção Provisória (CDP), a chamada ala dos vulneráveis.

A justificativa oficial do Governo do Distrito Federal (GDF) era a de oferecer condições adequadas para presos com nível superior. Mas, na prática, o novo espaço transformou-se numa zona de conforto murada, isolada dos demais internos, com estrutura e funcionamento muito diferente do restante da penitenciária. As celas receberam louças sanitárias novas, chuveiros elétricos, piso nivelado, pintura, ventilação eficiente, iluminação reforçada e mobiliário reformado. Além disso, o ambiente contava com copa, cantina e sala de leitura, dando-lhe aparência de escritório e não de prisão. As condições de higiene e organização destoavam completamente do cenário do sistema prisional brasileiro. Ali, Luiz Estevão recebia advogados com frequência, articulava a fundação do Metrópoles, manipulava um alto volume de documentos e mantinha itens não permitidos em cela e na cantina. Posteriormente, essas regalias e o favorecimento recebido por servidores levaram a mais uma condenação por corrupção ativa e improbidade administrativa.

O bloco da Papuda reformado por Estevão recebeu o apelido de "Complexo Penitenciário VIP" e, mais tarde, passou a ser chamado de “Bloco dos Mensaleiros”. Passaram por lá, além do empresário, o ex-ministro da Casa Civil José Dirceu, condenado a sete anos e onze meses de prisão por corrupção ativa no escândalo do Mensalão; o ex-presidente do PT José Genoino, condenado a quatro anos e oito meses no mesmo processo; o ex-ministro Geddel Vieira Lima, condenado por lavagem de dinheiro no caso dos R$ 51 milhões encontrados em um apartamento em Salvador; e o ex-deputado federal Márcio Junqueira, preso por tentativa de obstrução das investigações da Operação Lava Jato. A ala abrigava ainda presos de colarinho branco, ex-policiais e detentos que corriam risco de morte se fossem colocados no convívio com a massa carcerária, como estupradores e pedófilos.

De dentro da Papuda, em 2015, Estevão finalmente colocou no ar o portal Metrópoles. Com forte investimento financeiro, o site de notícias rapidamente se consolidou como um dos maiores veículos de comunicação do Brasil. Segundo dados do Google Analytics, que o Metrópoles informa em suas páginas, recebe mensalmente 86 milhões de usuários únicos, com 410 milhões de páginas acessadas. A redação reunia cerca de duzentos jornalistas. Expandiu-se para o rádio, com a Metrópoles FM (104,1), assumindo uma posição relevante no jornalismo multimídia.

Estevão, cujo apelido era “Escovão” por causa da fama de “pegador”, manteve uma gestão centralizadora. Sem ocupar cargo formal, participava ativamente do dia a dia editorial: fazia ligações frequentes a chefes de reportagem, opinava sobre pautas, interferia nos títulos e cobrava desempenho com intensidade. Era descrito como exigente, impulsivo e, às vezes, ríspido. Estimulava um ambiente de alta cobrança, marcado por hierarquia rígida, mas também assegurava recursos e estrutura profissional. Sua figura gerava temor e respeito entre os jornalistas, que aprendiam a se adaptar ao seu estilo controlador enquanto buscavam preservar alguma margem de autonomia. A combinação de ambição empresarial e pressão constante moldou o perfil do Metrópoles: um portal de grande audiência, agressivo na expansão e profundamente moldado pela personalidade de seu proprietário.

Em julho de 2025, a situação jurídica de Estevão era tão complexa quanto sua personalidade pública. Exemplo disso é a cobrança das multas atreladas às suas sentenças, estimadas inicialmente em R$ 6 milhões. Em 2021, a Vara de Execuções das Penas do Tribunal de Justiça do Distrito Federal e Territórios (TJDFT) autorizou o parcelamento do débito em até

56 vezes, com prestações mensais de R$ 128 mil, seguidas de um novo cálculo do saldo remanescente, a ser quitado em parcelas adicionais. Um pedido de reparcelamento feito em setembro de 2024 foi indeferido. O Ministério Público do Distrito Federal e Territórios informou que, embora conteste a legalidade das cobranças, o empresário continua realizando os pagamentos, restando aproximadamente R$ 1 milhão para a quitação total da dívida.

Estevão foi beneficiado por um indulto natalino concedido em dezembro de 2022 pelo então presidente Jair Bolsonaro (PL). O decreto incluiu uma cláusula inédita que permitiu o perdão da pena a condenados por corrupção e peculato com mais de 70 anos de idade que já tivessem cumprido pelo menos um terço da punição. Com 73 anos na época, "Escovão" se encaixou no perfil. A concessão foi homologada em março de 2023 e resultou na extinção formal das penas privativas de liberdade. Ele próprio minimizou o impacto do indulto, afirmando que a única diferença prática era não precisar mais respeitar o toque de recolher do regime aberto.

Mas Estevão ainda não está completamente livre das garras da Justiça. Ele também responde por ações cíveis. Em 2019, foi condenado por improbidade administrativa por causa da reforma irregular da Papuda. A sentença da 1ª Vara de Fazenda Pública do DF reconheceu que a obra milionária, bancada por ele, ocorreu à margem dos procedimentos legais, com a conivência de gestores públicos do sistema penitenciário, também condenados. O juiz André Silva Ribeiro entendeu que, embora a reforma pudesse ser considerada benéfica para o presídio, a ausência de autorização formal e de processo administrativo colocou o GDF em situação de vulnerabilidade e risco institucional. Como punição, "Escovão" foi condenado a pagar multa equivalente ao dobro do salário mais alto entre os envolvidos e a ficar proibido de contratar com o poder público ou receber incentivos fiscais por três anos.

No campo fiscal, o ex-senador ainda acumulava dívidas volumosas com a União e com o Distrito Federal. Com a Procuradoria-Geral da Fazenda Nacional, firmou um acordo milionário para devolver valores desviados do TRT de São Paulo. O acerto inicial incluiu pagamento inicial de R$ 80 milhões e 96 parcelas de R$ 4 milhões, corrigidas semanalmente pela Selic. O não pagamento de uma delas implicaria multa de R$ 180 mil. Para garantir o cumprimento, foram penhorados mais de 1.200 imóveis de sua propriedade. Em paralelo, a dívida com o GDF por débitos de IPTU e ICMS gira em torno de R$ 500 milhões, também parcelada, mas com histórico de inadimplência. O Ministério Público do DFT chegou a bloquear cerca de duzentos bens do ex-senador, entre eles uma Ferrari. Também realizou leilões de joias e obras de arte para tentar recuperar parte dos valores.

Em outra frente, Estevão fez um acordo com a União para pagar uma dívida milionária a perder de vista. Capaz de ele morrer de velhice e deixar boletos em aberto para seus herdeiros. Segundo o Ministério Público Federal, ele vem quitando as parcelas regularmente. Um dos pontos mais curiosos, segundo procuradores, é que a Advocacia-Geral da União funciona em um prédio que pertence ao próprio Luiz Estevão. Ou seja, parte da dívida está sendo amortizada com o aluguel pago pela União ao ex-senador – o valor já desembolsado seria suficiente para comprar dois imóveis semelhantes. Embora a dívida antiga esteja formalmente equacionada, o MPF afirma que o real estado das finanças de Estevão ainda é nebuloso. Ele atua por meio de um conglomerado de empresas cuja estrutura é difícil de rastrear, com uso frequente de "laranjas" e movimentações opacas.

Dez anos depois do convívio nos "becos" da P2, as "tias do chá" seguiram caminhos opostos. Luiz Estevão reconstruiu sua influência nos bastidores do poder, comandando um dos portais de notícias mais acessados do país. Roger Abdelmassih, aos 82 anos em 2025, era o único que permanecia em Tremembé, definhando num beliche, à espera da morte – como ele próprio fazia questão de repetir.

Pimenta Neves teve destino tão melancólico quanto o do amigo Abdelmassih. Em Tremembé, colecionou doenças como se fosse o paciente da música "O pulso", da banda Titãs. Sofria de obstrução arterial com risco elevado de infarto agudo do miocárdio e iminência de morte súbita, hipertensão crônica, cardiopatia grave comprovada, tinha nódulo na tireoide e inflamação severa da próstata com suspeita de câncer. Passou por cateterismo, angioplastia e colocação de *stents*. Perdeu definitivamente a visão do olho esquerdo em decorrência de um derrame na mácula e teve escavação de 70% do nervo óptico no olho direito em razão de um glaucoma avançado, com processo de cegueira total em curso.

Em 10 de fevereiro de 2016, Pimenta Neves foi promovido ao regime aberto. No dia 30 de agosto de 2025, ficou quite com a Justiça e tornou-se um assassino 100% livre. Mas a liberdade não lhe devolveu a reputação. Reduzido à condição de espectro moral, dissolveu-se na memória coletiva como um símbolo da covardia humana e da falência ética de uma elite que se acreditava acima da punição. O jornalista que um dia ocupou o topo do poder editorial vai terminar seus dias esquecido, desprezado, soterrado, embaciado, ignorado até pelos antigos pares. Atualmente, ao ouvir seu nome, as pessoas se perguntam, em dúvida: Pimenta Neves está vivo ou morto?

A entrada da P2 de Tremembé, uma das penitenciárias mais cobiçadas pelos criminosos de São Paulo.

Uma vista panorâmica do entorno. A unidade abrigou presos famosos e anônimos. Por lá passaram Luiz Estevão, Roger Abdelmassih, os irmãos Cravinhos, Alexandre Nardoni e Antônio Pimenta Neves.

Trinta dias em Tremembé foram suficientes para marcar a vida do ex-senador Luiz Estevão. O trauma com ratos e baratas o acompanhou mesmo após deixar a prisão. Depois, ele foi transferido para a Papuda, onde mandou construir um bloco para abrigá-lo com conforto.

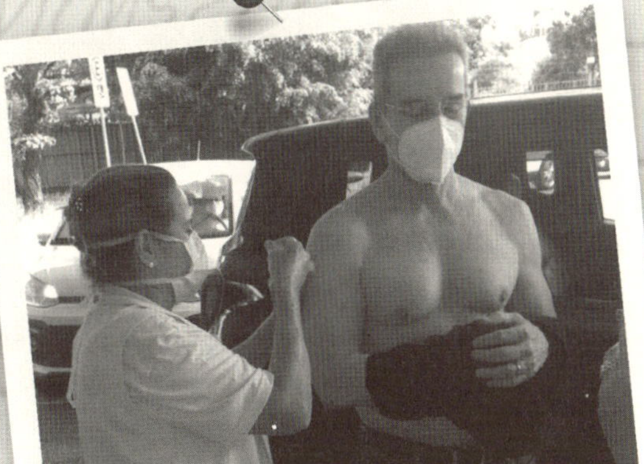

O ex-senador, dono de uma fortuna de 30 bilhões de reais, em dois momentos de liberdade. Acima, à esquerda, no comando do Metrópoles, um dos maiores portais de notícias do país. A ideia de fundar um veículo de comunicação surgiu dentro de Tremembé, enquanto cumpria pena ao lado do jornalista Antônio Pimenta Neves. À direita, Luiz Estevão, apelidado pelos amigos de Escovão, exibe o físico atlético aos 71 anos ao tomar a vacina contra a covid.

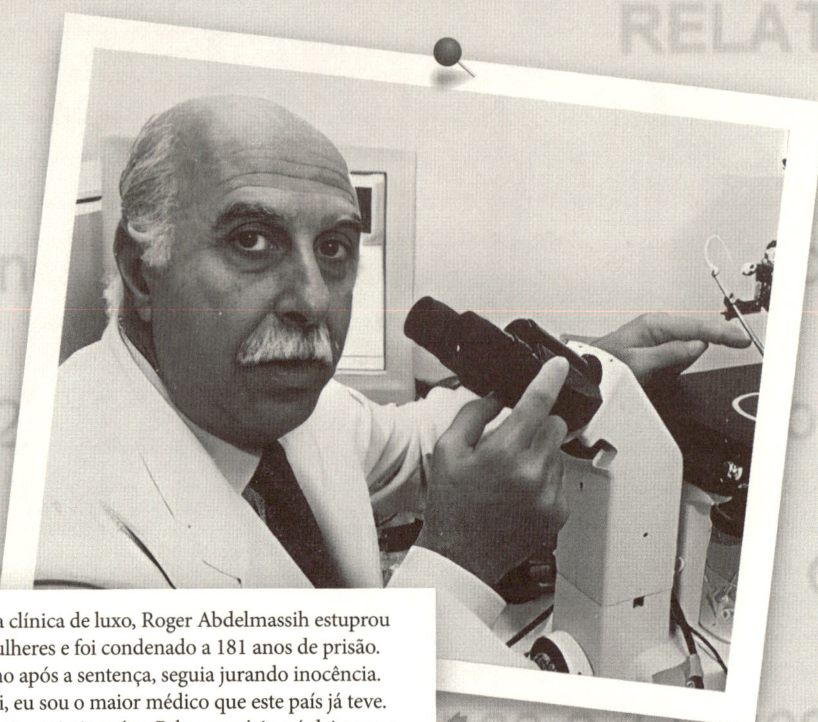

Em sua clínica de luxo, Roger Abdelmassih estuprou 37 mulheres e foi condenado a 181 anos de prisão. Mesmo após a sentença, seguia jurando inocência. "Eu fui, eu sou o maior médico que este país já teve. Nunca estuprei ninguém. Pelo contrário, só dei a essas mulheres o que elas queriam", afirmou.

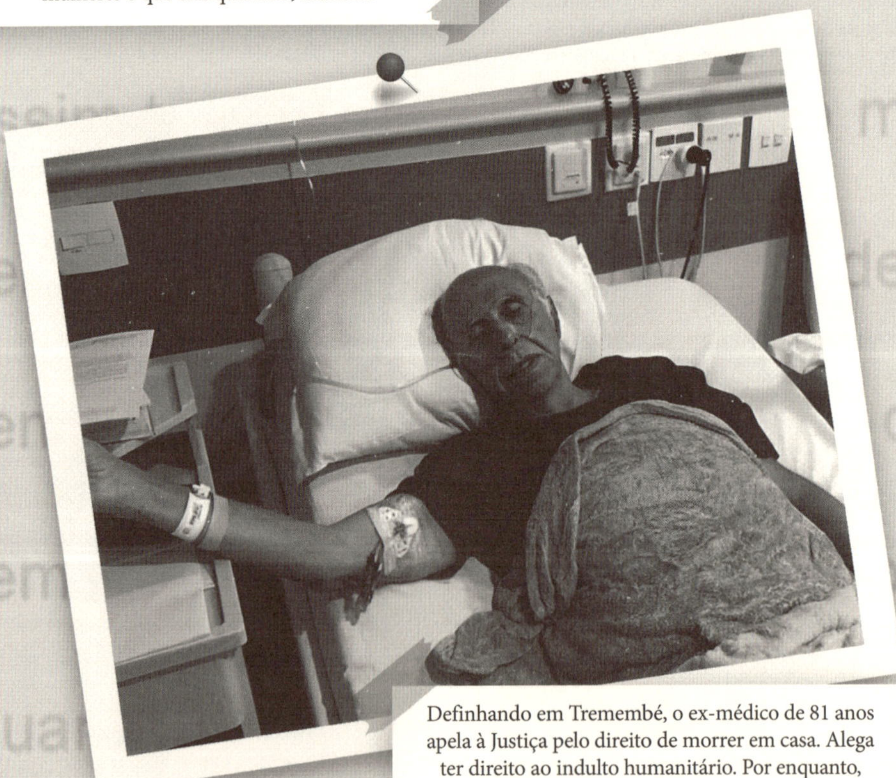

Definhando em Tremembé, o ex-médico de 81 anos apela à Justiça pelo direito de morrer em casa. Alega ter direito ao indulto humanitário. Por enquanto, segue agonizando na penitenciária.

Antônio Pimenta Neves já foi um dos jornalistas mais importantes do país. Em 2000, após cometer feminicídio, trocou o comando de uma das redações mais poderosas pelo confinamento em Tremembé. Substituiu o terno e a gravata pelo uniforme de presidiário.

A jornalista Sandra Gomide foi assassinada aos 32 anos por Pimenta Neves, em um haras de Ibiúna, após se recusar a reatar o relacionamento. Ele agiu com covardia: esperou que ela virasse de costas para atirar. Não satisfeito, aproximou-se do corpo e disparou outro tiro, dessa vez na cabeça.

CAPÍTULO 5

OS UNIVERSITÁRIOS

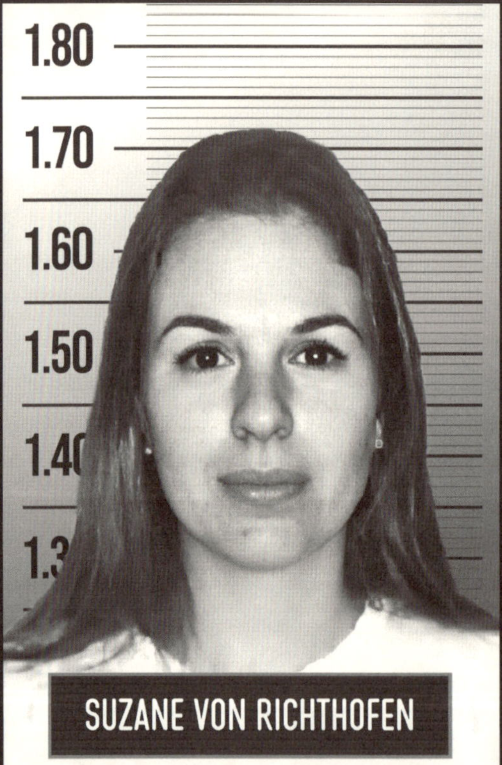

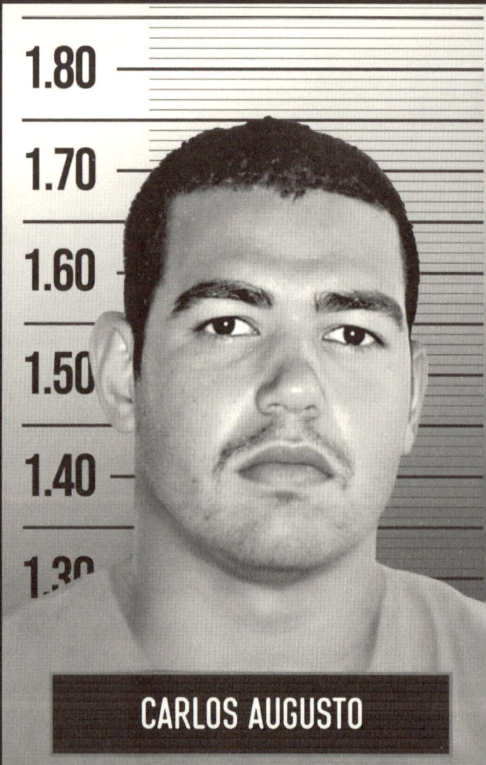

Era um beijo frio como uma pedra de gelo.
Sem calor, sem entrega, sem afeto, sem nada.

Taubaté, 29 de setembro de 2021

Na Faculdade Anhanguera de Taubaté todos os alunos são iguais, mas alguns eram mais iguais do que os outros. Na aula inaugural da turma de Biomedicina do segundo semestre de 2021, os cinquenta calouros ficaram alvoroçados com a entrada do diretor da instituição, Ronaldo Gonçalves do Nascimento. Ele não apareceu para dar as boas-vindas, mas para comunicar algo fora do comum: a assassina Suzane von Richthofen, então com 38 anos, havia sido aprovada no vestibular e passaria a frequentar as aulas.

Inicialmente a estudante foi matriculada no curso de Farmácia, mas, como não houve número suficiente de inscritos naquele semestre, acabou remanejada para Biomedicina. Na sala de aula, o diretor fez um pedido tão claro quanto inusitado: nenhum aluno deveria importunar Suzane. Fotografias estavam terminantemente proibidas, assim como qualquer menção ao crime cometido por ela.

A chegada da assassina foi cercada de cuidados institucionais inéditos. Outros detentos de Tremembé também estudaram na faculdade, como Gil Rugai, aluno do curso de Arquitetura, condenado a 33 anos pela morte do pai e da madrasta. O ex-promotor Igor Ferreira da Silva, condenado a 16 anos por matar a esposa grávida, graduou-se em Logística. Nenhum deles, no entanto, recebeu o mesmo nível de blindagem.

Antes de Suzane iniciar as aulas, seus advogados, liderados por Sthefanie Guadalupe dos Santos, de 32 anos, realizaram uma inspeção no local. A comissão de frente da parricida pediu à direção para visitar a sala da aluna, localizada no fim do corredor do segundo andar do prédio principal. Verificaram o trajeto que ela faria do portão até a carteira onde se sentaria e também inspecionaram a lanchonete, os corredores e o pátio onde os estudantes se reuniam nos intervalos. Na época, Suzane também era defendida pela advogada Adriana Martorelli. "Mas eu me recusei a fazer esse tipo de serviço, porque não era função de uma advogada. Minha missão era garantir o direito de Suzane estudar", esclareceu Martorelli, em março de 2025.

A preocupação do abre-alas jurídico da assassina não era à toa. A presidiária temia ser linchada por alunos e professores, já que fora condenada a quase quarenta anos por mandar matar os próprios pais a pauladas, em 2002, enquanto dormiam. Sua entrada no ensino superior já havia sido motivo de embates judiciais. Em abril de 2016, ela foi aprovada no vestibular para o curso de Administração, também na Anhanguera de Taubaté. No entanto, a 2ª Vara de Execuções Criminais da cidade vetou a matrícula, alegando que sua presença causaria repulsa no ambiente acadêmico.

Suzane recorreu à segunda instância do Tribunal de Justiça de São Paulo e obteve decisão favorável do desembargador Damião Cogan, que concedeu mandado de segurança garantindo seu direito de estudar fora da penitenciária. Na decisão, o magistrado afirmou que a rejeição prevista era uma ilação subjetiva e que apenas a convivência prática permitiria avaliar sua integração com os demais. Apesar da vitória judicial, Suzane optou por não se matricular naquele ano. Em 2017, tentou novamente. Foi pré-selecionada para um empréstimo do Fundo de Financiamento Estudantil (Fies), uma linha de crédito bancada pelo governo federal. Ela também conquistou, por meio do Exame Nacional do Ensino Médio (Enem), uma das duas vagas oferecidas pela Faculdade Dehoniana de Taubaté para o curso de Administração. Obteve 675,08 pontos, muito acima da média nacional, de 519,03. Ainda assim desistiu, também alegando receio de represálias dentro e fora da sala de aula.

No dia 29 de setembro de 2021, uma quarta-feira, Suzane debutou na Faculdade Anhanguera. Optou por dar as caras apenas no terceiro dia de aula, para evitar o constrangimento de ouvir seu nome famoso pronunciado em voz alta na chamada inaugural. Também queria escapar do ritual comum entre calouros de faculdades particulares, no qual os alunos se levantam e falam para a classe um pouco sobre si. Quando finalmente apareceu em sala, esses protocolos já haviam sido cumpridos.

Usando tornozeleira eletrônica, Suzane saía todos os dias de Tremembé no final da tarde e retornava pontualmente às 23h. A experiência acadêmica lhe trouxe um sabor de *déjà vu*. Quando mandou Daniel Cravinhos matar seus pais, em 2002, cursava Direito na Pontifícia Universidade Católica de São Paulo (PUC-SP), mas precisou abandonar o curso ainda no primeiro semestre, por causa da prisão. Entre a noite do crime, 31 de outubro, e o momento em que foi descoberta pela polícia, passaram-se vinte dias. Nesse período, frequentou normalmente as aulas. Pelos corredores, dissimulada, fingia tristeza. Como os colegas acreditavam que Manfred e Marísia von Richthofen tinham sido mortos por assaltantes durante um latrocínio, demonstraram solidariedade e ofereceram apoio emocional à estudante.

No enterro, em 1º de novembro, parte da turma compareceu em peso para consolá-la. Dois dias depois, no domingo em que Suzane completou 19 anos, os universitários organizaram um churrasco de aniversário à beira da piscina da mansão onde o casal havia sido assassinado. Suzane se animou com a presença das amigas, vestiu biquíni e dançou ao som de música eletrônica. As imagens da *pool party* foram registradas, tornando-se mais tarde um símbolo da frieza e do cinismo atribuídos a ela. Por anos, acreditou-se que Suzane promovera a comemoração para celebrar a morte dos pais. Essa tese foi defendida inclusive pelos promotores de acusação contra ela no Tribunal do Júri, em junho de 2006. "Matou os pais, foi ao motel transar com o namorado assassino, chorou no enterro e depois deu um churrasco para festejar", esbravejou o promotor Roberto Tardelli durante o julgamento do trio de assassinos.

Em maio de 2024, antigos colegas da PUC esclareceram os bastidores da polêmica festa: contaram que a iniciativa partiu exclusivamente deles, que não queriam deixar o aniversário da amiga passar em branco. A intenção era consolar Suzane, que àquela altura parecia desolada. Ninguém imaginava que estavam oferecendo apoio à verdadeira mandante do crime. Pressionada pela investigação, Suzane confessou o assassinato dos pais duas semanas depois do aniversário. Os colegas ficaram chocados com os desdobramentos do caso. Alguns chegaram a mandar cartas para ela na cadeia, xingando-a. "Ficamos tão atordoados quando descobrimos que ela era a mandante da morte dos pais, que passamos anos sem comentar o churrasco. Hoje, o Brasil inteiro sabe que a Suzane é uma assassina. Mas verdade seja dita: ela não organizou a festa. Nós insistimos muito. Lembro que ela nem queria. Mas o fato é que ela acabou se divertindo, dançando com o Daniel Cravinhos. Até o irmão dela, Andreas von Richthofen, também dançava, mas ouvindo sua própria música num fone de ouvido. Acho que a Suzane acabou entrando no clima da festa para manter a farsa de que os pais haviam sido vítimas de latrocínio. Mesmo assim, soava estranho uma filha enterrar os pais num dia e, no outro, estar feliz", relatou Emerson Santiago, de 41 anos, advogado, em agosto de 2024.

A bem da verdade, dezenove anos depois de abandonar o curso de Direito da PUC, Suzane ainda morria de medo de ser rejeitada por estudantes universitários. Para dar-lhe apoio moral na Anhanguera, a advogada-babá, Sthefanie Guadalupe, foi buscá-la na porta da penitenciária. A defensora aproveitou que o namorado na época era motorista de aplicativo e conduziu a parricida até a faculdade. Suzane finalmente tinha se livrado do uniforme composto por calça bege e camiseta azul. Caprichou no figurino à paisana. O que parecia apenas uma escolha estética era, na verdade, um grito de liberdade e uma expressão de vaidade contida por anos. Em 2014, numa entrevista a Gugu Liberato, ela já havia comentado que não usava calça jeans havia doze anos e que nem sabia mais qual número vestia, pois a calça do sistema prisional tinha elástico, que se ajustava a todo tipo de cintura. Naquele dia, porém, Suzane escolheu uma camisa xadrez de mangas longas, levemente dobradas até o antebraço, equilibrando formalidade e descontração. Vestia uma calça jeans justa, que delineava suas curvas. Nas costas, levava uma mochila de couro vermelha, estruturada e de aparência nova. Nos pés, calçava tênis casuais discretos, adequados ao trajeto entre a cadeia e o *campus*. Os cabelos, cortados na altura dos ombros, estavam soltos. E, aproveitando-se da pandemia do coronavírus, escondia o rosto atrás de uma máscara de proteção.

Sem-noção, assim que conquistou o direito de estudar, Suzane teve a cara de pau de pedir à Justiça que o Estado bancasse seu transporte de ida e volta para a universidade e ainda lhe garantisse escolta de segurança. Ela queria que agentes penitenciários a acompanhassem durante todo o tempo em que estivesse fora da cadeia, inclusive na sala de aula, como se fosse uma celebridade. Obviamente seus pedidos de diva foram negados pela Justiça. A parricida precisou se virar sozinha, contratando seguranças particulares e usando o transporte público para se locomover.

Amedrontada, Suzane seguiu escoltada pela advogada-babá até o portão principal da Anhanguera. A defensora pretendia levá-la até a sala de aula, mas foi barrada na entrada por seguranças e pelo coordenador, Vitor Alexandre da Silva. Acompanhada do namorado, Sthefanie insistiu, citou artigos constitucionais, regras do consumidor, direitos da pessoa presa, Lei de Execução Penal, políticas de direitos humanos e até regimentos da Ordem dos Advogados do Brasil (OAB) para justificar que poderia acompanhar a aluna até sua carteira. "Estamos preocupados com a segurança da minha cliente", alegou. "Mas eu vetei, dizendo que ela seria tratada na faculdade como uma aluna qualquer, que não teria nenhum privilégio", disse o coordenador, em junho de 2025.

Trêmula, passos largos, cabeça baixa. Foi assim que Suzane cruzou sozinha o *hall* de entrada, atravessou uma pequena calçada, entrou no Bloco A, subiu as escadas até o andar superior e avançou por um dos corredores até a sala de aula. No trajeto, evitou os olhares. Os alunos que a reconheceram no caminho respeitaram a orientação da direção e não cumprimentaram a ilustre universitária. Já em classe, Suzane escolheu a terceira cadeira da fileira encostada à parede, perto da porta. Ao se sentar, veio o primeiro constrangimento. A barra da calça jeans colada ao corpo subiu, revelando a tornozeleira eletrônica de caixa e alça pretas, nada discreta, colada à pele, com sua luz de LED verde pulsante, piscando sem trégua. Tentou puxar o tecido para esconder o dispositivo incômodo. Em vão. O aparelho permaneceu à mostra, como se gritasse "estou aqui".

Implantadas no Brasil em 2010 pela Lei nº 12.258, as tornozeleiras eletrônicas são dispositivos de monitoramento usados como alternativa à prisão tradicional. Com cerca de 200 gramas, são resistentes a água e a poeira e operam por sistema de posicionamento global (GPS), transmitindo os dados de localização em tempo real por redes móveis para uma central de vigilância. Esses dados viajam criptografados por meio de ponto de acesso (APN) exclusivo. A bateria, com autonomia de até 48 horas, é alimentada diariamente com um carregador bivolt com cabo de até três metros. Além do rastreamento geográfico, o aparelho emite sinais sonoros e a tal luz de LED verde piscante, indicando que está em funcionamento. O equipamento também dispara alertas em caso de violação de rota, tentativa de remoção ou fim da bateria. O uso da tornozeleira ficou amplamente conhecido durante a operação Lava Jato, quando políticos e empresários passaram a ser monitorados fora das penitenciárias. Além de contribuir para a diminuição da superlotação carcerária e da despesa pública, o mecanismo permite que detentos em regime semiaberto possam trabalhar, estudar e conviver com a família, sempre sob supervisão judicial rigorosa.

Suzane chegou a passar por uma situação inesperada em plena sala de aula, quando a tornozeleira começou a apitar, chamando a atenção da turma inteira. Ao olhar para o aparelho, percebeu que uma luz azul piscava sem parar, sinalizando que a bateria estava prestes a descarregar. Se o equipamento perdesse o contato com a base de monitoramento, a assassina poderia ser punida imediatamente, inclusive com a possibilidade de a polícia aparecer na faculdade para levá-la de volta à prisão. Sem pensar duas vezes, retirou o carregador da mochila, pediu licença ao professor, levantou-se às pressas e plugou o acessório na tomada mais próxima, localizada em uma parede distante. Em seguida, voltou ao seu lugar e continuou assistindo à aula, com a tornozeleira ligada por um fio esticado que atravessava boa parte da sala, chamando ainda mais a atenção dos colegas.

Extremamente vaidosa, Suzane nunca aceitou o castigo da tornozeleira. Quando se deparou com o técnico que trazia o equipamento nas mãos, em Tremembé, ficou pálida. "Isso realmente é necessário?", questionou. Enfática, a diretora titular da Penitenciária Feminina 1 de Tremembé, Ludimila Martins Pombo Albanese, esclareceu que se tratava de uma ordem judicial. Sem o acessório, ela não poderia sair para estudar. A contragosto, a parricida apoiou a perna em um banquinho para a instalação, mas não deixou barato. Convocou sua banca de advogados para contestar na Justiça o que classificava como "desaforo". "Muitas alunas da Anhanguera moram na penitenciária e não usam tornozeleira. Por que só em mim?", questionava na ação.

A juíza Wania Regina Gonçalves da Cunha, da 2ª Vara de Execuções Criminais da Comarca de Taubaté, manteve o dispositivo eletrônico na perna de Suzane. Atrevida, a detenta apresentou um recurso no Tribunal de Justiça de São Paulo (TJSP) pedindo o afastamento de Wania da execução de sua pena. Alegou que a magistrada era parcial, hostil, demorava deliberadamente para decidir pedidos importantes e lhe impunha condições mais rigorosas do que às demais internas. Citou, como exemplo, um curso de informática de férias que desejava fazer no final de dezembro de 2021, mas que acabou perdendo porque a autorização da juíza demorou para ser concedida.

Intimada pelo TJSP a apresentar sua defesa, Wania rebateu todas as acusações de Suzane. Primeiro, disse que elas não conviviam, muito menos se conheciam, por isso suas deliberações não poderiam ter cunho pessoal.

Em seguida, afirmou que suas decisões eram fundamentadas. Justificou o uso da tornozeleira pela gravidade dos crimes que a assassina cometeu, pelo assédio midiático e pela necessidade de preservar sua integridade física nas saídas para estudo. Sobre o curso de informática, a magistrada explicou que o pedido da parricida foi protocolado na tarde do último dia útil do ano, em 17 de dezembro de 2021, quando o recesso judiciário já se iniciava. Ou seja, não haveria tempo hábil para decidir antes do término do curso, pois a lei exige prévia manifestação do Ministério Público. Após analisar as alegações das duas partes, o Tribunal de Justiça rejeitou o pedido de afastamento e manteve Wania à frente do processo de execução penal da parricida.

Derrotada na Justiça, Suzane foi obrigada a andar com a tornozeleira eletrônica presa na sua perna, sem data definida para retirada. Usava inclusive quando dava expediente na oficina de costura em Tremembé. O dispositivo foi instalado em sua perna direita. Por orientação dos agentes, o acessório não podia ser coberto por meias. O modelo usado na época era antigo e muito justo, o que impedia que se colocasse a meia depois de acoplado. Embora fosse possível usar uma meia por cima, os detentos eram instruídos a manter a luz piscante do dispositivo visível, justamente para ver quando a bateria estivesse prestes a "morrer". Com isso, Suzane passou a frequentar a faculdade usando meia apenas no pé esquerdo, enquanto no pé direito calçava só o tênis.

No primeiro dia de aula, a universitária egressa de Tremembé ficou com o rosto corado de tanta vergonha. Não bastava ser conhecida nacionalmente pela selvageria do crime cometido, ainda tinha de usar aquele acessório vexatório. Alguns alunos olhavam para o rosto dela, baixavam a cabeça para ver a tornozeleira e voltavam a encará-la, com desconfiança e curiosidade. Por causa das situações aviltantes, ela não se levantou da cadeira para nada. Nem mesmo para ir ao banheiro.

Na segunda semana de aula, Suzane finalmente começou a fazer amizade com as colegas do entorno. O ponto de partida ocorreu durante a aula de Microbiologia Básica. O professor da disciplina pediu aos alunos que formassem grupos de cinco para dividir as tarefas. A assassina olhou para os lados e foi acolhida pelos colegas mais próximos. As mais chegadas eram Isabella Ferraz, de 23 anos, chamada carinhosamente de Bella, e Tatiana Oliveira, de 22, a Taty, que se sentava logo atrás. Paulo Garcia, de 21, ocupava a cadeira à frente. Espalhafatoso, foi ele quem tomou a iniciativa de dizer a Suzane que ela não precisava se acanhar por causa da tornozeleira eletrônica, pois outros estudantes em cumprimento de pena também usavam o equipamento. Com esse tipo de consolo, ela começou a ficar à vontade.

O círculo social da parricida foi aumentando. Quando chegou a oito estudantes - seis mulheres e dois homens -, eles criaram um grupo no WhatsApp chamado "Amigos da Su". Certo dia, esses colegas fizeram uma surpresa que emocionaria qualquer pessoa, menos Suzane. Ao entrar na sala de aula, ela percebeu que todos do seu grupo também estavam usando apenas uma meia, imitando seu jeito de se vestir, como um gesto simbólico de solidariedade a ela, por sua condição. "Nosso papel aqui não é julgar. É te acolher e ajudar a seguir em frente", disse Paulo. Só não escorreram lágrimas dos olhos de Suzane porque ela não é dada a esse tipo de emoção.

Sem pai nem mãe nem irmão, pois Andreas virou as costas para ela, Suzane passou a se relacionar com seus "fãs" como se fossem gente da família. Na faculdade, Paulo era o mais dedicado a ela. Tentava levantar a autoestima da assassina chamando-a de celebridade. "Bicha, acorda pra vida! Teus pais estão mortos e você tá vivíssima, toda gata. Fecha com o close certo! O Brasil inteiro te conhece. Você é meme, é figurinha de WhatsApp, é babado, confusão, dedo no cu e gritaria. Os jornalistas te perseguem como se você fosse a própria Kim Kardashian, uma verdadeira diva pop, amapô! Tem seguidor pra caramba no Instagram. Nem a Elize Matsunaga lacrou tanto quanto você, e olha que ela mandou de arrasta [matou] o macho tóxico dela sem dó. Você é um luxo, um bafo, uma verdadeira quenga-glamour. Já posou pra *Marie Claire*, foi pauta do *Jornal Nacional*, do *Fantástico*, vive no *Cidade Alerta* e ainda estampou a capa da *Veja*. Vive teu momento de diva, fecha com o lacre e entrega o *glitter*, porque você é icônica", aconselhava, eufórico.

Fora da prisão, Suzane já gozava de prestígio fazia tempo. Desde que migrou para o regime semiaberto, em 2014, e passou a ter cinco saidinhas por ano, ela começou a se relacionar com fãs do naipe de Paulo. Uma legião de jovens, com idades entre 15 e 21 anos, a procurava nas redes sociais para se solidarizar. Diziam que apoiavam sua ressocialização, e não o crime. "Todo mundo tem direito a uma segunda chance, de cumprir sua pena em paz, de estudar e trabalhar. O que ela fez não tem conserto, mas, como não temos prisão perpétua nem pena de morte no Brasil, os condenados por assassinato têm de tocar a vida. A sociedade tem de deixá-la em paz", justificou Rogério Garcia, de 23 anos, do séquito de Suzane. Morador de

Salvador, ele já organizou uma caravana com fãs de outros estados para visitar a assassina em Angatuba, cidade do interior de São Paulo onde ela passava as saidinhas. O grupo ficou hospedado em um hotel na cidade, passeou pela praça central, passou uma semana com ela e tomou banho em uma cachoeira tradicional do município.

O admirador mais caloroso de Suzane era o pintor de parede Bruno Watermann, de 40 anos. Morador de Carlópolis, no Paraná, ele se autointitulava o fã número 1 da parricida. Para se ter uma ideia do nível de devoção, Bruno tatuou o nome da assassina nas costas em letras garrafais, as iniciais SVR no pescoço, a data de nascimento dela no peito, a data do crime nas costas e até o signo. Ainda batizou os próprios filhos de Suzane e Daniel, em homenagem ao casal de assassinos famosos. Ele afirma que se apaixonou por Suzane à primeira vista ao vê-la pela televisão em 2002, logo após a morte de Manfred e Marísia. "Minha loucura é idêntica à dela", justificou. "Mas quero deixar claro que nunca, jamais tive desejo de matar meus pais. Eu os amo. Apesar disso, eles se afastaram de mim depois de descobrirem que sou fissurado na Suzane. Faria qualquer coisa por ela. Basta ela pedir", revelou, em agosto de 2023. Bruno não se intimida quando alguém lhe pergunta sobre as tatuagens. "Meu sonho é entregar um buquê de flores a Suzane. Eu entendo por que o Daniel Cravinhos matou a seu pedido. Ela é muito sedutora, hipnótica, meio feiticeira mesmo. Se ela me pedisse algo parecido, eu faria, desde que fosse correspondido no amor", comentou. Nas redes sociais, Bruno postou uma declaração à sua amada: "O mais importante que existe sobre a face da Terra é a pessoa humana. E surpreender o homem no ato de viver é uma das coisas mais fantásticas que existe", atribuindo equivocadamente a frase piegas a Erico Verissimo.

Na Anhanguera, Suzane estava cercada de fãs. Volta e meia, alguns pediam para tirar uma *selfie* com ela. Havia até uma conta fechada no Instagram em que essas fotos eram postadas. Mas também havia quem lhe virasse a cara. "Na faculdade, ela era extrovertida, ria alto no laboratório de informática. Parecia uma adolescente. No entanto, quando não estava com seu grupo, se fechava numa concha, como se realmente tivesse medo de ser hostilizada", relatou Vitor Alexandre, o coordenador.

Nas primeiras semanas de aula, a assassina foi à lanchonete e chamou a atenção dos colegas. Pediu dois x-saladas e devorou o primeiro com apenas quatro mordidas, mastigando e engolindo pedaços grandes, com pressa. "Parecia que o sanduíche iria escapar de suas mãos", relatou o atendente

Gilberto da Costa Amoedo. Quando o chapeiro entregou o segundo, ela ainda segurava parte do primeiro, mas mesmo assim já cravou uma mordida no novo lanche, como se quisesse se antecipar ao próprio apetite. Para não se engasgar, intercalava as mordidas com goles de Coca-Cola. A fome exagerada foi notada pelo coordenador da faculdade. "Outro dia ela sentou-se na minha frente e mordia sanduíches desesperadamente, como se não houvesse amanhã. O curioso é que ela mastigava olhando fixamente para a comida, como um animal faminto", observou o funcionário da Anhanguera.

O comportamento de Suzane pode ser compreendido dentro de um contexto emocional mais amplo, comum entre presos que saem da cadeia diariamente para estudar. Muitos carregam traumas relacionados à alimentação, especialmente por viverem sob uma rotina rígida, com horários controlados e refeições repetitivas, como arroz, feijão e carne, muitas vezes servidas frias ou sem sabor. Comer sempre a mesma coisa, todos os dias, leva à chamada "fadiga sensorial", um esgotamento do prazer de se alimentar. Isso transforma a comida em algo mecânico, sem afeto nem desejo, e pode gerar episódios de descontrole diante de pratos variados e apetitosos. Fora da prisão, a liberdade temporária desperta uma urgência em aproveitar cada estímulo, inclusive o da comida. O resultado é um comportamento impulsivo, marcado por pressa, exagero e ansiedade. "Não era só a Suzane. Todos os presos de Tremembé chegam aqui desesperados. Não têm paciência para esperar. Isso acontece logo nos primeiros dias. Com o passar do ano letivo, eles vão se adaptando e passam a comer mais devagar", explicou o atendente da lanchonete.

Quando Suzane estudava na Anhanguera de Taubaté, a faculdade lembrava uma espécie de *Malhação Sonhos*, a 22ª temporada da famosa série adolescente da TV Globo. Nos corredores, os estudantes formavam grupos, falavam alto, riam, flertavam, namoravam e, claro, havia intrigas e desavenças. A primeira colega a se estranhar com Suzane foi Taty, sua companheira de classe e integrante do grupo "Amigos da Su". Certo dia, a garota postava no Instagram fotos da família tiradas no fim de semana, durante um churrasco em comemoração ao aniversário de uma tia. Suzane se aproximou e perguntou:

– Posso ver as fotos da sua família?

– Claro! – respondeu Taty, mostrando a tela do celular.

As duas ficaram bem próximas, para olhar juntas. Taty segurava o aparelho e passava foto por foto, deslizando o dedo sobre a tela, comentando cada uma delas com entusiasmo. Mostrou os primos, os irmãos, as tias, os avós, os cachorros, a mesa de comida e até uma maritaca. Suzane observava tudo com atenção. De repente, Taty congelou. A amiga havia pedido para ver fotos dos pais dela. Como algumas imagens já haviam passado pela tela, Taty apenas "rebobinou" a galeria com o indicador. Foi nesse momento que Suzane pegou o celular das mãos da colega para olhar mais de perto. Usou os dedos para ampliar a imagem. A que mais chamou sua atenção foi uma em que Taty aparecia sorridente ao lado dos pais e do irmão. Interessada, Suzane perguntou, com uma voz doce:

– Seus pais são legais?

– São, sim, por quê?

– Nada, não. Só curiosidade mesmo – desconversou a parricida, percebendo o desconforto da colega.

A cena foi descrita por Taty em abril de 2024. "Na hora, não me toquei. Achei que era só uma amiga querendo ver fotos. Mas quando ela perguntou pelos meus pais, senti um frio na espinha. Ela matou os dela. Parecia que estava agourando os meus, querendo saber se eu me dava bem com eles. Depois disso, resolvi cortar a intimidade. Mas fiz isso de forma discreta, porque passei a ter medo dela, e ainda teríamos que conviver por muito tempo na sala de aula", contou a estudante, deixando claro que nunca foi fã da assassina.

Aplicada, a universitária que matou os pais demonstrou que sua relação com o curso iria além de uma obrigação acadêmica. Para ajudá-la a se adaptar, o coordenador a orientou sobre o uso do sistema on-line da faculdade, o método de avaliação e a rotina da biblioteca. Ele, então, sugeriu que ela pegasse livros didáticos para estudo em casa, ou melhor, na penitenciária. O primeiro exemplar que Suzane escolheu foi *Sobotta – atlas de anatomia humana: órgãos internos*, um clássico entre estudantes da área da saúde.

Sobotta é um atlas ilustrado meticuloso, conhecido por suas imagens ricas em detalhes, coloridas e realistas, que mostram as estruturas internas do corpo humano com precisão impressionante. Em suas páginas aparecem cortes anatômicos do coração, dos pulmões, fígado, rins, estômago e demais vísceras, com desenhos didáticos ao lado de fotografias de cadáveres dissecados. Segundo o coordenador, Suzane folheou as páginas ainda na biblioteca, com entusiasmo, fascinada.

Aos colegas, Suzane repetia que sonhava em ser mãe, ao mesmo tempo que se queixava de estar "velha" e sozinha. Nessa época, aplicava botox na testa e nas laterais do rosto com uma amiga dentista de Taubaté. Também usava vitamina C para manter a pele esticada e a cútis viçosa. Seu último namorado até então, o marceneiro Rogério Olberg, pôs fim ao relacionamento sem sequer chamá-la para uma conversa. No início, ele a visitava todos os fins de semana na penitenciária e ela passava as saídas temporárias em datas especiais na casa dele, em Angatuba. Com o tempo, porém, as visitas foram se espaçando: primeiro a cada quinze dias, depois uma vez por mês, até que o amor sumiu, diluído pelo tempo e pelo cansaço. "Nenhum romance resiste à distância e à espera indeterminada pela minha liberdade", desabafava ela aos integrantes do grupo "Amigos da Su".

Sentada no pátio da faculdade, Suzane mirou longe. Viu uma tornozeleira idêntica à sua piscando a luz verde na perna de um rapaz bonito. Era alto, branco, marrento, usava uma camiseta justa que ressaltava os músculos, cabelos bem curtos, estilo militar, sobrancelhas desenhadas e dentes cintilantes. Uma tatuagem tribal nos braços lhe dava um charme extra. Ele estava numa roda de alunos com aparência semelhante, falando e gesticulando muito. Estava claro que o rapaz era popular, pois a atenção dos colegas estava toda voltada para ele. Àquela altura, Suzane era observada por todos. Desejada, tinha a prerrogativa de escolher entre os que a escolhiam. Curiosa, perguntou a Paulo, o colega-fã, quem era aquele sujeito. "Amiga, eu só conheço o bofe de vista. Mas olha, ele é um cafuçu gostoso, daqueles que chamam atenção fácil. Vive com umas calças justinhas, marcando o pacotão. Não é pouca coisa, viu? Só de olhar já dá pra ver que ele é bem servido. Tem cara de que faz bonito na cama. Se você quiser, eu levanto a ficha dele rapidinho pra você", prontificou-se o colega. "Quero pra ontem", devolveu Suzane.

Sem perder tempo, Paulo foi até o pretendente da amiga e conversou com ele por alguns minutos. O rapaz já havia olhado para Suzane outras vezes no pátio da faculdade. Dessa vez, incentivado pela resenha, ele a encarou e sorriu. A parricida retribuiu de longe com um tchauzinho. Paulo voltou alguns minutos depois com a ficha quase completa: chamava-se Carlos Augusto da Silva, estava no quarto semestre de Nutrição, tinha 35 anos. Ela, com 38, continuava "linda", segundo as amigas de classe. O mais importante: ele era solteiro e heterossexual. Assim como a assassina, usava tornozeleira eletrônica por ser egresso de Tremembé. "O que será que ele fez?", perguntou Suzane. "Nem imagino, mana. E nem sou louca de perguntar, né? Mas, pra estar em Tremembé, certeza que foi um crime bem bafo, tipo aqueles assassinatos de duzentas facadas", previu Paulo, com um olhar venenoso. Diante de tanta indelicadeza, Suzane fechou a cara e deixou o fã falando sozinho. O amigo ainda conseguiu gritar enquanto a parricida se afastava: "Esqueci de dizer que ele era policial militar!".

No mesmo dia em que flertou com Carlos Augusto, Suzane teve aula de uma disciplina chamada Pensamento Científico. A professora se chamava Camilla, uma mulher bonita de rosto e de corpo, com idade por volta dos 40 anos. Desde o primeiro dia de aula, a mestra falava para a turma encarando a parricida, que ficava envaidecida.

Certa vez, enquanto discorria sobre a diferença entre conhecimento empírico, filosófico e científico, Camilla virou-se para a aluna preferida e fez uma pergunta direta: "E você, Suzane? Quando analisa as pessoas, acha que está fazendo ciência ou apenas usando a sua intuição?". A aluna olhou para os lados e viu que todos estavam na expectativa da resposta. "Acho que faço um pouco dos dois, professora. Mas confesso que a minha intuição raramente falha. Às vezes, ela chega antes da ciência." Camilla deu um sorriso discreto, orgulhando-se da aluna famosa.

Totalmente adaptada à vida acadêmica, Suzane logo se destacou como uma das melhores da turma. Quase sempre tirava nota máxima, respondia sem hesitar às perguntas dos professores e saía da faculdade carregada de livros emprestados, para devorar nas longas noites na prisão. Cada página lida era mais do que estudo: era liberdade antecipada. Conforme a Lei de Execução Penal (Lei nº 7.210/1984), estudar ou trabalhar reduz a pena do preso. O artigo 126 prevê que a cada doze horas de estudo, divididas em pelo menos três dias, ele ganha um dia a menos de prisão. Além disso, em muitos presídios, projetos de leitura baseados na Recomendação nº 44/2013 do Conselho Nacional de Justiça (CNJ) dão direito a até quatro dias de remição para cada livro lido e resenhado, com limite de doze obras por ano. Para Suzane, abrir um livro era folhear esperança. Ao final de um curso superior de quatro anos, por exemplo, ela não conquistaria só um diploma para pendurar na parede; também arrancaria quase nove meses do calendário de sua pena.

Lá pelo terceiro mês de faculdade, aconteceu algo mais ou menos previsível na triangulação amorosa que se desenhava na Anhanguera. Suzane vinha sendo cada vez mais cortejada, de forma sutil, por Camilla, durante as aulas e até nos corredores. Esperta, ela correspondia às investidas com gestos açucarados e sorrisos marotos, sem deixar de trocar olhares também com Carlos Augusto, no pátio. O grupo Amigos da Su, claro, não perdeu a chance de comentar o flerte no WhatsApp. Taty escreveu que "Suzane está arrasando corações", ao que Paulo emendou: "Não vejo a hora da racha sair do armário". Bella, mais ponderada, questionou: "Será mesmo que ela está interessada? Pode ser só uma demonstração de carinho". Paulo não se conteve e provocou: "Eu acho que a sapata sonha todos os dias com a Su e acorda toda molhada", sendo logo chamado de "bicha má" pelas colegas. Taty ainda completou, com *emojis* de gargalhada: "A vantagem de ser bi é que as opções dobram". Como não podia ter um celular por causa das restrições impostas pela Justiça, Suzane acompanhava o fuxico sobre a sua vida pelo aparelho das amigas, sempre que alguém lhe mostrava as notificações. Narcisista, limitava-se a sorrir, saboreando a sensação de ser o assunto mais quente entre os universitários.

Suzane estava mesmo interessada em Carlos Augusto. Ambos faziam o trajeto da faculdade para a penitenciária de ônibus, mas pegavam linhas diferentes, já que as unidades feminina e masculina ficavam em regiões opostas da cidade, atendidas por rotas distintas do transporte público. Por isso, a única oportunidade de se encontrarem fora do ambiente acadêmico era no ponto em frente à faculdade. Ainda assim, só tinham tempo para trocar algumas palavras enquanto aguardavam seus respectivos coletivos. Deixar o ônibus passar para ficar de trololó estava fora de cogitação: se chegassem depois das 23 horas à casa penal, poderiam ser punidos com falta gravíssima e perder o direito de estudar. Como as aulas terminavam às 22h30, restava-lhes apenas meia hora para o deslocamento.

Foi no ponto de ônibus que eles finalmente se apresentaram. Carlos Augusto puxou assunto, perguntando se ela estava gostando do curso. Suzane respondeu dizendo que havia passado no vestibular para Farmácia, estava numa turma de Biomedicina, mas queria mesmo estudar Direito. Raso na conversa, o ex-policial comentou que fazia Nutrição para "saber exatamente como comer certo pra manter o corpo sarado", enquanto exibia os músculos por baixo da camiseta apertada, deixando claro que o físico definido era a sua melhor credencial.

Certa vez, Suzane caminhava apressada, ansiosa para encontrar Carlos Augusto no ponto de ônibus. Naquele dia, eles haviam sido dispensados mais cedo, por causa de um problema no fornecimento de energia elétrica. A assassina viu nisso a chance perfeita para conversarem mais e, quem sabe, finalmente trocarem o tão aguardado primeiro beijo. No entanto, assim que passou pelo portão, foi surpreendida por Camilla, parada em seu carro. A professora ofereceu-lhe uma carona, mesmo morando em Taubaté, enquanto Suzane voltava para Tremembé. A estudante hesitou por alguns instantes e acabou aceitando. Quando o carro passou pelo ponto de ônibus, lá estava Carlos Augusto sentado, esperando por ela, sem imaginar que perderia sua companhia naquela noite.

O trajeto de vinte minutos entre a faculdade e a penitenciária seguiu tranquilo, em meio a conversas banais. Ao chegar em frente ao portão, Suzane se preparava para descer quando percebeu que Camilla desligou o carro por completo, inclusive os faróis, como se ainda tivesse algo importante a dizer. A *playlist* tocava músicas românticas em volume baixo. Suzane permaneceu imóvel. A professora fez um breve preâmbulo antes de se abrir: contou que fora casada com um homem e que nunca se sentira atraída por mulheres – até conhecer Suzane. "Não sei o que está acontecendo comigo. Queria que você me ajudasse a entender essa confusão", suplicava a professora. Disse também que havia se identificado com a história que a aluna famosa contara, oito anos antes, na entrevista a Gugu Liberato exibida na TV Record, quando admitira ter descoberto o amor com Sandra Ruiz, a Sandrão, ainda na prisão. "Você disse que nunca havia se sentido atraída por mulheres. Que o amor simplesmente aconteceu. Isso me tocou profundamente. Estou passando exatamente por isso", revelou Camilla. Atônita, Suzane optou por ouvir em silêncio, evitando encará-la. O fato de estarem no carro ajudava, pois ela mantinha os olhos fixos no para-brisa.

A situação ficou desconfortável quando a professora começou a lacrimejar enquanto se declarava. "Você não faz ideia do esforço sobre-humano que estou fazendo para me abrir e contar os meus segredos mais íntimos. Isso viola as regras da faculdade. Se o coordenador descobrir, serei demitida. Ou seja, estou nas suas mãos", revelou. Suzane olhou para o relógio. Faltavam dez minutos para as 23h. Tinha que entrar na casa penal. Então, numa cartada final, Camilla foi para o tudo ou nada. Segurou o queixo de Suzane com delicadeza e, com os dedos, virou seu rosto para perto, tentando beijá-la. Nesse instante, por sorte, a tornozeleira eletrônica emitiu um bipe insistente, avisando que a bateria estava prestes a descarregar. A assassina pediu desculpas, abriu a porta do carro e saiu às pressas, deixando a professora para trás, sozinha e sem reação.

No dia seguinte, Suzane já estava nos *trending topics* da faculdade. Os alunos que a viram entrando no carro de Camilla espalharam a fofoca de um *affair* entre a aluna e a professora. Ela garantiu que nada havia acontecido além de uma simples carona. Na lanchonete, enquanto devorava seus sanduíches, foi abordada por Carlos Augusto, querendo saber se o "bilhete" era verdadeiro. A parricida quase se engasgou com a pergunta. "Os parças do Bloco B estão falando que você foi ao motel com ela. É verdade?", disparou o ex-militar, espumando de ciúme. Depois de engolir o lanche, ela negou veementemente. "Isso nunca, nunca, nunca aconteceu. Como poderia fazer isso? Esqueceu da tornozeleira?", reforçou. Em seguida, contou como Camilla se declarou, deixando claro que nem sequer teve tempo de dar o fora nela. A conversa do casal no balcão da lanchonete terminou com um combinado: se encontrariam no ponto de ônibus, onde mais tarde finalmente trocaram o tão aguardado primeiro beijo.

Suzane sentia-se poderosa, disputada ao mesmo tempo por um homem e por uma mulher na faculdade. Nem nos sonhos mais delirantes a assassina teria imaginado que sua vida acadêmica seria tão movimentada. E pensar que uma juíza chegou a cogitar que ela seria hostilizada. Quase em transe, a estudante mal acreditou quando foi surpreendida por uma nova professora de Pensamento Científico: Camilla fora substituída por uma senhora de sessenta e poucos anos, que nem sequer se dava ao trabalho de olhar em sua direção. Curiosa, ela procurou o coordenador Vitor Alexandre: "Por que a professora Camilla foi substituída?". Ele não fez rodeios: "Licença médica. Sem previsão de retorno". "Que pena...", comentou a discente.

Um exemplo claro de como Suzane se sentia influente no ambiente acadêmico era a frequência com que aparecia na sala do coordenador, para fazer desde perguntas realmente pertinentes até as mais banais. Quando ele não estava, ela perguntava pelo funcionário no balcão da secretaria, como se fosse sua superior, querendo saber a que horas ele chegaria, qual era o horário do seu expediente, insinuando que trabalhava pouco. Sua postura parecia calculada para observá-lo e constrangê-lo diante dos colegas, como se quisesse reforçar uma posição de controle sobre a rotina do coordenador. Um dia, incomodado com a insistência dela, Vitor Alexandre a chamou para uma conversa reservada e foi direto: "Se você quiser falar comigo, me procure durante o meu horário de trabalho, pois eu não moro na faculdade".

Nos corredores, o namoro de Suzane e Carlos Augusto se tornava cada vez mais escancarado e escandaloso. Beijos ardentes pelos cantos, mãos dadas na lanchonete, crises de ciúme. O casal logo ganhou apelidos pejorativos de alunos e professores: "braceletes do amor", "dupla sentenciada", "os monitorados" e "casal Código Penal". Para não magoar a musa, o grupo "Amigos da Su" preferia chamá-los de "vaga-lumes", numa alusão à luz piscante das tornozeleiras que ambos usavam.

Um mês depois, Camilla reapareceu na faculdade. Todo o corpo docente já sabia do namoro de Suzane com Carlos Augusto e também que a professora seguia apaixonada por ela. Os colegas tentaram poupá-la de comentários maldosos, mas Camilla não se conteve e voltou a se aproximar de Suzane nos corredores e no estacionamento, mesmo violando as regras da instituição. Já não alimentava mais a ilusão de conquistá-la, mas não queria perder o contato, porque sentia que precisava de Suzane para se entender, para compreender a própria atração por mulheres e se descobrir. Era comum chamá-la para conversas particulares, abrir o coração, prometer esperar o tempo que fosse necessário. Suzane não pretendia ceder, mas gostava de saber que alguém sofria por ela. Mantinha Camilla por perto, aceitava seus convites para conversas e até para as caronas de volta à penitenciária, alimentando as esperanças da coitada.

Tempos depois, Camilla perdeu de vez o controle. Planejou um jantar em Taubaté e apareceu na faculdade vestida para a noite: saia curta, blusa de brilho com decote profundo e uma camélia rosa na mão. "A bolacha do pensamento científico enlouqueceu, olha lá", cochichou Paulo. Ao saber do espetáculo, o coordenador correu para tentar contê-la. Cambaleante, Camilla perambulava pelos corredores do Bloco A atrás de Suzane. Alguns diziam que estava bêbada – mas nada foi comprovado, já que não aplicaram o teste do bafômetro.

Enquanto isso, Suzane estava no estacionamento aos beijos com Carlos Augusto, colados um no outro como se fossem uma só pessoa. Camilla, guiada por Paulo, que queria ver o circo incendiar, seguiu para o pátio externo, as lágrimas já secas e o rosto manchado de rímel. Quando os encontrou, ficou paralisada, estarrecida com a cena. Nesse momento, um grupo de estudantes se aglomerava para ver o desfecho daquela cena patética. Suzane e Carlos Augusto não se desgrudavam, indiferentes ao mundo ao redor. Desesperada, a professora gritou:

– Suzane, meu amor, larga esse assassino! Eu te amo!

Meia lua inteira

Carlos Augusto não era um assassino qualquer. Policial militar lotado no 5º Batalhão Metropolitano de São Paulo, ele resolveu por livre e espontânea vontade trocar a farda de patrulheiro pelo uniforme branco e marrom de presidiário a partir de 25 de novembro de 2010.

Nesse dia, protagonizou um homicídio em um bar no bairro do Belém, zona leste da capital paulista. Tudo começou por volta das 21h, quando discutiu com um homem identificado como Marcelo Ribeiro Santos. Testemunhas relataram que a discussão começou por causa de provocações banais envolvendo uma mulher.

Segundo testemunhas, Carlos Augusto se interessou por uma garota no bar e tentou abordá-la, mas foi rejeitado, sem que ela sequer aceitasse conversar. Em seguida, ele se afastou e foi até o balcão para pegar uma bebida. Pouco depois, Marcelo se aproximou da mesma garota e conseguiu sua atenção, trocando beijos com ela durante a noite. Visivelmente contrariado, Carlos Augusto passou a beber ainda mais. No fim da madrugada, quando a mulher se preparava para ir embora, o policial a abordou na calçada querendo saber por que fora rejeitado, argumentando que tinha um corpo mais bonito e o rosto com traços mais bem definidos do que Marcelo. Ela respondeu que valorizava outros atributos em um homem e entrou num táxi, sem esperar qualquer réplica.

Inconformado, Carlos Augusto atravessou a multidão no bar, já lotado, e tentou puxar conversa com Marcelo. Diante da indiferença do rapaz, reagiu de forma violenta. Primeiro o policial deu um empurrão no oponente, gerando um tumulto. Como a música estava alta, só quem estava perto da confusão percebeu a luta corporal. Covarde, Carlos Augusto sacou sua pistola funcional calibre .40 e efetuou vários disparos contra Marcelo. Dois tiros atingiram a vítima no tórax e no abdômen, causando sua morte instantaneamente. O público do bar ficou em polvorosa, correndo para todos os lados. No local do crime, a perícia recolheu cinco cápsulas deflagradas e um carregador com munições intactas caído na calçada.

Frio, Carlos Augusto deixou o bar caminhando logo após a execução. Embarcou em um carro dirigido por um amigo e apresentou-se cerca de duas horas depois no 81º Distrito Policial, acompanhado do advogado. Alegou que era policial e que agiu em legítima defesa, afirmando que Marcelo o havia ameaçado com uma arma. Como não foi convincente nem apresentou provas do que falava, foi detido. No dia seguinte, um laudo do Instituto Médico Legal (IML) confirmou que a vítima não portava arma. Carlos Augusto foi denunciado por homicídio doloso qualificado por motivo fútil e impossibilidade de defesa da vítima.

O julgamento foi realizado em 18 de maio de 2012, no Tribunal do Júri da Capital. O Conselho de Sentença condenou Carlos Augusto a 17 anos e

6 meses de reclusão em regime fechado, além da perda da função pública e da interdição para o exercício de cargo público durante o cumprimento da pena. Ele recorreu, mas a condenação foi mantida em 2013. Atualmente, essa pena tem previsão de término para 31 de março de 2040, segundo cálculo atualizado de execução penal.

Em 2017, já excluído dos quadros da Polícia Militar, Carlos Augusto foi transferido do sistema prisional militar para o comum. Em 2019, avançou para o regime semiaberto, sendo encaminhado ao Centro de Progressão Penitenciária de Tremembé. Lá ele passou a trabalhar em funções internas, obteve autorização judicial para estudar fora e matriculou-se na Anhanguera de Taubaté.

O namorado de Suzane não foi um bom policial, tampouco se mostrou um bom preso. Em Tremembé, recebeu o apelido de "Maguilinha", por causa do corpo musculoso e da fama de briguento. Na penitenciária, passou a colecionar episódios de desentendimentos. O primeiro incidente registrado ocorreu em 28 de junho de 2019, por volta das 21h30, na cela 91 do regime fechado, no Pavilhão 2, onde estava custodiado. Segundo os registros da unidade, ele se envolveu em uma discussão acalorada com outro detento, João Batista de Oliveira. O motivo, aparentemente banal, foi uma disputa pela posse de uma das camas da cela, considerada mais confortável, por ter um colchão mais grosso e novo. Testemunhas relataram que a discussão rapidamente se transformou em ofensas e agressões físicas diante dos demais presos.

Agentes penitenciários foram chamados para intervir e encontraram os dois em luta corporal, sendo separados por colegas de cela e pelos servidores. Ambos foram retirados do cubículo e levados ao setor de disciplina para o registro da ocorrência. Depois, prestaram depoimento ao diretor de plantão, que determinou a instauração de um procedimento administrativo para apurar as responsabilidades.

O relatório da sindicância concluiu que, embora ninguém tivesse se ferido gravemente, o episódio gerou tumulto no ambiente e obrigou a redistribuição de presos para conter a tensão. Tanto Carlos Augusto quanto João Batista alegaram ter sido provocados, mas testemunhas confirmaram que Carlos Augusto iniciou a briga ao reivindicar a cama ocupada pelo outro interno, dizendo que "lhe pertencia por direito" por ser veterano.

Em outra ocasião, Carlos Augusto se envolveu em nova confusão, dessa vez com o também condenado por homicídio Thiago Souza. Thiago havia sido punido disciplinarmente e ficado vinte dias isolado no "pote", como os presos chamam a solitária. Quando retornou para a cela 91, Carlos Augusto impediu sua permanência, alegando que ele não era mais bem-vindo no espaço. O desentendimento evoluiu para agressões físicas, com socos e empurrões, até que servidores separaram os dois.

Maguilinha se envolveu numa terceira contenda em Tremembé, dessa vez por causa do rádio da cela. Numa tarde aparentemente tranquila, o preso Paulo Aguiar retornou do dentista. Ao entrar na cela 91, percebeu que o aparelho de rádio de sua propriedade transmitia a música "Meia lua inteira", de Caetano Veloso. Incomodado, Paulo mudou a estação para ouvir sertanejo, sem ao menos pedir licença. Não demorou para o ex-policial se levantar e devolver o *dial* à música anterior. O impasse logo ganhou corpo. Quando Paulo tentou girar o botão mais uma vez, Carlos Augusto perdeu a paciência. Bem no momento em que a canção entoava os versos "meia lua inteira, sopapo na cara do fraco", ele acertou alguns bofetes no rosto do colega, diante dos demais internos, que se divertiram com a coincidência da trilha sonora embalando a cena. O atrito, como sempre, foi mediado pelos agentes e registrado em livro de ocorrências como mais um episódio de indisciplina protagonizado pelo ex-policial destemperado.

No regime fechado de Tremembé, cada cela pode ter apenas um aparelho de televisão e um de rádio, conforme determinam as regras da unidade. Não há nenhum critério oficial para decidir quem deve providenciar os aparelhos. Na prática, geralmente é o preso com mais recursos financeiros que compra, assumindo a despesa em troca do prestígio e da gratidão dos colegas. Quando esse detento deixa a cela, seja por transferência, progressão de regime ou liberdade, os aparelhos permanecem para uso dos demais moradores. A escolha da programação, tanto de rádio quanto de televisão, costuma ser fruto de uma negociação interna entre os detentos, mas nem sempre ocorre sem atritos. Um motivo recorrente de discórdia é quando há um preso evangélico no grupo, que insiste em sintonizar as emissoras religiosas para ouvir louvores o dia inteiro, causando incômodo aos demais e alimentando pequenas disputas pelo controle do rádio ou do controle remoto.

Segundo relatos internos, conflitos como esse são comuns no cotidiano da prisão, motivados por disputas infantis que exigem a intervenção de agentes que muitas vezes se comportam como inspetores de escola.

Os episódios envolvendo Carlos Augusto geraram procedimentos administrativos disciplinares incluídos em seu processo de execução penal, registrados como faltas graves e com potencial para atrasar a progressão de regime. No caso dele, a reincidência em confusões por pouco não o fez perder o benefício de estudar fora da penitenciária, já que a Justiça acompanhava de perto seu histórico de comportamento.

Na faculdade, Maguilinha manteve-se longe de conflitos e cultivava a imagem de um aluno aplicado, dedicado aos estudos do curso de Nutrição. Discreto em sala de aula, apresentava bom comportamento, mantinha notas regulares e convivia sem problemas com colegas e professores. Rapidamente tornou-se popular, mas sua rede de amizades era formada por outros egressos de Tremembé, principalmente ex-policiais condenados. Aqui vale uma observação: a população carcerária local reunia um número expressivo de ex-policiais cumprindo pena. A maioria respondia por crimes administrativos, como corrupção, falsificação de documentos, fraude em laudos, recebimento de propina e outros delitos considerados menos violentos em comparação com os homicídios atrozes e estupros predominantes no restante da unidade. Por isso, eram vistos com respeito e certa deferência pelos demais internos, que enxergavam nesse grupo até uma forma de segurança adicional, numa dinâmica incomum para o ambiente prisional. Assassinos civis e estupradores evitavam se aproximar dos ex-policiais, apelidados de "fardas", que por sua vez também preferiam manter distância dos chamados "detentos comuns". Esse isolamento mútuo preservava a integridade do grupo e reforçava a percepção de que os ex-agentes da lei formavam um enclave à parte, respeitado e temido ao mesmo tempo, mesmo dividindo as mesmas galerias com os demais presos.

Assim como Suzane, Maguilinha frequentava as aulas usando tornozeleira eletrônica, equipamento que era parte de sua rotina. Na verdade, Carlos Augusto permanecia com a tornozeleira ligada em tempo integral, inclusive nos fins de semana e feriados, conforme determinado na decisão que autorizou seu estudo fora da penitenciária. Após um ano cumprindo essa condição sem intercorrências, tentou convencer a Justiça a dispensá-lo do monitoramento eletrônico, alegando que seu histórico disciplinar já mostrava amadurecimento e compromisso com a ressocialização. Argumentou que se mantinha sem faltas graves havia muito tempo, já cumpria pena fazia mais de treze anos, demonstrava bom desempenho acadêmico, com notas altas e comportamento exemplar, e que a tornozeleira gerava um constrangimento desnecessário. Sustentou também que sua rotina já era rigidamente controlada pelos registros da faculdade e pelos horários estabelecidos pelo sistema prisional, tornando o equipamento dispensável. Apesar dos argumentos, a Justiça negou o pedido e determinou que Carlos Augusto continuasse usando o dispositivo enquanto estivesse em cumprimento de pena.

Mazelas e recalques

De volta ao estacionamento da Faculdade Anhanguera, Camilla flagrou Suzane e Carlos Augusto se beijando, com uma plateia de pelo menos dez pessoas em volta, entre colegas curiosos e funcionários que assistiam à cena incrédulos. Em meio à tensão, Camilla iniciou um princípio de escândalo, elevando a voz e apontando o dedo para a parricida, dizendo que o ex-policial não era um homem adequado para ela, pois não passava de um criminoso perigoso. Revelou em alto e bom som que tinha ido ao fórum pesquisar sua ficha criminal e descobriu que ele havia matado uma pessoa e atirado em outras duas. Ou seja, segundo ela, aquele aluno representava uma ameaça para a faculdade e para todos que circulavam por ali. A observação causou certo desconforto entre os que assistiam a tudo, já que a própria Suzane, a quem Camilla dirigia a advertência, cumpria pena por ter mandado matar os próprios pais a pauladas. Além do mais, a universidade já era frequentada por outros detentos de Tremembé, muitos deles condenados por crimes ainda mais graves que os de Carlos Augusto. Os murmúrios da pequena multidão aumentavam à medida que Camilla discursava, enquanto Suzane permanecia impassível, ainda abraçada ao namorado. Constrangido, o ex-policial escafedeu-se.

Percebendo que a situação poderia comprometer de vez a imagem da colega, outra professora, de Filosofia, aproximou-se rapidamente e segurou Camilla pelos braços. Em voz baixa, sussurrou que ela precisava se acalmar imediatamente. Advertiu-a de que aquele tipo de cena, em público, poderia arruinar sua reputação e até resultar em demissão por justa causa, já que a instituição não tolerava condutas daquele tipo entre docentes. Insistente, Camilla ainda tentou retrucar, mas acabou sendo levada dali pela colega, que reiterou que ela poderia perder o emprego, afogada na sua tormenta emocional. Aos poucos a plateia se dispersou, comentando o episódio em voz baixa. Exceto Paulo, que vibrava com o barraco. "Fazia tempo que não via situação tão babadeira como essa", postou no grupo "Amigos da Su".

A partir daquele episódio, Camilla simplesmente deixou de dirigir a palavra a Suzane. A assassina, por sua vez, gostava da sensação de estar sendo disputada e se alimentava da paixão mal resolvida da professora, mesmo sem intenção de corresponder. Nos dias seguintes, Suzane chegou a sentir falta da atenção dedicada que recebia. Passou a aparecer como ouvinte em aulas de outras turmas ministradas por Camilla, sentando-se ao fundo, em silêncio, apenas para observá-la. A presença da parricida nessas salas incomodou os alunos regulares, que reclamaram à coordenação, por se sentirem constrangidos com a invasão de alguém de outra turma – ainda mais uma aluna famosa por ter cometido um crime hediondo. Ainda assim, a direção autorizou a permanência de Suzane, alegando que ela tinha direito de circular livremente e assistir a aulas eletivas, assim como os demais estudantes.

Certa vez, ao sair mais cedo de uma aula de Anatomia, Suzane entrou no banheiro feminino e encontrou Camilla diante do espelho, retocando o batom. Aproximou-se, pediu a maquiagem emprestada e aplicou a mesma cor nos lábios, observando-se no espelho, ao lado da professora. Virou-se para ela e perguntou como estava. Camilla, num tom baixo, ressaltou a beleza da assassina. Nesse instante, as duas se olharam demoradamente e finalmente se beijaram, num momento que parecia selar toda a tensão acumulada entre elas. No entanto, assim que o beijo terminou, Camilla lavou a boca com água e sabonete. Visivelmente perturbada, disse que havia cometido um grande equívoco. Surpresa, a parricida quis saber o que havia acontecido. Prática, a docente explicou que não tinha gostado do sabor da boca da assassina, que o beijo era muito molhado, cheio de baba. Acrescentou ainda que os lábios de Suzane eram duros demais e que suas expectativas haviam se dissipado naquele instante. Suzane ficou arrasada com a sinceridade. Foi nesses termos que o *affair* entre as duas virou fumaça.

Nos meses seguintes, Camilla ainda foi vista chorando pelos corredores, em mais de uma ocasião. Dessa vez, as lágrimas escorriam por uma aluna que também evitava suas investidas. Abatida por não ter sido levada em consideração pelas estudantes, engatou um relacionamento com outra mulher, funcionária da faculdade. Aos poucos ela pareceu retomar o equilíbrio emocional. Algum tempo depois, discretamente, pediu demissão e foi trabalhar em outra universidade, deixando Suzane arrasada com a partida definitiva.

Camilla justificou a decepção em maio de 2025. Segundo ela, que pediu para ter o nome trocado ao relatar a história, apesar das lágrimas e das declarações apaixonadas, percebeu no banheiro que tudo que sentia por Suzane não passava de um fetiche alimentado a distância. Durante semanas, idealizou a aluna como uma figura magnética, proibida e sedutora, capaz de despertar nela fantasias que nunca ousara admitir. Havia algo de excitante em amar uma assassina célebre, carregar em segredo aquela atração por alguém tão fora das regras. Mas, no momento em que seus lábios se tocaram, a ilusão da professora se desfez. "Era um beijo frio como uma pedra de gelo. Sem calor, sem entrega, sem afeto, sem nada. [...] O gesto não me trouxe prazer nem ternura, apenas um choque de realidade. Depois senti um vazio, um incômodo", declarou.

Suzane destruía corações por onde passava, com habilidade para seduzir figuras de autoridade, gente com algum tipo de poder sobre ela. Quando esteve presa na penitenciária de Rio Claro, arrancou suspiros da diretora da unidade, que ia para o plantão maquiada, perfumada e disposta a agradá-la, chegando ao ponto de lhe arrumar um beliche confortável dentro da própria secretaria da cadeia. Quando Suzane deixou a unidade, a diretora ficou arrasada. Em Ribeirão Preto, foi cortejada por um promotor de Justiça que providenciou sua transferência para Tremembé em troca de uma noite de amor, que nunca aconteceu porque Suzane simplesmente não quis. Já em Tremembé, viveu um relacionamento com Sandra Ruiz, a Sandrão, considerada a líder da penitenciária feminina, e também a deixou decepcionada ao encerrar o romance de forma litigiosa. A professora da Anhanguera acabou sendo apenas mais um nome na lista de conquistas da assassina.

O sumiço de Camilla não marcou o fim dos conflitos amorosos entre Suzane e Maguilinha. No meio do semestre, uma aluna chamada Brenda Paixão de Oliveira, de 21 anos, matriculou-se no curso de Nutrição e se tornou colega de Carlos Augusto. Para piorar, acabou incluída no mesmo grupo de estudo dele, o que aumentava a convivência e a intimidade entre os dois. Ciumenta, Suzane tinha motivos de sobra para se incomodar com a presença da novata. Brenda era considerada muito mais bonita aos olhos da maioria. Alta, de cabelos negros compridos, unhas sempre bem-cuidadas, chegava às aulas com aparência impecável, vestindo roupas justas e elegantes. Usava bijuterias no pescoço, nas orelhas, nos pulsos e nos dedos, exalando um perfume cuja fragrância misturava notas doces com toques cítricos e amadeirados. O contraste com Suzane era gritante. Condenada, sem muitos recursos em Tremembé e usando uma tornozeleira, ela não conseguia manter o mesmo padrão de vaidade da rival. Improvisava com o pouco que tinha, sentindo-se cada vez mais ameaçada pela presença de Brenda ao lado do namorado.

Paulo, o fã número 1, não perdoou quando viu a rival da amiga surgir deslumbrante no corredor, iluminada, com aquele cabelo de comercial de xampu e a saia justa marcando presença. Olhou para Suzane de cima a baixo, fez um biquinho venenoso e disparou, sem piedade: "Amiga, me escuta, tá? Você perdeu! Não dá pra competir, não dá! Essa aí tem a loja inteira pra se montar, tem salão, tem *make* de shopping, hidratante com cheiro de unicórnio. Enquanto você, filha, sai da penitenciária pálida, desmilinguida, com essa cara de sabonete esquecido no box. [...] Aqui fora, gata, o babado é outro nível". Suzane fulminou o fã com um olhar de carabina. Paulo logo recuou, corrigindo-se: "Olhando bem, ela parece uma árvore de Natal cheia das bolas coloridas, muito enfeitada. Parece até uma *drag queen* de subúrbio prestes a subir no palco, lotada de purpurina. Prefiro você, que tem essa beleza mais limpa. Tá opaca, mas tá honesta", elogiou, temeroso de contrariar uma assassina.

A tensão entre Suzane e Brenda chegou ao ápice numa noite de prova on-line da disciplina Segurança Alimentar e Nutricional. Brenda estava sozinha, respondendo concentrada às últimas questões no computador do laboratório de informática da faculdade. Restavam poucos minutos para o término quando Suzane apareceu na porta, acompanhada de quatro amigas. Entraram fazendo algazarra, rindo alto, ignorando a concentração da universitária. Brenda tentou relevar, mantendo os olhos na tela. No entanto, Suzane fazia questão de circular pelo ambiente, fazendo comentários irônicos, batendo as unhas na bancada, tirando a concentração da rival. Em dado momento, como quem tropeça sem querer, a parricida esbarrou no fio de energia do computador de Brenda, que já tinha a bateria viciada e só funcionava ligado à tomada. O aparelho desligou instantaneamente, apagando toda a prova. Brenda ficou paralisada por um segundo, tentando religar a máquina, mas já não havia tempo. A tela continuava preta, enquanto Suzane apenas a olhava, com um sorriso cínico.

Perder uma prova em uma universidade particular tem consequências que vão além do simples atraso acadêmico. Para Brenda, significou não apenas a necessidade de repetir a disciplina no semestre seguinte, atrasando sua formatura, mas também um impacto direto no bolso. Cada disciplina em que se é reprovado precisa ser cursada novamente e paga à parte, gerando um custo extra considerável nas mensalidades da faculdade.

No dia seguinte, Brenda procurou Carlos Augusto e reclamou do que havia acontecido no laboratório, acusando Suzane de ter desligado o computador de propósito para prejudicá-la. Carlos ficou visivelmente incomodado com a situação e foi tirar satisfação com a namorada. Suzane, inicialmente, negou qualquer má intenção, dizendo que havia tropeçado sem querer e que tudo não passava de um mal-entendido. Carlos, porém, não se convenceu. Disse a ela que aquela implicância movida por ciúme era infantil, que não tinha nenhum interesse em Brenda e que a amava. Mas deixou claro que, se as coisas continuassem daquele jeito, ele repensaria o relacionamento, pois não queria se meter em confusão dentro da faculdade e acabar comprometendo o direito de estudar. Diante do ultimato, Suzane se acalmou e prometeu que, a partir daquele momento, iria se controlar. "Não tem como eu não sentir ciúme, pois vocês estão na mesma sala, sentam lado a lado, fazem parte do mesmo grupo de estudo. O que eu posso fazer é esconder o que estou sentindo", propôs a parricida. "Já é alguma coisa", ponderou Maguilinha.

Certa noite, Suzane devorava seus dois hambúrgueres na lanchonete da faculdade, acompanhados de Coca-Cola, como fazia diariamente. Estava sentada à mesa com Carlos Augusto e Paulo. Distraída e fugaz, mastigava rápido, a boca melada de maionese, sem a menor cerimônia. Mordaz, o fã não perdeu a chance de alfinetar a parricida: "Gente, pelo amor, você tem que deixar de ser selvagem, mona, se domestica! A Brenda come fino, mastiga 32 vezes de boca fechada, parece até uma princesa", satirizou. Maguilinha não segurou o riso. Ao ouvir os conselhos do amigo, Suzane limpou a boca com o guardanapo e passou a mastigar devagar, tentando manter a pose. De repente, Brenda entrou na lanchonete vestindo uma minissaia justa, botas de salto e uma blusa decotada. Caminhou até a mesa com um sorriso insinuante e cumprimentou Carlos Augusto com um beijo no rosto, bem próximo à boca dele. Suzane ficou possessa. Antes que o namorado dissesse qualquer coisa, a parricida largou o lanche e disparou: "Isso já é demais, Brenda! Você acha bonito se insinuar assim na frente de todo mundo?". Eis que a rival respondeu: "Olha, Suzane, eu não tenho nada com o seu namorado porque eu não quero. No dia que eu quiser, eu tiro ele de você. Pode apostar!". Paulo não perdeu a oportunidade e sentenciou: "Ui! A bicha é abusada, mas não mente".

O clima pesou de imediato. Alguns estudantes assistiam à cena de longe, prevendo que dali sairia confusão. Maguilinha, já constrangido e temendo as consequências, pegou a mão de Suzane e puxou-a para fora da cantina, sem dizer uma palavra. Ele sabia que qualquer encrenca poderia lhe custar caro: já tinha histórico de confusões dentro da penitenciária e, em liberdade com tornozeleira para estudar, não podia se dar ao luxo de vacilar. Suzane saiu arrastada, ainda lançando olhares de ódio para Brenda, que permaneceu sorrindo.

A história de amor dos pombinhos de Tremembé teve desfecho melancólico pouco tempo depois. Brenda, na verdade, nunca esteve interessada em Carlos Augusto. Aquela aproximação era uma vingança calculada. Desde a noite em que perdera a prova por causa do suposto "tropeço" de Suzane no fio do computador, ela prometeu dar o troco na parricida. O clima de ciúme alimentado entre o casal de assassinos só servia aos seus planos. Um mês depois da cena na cantina, Suzane chegou cedo para estudar. Como de costume, foi procurar Maguilinha pelos corredores. Acabou flagrando o namorado e Brenda aos beijos, abraçados num canto escuro da faculdade. Sentiu o chão sumir sob os pés, mas não fez escândalo. Apenas se afastou dali, engolindo o fracasso sentimental. Passou semanas arrasada, mas logo decidiu que precisava olhar para si mesma e cuidar do próprio futuro. Esqueceu o relacionamento, se afastou de vez daquela história e concentrou todas as suas energias no pedido de progressão para o regime aberto, que já tramitava na Vara de Execuções Criminais de Taubaté. Carlos Augusto seguiu em frente. Meses depois, casou-se com outra mulher. Suzane nunca mais o viu.

O maior obstáculo para a parricida ganhar o regime aberto, com o qual alcançaria a rua de forma definitiva, era a juíza Wania Regina, que tinha uma caneta pesadíssima. Suzane tinha apreço por outra juíza da mesma comarca, Sueli Zeraik Armani, que havia conduzido a execução de sua pena quando ela ainda estava no regime fechado. Foi essa magistrada que concedeu à parricida o direito de migrar para o semiaberto, etapa com direito às saídas temporárias. Em uma de suas decisões, Sueli escreveu sobre Suzane o seguinte: "Determino a imediata liberação da sentenciada, anotando, por relevante, que a mesma vem sendo vítima, constante e reiteradamente, da saga de vingança de expressiva parcela da sociedade civil organizada, cruel e hipócrita, que projeta nela seus recalques e outras mazelas". A assassina só faltou soltar foguetes quando leu tamanha resenha positiva em seu processo de execução penal.

Para piorar a situação de Suzane, comentava-se no fórum de Taubaté que as juízas Wania Regina e Sueli Zeraik mantinham uma relação conturbada. Sueli cuidava da execução das penas dos presos do regime fechado e era conhecida por decisões mais brandas em favor de Suzane e outros réus famosos. Foi ela, por exemplo, quem concedeu prisão domiciliar a Roger Abdelmassih, tendo como base um laudo falso atestando que ele estava doente, em 2017. Quando os apenados passavam ao semiaberto, os processos iam para as mãos de Wania, que, em contrapartida, passou a adotar uma postura mais dura com Suzane. Essa rigidez era vista pelos funcionários do fórum como uma forma de se opor à colega.

Falta de empatia

Para reduzir sua estada em Tremembé, Suzane se inscreveu no programa Lendo a Liberdade, executado pela Funap em parceria com a unidade prisional. Pelo projeto, ela retirava um livro por mês da biblioteca, escolhido entre obras literárias, científicas ou filosóficas. Lia a obra em até trinta dias e entregava uma resenha para avaliação. Cada título aprovado lhe garantia a remição de quatro dias de pena, permitindo que acumulasse até 48 dias abatidos por ano.

Em 2022, Suzane leu quatro livros: *A hora da estrela*, de Clarice Lispector; *O diário de Anne Frank*, de Anne Frank; *Lua de mel em Kobane*, da jornalista Patrícia Campos Mello; e por último *Dom Casmurro*, de Machado de Assis. Sobre *Dom Casmurro*, escreveu a seguinte resenha:

> *O romance foi narrado em primeira pessoa por Bento Santiago, o Bentinho. A história acompanhou sua trajetória desde a infância, quando recebeu o apelido de Dom Casmurro, por se tornar um homem calado e introspectivo. Filho único de Dona Glória, Bentinho fora prometido ao seminário pela mãe caso sobrevivesse à infância. Ainda criança, conheceu Capitu, vizinha e grande paixão, com quem construiu uma amizade que logo se transformou em amor.*
>
> *Dividido entre a promessa da mãe e seus sentimentos por Capitu, Bentinho ingressou no seminário, onde fez amizade com Escobar.*

> *Nenhum dos dois seguiu a vida religiosa. Bentinho formou-se advogado e voltou a viver perto de Capitu.*
>
> *Eles se casaram e passaram a conviver com Escobar e sua esposa, Sancha, melhor amiga de Capitu e muito parecida com ela. Com o tempo, Bentinho desenvolveu um ciúme crescente, alimentado por sua imaginação e pela semelhança entre seu filho, Ezequiel, e Escobar. Convencido de que fora traído, expulsou Capitu e Ezequiel de casa. Mãe e filho mudaram-se para a Europa, onde Capitu morreu anos depois.*
>
> *Ezequiel retornou ao Brasil para visitar o pai, mas Bentinho, impactado pela semelhança entre o jovem e Escobar, reforçou sua convicção de traição. Anos mais tarde, Ezequiel, já arqueólogo, morreu de febre tifoide durante uma viagem científica. Bentinho recebeu a notícia sem demonstrar emoção, como se fosse apenas mais um aviso da vida. A história terminou com Bentinho sozinho e amargo, consumido pelas dúvidas e pelas memórias de um passado que ele próprio não conseguiu esclarecer.*

Apta a migrar para o regime aberto, Suzane teve de enfrentar outro empecilho. O Ministério Público pediu à Justiça que ela fosse submetida mais uma vez ao teste de Rorschach antes de ganhar a liberdade. Dessa vez a juíza Wania Regina não concordou, argumentando que a parricida já havia feito cinco exames ao longo de dez anos e todos haviam apresentado resultados idênticos. Isso porque o teste gera um laudo que detalha a personalidade do paciente, e esses traços não se alteram ao longo da vida.

O teste de Rorschach é um exame psicológico projetivo, que avalia aspectos profundos da personalidade. Ele consiste na apresentação de dez pranchas com manchas de tinta abstratas, sendo algumas coloridas e outras em preto e branco. O paciente observa uma por uma e diz o que enxerga nelas. As respostas são analisadas por um psicólogo com base em critérios técnicos, como conteúdo, forma, originalidade e associação emocional, permitindo identificar padrões de pensamento, conflitos internos, traços de personalidade e possíveis distúrbios psíquicos. Por ser baseado em projeções inconscientes, é considerado um instrumento eficaz para compreender características estáveis da personalidade, que tendem a permanecer constantes ao longo da vida.

Sem um novo laudo, o Ministério Público reuniu os resultados anteriores do teste de Rorschach de Suzane para tentar barrar a progressão de sua pena ao regime aberto. A análise dos cinco exames traçou um perfil detalhado de sua personalidade, revelando características marcantes de seu funcionamento emocional.

Os laudos apontaram que a parricida apresenta baixa complexidade psicológica, com funcionamento simplista e empobrecido, o que limita sua capacidade de lidar com situações complexas, sobretudo as que exigem demonstrações emocionais. Ela estabelece relações interpessoais superficiais, comunica-se de forma infantilizada e tem dificuldade para compreender e assumir as consequências de suas ações. Também apresenta falhas na formação da própria identidade, com percepções parciais e distorcidas de si mesma e dos outros.

Os peritos descreveram, ainda, acentuada ansiedade de Suzane diante de conflitos emocionais e situações novas, baixa introspecção, falta de empatia e tendência a transferir a sua culpa a terceiros. Identificaram traços egocêntricos e narcisistas, com preocupação excessiva em satisfazer os próprios desejos, além de um funcionamento emocional rigidamente controlado, mas vulnerável à desorganização caso suas defesas falhem.

Suzane foi descrita como alguém que lida com as emoções de forma intelectualizada, evita envolvimento afetivo profundo e busca se adaptar às expectativas externas de modo superficial e impessoal. Essa postura foi classificada como compatível com uma estrutura *borderline* de personalidade. Os laudos de Rorschach da assassina foram assinados pelos psicólogos forenses Antonio de Pádua Serafim, Fabiana Saffi, Maria Cecília de Vilhena Moraes e Thiago Luís da Silva.

Apesar das fragilidades, os laudos afastaram a hipótese de psicopatia. Os avaliadores concluíram que Suzane não tem diagnóstico de transtorno antissocial e possui recursos psicológicos básicos para lidar com as demandas do cotidiano, embora de forma imatura e pouco reflexiva. Destacaram que sua propensão a condutas antissociais dependeria mais do ambiente em que estivesse inserida.

No dia 11 de janeiro de 2023, Suzane finalmente ganhou a liberdade. Foi solta justamente pela juíza Wania Regina, a quem tanto detestava. Diante dos resultados negativos dos testes de Rorschach anexados ao seu processo de execução penal, a magistrada exigiu que a sentenciada passasse periodicamente por psiquiatras do Centro de Atenção Psicossocial (CAPS) do governo, para que a Justiça soubesse o que se passava na mente da assassina enquanto convivia novamente com a sociedade.

Nunca é tarde para lembrar: Suzane cumpria pena por um dos crimes mais emblemáticos do país. No dia 31 de outubro de 2002, ela abriu a porta da mansão da família, no bairro do Campo Belo, em São Paulo, para que os irmãos Daniel e Cristian Cravinhos entrassem e assassinassem seus pais, Manfred Albert von Richthofen e Marísia von Richthofen, enquanto dormiam. O plano, segundo as investigações e a própria confissão dos três, tinha como principal motivação a herança que Suzane receberia com a morte dos pais. Também ficou estabelecido entre eles que todos os bens de valor imediato, como joias e dinheiro encontrados na casa, ficariam para Cristian. Daniel, namorado dela, dividiria a herança. O plano do casal era abrir uma empresa com o dinheiro dos mortos.

Na madrugada do crime, Daniel e Cristian entraram no quarto do casal e o atacaram com barras de ferro. As vítimas não tiveram chance de defesa. Manfred e Marísia foram mortos por múltiplos golpes, com violência que impossibilitou qualquer reação. Após o crime, os irmãos reviraram o quarto em busca de valores, enquanto Suzane os esperava do lado de fora.

Na manhã seguinte, Suzane foi chamada à delegacia para depor. Questionada sobre quem teria matado os pais, mentiu ardilosamente: disse que havia sido a empregada da família. Porém, as investigações rapidamente identificaram contradições e indícios de que ela estava envolvida. Em poucos dias, as provas apontaram para Suzane e os irmãos Cravinhos, que acabaram confessando o crime durante os interrogatórios.

O julgamento ocorreu quase quatro anos depois, no Primeiro Tribunal do Júri da Comarca da Capital, em São Paulo, presidido pelo juiz Alberto Anderson Filho. Em 22 de julho de 2006, Suzane foi condenada pelos homicídios qualificados dos pais e pelo crime de fraude processual. A pena foi fixada em 39 anos e 6 meses de reclusão, além do pagamento de multa. Daniel Cravinhos recebeu a mesma pena, enquanto Cristian Cravinhos foi condenado a 38 anos e 6 meses de reclusão, também por homicídios qualificados, fraude processual e furto.

Assim que pôs os pés definitivamente fora de Tremembé, Suzane parecia uma criança. Pulava de alegria, ria alto, incrédula. Dos cerca de 40 anos de condenação, ela cumpriu apenas a metade. Isso graças à benevolência da Lei de Execução Penal, que prevê uma série de benefícios compreendidos apenas por defensores dos direitos humanos. Exemplos não faltam. Suzane saía da cadeia para comemorar o Dia dos Pais, mesmo tendo assassinado o próprio pai. Anna Carolina Jatobá e Alexandre Nardoni, que mataram a pequena Isabella Nardoni, deixavam a prisão justamente no Dia da Criança. No Natal e no Ano-Novo havia um saidão de quinze dias, quando assassinos bárbaros trocavam presentes de amigo-oculto e faziam a ceia natalina com familiares. Ainda assim, a liberdade de Suzane chegou tarde, se comparada com a dos cúmplices no crime. Daniel Cravinhos, por exemplo, recebeu a mesma sentença que a namorada no Tribunal do Júri, mas deixou a prisão em 2018, cinco anos antes. Essa diferença ocorreu porque ele apresentou ótimos resultados nos testes de Rorschach. Daniel conseguiu convencer a Justiça de que estava arrependido do que fez, enquanto Suzane nunca conseguiu, em nenhum momento, demonstrar culpa por ter planejado a morte dos próprios pais.

Em liberdade, Suzane recomeçou a vida. Trocou o curso de Biomedicina por Direito, porque seu sonho sempre foi se tornar advogada ou diplomata. Para ela, era como se retomasse a sua jornada aqui fora do ponto em que a havia interrompido, já que voltou para a mesma graduação que fazia na PUC-SP quando foi presa. Dentro desse processo de recomeço, também tentou uma reaproximação com o irmão. Em 2024, leu no jornal *O Globo* que Andreas von Richthofen, de 37 anos, estava perdendo a herança milionária deixada pelos pais, com dívidas acumuladas e imóveis invadidos por falta de cuidado. Tentou contato com ele por meio de sua advogada, mas Andreas continuou evitando qualquer aproximação, mantendo o afastamento que cultivava desde que a impediu judicialmente de receber metade dos bens paternos.

Enquanto Suzane retomava os estudos e investia no futuro, Andreas se afundava em dívidas, descaso, isolamento voluntário, solidão. Herdou sozinho o espólio, avaliado em quase 10 milhões de reais, mas nunca conseguiu administrar os bens, por causa de problemas psicológicos decorrentes da perda dos pais. Casas foram invadidas e dívidas de IPTU e de condomínio se acumularam em mais de vinte processos. Ele passou a viver recluso, alternando aparições como um homem bem-cuidado com períodos em que vagava abatido pelas ruas do Campo Belo, próximo à casa em que seus pais foram assassinados. Durante a pandemia, sumiu de vez ao se mudar para um sítio isolado em São Roque, onde vivia sem telefone e sem internet. Ele dificilmente é localizado por oficiais de Justiça, que já planejam leiloar seus imóveis para quitar dívidas.

No mesmo período, Suzane conheceu o médico Felipe Zecchini Muniz, de 41 anos, com quem começou a conversar pelo Instagram em março de 2023. O romance virtual logo virou realidade. Ela deixou Angatuba para morar com ele em Bragança Paulista. Em poucos meses, os dois já estavam noivos. A mudança despertou a ira da ex-mulher de Felipe, a médica Sílvia Constantino Franco, mãe das três filhas dele. Ela entrou na Justiça para reaver a guarda das meninas, alegando medo de que elas fossem criadas por uma "assassina psicopata".

Mesmo diante do conflito com Sílvia, Suzane seguiu firme em sua nova etapa da vida. Em janeiro de 2024, grávida de Felipe, foi a uma consulta de rotina no Hospital Albert Sabin, em Atibaia, e entrou em trabalho de parto antes do previsto. Passou por uma cesariana de emergência e deu à luz seu primeiro filho, que recebeu o nome do pai. Antes mesmo do nascimento do bebê, Suzane já havia formalizado a retirada do sobrenome Richthofen dos próprios documentos, para tentar deixar para trás a marca do crime. A família paterna fez questão de que o menino também não carregasse o sobrenome materno. Enquanto isso, Andreas permanecia desaparecido, esmagado pelo silêncio, morando no mato, como se a vida tivesse parado para ele aos 14 anos, idade que tinha quando seus pais foram brutalmente assassinados.

Nos corredores da Faculdade Anhanguera de Taubaté, o amor pegava fogo. Suzane von Richthofen, aluna de Biomedicina, se apaixonou perdidamente por Carlos Augusto, ex-policial militar e estudante de Nutrição. Os dois pombinhos tinham três coisas em comum: usavam tornozeleira eletrônica, cumpriam pena por assassinato e iam de ônibus da Penitenciária de Tremembé para a faculdade. O romance chegou ao fim por interferência de terceiros.

Achando-se uma estrela, Suzane fez exigências à direção da penitenciária para poder estudar fora. Queria seguranças e um carro com motorista para levá-la e buscá-la. No fim, não ganhou nada disso.

Em Tremembé, Carlos Augusto era apelidado de Maguilinha por causa do físico musculoso que lembrava o lutador Maguila. Já foi flagrado com anabolizantes dentro da cela e espancou um preso. Cumpria pena de quase 20 anos por homicídio.

Nos primeiros dias de aula, Suzane chegava à lanchonete da faculdade e pedia dois hambúrgueres e uma Coca-Cola. Devorava os lanches em menos de um minuto, deixando todos boquiabertos com a pressa, o apetite e a voracidade.

CAPÍTULO 6

COSME & DAMIÃO

Nunca gostei de homem nem de mulher...
Depois de preso, essa parte ficou apagada em mim.

Tremembé, 23 de fevereiro de 2016

A rotina nos dois pavilhões da Penitenciária Dr. José Augusto César Salgado (P2), em Tremembé, começava cedo. Por volta das quatro da manhã, o canto de galos das redondezas ecoava pelo pátio e acordava parte dos trezentos internos antes mesmo do horário oficial. Às 5h, os presos que trabalhavam na cozinha já estavam de pé para preparar o café, que era servido pelos "boieiros" entre 6h e 6h30. O desjejum era simples, com pão francês, margarina e um copo de pingado. Às 6h, os agentes penitenciários concluíam a troca de plantão percorrendo todas as celas, sempre ocupadas por dois presos cada uma, para conferir a presença de todos. Entre o despertar obrigatório e a chegada do café da manhã, muitos ligavam pequenos rádios AM/FM e aparelhos de TV nas celas. Alguns preferiam ouvir música, outros sintonizavam nos noticiários.

Às 7h, as trancas do regime fechado se abriam e cada preso escolhia como ocupar o dia. Muitos seguiam para o único banho diário, rápido, nos chuveiros coletivos de água fria. As duas duchas com água quente, em um banheiro especial, eram reservadas para idosos ou presos com problemas de saúde comprovados por atestado médico. Depois do banho, quem tinha emprego interno trocava o uniforme branco e bege pelo azul-escuro e seguia para o trabalho. Outros iam para as salas de aula da Escola Teixeira Pombo, que oferecia turmas de ensino fundamental e médio. As atividades esportivas ficavam restritas ao horário do banho de sol. A biblioteca funcionava no sistema de *delivery*: o preso escolhia um título no catálogo, fazia o pedido ao detento responsável e recebia o livro no dia seguinte, devolvendo-o da mesma forma.

O banho de sol, com duração de duas horas nos dias úteis e quatro nos fins de semana e feriados, era o principal momento de respiro fora das celas. Para impedir o contato entre os internos dos pavilhões, evitando aglomeração e tumulto, a direção organizava horários alternados para a ocupação do pátio. Enquanto o Pavilhão 1 usufruía da área externa, o 2 permanecia trancado, aguardando a vez. O mesmo critério era aplicado aos dias de visita. Cada setor recebia seus familiares em dias diferentes do fim de semana, alternados periodicamente, para que nenhum grupo fosse favorecido. Esse rodízio seguia a lógica da chamada "democracia carcerária", garantindo equilíbrio entre os dois prédios e evitando privilégios fixos. Os dois pavilhões mantinham-se isolados em suas próprias rotinas, como se fossem prisões distintas dentro do mesmo complexo.

Uma das poucas interseções possíveis entre os internos ocorria nas frentes de trabalho comuns à penitenciária, como nas oficinas da Fundação de Amparo ao Trabalhador Preso (Funap) e nas duas empresas com postos de trabalho dentro da cadeia: a Arte Ferragem, que fabricava componentes metálicos para portas e janelas de vidro, e a Lipex, responsável pela produção de pastilhas aromatizantes para vasos sanitários. Nessas atividades, sempre supervisionadas por agentes penitenciários, os detentos dos dois pavilhões dividiam o mesmo espaço, em uma convivência restrita ao ambiente laboral.

Na parte administrativa, a movimentação da penitenciária ganhava força a partir das 8h, quando começava o expediente dos funcionários na secretaria. Nesse horário, advogados chegavam ao parlatório para falar com seus clientes, oficiais de Justiça traziam e retiravam documentos, internos eram levados para audiências em fóruns da região, outros aguardavam transferência para outras unidades ou eram colocados em liberdade. Também era o horário em que chegavam as viaturas oficiais da Polícia Penal com os chamados "bondes", trazendo presos transferidos de outras cadeias.

Os agentes circulavam desarmados pelas galerias do regime fechado ao longo de todo o dia, levando apenas radiocomunicadores pelos quais recebiam instruções da chefia de Disciplina, localizada na base administrativa. Quando um preso precisava ser conduzido para algum atendimento fora do pavilhão – encontrar advogados no parlatório, receber atendimento na enfermaria, retirar correspondência ou falar com um oficial de Justiça –, a ordem era transmitida pelo rádio ao agente responsável. O policial, então, chamava o interno, explicava para qual setor ele seria levado e o acompanhava até o destino. O trajeto obedecia a um protocolo rígido: o preso saía algemado com as mãos à frente, caminhava com a cabeça baixa e seguia pela faixa amarela pintada no chão que delimitava o caminho entre o pavilhão e a secretaria ou o parlatório. Essa rotina era cumprida à risca pelos internos, cientes de que qualquer descumprimento poderia resultar em sanções disciplinares severas.

A higiene era rigorosa nos pavilhões da P2. O chão permanecia sempre limpo e com odor agradável. A faxina era feita três vezes ao dia em esquema de mutirão pelos próprios presos, que tinham acesso a todo tipo de material de limpeza. Também cabia aos reeducandos manter o estacionamento livre de mato alto e de folhas secas pelo chão, além de garantir que os corredores das alas administrativas permanecessem sempre em ordem. Apenas os detentos com excelente comportamento e prestes a migrar para o regime semiaberto tinham permissão para trabalhar nas áreas mais restritas da unidade.

Às 11h todos voltavam para as celas, para o almoço. Era mais substancioso que o café da manhã, embora limitado a arroz, feijão, carne bovina ou frango e, às vezes, banana de sobremesa. Ao meio-dia, as trancas eram abertas novamente para as atividades da tarde. No pátio, os detentos se espalhavam entre futebol, vôlei, basquete, xadrez, exercícios físicos, caminhadas e conversas. Muitas conversas. Sempre sobre a vida alheia. Segundo os agentes, os presos de Tremembé eram dados a fofocas, maledicências e disse me disse, numa intensidade tão alta que superava de longe a das mulheres nas penitenciárias femininas.

Os agentes tinham motivos de sobra para afirmar que os presos eram afeitos a fuxicos. Na secretaria havia um setor específico em que funcionárias recebiam todas as cartas enviadas pelos Correios, para os internos, além da correspondência que eles próprios entregavam para ser despachada. Era um dos postos mais disputados da secretaria de Tremembé. As funcionárias abriam os envelopes com cuidado, usando uma lâmina, e liam cada página. Nenhum segredo escapava. Nas laudas, sobravam mexericos e frivolidades, que logo abasteciam uma rede de fofoca paralela. As funcionárias aproveitavam o privilégio de conhecer as confidências dos presos para comentar e espalhar informações pelos corredores, como quem não perde um bom enredo. Havia de tudo: esposas avisando que estavam acabando o casamento ali mesmo, por carta, porque tinham conhecido outra pessoa; presidiários confessando que sentiam falta da mulher, mas que já se envolviam com outra durante os dias de visita para não enlouquecer; outros admitindo que estavam "virando gay" por falta de visita feminina; e as apaixonadas declarando que também se sentiam presas do lado de fora por uma paixão louca por algum detento.

Feito censoras do Ministério da Justiça nos tempos do regime militar, as funcionárias encarregadas de ler as cartas dos presos decidiam o que podia ou não passar. Como quem revisava letras de música ou roteiros de novela antes de ser encenados, liam linha por linha e riscavam palavras de baixo calão e trechos ofensivos com um marcador de tinta preta. O critério dessa censura era meramente subjetivo. Fotografias enviadas junto com as cartas também passavam por triagem. Imagens com nudez, por exemplo, eram frequentemente retidas. Algumas cartas eram integralmente bloqueadas quando havia indícios de mensagens cifradas ligadas a crimes fora da prisão. A leitura prévia era considerada um mecanismo de segurança para impedir que os internos transmitissem ordens ou recebessem informações ilícitas. Não eram raros os casos de presos que, ousados, chegavam a escrever cartas amorosas e se declaravam para promotoras e juízas responsáveis pela execução de suas penas nos fóruns.

Às 17h, todos voltavam às celas para a última "boia" do dia e não saíam mais. Depois do jantar, os internos se reuniam em torno da televisão para assistir às novelas das seis, das sete e das nove. Cada cela só podia ter um aparelho de TV. Mesmo aqueles que diziam nunca ter gostado de folhetim acabavam se acostumando com a rotina e acompanhavam cada capítulo como se fosse uma válvula de escape para a liberdade. Os presos torciam pelos mocinhos, se irritavam com os vilões, discutiam as tramas e comentavam os desfechos entre si. Durante a exibição, reinava uma espécie de silêncio respeitoso. Quem se atrevia a interromper com um comentário era logo repreendido. "Sempre achei que novela fosse coisa de mulher. Em Tremembé, me peguei acompanhando diariamente *A força do querer* e *O outro lado do paraíso*", contou o jornalista e ex-prefeito de Ferraz de Vasconcelos Acir Filló, cumprindo quase vinte anos por corrupção.

Condenado a 33 anos de prisão por matar o pai e a madrasta, o ex-seminarista Gil Greco Rugai tinha 32 anos quando chegou definitivamente a Tremembé, em 23 de fevereiro de 2016. Ele já tinha estado na mesma unidade por um período de cinco meses, entre setembro de 2008 e fevereiro de 2009, enquanto aguardava decisões judiciais. Ao longo dos anos, desde sua prisão em 2004, percorreu diferentes delegacias, centros de detenção provisória e presídios do sistema penitenciário paulista, até se estabelecer na P2, onde transformaria profundamente sua rotina e a dos demais internos.

Um fato marcante na vida de Gil era a insistência e a convicção com que se dizia vítima de injustiça. Nunca, em momento algum, admitiu ser assassino. Negou em todas as fases do processo: nos interrogatórios da investigação, nas audiências de instrução, no Tribunal do Júri e até nos exames criminológicos realizados dentro da penitenciária dez anos após a condenação. Para um preso sentenciado, assumir a autoria na fase de execução geralmente facilita a progressão de pena e o aproxima da liberdade. Ainda assim, o ex-seminarista sempre bateu na tecla de que era inocente.

Os pais de Gil Rugai se separaram quando ele tinha 3 anos. Até os 12 ele morou com a mãe, Maristela Rodrigues Greco. Depois mudou-se para a casa do pai, o publicitário Luiz Carlos Rugai, de 40 anos, e da madrasta, Alessandra de Fátima Troitiño, de 33, a quem chamava carinhosamente de "Lelê". Aos 14, começou a trabalhar na produtora de publicidade do pai, a Referência Filmes. Quando atingiu a maioridade, assumiu o cargo de diretor financeiro e passou a ter acesso direto à contabilidade da empresa, inclusive à conta bancária mantida no Itaú.

Mesmo antes do crime, Gil já era visto por quem convivia de perto com ele como um sujeito de hábitos difíceis de decifrar. Não era apenas introspectivo ou metódico: havia nele uma inquietação silenciosa, um gosto por detalhes mórbidos e uma fixação em manter as coisas sob controle. Quem frequentava sua antiga sala na produtora lembra-se até hoje de como ele etiquetava cada gaveta com palavras enigmáticas e organizava pilhas de documentos como se fossem altares. Guardava numa caixa trancada minúcias do dia a dia: contas de luz já pagas, recortes de jornais sobre crimes violentos, bulas de remédios.

Era notável também sua fascinação por mecanismos de defesa e fuga, como se sempre esperasse por um desastre iminente. Costumava colecionar manuais de sobrevivência em ambientes hostis e fazia listas obsessivas de "itens indispensáveis para situações extremas", que mudavam a cada semana. Entre funcionários da produtora, causava estranhamento vê-lo calcular o tempo exato necessário para trancar todas as portas da mansão ou simular rotas de fuga em caso de invasão, quase como um jogo. Em reuniões, às vezes rabiscava no canto de um papel desenhos de labirintos, com setas indicando saídas estratégicas.

Outro traço exótico era sua mania de colecionar objetos que encontrava perdidos no escritório – sem nunca admitir que o fazia. Ex-colegas relataram ter reconhecido na gaveta dele canetas, chaveiros, um isqueiro antigo e até uma correntinha de ouro com nome gravado que não lhe pertencia. Quando confrontado, fingia não entender o motivo da pergunta.

Gil também alimentava superstições pessoais que ninguém compreendia. Só assinava contratos com determinada caneta-tinteiro preta, sempre depois de desenhar discretamente um pequeno círculo no canto inferior da página, "para dar sorte", segundo ele. Durante um tempo, recusou-se a entrar em salas com espelhos grandes, alegando "má energia". Em casa, mandara instalar um sino de vento atrás da porta do quarto e, toda manhã, fazia questão de tocá-lo três vezes antes de sair.

Havia ainda as pequenas excentricidades cotidianas. Ele nunca usava copos transparentes, apenas opacos, porque "não gostava de ver o que estava bebendo". Em restaurantes, sentava-se sempre de costas para a parede e de frente para a porta, calculando a posição de possíveis saídas. Em viagens, mesmo as curtas, levava um pequeno rolo de fita-crepe no bolso, porque, segundo ele, era a ferramenta mais versátil para emergências.

No convívio social, sua rigidez era igualmente incômoda. Chegava a se ausentar de compromissos se notasse um detalhe que o desagradasse – a cor da toalha numa mesa de jantar ou o fato de alguém usar perfume forte no ambiente, por exemplo. Nessas ocasiões, sumia sem dar explicação, apenas fechando a porta atrás de si. Esse conjunto de manias e rituais fez com que muitos o vissem como uma pessoa inquietante, difícil de decifrar. Anos depois, essas características foram confirmadas por laudos médicos que o diagnosticaram com transtorno de personalidade obsessivo-compulsiva (TPOC).

Na edição 187 da revista *piauí*, publicada em abril de 2022, o jornalista João Batista Júnior esquadrinhou a personalidade de Gil Rugai. Segundo a reportagem, ele cultivava um celibato voluntário, evitava baladas, bares e namoro, usava terno escuro e sobretudo mesmo no verão e preferia manter-se à margem das interações sociais. Em festas, costumava ficar de terno à beira da piscina, enquanto as pessoas se divertiam na pista de dança. Também chamava atenção seu interesse por cursos inusitados, como corte e costura, tiro e mergulho, além de sua organização extrema e seu perfeccionismo. Esse suposto celibato, porém, sempre foi alvo de questionamentos. Há relatos de que ele se apaixonou intensamente por um policial, um professor e um atendente de pizzaria – por este último teria nutrido uma paixão avassaladora. Com o tempo, descobriu que o garçom tinha uma namorada, a qual chegou a procurar e tentou agredi-la, tomado pelo ciúme. Apesar dos episódios narrados por amigos, ele sempre negou esses sentimentos, dizendo-se mais próximo da assexualidade.

Uma marca constante da imagem de Gil, desde a infância, eram os óculos. Ao longo dos anos, variou entre modelos mais arredondados e sóbrios ou de aro grosso, quase caricatos, mas nunca os abandonou. Em Tremembé, usava um modelo preto de armação grossa e arredondada, que reforçava ainda mais seu ar introspectivo e a impressão de ser alguém deslocado.

Assassinato brutal

O imóvel onde Luiz e Alessandra foram executados era uma mansão de alto padrão, na Rua Atibaia, no bairro do Pacaembu, zona oeste de São Paulo. O sobrado tinha três pavimentos, com uso misto, residencial e comercial. No térreo ficava a residência do casal, enquanto os andares superiores abrigavam a Referência Filmes. Nos fundos havia um estúdio de gravação com acesso também pela rua lateral, além de uma área de lazer com piscina, jardim, canil e uma pequena academia. A casa era cercada por muros altos, com portões de ferro de cerca de três metros de altura e cercas elétricas no topo, além de entradas laterais em ambos os lados.

Segundo a acusação do Ministério Público, o assassinato foi brutal e meticulosamente planejado. Na noite de domingo de 28 de março de 2004, Gil teria chegado à casa do pai e da madrasta para cometer os homicídios quando apenas Luiz Carlos e Alessandra estavam no imóvel – o rapaz havia sido expulso dali alguns dias antes, após uma violenta discussão sobre um desfalque financeiro de cerca de 100 mil reais na produtora. Depois da briga, ele teria voltado a viver com a mãe, na Barra Funda.

Registrado às 23h na 23ª Delegacia de Polícia, em Perdizes, o boletim de ocorrência nº 2604/04 informava que os policiais foram comunicados às 21h, por um vizinho, sobre tiros ouvidos na residência. A narrativa policial tinha imprecisões, fragilizando a acusação em determinados pontos. Em horário "não determinado", vizinhos da mansão ouviram uma primeira sequência de tiros, com "mais ou menos" quatro disparos. Depois de um intervalo de "cerca de" cinco minutos, uma segunda sequência, com outros disparos, ecoou pela rua silenciosa. Como a mansão ficava perto do Estádio Municipal Paulo Machado de Carvalho, mais conhecido como Pacaembu, "acreditam que" se tratava de fogos de artifício. "Quase duas horas depois", a polícia foi chamada pelos vizinhos.

Segundo relato dos peritos, a cena na mansão era desoladora. Alessandra estava caída bem na soleira da porta da cozinha, vestida com roupas leves de dormir. Havia levado ao menos cinco tiros, o primeiro deles à queima-roupa no rosto, junto ao globo ocular. Tombou imediatamente, formando uma grande poça de sangue, além dos respingos nas paredes próximas. Um dos dois cães da família, atordoado, havia caminhado pelo sangue, deixando rastros de patas tingidas de vermelho em outros cômodos da casa. O outro cachorro permanecia no canil, sem sinais de agressividade. Para os investigadores, a calma dos animais indicava que o assassino não era desconhecido para eles.

No momento em que a primeira sequência de tiros foi ouvida, Luiz Carlos assistia à televisão na sala. Ele teria visto Alessandra ser morta através do vidro. Desesperado, correu para um cômodo interno, trancou-se e tentou se proteger. Após um intervalo de cinco minutos, o assassino arrombou a porta com um chute – a marca no batente foi compatível com o sapato que Gil usava naquela noite. Nessa tese, o ex-seminarista terminou a execução impiedosamente. Luiz Carlos levou ao menos oito tiros, todos a curta distância, atingindo a cabeça, tórax e abdômen. Seu corpo foi encontrado caído no corredor, de bruços, com sangue espalhado e rastros indicando que ele ainda tentou se arrastar após os primeiros disparos. Vestia calça preta e camiseta branca.

A perícia encontrou nove cápsulas deflagradas calibre .380 espalhadas pelo local, além de uma décima cápsula no quarto de Gil, também deflagrada e compatível com a pistola usada no crime. Essa mesma pistola, uma Taurus calibre .380 com a numeração raspada, foi localizada meses depois, escondida em uma tubulação pluvial do prédio onde Gil mantinha um escritório particular, na Rua Joaquim Eugênio de Lima, nos Jardins, bairro nobre de São Paulo.

Segundo o promotor de acusação, Rogério Leão Zagallo, havia uma infinidade de evidências contra Gil. Além da marca do sapato no batente e das microlesões em seu pé, condizentes com o impacto do chute na porta, havia o fato de as entradas da casa não terem sido arrombadas, os cachorros não latirem e o assassino ter transitado pelo imóvel com desenvoltura, desarmando alarmes e sabendo exatamente para onde ir. Também pesou a frieza de Gil: ele teria sido avisado por telefone sobre a morte do pai e da madrasta, compareceu ao local já ciente do crime e se comportou com serenidade, chegando a questionar um policial sobre o calibre da arma utilizada e sobre seu funcionamento, como se fosse apenas curioso, sem demonstrar choque nem dor.

Outro detalhe apontado pela acusação foi a cronologia das ações após o crime: Gil teria saído da cena, ido ao escritório e deixado as roupas para lavar. Em seu quarto na casa do pai, a polícia encontrou objetos excêntricos: um "kit de sobrevivência" com facas, canivetes, estrelas ninja, um pote com raticida rotulado como "pó santo" e seringas com sangue retirado de si mesmo para treino, além de um baú com marcas de tiro – segundo um funcionário, o jovem dormia dentro da peça, como se fosse um caixão. Para a promotoria, tudo isso refletia uma personalidade instável e potencialmente perigosa.

Conduzida pelos advogados Marcelo Feller e Thiago Anastácio, a defesa de Gil tentou minar a narrativa da acusação, lembrando que o vigia da rua inicialmente declarou à polícia não ter reparado em nada de anormal naquela noite. Só dias depois mudou a versão, afirmando ter visto um homem de sobretudo preto e suspensórios, acompanhado por outra pessoa nunca identificada, saindo da casa. Ressaltou ainda que, da guarita, não era possível enxergar claramente a entrada por causa de árvores e da iluminação precária, o que colocava em dúvida a credibilidade do relato. Os advogados também destacaram que Gil tinha um álibi, pois na noite do crime estaria jantando com uma amiga chamada Júlia e depois teria ido ao shopping. Para arrematar, sustentaram também que o casal assassinado poderia ter sido alvo de traficantes, já que, segundo relatos, Luiz Carlos teria registrado imagens comprometedoras durante um voo de instrução flagrando carregamento ilegal de drogas em Itu. Mas essa tese nunca se sustentou.

No Tribunal do Júri, a promotoria sustentou que o crime havia sido cometido por vingança e frustração: Gil teria sido expulso de casa, desmascarado por fraudes, privado do acesso aos bens da família e do afeto do pai. Para eles, ele agiu de forma premeditada, fria e calculista, acompanhado de um cúmplice nunca identificado. Já a defesa insistiu que as dúvidas eram maiores que as certezas e que a investigação ignorara pistas sobre outros possíveis autores.

No fim, a balança pesou para o lado da acusação. Os jurados se convenceram de que os indícios contra Gil eram mais fortes do que as brechas abertas pela defesa. Ele foi condenado a mais de três décadas pelos homicídios e, de quebra, por estelionato. Mesmo assim, a história desse crime jamais perdeu sua aura de mistério. Para muitos, ele continua sendo um homem frio e dissimulado, capaz de enganar até a si mesmo. Para outros, apenas um filho rejeitado, condenado por algo que talvez nunca tenha cometido.

Quase vinte anos depois do crime, Gil continuava sustentando sua inocência durante encontros com psicólogas de Tremembé. No âmbito do exame criminológico, admitia que a relação com o pai era conflituosa, mas insistia que não seria capaz de matá-lo. Relatou que o ambiente familiar era tenso, cheio de cobranças e desconfianças. Quando completou 18 anos, segundo revelou, decidiu abrir às escondidas uma pequena agência para anúncios em jornais e revistas. A nova empresa não concorreria com a produtora do pai, que atuava exclusivamente com audiovisual. Gil explicou que tomou essa atitude porque se sentia desprezado no trabalho, mesmo ocupando um cargo de confiança na direção da Referência Filmes e tendo experiência e talento. A iniciativa de ter o próprio negócio aumentou a tensão familiar e fez Luiz Carlos começar a vigiá-lo mais de perto, criando um clima de desconfiança na empresa e em casa, culminando em seu desligamento. "Tinha conflitos? Tinha. Mas daí a assassiná-lo são outros quinhentos", declarou à psicóloga forense Karina Prates da Fonseca, em 8 de outubro de 2021.

Gil também recordou na prisão que sua personalidade reservada e introspectiva sempre foi um traço marcante, que o distanciava dos colegas de escola, dos amigos, da família, de tudo. Segundo ele, "suas esquisitices" foram interpretadas erroneamente como frieza e indiferença durante o julgamento. Em conversas posteriores ao crime, ele admitiu que se sentia profundamente injustiçado por ter sua vida e sua trajetória profissional reduzidas à acusação de um assassinato que, segundo ele, definitivamente não cometeu. Ao longo dos anos, chegou a declarar que jamais teve a chance de se defender plenamente das acusações sobre os desvios financeiros, negando que tivesse falsificado cheques ou adulterado balanços.

Sobre a noite do crime, Gil contou à psicóloga de Tremembé que, embora já estivesse afastado da empresa e da casa do pai, não via motivo algum para cometer um ato tão brutal. Em suas palavras, a noite de 28 de março de 2004 marcou não só a perda do pai e da madrasta, mas também o início de um calvário jurídico e pessoal do qual, segundo sua leitura, ainda é vítima. Relatou que, naquele domingo, foi à missa pela manhã e passou a tarde na casa de uma amiga chamada Júlia, no Sumaré. Por volta das 21h, saiu de lá de táxi em direção ao Shopping Frei Caneca. Primeiro foi à loja Mundo da Lua, onde pretendia adquirir uma abotoadura. Mas o local estava fechado. Depois tentou comprar ingresso para o filme *A Paixão de Cristo*, de Mel Gibson. Como as filas estavam quilométricas, acabou desistindo.

Do shopping, ele pegou um táxi e foi até o escritório que mantinha nos Jardins. Chegou encharcado, por causa da chuva. De lá, seguiu para a casa da mãe, na Barra Funda. As roupas molhadas foram enviadas a uma lavanderia industrial ainda no domingo. Na madrugada de segunda-feira, enquanto dormia, recebeu a ligação de um funcionário da produtora avisando que algo grave havia acontecido na casa do pai. Gil contou que foi imediatamente para lá, acompanhado da mãe. Ao chegar, já encontrou a polícia no local, que lhe comunicou a morte do casal. Segundo relatou à psicóloga, a partir daquele momento começaram as desconfianças contra ele, alimentadas pelo histórico de discussões com o pai por causa de trabalho. Perguntado sobre quem acreditava ser o responsável pelo crime, o ex-seminarista disse suspeitar do instrutor de voo do pai, Alberto Bazaia Neto, alegando que ele visitava a casa com frequência e que a relação entre os dois sempre lhe pareceu "estranha". "Mas não tenho provas para sustentar as minhas suspeitas", frisou, em 2021, durante o exame criminológico realizado em Tremembé.

Ao depor no julgamento como testemunha de acusação, o piloto ajudou a condenar Gil. Segundo Bazaia Neto, uma semana antes de ser assassinado, Luiz Carlos pilotava uma aeronave sob sua instrução. Durante o voo no céu de Itu, o publicitário estava tão nervoso que precisou passar o comando ao instrutor para que este realizasse o pouso, que deveria ter sido feito pelo próprio Luiz. Já em solo, ele justificou a falta de concentração. "Ele fez um desabafo emocionado. Disse que vinha sendo roubado pelo próprio filho e que já havia até consultado um advogado para destituí-lo da sociedade da produtora", contou o piloto em juízo. Depois descobriu-se que, de fato, a vítima havia marcado uma reunião com um advogado especialista em causas empresariais para a segunda-feira, justamente o dia seguinte ao assassinato.

Por outro lado, a obstinação de Gil em tentar convencer a sociedade de sua inocência não se limita ao discurso. Vinte anos após o crime, ele recorreu aos Tribunais Superiores (STJ e STF) requerendo a anulação do julgamento e a realização de um novo júri, sob a alegação de que haveria nulidades que comprovariam a violação de seus direitos básicos. No entanto, em 27 de fevereiro de 2025, o ministro Nunes Marques rejeitou o pedido, considerando que o recurso não preencheu os requisitos obrigatórios para que fosse analisado – portanto, não tinha força para alterar o resultado já proferido pelo Tribunal de Justiça de São Paulo. O ministro também destacou que o recurso exigiria a reanálise de provas, o que não cabe ao STF, cuja competência se limita a questões jurídicas e constitucionais. Diante desse cenário, a condenação do ex-seminarista se manteve. Ou seja, ele terá de conviver com a sentença de assassinato pelo resto da vida.

Tremembé Futebol Clube

Quando chegou a Tremembé, Gil conheceu Marcos Rocha da Silva, ex-guarda-civil metropolitano (GCM) de Jaguariúna, então com 32 anos. Como o ex-seminarista estava no Pavilhão 1 e o colega, no 2, os encontros eram esporádicos, restritos a eventos especiais, geralmente uma vez por mês. No início da convivência, o detento veterano fazia questão de repetir que gostava de mulheres, que era casado, pai de uma criança, defensor da família e ateu. Dizia-se tão masculino que recebia a esposa todos os fins de semana para transar com ela no espaço reservado às visitas íntimas. Ele reforçava sua orientação sexual também para se proteger das fofocas, já que Gil era considerado afeminado pelos outros internos.

Marcos trabalhava reformando carteiras escolares na Funap. Gil conseguiu rapidamente um posto na biblioteca. Na época, o ex-seminarista já começava a apresentar sobrepeso. Com 1,62 metro de altura, pesava quase 90 quilos. Era delicado nos gestos, de voz pausada e firme, sempre sentado com as pernas cruzadas. O colega era o oposto: mantinha o corpo em forma graças aos exercícios diários na academia improvisada da prisão. Tinha defeitos marcantes – rude, mal-educado, estúpido e grosseiro, do tipo que se sentava de pernas abertas, coçava as partes íntimas a todo o momento e cuspia no chão. No início, enturmou-se com homens como ele, sempre acompanhado de assassinos de aluguel, seguranças de boate envolvidos em homicídios e milicianos. Com o passar dos anos, porém, tornou-se sensível, culto e introspectivo. Nos corredores da penitenciária, os presos comentavam que o polimento do ex-guarda-civil era fruto da convivência ocasional com Gil e os detentos de sua turma, todos letrados. "Nunca imaginei que precisaria estar numa penitenciária para gostar de leitura, música clássica e poemas", comentava Marcos em sua cela, evidenciando uma mutação.

Em Tremembé, Gil continuou introspectivo e meticuloso. Passava os dias estudando, desenvolvia sua espiritualidade na capela e liderava atividades culturais, como peças de teatro, saraus e rodas de leitura. Detentos e policiais penais o viam como o reeducando mais refinado e intelectualizado da P2. Era comum encontrá-lo no pátio recitando poesias para os colegas. No começo, sua plateia não passava de dois ou três gatos pingados. Aos poucos, porém, as palavras que dizia foram ganhando força e respeito. Em poucos anos, já conseguia atrair até cem presos ao seu redor, todos em silêncio, absorvendo cada verso. Entre os autores preferidos do público estava Dante Alighieri.

Numa tarde cinzenta, Gil emocionou a plateia de criminosos ao declamar um trecho de *A Divina Comédia*, no qual o poeta italiano fala de castigo e perdão. Sua voz firme e pausada ecoava pelo pátio enquanto explicava como Dante contrapõe justiça e misericórdia como forças divinas em equilíbrio. Até policiais penais e funcionários da secretaria foram até lá apreciar o espetáculo. Alguns presos baixaram a cabeça, outros fecharam os olhos, como se rezassem. No final, uma salva de palmas.

Inquieto, Gil mantinha uma rotina intensa, digna de um verdadeiro *workaholic*. Acordava todos os dias às 6h para iniciar a jornada com disciplina de quartel. Enquanto a maioria dos presos ia para o pátio jogar conversa fora, ele dava aulas de reforço, ajudava a organizar a biblioteca, escrevia peças de teatro e aconselhava os colegas que o procuravam em sua cela para desabafar sobre problemas diversos. Alguns o consideravam "quase um padre", fazendo-lhe confissões, pedindo penitência para seus pecados e buscando aconselhamento espiritual. Quando um sacerdote de verdade chegava para celebrar a missa na capela de Tremembé, era Gil quem o auxiliava no ritual. Atuava como coroinha, manuseando o turíbulo, enchendo-o de incenso e balançando-o pelo corredor central, espalhando a fumaça aromática enquanto incensava o altar e os fiéis criminosos em busca de clemência.

No segundo ano na P2, Gil e Marcos passaram a se encontrar semanalmente graças ao "Café Literário", criado pelo ex-seminarista. As reuniões aconteciam sempre às segundas-feiras, no início da tarde, na igreja da penitenciária, com duração de duas horas. Era uma das poucas atividades recreativas de Tremembé que reuniam presos dos dois pavilhões. Amplamente elogiada por profissionais de ressocialização, a iniciativa concentrava todas as atividades culturais coordenadas pelo ex-seminarista na cadeia. Estimulava a leitura, a escrita e o debate entre os presos, funcionando como um clube de leitura e reflexão. Os participantes escolhiam livros, discutiam os temas em grupo e escreviam textos de sua própria autoria, reunidos depois em um fanzine mensal distribuído nas celas dos dois pavilhões. Também recitavam poesias e versos bíblicos. O Café Literário servia ainda como espaço de socialização e expressão criativa, permitindo aos detentos ampliar horizontes intelectuais, dialogar com a literatura e refletir sobre suas próprias trajetórias, em contraste com o ambiente carregado da prisão.

Toda segunda-feira, os presos que não trabalhavam ou não estudavam se dividiam basicamente em dois destinos. No início, um grupo pequeno seguia para o Café Literário de Gil. A maioria frequentava o tradicional jogo de futebol ou ia para a academia. Marcos, Márcio Rocha, seu irmão um ano mais novo; Alexandre Nardoni, condenado pela morte da filha Isabella; Guilherme Longo, infanticida; e Lindemberg Alves, assassino de Eloá Pimentel, por exemplo, costumavam ir para a pelada, num campo chamado pelos presos de "terrão". Rico, Nardoni ostentava nas partidas chuteiras caríssimas, levadas pelo pai, Antônio Nardoni, durante as visitas de fim de semana. No campo de Tremembé, o infanticida já exibiu uma Puma Future Ultimate Neymar Jr. Special Edition, então avaliada em 2.500 reais. Em outra partida, entrou em campo com uma Nike Mercurial Superfly 9 Elite, edição em homenagem ao jogador português Cristiano Ronaldo, cujo preço chegava a 3 mil reais. A estrela do campo, no entanto, era Edson Cholbi Nascimento, o Edinho, ex-goleiro e filho de Pelé, que na época era acusado de tráfico, mas acabou inocentado depois.

Enquanto a partida se desenrolava no "terrão", outros internos mais velhos e doentes faziam caminhada ao redor do pátio para melhorar a saúde cardiovascular. Entre eles estavam os ex-prefeitos Acir Filló e José Francisco Rodrigues Júnior, condenados por peculato e corrupção; cinco empresários, incluindo Adriano César Pereira, acusado de fraude em licitações, superfaturamento, corrupção ativa e passiva, lavagem de dinheiro e associação criminosa; seis médicos, liderados pelo estuprador Roger Abdelmassih; ex-policiais, entre eles Mizael Bispo, assassino de Mércia Nakashima; o jornalista Pimenta Neves, assassino de Sandra Gomide; o ex-promotor Igor Ferreira da Silva; além de nove ladrões de carga com idade acima de 60 anos.

No “terrão”, revelava-se o espetáculo mais kafkiano das tardes em Tremembé. Segundo Acir Filló contou em abril de 2025, uma das cenas mais “surreais” presenciadas por ele foi justamente a pelada do “Tremembé Futebol Clube”, formado pelos detentos mais emblemáticos da unidade. “No campo, os times eram compostos por figuras inesperadas”, recordou o ex-prefeito. Fabinho Fontes, ex-atacante do Corinthians condenado a oito anos por ter estuprado uma criança de 5 anos dentro do carro, jogava ao lado de Janken Evangelista, ex-jogador do Mogi Mirim condenado por matar a esposa com catorze facadas, além de outros nomes célebres do sistema prisional, como Lindemberg Alves, apontado como o craque do time, Cristian Cravinhos e Guilherme Longo, preso por ter matado o enteado. “Certa vez, um interno com transtorno psiquiátrico chamado Ramiro interrompeu a partida com uma sugestão grotesca para a formação dos times: estupradores contra ladrões, políticos e empresários contra assassinos e Alexandre Nardoni como árbitro. Por alguns instantes, o pátio ficou em silêncio com a proposta tragicômica, até que uma onda de gargalhadas tomou conta de todos”, relatou Filló.

Na P2, as sequências dantescas pareciam não ter fim. Durante as partidas no “terrão”, os detentos se chamavam por apelidos inspirados nos crimes que haviam cometido, como se cada um carregasse seu próprio estigma. Os estupradores eram chamados de “Jack”, em alusão a Jack, o Estripador, o lendário assassino de Londres. Os que mataram crianças, como Nardoni e Guilherme Longo, eram conhecidos como “Bebê Conforto” e “Cadeirinha”. Daniel e Cristian Cravinhos formavam a dupla “Irmãos Pauladas”. Um preso que matou e carbonizou a mulher era chamado de “Churrasquinho”. Marcos era o “Zero Oito”, gíria usada para PMs acusados de abuso. Lindemberg atendia por “Cercadinho”, numa referência ao cativeiro de Eloá Pimentel, sua ex-namorada, morta por ele durante um sequestro. Os que mataram os pais foram batizados de “Suzane”. Um jovem que envenenou a madrasta com chá era conhecido como “Cinderela”, apelido relacionado ao famoso golpe conhecido como “boa noite, Cinderela”. Por fim, os que tinham matado a faca eram chamados de “Jason”, evocando o assassino mascarado do clássico de terror *Sexta-Feira 13*.

Os apelidos venenosos eram tolerados apenas dentro das quatro linhas, como parte do ritual do jogo. Fora do campo, soariam como insultos graves e eram evitados com cuidado. No “terrão” da penitenciária, porém, ninguém parecia se importar. O campo virava um território à parte, e os gritos ecoavam com naturalidade: “Passa essa bola, Bebê Conforto, não enrola!”, berrava alguém para Guilherme Longo. "Ô, Jack, não pipoca na cara do gol, porra!", esbravejava outro, quando o companheiro desperdiçava uma chance clara. Às vezes, a bronca vinha carregada de deboche: "Churrasquinho, tá queimando a bola, caralho, capricha nesse passe!" ou em tom mais ácido: "Pega firme, Jason, corta essa bola como você cortou a sua mulher, caralho!". Alexandre Nardoni também era alvo de provocações pesadas. Quando a bola batia na rede do gol, sempre surgia alguém para tripudiar: "Vai, Cadeirinha, olha a rede!", numa alusão à tela de proteção cortada por ele para jogar Isabella pela janela. Lindemberg não parecia constrangido quando alguém gritava do meio do campo: "Fecha o cercadinho aí, seu merda, não deixa ninguém escapar!".

Não só em Tremembé o clima entre os presos era marcado por sarcasmo. Quando estavam no Centro de Detenção Provisória (CDP) de Belém aguardando julgamento, os irmãos Cravinhos chegaram a dividir cela com Sander Mecca, ex-vocalista da *boyband* Twister, preso por tráfico de drogas em 2003. O *pop star* contou que, ao ser levado para a cela, foi advertido em tom de piada pelos carcereiros para dormir de capacete, já que Daniel e Cristian haviam matado os pais de Suzane a pauladas. O cantor, apelidado de "Tuíste" pelos colegas, dividia o espaço com outro preso conhecido como "Tony Ramos", por causa da quantidade excessiva de pelos no corpo. O ambiente, chamado por todos de "Casa dos Artistas", tinha até uma plaquinha na porta feita pelos outros detentos. Segundo Mecca, mesmo sendo uma anedota cruel, todos riam dessas situações como uma maneira de suportar o cotidiano pesado do cárcere. Em liberdade, o artista ex-traficante passou a participar de *podcasts* contando esses causos.

Deserto humano

Aos poucos, o ambiente hostil do "terrão" fez Marcos perder o interesse pelo futebol. O ex-guarda-civil passou a encontrar nas rodas de leitura e saraus semanais do Café Literário de Gil Rugai um ambiente mais sereno, onde a violência cedia lugar à reflexão e à delicadeza. Aos poucos, ele criava modos mais polidos, trocando a aspereza dos gestos por atitudes discretas, medindo as palavras, ajustando a postura, aprendendo a ouvir sem interromper. Não se tornara ainda um homem refinado, mas já se notava nele uma mudança sutil e constante, como se as influências daquele novo convívio fossem suavizando sua antiga dureza. Certa tarde, assistiu a uma das cenas mais marcantes de sua vida em Tremembé: o ex-seminarista surpreendeu um grupo de trinta presos ao declamar de cor, no Café Literário, o trecho mais emblemático do epílogo de *Crime e castigo*, de Fiódor Dostoiévski. Com voz firme e pausada, falou sobre punição, prisão e o início da expiação – o doloroso processo interior de arrependimento que leva à redenção:

"Ele era um condenado, um criminoso perante todos e para todos, e por isso ele mesmo se olhava como um criminoso e não ousava se indignar com isso. Mas, embora sentisse toda a justiça de sua condenação, no fundo da alma ele não a aceitava. Durante todos esses sete anos de sua futura vida penal, ele sabia agora com certeza que não deixaria de olhar para si mesmo como um homem honesto que só cometeu um erro passageiro, como um homem que não conseguiu resistir à tentação, que se deixou levar por um sonho maluco e por uma quimera repulsiva. [...]

Ele estava com a consciência tranquila: confessara o crime, entregara-se ao castigo. Mas nada em sua alma havia mudado. Mais ainda: durante toda a instrução e mesmo depois da sentença, ele se considerava de certo modo injustiçado. 'Por que todos o odeiam agora? Por que todos o desprezam?', pensava ele. Até então não conseguia compreender por que, de repente, todo mundo o considerava um criminoso, por que o olhavam com horror e repugnância. [...]

Só agora, naquela estepe gelada, ele começou a perceber vagamente que não bastava apenas se entregar e aceitar o castigo para ser perdoado. Que não bastava estar preso para que sua alma ficasse em paz. Que o castigo verdadeiro era a lenta transformação interior, era a luta dolorosa consigo mesmo, era o reconhecer-se pequeno e pecador. Que só por essa via chegaria a um novo caminho, a uma nova vida."*

Na penitenciária, esse tipo de leitura deixava os integrantes do Café Literário mexidos emocionalmente. Não por acaso. Trata-se de um dos excertos mais poderosos do clássico de Dostoiévski, pois sintetiza um dos temas centrais do romance: a redenção moral através do sofrimento e do autorreconhecimento. Nessa passagem, o protagonista (Raskólnikov) estava preso, condenado por um crime que ele mesmo admitiu ter cometido, mas

* Trecho de *Crime e castigo*, de Fiódor Dostoiévski, em tradução brasileira contemporânea. N. do E.

ainda assim não conseguia aceitar plenamente que fosse um criminoso na essência. Ele via o crime como um desvio momentâneo, fruto de um delírio ou tentação, e não como reflexo de uma natureza perversa.

No entanto, o texto mostra o início de uma virada psicológica de Raskólnikov. Ele começava a compreender que não bastava apenas se submeter ao castigo externo para se purificar ou se sentir em paz. O verdadeiro castigo, e ao mesmo tempo a única chance de redenção, era interno, íntimo e doloroso, fruto de um confronto com a própria consciência. A consciência, ao longo do trecho, deixa claro que a transformação não se dá por uma punição imposta de fora, mas por um processo espiritual e moral de humildade e aceitação da própria culpa. É nesse movimento interior, de reconhecimento de sua miséria humana e de desejo de recomeço, que ele enfim vislumbra a possibilidade de uma nova vida.

No final, Gil foi aplaudido de pé por cinco minutos. Ainda assim, não demonstrou emoção ao ver alguns presos chorando, sensibilizados com as mensagens subliminares do texto de Dostoiévski. No meio da salva de palmas, Marcos ficou com os olhos marejados, mas impediu que as lágrimas escorressem usando a borda da camiseta. Ele se aproximou para dar um abraço no amigo e foi interrompido por Roger Abdelmassih, que chegara com expressão fechada para ensaiar uma peça escrita pelo ex-seminarista – no texto, o protagonista era um ex-médico acusado injustamente de ter estuprado quase quarenta mulheres em sua clínica de luxo. O roteiro havia sido encomendado a Gil justamente porque ambos alegavam inocência. Abdelmassih foi condenado em 2010 a 278 anos de prisão. Em 2014, o Tribunal de Justiça de São Paulo, em um gesto de benevolência, reduziu a pena para 181 anos, 11 meses e 12 dias.

Fazia meses que Gil e Marcos conviviam e trocavam olhares afetuosos de maneira discreta nas rodas de leitura, sem jamais conversar sobre seus sentimentos. A conexão emocional entre eles, enfim, avançou numa sessão especial do Café Literário, na capela de Tremembé. Pelo menos uma dezena de detentos se inscreveu para recitar textos diante de um público de cem pessoas. Naquele dia, o ex-guarda-civil estava visivelmente nervoso, suando frio. Como o evento era especial, a turma do "terrão" estava toda lá, já que a bola havia rolado pela manhã. Ao final, uma banda formada por detentos faria uma apresentação.

Os presos se acomodaram pelos bancos, e um tablado servia de palco para os declamadores. Márcio, irmão de Marcos, sentou-se numa das primeiras fileiras. Até policiais penais se aproximaram para assistir. Era impressionante como os eventos do ex-seminarista tinham o poder de atrair gente. Ele foi o primeiro a falar. Ressaltou a importância de eventos culturais para a ressocialização dos reeducandos e falou sobre como a poesia pode confortar a alma. Em seguida, anunciou que recitaria um poema de Cora Coralina e apresentou a autora. Na verdade, ela se chamava Anna Lins dos Guimarães Peixoto Bretas (1889-1985), poetisa brasileira que publicou seu primeiro livro só aos 76 anos. Nascida em Goiás, Cora viveu grande parte da vida como doceira e dona de casa, escrevendo sobre o cotidiano simples, as pessoas humildes e a cultura popular. Sua obra, marcada por sensibilidade e sabedoria, tornou-se símbolo de que nunca é tarde para realizar sonhos. Sob absoluto silêncio, Gil subiu no caixote, respirou fundo, comprimiu o diafragma e empostou a voz. Cercado por detentos uniformizados, fitou Marcos e declamou o texto "Saber viver", atribuído falsamente a Cora Coralina:

Não sei se a vida é curta
ou longa demais para nós,
mas sei que nada
do que vivemos tem sentido,
se não tocarmos o coração das pessoas.
Muitas vezes basta ser:
o colo que acolhe,
o braço que envolve,
a palavra que conforta,
o silêncio que respeita,
a alegria que contagia,
a lágrima que corre,
o olhar que acaricia,
o desejo que sacia,
o amor que promove.
E isso não é coisa de outro mundo,
é o que dá sentido à vida.
É o que faz com que ela não
seja nem curta nem longa demais,
mas que seja intensa, verdadeira,
pura... enquanto durar.

Quando chegou ao último verso, Gil manteve uma expressão neutra. Diante da plateia comovida, ainda do alto do tablado, ele emendou um discurso, como se quisesse justificar sua inércia em relação às próprias emoções: "Não sou uma pessoa fria, apática ou gélida, como muitos dizem. Eu apenas escondo os meus sentimentos. Minha mãe, minha tia, meu irmão e minha avó Odete vieram me visitar nesse período em que estou preso. Minha avó Odete, mãe do meu pai, um dia me disse que eu deveria rezar, ter paciência, manter a fé e não guardar raiva de ninguém. Ela também me lembrou da história de Jó, um homem que, apesar de todas as dificuldades, manteve uma fé inabalável. Mesmo depois de perder tudo que tinha, continuou acreditando em Deus. Minha avó ficava muito emocionada durante as visitas e chorava bastante. Como não tenho o costume de chorar, eu não chorei nenhuma vez. Isso não quer dizer que eu não esteja sentindo nada. Apenas não sei como demonstrar, não consigo, ou simplesmente não quero".

O personagem bíblico citado pelo ex-seminarista vem do Antigo Testamento e é protagonista do Livro de Jó. Ele era um homem rico, íntegro e temente a Deus. Para testar sua fé, Deus permitiu que ele fosse duramente provado: perdeu todos os seus bens, viu os filhos morrerem, adoeceu com úlceras e caiu na miséria. Ainda assim, não blasfemou contra Deus e manteve-se firme na fé. No final, foi recompensado com saúde, prosperidade e novos filhos.

Gil continuou, de cima do tablado: "Lá fora, eu era um homem essencialmente só. Caminhava pelas ruas como quem atravessa um deserto humano, invisível. Sempre me viram como alguém singular, estranho, talvez até bizarro, incapaz de se encaixar nas convenções que moldam as relações sociais. Quando cheguei aqui, carregando o peso de uma condenação que jamais reconheci como legítima, passei noites inteiras recolhido nos cantos mais obscuros da penitenciária, tentando não ser visto. Não derramei uma lágrima, mas havia em mim uma melancolia abissal, que nenhuma palavra parecia suficiente para descrever. Não apenas pela frieza da prisão, mas sobretudo pela constatação de estar pagando por um crime que não cometi. Aquele estado de tristeza lancinante que me habitava se dissipou aos poucos, mas não deu lugar à alegria. Permaneço um homem sóbrio, peculiar, atento às camadas invisíveis da minha realidade. No entanto, quando concebi o Café Literário de Tremembé, algo em mim se reconfigurou. Passei a compreender que o sentido da existência não é uma dádiva pronta, mas uma construção incessante: palavra por palavra, verso por verso, a cada página que ousamos escrever. Eu gostaria, sinceramente, que cada um de vocês, assim como eu, se permitisse essa redescoberta: a de prazeres que não se limitam ao corpo, mas que elevam a alma e devolvem ao espírito a dignidade de ser humano. Até porque, mesmo atrás das grades, é possível encontrar uma fresta de luz com um novo sentido para a própria vida".

Sentado na última fileira, dessa vez Marcos não tentou conter as lágrimas. Deixou que escorressem livremente, sem nenhum pudor. O ex-seminarista desceu do caixote e se acomodou ao lado dele com expressão neutra. Num gesto instintivo, Gil estendeu um lenço de seda branco para enxugar o rosto do amigo. Quando estava prestes a tocá-lo, porém, o ex-guarda-civil afastou a cabeça rapidamente, recusando aquele gesto afetuoso, carregado de gentileza e ternura. Mas fez questão de dizer o que estava sentindo:

– Amigo, nunca vi algo tão bonito, nem sei como classificar – murmurou Marcos.

– Você está se referindo ao poema da Cora Coralina ou ao meu desabafo? – perguntou o ex-seminarista, curioso.

O ex-guarda-civil o encarou e, sem hesitar, respondeu com um gracejo:

– Tudo que vier desse seu coração geladinho me interessa.

Gil notou que a mão esquerda de Marcos repousava sobre o concreto. Num gesto simples e discreto, cobriu-a com a sua. Depois de hesitar um pouco, o amigo entrelaçou os dedos nos dele, inaugurando assim o primeiro contato físico entre os dois. Enquanto outros presos subiam e desciam do tablado para recitar, o ex-seminarista percebeu um papel dobrado enfiado no cós da calça de Marcos. "Você tem um texto para ler?", perguntou. "Sim. Queria ler para você, mas não encontro coragem para subir até lá. Minhas pernas estão tremendo, meu irmão está aqui", ponderou Marcos. O ex-seminarista não o pressionou. "Cada um tem seu tempo."

Quando a banda já se posicionava para tocar, Marcos, num ímpeto, pediu licença e subiu ao caixote. Sem nenhuma apresentação, começou a ler um soneto de Luís Vaz de Camões:

Amor é fogo que arde sem se ver,
é ferida que dói, e não se sente;
é um contentamento descontente,
é dor que desatina sem doer.

É um não querer mais que bem querer;
é um andar solitário entre a gente;
é nunca contentar-se de contente;
é um cuidar que ganha em se perder.

É querer estar preso por vontade;
é servir a quem vence, o vencedor;
é ter com quem nos mata, lealdade.

Mas como causar pode seu favor
nos corações humanos amizade,
se tão contrário a si é o mesmo Amor?

Logo nos primeiros versos, os integrantes da banda lembraram que o poema de Camões havia sido musicado pela Legião Urbana na balada *Monte Castelo*. Enquanto Marcos declamava, Cristian Cravinhos assumiu a bateria, outro preso dedilhava os acordes no violão e um terceiro sustentava a linha do baixo, criando uma atmosfera ainda mais emocionante para a leitura. Embora nesse momento só houvesse três integrantes, o conjunto musical de Tremembé era formado por bateria, guitarra, violão, baixo, teclado, violino, trompete, clarinete, flauta transversal e doce, além de um coral de quarenta vozes que completava o cenário com um tom quase solene.

Apesar do carinho recíproco, Gil não alimentava nenhuma expectativa de ter algo carnal com Marcos. Quando foi questionado sobre a sua sexualidade por uma psicóloga de Tremembé, comentou: "Nunca gostei de homem nem de mulher... Depois de preso, essa parte ficou apagada em mim".

No domingo seguinte, dia de visitas, Marcos estava no pátio da penitenciária com a esposa e o filho adolescente. Quase no final da visita, o casal deixou o garoto aos cuidados de Cristian, que estava acompanhado da filha de 12 anos, e seguiu para o espaço reservado às visitas íntimas, onde permaneceram por mais de uma hora, transando. Um agente que tinha propensão para intrigas fez questão de contar toda a movimentação do ex-guarda-civil com a mulher a Gil, que ficou espumando de ciúme, querendo saber como era fisicamente a esposa dele e quanto tempo haviam permanecido a sós.

No dia seguinte, Marcos procurou Gil na capela com um pedaço de bolo de chocolate com morangos que a companheira levara. O ex-seminarista perguntou como tinha sido a visita do dia anterior.

– Foi necessária, como deveria ser. Lá fora ainda tenho um papel, uma vida que não posso negar.

– Mas aqui dentro você parece mais verdadeiro – provocou Gil.

– Aqui eu posso ser quem realmente sou. Pena que a gente more em pavilhões diferentes. Queria ter mais tempo com você. Pena que não podemos tomar banho de sol juntos. Duas horas por semana é muito pouco pra gente se conhecer de verdade. Queria te mostrar no que estou me transformando, o homem que posso ser quando não preciso fingir.

Marcos passou a chamar atenção no Café Literário quando começou a aparecer com um visual mais cuidado e carregado no perfume. Apesar das limitações do uniforme da prisão, mantinha a roupa sempre limpa e bem passada, ajustava a gola e as mangas com esmero antes de sair da cela e dobrava a barra da calça para dar ao visual um ar mais alinhado. Também cortava o cabelo regularmente no barbeiro da penitenciária e passava um pano úmido nos sapatos para deixá-los sempre limpos. Gil não demorou a seguir pelo mesmo caminho. Passou a fazer a barba com mais frequência, borrifava colônia atrás das orelhas e aparava os pelos do nariz com cuidado.

Certa segunda-feira, Marcos chegou mais cedo ao Café Literário e encontrou Gil sozinho, ajoelhado diante do altar, mãos cruzadas e olhos fechados. Encostado na porta, ficou observando em silêncio por alguns instantes, até balançar a cabeça, com um sorriso cético. Quando o ex-seminarista se levantou, o amigo comentou, em tom seco, que aquilo era perda de tempo, porque Deus não existia. Gil franziu a testa, mas manteve a compostura. O ex-guarda-civil então falou com amargura que, para ele, a maior prova de que Deus não existia era Tremembé. "Basta olhar em volta e ver criminosos que mataram os próprios pais por herança, pais que jogaram a filha pela janela, maridos que mataram a esposa por ciúme doentio. Homens consumidos pela culpa a ponto de definhar lentamente na cela até se matar. Isso aqui parece um purgatório sem fim. Veja você, inocente, pagando pelo que não fez. Se existisse um Deus, ele só poderia ser um sádico por assistir a tudo isso sem mover um dedo", concluiu. Gil ergueu o olhar para ele e respondeu com serenidade, ajustando os óculos. "A fé não é acreditar que as tragédias não acontecerão, mas ter forças para não se tornar parte delas. Até mesmo num lugar como Tremembé ainda existem homens capazes de abrir um livro, recitar um poema, oferecer um gesto de bondade. Isso é a maior prova de que uma força divina existe. Basta você olhar a luz do sol." Sabendo que não conseguiriam mudar a opinião um do outro, o embate terminou em um abraço, sem discussão, num silêncio respeitoso.

Na avaliação de uma psicóloga de Tremembé, a relação delicada entre Gil e Marcos se desenvolveu na penitenciária como um encontro profundo entre dois homens marcados por dores distintas, mas complementares. Inicialmente distantes, com personalidades opostas, Gil era introspectivo, religioso e disciplinado, enquanto Marcos se mostrava impetuoso, descrente e impulsivo. Aos poucos, porém, aproximaram-se, unidos pela solidão do cárcere e pelo refúgio emocional que encontraram um no outro. O ex-seminarista oferecia ao ex-guarda-civil serenidade, cultura e um novo sentido para os dias, enquanto Marcos devolvia a Gil companhia, atenção e um afeto discreto, porém intenso. Juntos, construíram um vínculo marcado por cumplicidade, ternura e um desejo contido, que aos poucos transformou a maneira como ambos se viam e enfrentavam a realidade hostil da prisão.

Nas semanas seguintes, o laço entre os dois amigos se estreitou ainda mais no Café Literário. Estavam sempre juntos, sentados lado a lado, e Marcos acabou se tornando o braço direito do ex-seminarista na organização dos encontros de segunda-feira. De terça a sexta, ele se enfiava na biblioteca, lendo de tudo, dos romances clássicos às gramáticas, para aprender a falar um português correto. A caminho da capela para ver Gil, o ex-guarda-civil chegava a acelerar o passo, ansioso para chegar logo. Com tanta proximidade, os dois logo ganharam dos outros presos o apelido de "Cosme e Damião". Conversavam sem parar durante o café, falando sobre a vida, a rotina na prisão e os planos para o futuro – jamais sobre o passado. Com o tempo, Marcos abandonou de vez a turma do "terrão" e criou em sua galeria rodas de leitura e declamação de poemas, uma espécie de filial do Café Literário.

No Pavilhão 2, o primeiro a notar a transformação de Marcos foi o irmão, Márcio. Ele não frequentava o Café Literário nem conhecia Gil Rugai pessoalmente, já que os dois viviam em prédios distintos. Mesmo assim, Márcio começou a estranhar as mudanças do irmão, principalmente o jeito mais refinado de se portar e falar, o hábito de recitar poemas durante o banho de sol e o afastamento das partidas de futebol. Quando ouviu Marcos dizer que aquela evolução vinha de um evento que ocorria na capela, estranhou ainda mais, já que o ateísmo do irmão sempre fora declarado. Márcio passou a desconfiar de que havia algo – ou alguém – por trás daquela súbita delicadeza, embora não conseguisse imaginar o quê nem quem. Até que, num ímpeto de curiosidade, resolveu aparecer de surpresa no Café Literário de Gil.

No dia da visita, porém, Marcos conteve-se durante todo o evento. Ao longo da atividade literária, ele não se sentou ao lado de Gil, justamente para não dar bandeira. Esperto, Márcio percebeu os olhares que Gil dirigia do palco ao irmão. Como não sabia que estava sob vigilância, o ex-seminarista foi até o amigo, já no finalzinho do evento, e tentou abraçá-lo. Marcos se afastou, constrangido. No Pavilhão 2, os irmãos tiveram uma discussão:

– Que porra é essa? Tá virando veado? Era só o que me faltava! – esbravejou Márcio.

– Não é nada disso. Só estou me tornando outro homem.

– Puta que pariu… Eu já tava sacando. Aqui nessa merda todo mundo acaba dando o rabo!

– Escolha melhor as palavras! Me respeita! – gritou Marcos.

– Já contou pra sua esposa? Ou vai continuar enganando a coitada, que viaja mais de trezentos quilômetros pra vir aqui e ainda transar com uma bichona feito você? Se não contou, eu mesmo conto na próxima visita.

De tanto ler gramáticas, o ex-guarda-civil outrora embrutecido repreendeu o irmão com uma oração subordinada substantiva objetiva direta:

– Recomenda-se que você cuide dos seus próprios assuntos!

– Anda falando feito homossexual. Puta que pariu! Já beijou aquele veado seminarista? Já comeu ele? Ou pior... já deu?

– Se falar isso mais uma vez, eu te encho a boca de porrada e a gente vai junto pra solitária.

– Me bate, então. Me manda pra solitária, seu merda. Não vai ser a primeira vez que eu pago pelos seus erros!

Desde então, a relação entre os dois irmãos ficou abalada. Pararam até de se falar. Marcos passou a ser chamado pelos fofoqueiros de Tremembé de "mona", mas já não se importava. Gostava da pessoa em que estava se transformando. Com o tempo, perdeu completamente o interesse pela esposa e começou a evitar o sexo com ela. Não demorou para a companheira colocar um fim ao casamento. Ainda assim, os dois permaneceram amigos.

Ela continuava levando o filho para visitar o pai, fazendo questão de preservar o vínculo familiar.

Incentivado por Gil, o ex-guarda-civil se matriculou numa turma de Educação de Jovens e Adultos (EJA) e concluiu o ensino médio na cadeia. Na época das provas, o ex-seminarista o ajudava no Café Literário. Certa vez, enquanto estudavam lado a lado, "Cosme" (Gil) flagrou "Damião" olhando para ele de um jeito diferente, mais intenso do que de costume. Estava agitado. Sem habilidade, o amigo afastou o olhar, mas teve coragem de deslizar a mão pela mesa até pousá-la sobre a perna do ex-seminarista. Gil sentiu o calor do toque, ergueu as sobrancelhas por cima dos óculos e quis entender o que estava acontecendo:

– Por que você está fazendo isso?

– Não sei explicar – murmurou Marcos, com os olhos fixos nos livros à sua frente.

Depois de um silêncio, ele respirou fundo e continuou:

– Eu não sei me expressar como você, nem sei a hora certa de falar.

– Faça um esforço. Me diga o que você quer! – insistiu Gil, mantendo a voz baixa.

– Às vezes fico pensando como seria se não houvesse essas regras, essas grades. Tremembé é uma senhora muito perversa.

– Você sabia que no regime semiaberto todos os presos ficam no mesmo ambiente? Me disseram que eles até namoram, dormem juntos no beliche. Já pensou quando formos para lá? – vislumbrou o ex-seminarista.

Num ato instintivo, Marcos tentou beijar Gil. Assustado, o ex-seminarista virou o rosto rapidamente, com firmeza, mas sem agressividade. Havia outros presos e policiais penais na capela.

– Tá louco? Não pode, Marcos. É proibido demonstração de carinho aqui, você sabe disso.

"Damião" recuou, cabisbaixo. Num gesto de reciprocidade, Gil pousou a mão discretamente sobre a dele, ainda apoiada em sua perna.

Estava na cara que o desejo entre eles era mútuo, latente, quase insuportável em certos momentos. A dupla tornou-se um dos assuntos mais comentados de Tremembé. As fofoqueiras da secretaria não falavam em outra coisa. Cosme e Damião tinham vontade de se abraçar ali mesmo, de se beijar, sem pudor. Mas no regime fechado isso era impossível. Na dura rotina da penitenciária, mesmo no Café Literário, tudo era marcado pela vigilância constante de policiais penais, tanto nas áreas comuns quanto nas celas. Qualquer contato físico de natureza íntima entre presos estava terminantemente proibido. Se flagrados trocando carícias – um simples beijo no rosto, por exemplo –, poderiam ser lançados à solitária por até trinta dias, além de perder benefícios já conquistados, atrasar a progressão de regime e comprometer a chance de obter liberdade mais cedo. O único lugar em que um beijo poderia acontecer no regime fechado, ainda que disfarçadamente, seria na mesma cela – algo quase impossível, já que a administração fazia questão de separar casais ou duplas suspeitas de manter um relacionamento. Restava, assim, apenas a tensão muda, disfarçada em olhares e toques furtivos, à espera de um momento que talvez nunca chegasse – ou a tão sonhada progressão de regime.

Inseparáveis, Cosme e Damião passaram a dividir a mesma advogada, Thaís Merino Barros, que também cuidava da execução penal de Márcio. Em meados de 2021, ela protocolou na Justiça um pedido para que os três migrassem para o regime semiaberto, no qual teriam direito a cinco saídas temporárias por ano. Além disso, como previsto por Gil, eles se mudariam para outro prédio do complexo, onde os presos já não ficam em celas individuais, mas em um alojamento coletivo com beliches, como num albergue.

Na primavera de 2021, sofreram um baque emocional. Em 19 de novembro, uma sexta-feira, todos os presos de Tremembé estavam trancados nas celas para o almoço, quando um policial penal se aproximou de Gil para avisá-lo de que ele havia finalmente progredido de regime. Ele precisava passar na secretaria para assinar a papelada e logo depois seguir para o outro prédio, onde todo mundo ficava junto. No entanto, os detentos do semiaberto não tinham nenhum contato com os do fechado. Não havia espaços comuns. Uma muralha separava as duas alas, e até os funcionários e policiais eram outros.

Para os presos, migrar para um regime mais brando era motivo de comemoração. Significava a chance de saidinhas em datas festivas, passar o Natal e o Ano-Novo em casa com a família e dar um passo importante rumo ao regime aberto, em que eles cumprem o restante da pena em liberdade. Em Gil, porém, bateu uma mistura de apreensão e insegurança. Sua cela foi aberta, e ele, algemado pela frente. Todas as suas coisas cabiam em duas sacolas plásticas de supermercado. No meio do procedimento, tenso, pediu permissão para falar com Marcos, mas o policial penal, como era de esperar, negou. Esse tipo de regalia era terminantemente proibido na penitenciária. Atarantado, Gil ainda perguntou como ficaria o Café Literário no regime fechado. O agente deu de ombros. Levado ao albergue, Cosme foi instalado em uma cama, sem conseguir se despedir de Damião. Na época, o galpão abrigava 188 presos, que dormiam em beliches distribuídos em espaços que eles mesmos chamavam de "becos".

Quando as celas do regime fechado se abriram após o almoço da segunda-feira seguinte, como de costume, Marcos saiu apressado em busca do seu par. Levou um susto quando não o viu na capela. Vasculhou o corredor, as laterais, até o banheiro, cada canto onde Gil pudesse estar. Não o encontrou em lugar nenhum. Perambulou pelas galerias, como se ainda pudesse achá-lo, inquieto, com uma ansiedade que lhe embrulhava o estômago. Parou um policial penal na entrada do Pavilhão 1 e perguntou, temendo a resposta, se sabia onde Gil estava. No fundo, receava que o amigo tivesse sido punido e jogado na solitária por causa de algum afeto mais explícito entre os dois. O servidor, então, contou que ele havia migrado para o semiaberto e que já estava instalado no galpão. Na mesma hora, Marcos sentiu um aperto no peito, as pernas fraquejaram e uma angústia devastadora tomou conta dele. Sentou-se numa mureta do "terrão", sozinho, e desabou num choro convulsivo, como quem acabara de perder alguém da família. A cena era de cortar o coração. Vários amigos foram até lá tentar contê-lo, mas Damião parecia inconsolável. Não conseguia nem contar o motivo do seu pranto. Os mais venenosos comentaram baixinho que o "machão" estava derramando lágrimas pelo "veadinho letrado" do outro pavilhão. Quando Márcio ouviu esse comentário jocoso, abraçou o irmão, dando uma demonstração explícita de amor incondicional, capaz de transpor qualquer preconceito.

Marcos permaneceu triste por meses. Nada mais fazia sentido. Passava os dias trancado na cela, sem sequer se levantar da cama, mergulhado numa depressão profunda. O irmão bem que tentava animá-lo, mas era inútil. Curioso é que Marcos nunca dizia em voz alta que sentia falta de Gil, mas isso transparecia em cada gesto, a cada olhar perdido, a cada suspiro pesado. Sem o ex-seminarista, o Café Literário seguiu sustentado por outros presos, mas faltavam a alma e o brilho que seu criador lhe imprimia. Marcos foi o primeiro a abandonar a atividade cultural. Largou os livros e os recitais de poesia. Com o tempo, voltou a jogar bola com o pessoal do "terrão". Distante de Cosme, Damião foi se embrutecendo novamente, devagar, como se o homem sensível que Gil despertara nele nunca tivesse existido.

Violência desmedida

De volta ao "modo raiz", ficava mais fácil entender o que levou Marcos a Tremembé. Em 2008, aos 28 anos, ele era guarda-civil metropolitano (GCM) em Jaguariúna. Ganhava cerca de 3 mil reais por mês, tinha casa própria e levava uma vida estável. Na noite de 9 de julho, saiu da cidade dirigindo seu Fiat Stilo prata, acompanhado do irmão mais novo, Márcio, e de duas jovens, Carla e Joana, no banco traseiro. O destino era Amparo, município vizinho, a pouco mais de 25 quilômetros. Por volta de uma hora da manhã, Marcos estacionou o carro em frente à Praça Monsenhor João Baptista Lisboa, no Centro, e todos seguiram a pé até a choperia Matriz, para beber e ouvir música.

Por volta das 3h, quando já estavam bêbados, uma discussão banal entre Márcio e dois jovens clientes do bar, Samuel da Silva Bonifácio, de 19 anos, e Waslan da Silva, de 21, evoluiu para empurrões e xingamentos. Funcionários intervieram e expulsaram os três para a calçada. Do lado de fora, a briga continuou, com Márcio desferindo socos e pontapés nas vítimas, enquanto Marcos, por sua vez, permanecia por perto, armado. Em um momento de fúria, o guarda municipal sacou da cintura sua pistola Taurus calibre .380, arma particular que carregava. O irmão implorou-lhe que não atirasse. "Não é para tanto", gritou. Possuído por um impulso cego, Marcos não obedeceu. Mirou e atirou impiedosamente nos jovens. Segundo a perícia, os disparos foram feitos em duas sequências distintas, atingindo Samuel e Waslan em órgãos vitais. Ambos tombaram gravemente feridos, foram socorridos por populares e levados à Santa Casa Anna Cintra, mas não resistiram. Samuel comemorava naquela noite a aprovação no vestibular.

Covardes, Marcos e Márcio fugiram de carro, levando as amigas e deixando para trás os corpos agonizando no asfalto. Inicialmente chamado a depor como testemunha, Marcos negou qualquer envolvimento e chegou a alegar que estava em casa naquela noite, arrolando a esposa e colegas da Guarda Municipal como álibis falsos. As provas e os testemunhos desmontaram a farsa. As duas amigas confirmaram em juízo que os irmãos agiram juntos, um incentivando o outro durante toda a confusão. Acabaram presos.

O caso foi a julgamento em 2015, no Tribunal do Júri de Amparo. Tentaram sustentar a tese esdrúxula de legítima defesa e ausência de intenção homicida – sem sucesso. O promotor de acusação, Rafael Amâncio Briozo, demonstrou aos jurados que os homicídios foram praticados por motivo fútil e mediante recurso que dificultou a defesa das vítimas. Para o Ministério Público, Marcos, além de portar e usar arma de fogo, agiu com frieza e violência desmedida, valendo-se de sua condição de agente público para executar os tiros com precisão.

Marcos e Márcio foram condenados por dois homicídios duplamente qualificados cada um, com penas fixadas em 32 anos de reclusão em regime fechado. Na sentença, o juiz Fernando Leonardi Campanella ressaltou a conduta reprovável de Marcos ao recorrer à força letal em um contexto banal e também por não ter prestado socorro às vítimas, fugindo do local. Imediatamente após a condenação, os dois foram transferidos para o chamado paraíso de Tremembé, o único lugar onde, protegidos dos presos comuns, poderiam escapar de uma execução nos primeiros dias.

Como era de esperar, Gil se adaptou rapidamente à nova rotina no regime semiaberto. Cosme e Damião passaram a se corresponder com frequência, trocando cartas em que um narrava ao outro os acontecimentos do dia a dia. Marcos contou que o Café Literário foi perdendo força aos poucos no regime fechado, sem o carisma e a disciplina do seu criador. Gil, por sua vez, dizia estar reerguendo o projeto com uma nova roupagem no semiaberto, em que a convivência era mais livre, com presos de todos os tipos dividindo o mesmo ambiente e maior adesão às atividades culturais. As cartas dele transbordavam entusiasmo ao descrever como as rodas de leitura ficavam lotadas. Houve até um evento especial com a presença de autoridades, como a juíza da execução penal, delegados do Vale do Paraíba, vereadores do município de Tremembé, promotores e funcionários do sistema prisional. Gil dizia que se sentia reconhecido. A imprensa já havia noticiado o impacto do Café Literário na ressocialização dos presos, e a iniciativa em breve seria destaque nas páginas da revista *piauí*, a mais importante do país. A reportagem contaria como a literatura vinha mudando a rotina do cárcere. "Não vejo a hora de chegar aí para tocarmos esse projeto juntos", disse Marcos em outra missiva. Gil também deu detalhes de sua primeira saidinha, em 23 de dezembro de 2021. Ele passou o Natal e o Ano-Novo com a mãe e o irmão, totalizando quinze dias fora da penitenciária. "Tinha me esquecido como a cidade fica bonita com as luzes de Natal", escreveu. Também observou ao amigo como o mundo lá fora havia mudado em poucos anos, principalmente em termos de tecnologia.

Oito meses depois, em 8 de agosto de 2022, Marcos finalmente chegou ao regime semiaberto. Ele tinha 41 anos e Gil estava com 39. O reencontro foi caloroso, com um abraço longo e apertado, além de risos emocionados. Passaram o dia inteiro juntos, caminhando pelo pomar, sentados nos bancos, atualizando as conversas e matando a saudade que as cartas já não conseguiam aplacar. Marcos, no entanto, chamou atenção pela aparência envelhecida. Já era um homem grisalho e havia perdido parte do físico musculoso que ostentava no regime fechado. Ali, sem grades nem paredes para separá-los e sem horários tão rígidos, Cosme e Damião passaram a conviver praticamente em tempo integral. Só se afastavam durante as jornadas de trabalho. Marcos conseguiu um novo posto, reformando móveis na unidade da Funap do semiaberto, enquanto Gil conquistou novamente um posto na biblioteca da unidade, bem mais modesta que a do regime fechado. Naquele ambiente menos vigiado, onde os olhares já não eram tão hostis, eles retomaram os afetos com delicadeza, um passo de cada vez. Nos primeiros dias, eram vistos sentados juntos na arquibancada do campo de futebol, geralmente com Marcos deitando a cabeça no colo do amigo, que lhe afagava os cabelos em silêncio. Às vezes, invertiam: Gil se deitava e o ex-guarda municipal deslizava a ponta dos dedos pelo rosto dele com doçura. Logo ficou evidente para os policiais penais e para os outros presos do semiaberto que os dois não eram apenas amigos. Ali, à vista de todos, tornaram-se um casal, sem precisar disfarçar.

O primeiro beijo entre Cosme e Damião aconteceu sob a mais absoluta privacidade. Uma das regras mais rígidas nas penitenciárias refere-se ao respeito à intimidade alheia. No regime semiaberto de Tremembé, os beliches eram ocultos por uma cortina conhecida pelos presos como come-quieto. Quando esse pano estava fechado, ninguém, sob qualquer pretexto, podia abri-lo para ver o que se passava ali dentro. Certa noite, Marcos esperou as luzes do galpão se apagarem e, na ponta dos pés, foi até a cama de Gil. Deitaram-se juntos, lado a lado, e puxaram a cortina para se proteger dos olhares. Ali, na penumbra daquele refúgio, trocaram o primeiro beijo e se entregaram um ao outro. No dia seguinte, os dois, que já andavam grudados feito unha e cutícula, passaram a se comportar sem reservas como um casal. Desde aquela noite de amor, Gil passou a chamar Marcos pelo apelido carinhoso de Preto.

A aliança entre o casal se fortaleceu ainda mais quando os dois foram aprovados no vestibular para o curso de Arquitetura e Urbanismo na Faculdade Anhanguera de Tremembé, em 2023, a mesma em que Suzane von Richthofen cursava Farmácia. Para frequentar as aulas, Cosme e Damião passaram a usar tornozeleiras eletrônicas. No início, Gil achava o dispositivo humilhante. Com o tempo, porém, passou a enxergá-lo como uma espécie de aliança que os unia ainda mais. De segunda a sexta, sempre no finalzinho da tarde, deixavam a penitenciária, pegavam o ônibus e seguiam até a faculdade. Na sala de aula, sentavam-se lado a lado, inseparáveis. Não se entrosaram com os demais alunos e não buscaram fazer amizade fora dali. Conversavam apenas entre si, reafirmando discretamente que eram, acima de tudo, um casal.

Na penitenciária e na faculdade, à medida que a relação se aprofundava, Gil passou a sentir um ciúme crescente de Marcos, que chamava a atenção de outros presos gays do semiaberto. O ex-guarda-civil, ainda carismático, apesar do jeito fechado, era constantemente alvo de olhares e insinuações, o que deixava o ex-seminarista extremamente incomodado. Nos corredores da Anhanguera, Marcos era xavecado por mulheres. As discussões entre eles por causa dessas cismas se tornaram cada vez mais frequentes e calorosas, a ponto de passarem o dia inteiro sem se falar. Em algumas ocasiões, a tensão tomava tal proporção que o casal precisava ser repreendido por policiais penais para que contivesse os ânimos. Ainda assim, por mais que brigassem, Cosme e Damião sempre acabavam se reconciliando à noite, no silêncio cúmplice do "come-quieto".

Para conceder as saídas temporárias, uma das condições exigidas pela Justiça era que o preso informasse antecipadamente o endereço onde passaria os sete dias fora. Gil alugou uma casa em Taubaté para ficar mais próximo da penitenciária. Já a família de Marcos continuava em Jaguariúna, a 230 quilômetros de Tremembé. Na hora de indicar o endereço, ele pôs o de Gil. Em Taubaté, Cosme e Damião passavam juntos os primeiros dias da liberdade provisória. Na cidade, frequentavam museus, restaurantes, livrarias e lojas de música, sempre lado a lado, agindo como um casal. O romance dos presidiários tornou-se público em reportagem publicada pelo jornal *O Globo,* em 27 de junho de 2024.

No semiaberto, Marcos enfrentou um problema de saúde delicado. Em 2023, ele foi diagnosticado com uma fístula perianal de 3,7 centímetros que lhe causava dores tão intensas que ele já não conseguia caminhar direito nem se sentar. Pediu à Justiça autorização para realizar a cirurgia no Hospital Ubarana, de Taubaté. Depois do procedimento, queria ficar em casa sob os cuidados da ex-esposa, alegando que a penitenciária não oferecia condições adequadas para a recuperação. A operação foi autorizada e realizada no dia 26 de outubro, mas o pedido para se recuperar fora da cadeia foi negado. Assim que teve alta médica, Damião voltou para o galpão e passou semanas deitado no beliche, sendo cuidado dia e noite por Cosme, que fez o papel de enfermeiro e acompanhante. Meses depois, já no início de março de 2024, quando retornava da saidinha, Marcos teve outro contratempo: foi levado ao "pote", como era chamada a solitária usada para punir faltas graves. Policiais penais o acusaram de ter desviado roupas de grife do estoque da Funap para revender entre os presos. Ele ficou na iminência de perder os benefícios do semiaberto e até de voltar ao regime fechado, o que deixou Gil aflito diante da possibilidade de separação. Depois de algumas semanas de investigação, no entanto, Marcos conseguiu provar que não tinha participação no esquema e foi inocentado, mantendo assim sua situação regular no semiaberto.

Em 2023, depois de quase vinte anos na prisão, Gil começou a pleitear o regime aberto, para passar a cumprir o restante da pena de 33 anos em liberdade. Pela Lei de Execução Penal, ele já teria o direito a essa nova etapa. No entanto, encontrou um grande obstáculo para sair da prisão definitivamente. Antes da Justiça analisar o pedido, foi exigido que ele se submetesse ao teste de Rorschach, o exame projetivo aplicado por psicólogos forenses que arranca do criminoso sentimentos, emoções e até confissões que ele não deseja trazer à luz. Em Tremembé, o teste é aplicado em assassinos que mataram membros da própria família com requintes de crueldade.

No caso de Gil, além da brutalidade com que o pai e a madrasta foram assassinados, pesava contra ele o fato de nunca ter admitido a autoria das mortes. E uma das condições para o preso migrar para o regime aberto é justamente contar no exame criminológico como lida com o delito que cometeu. Como ele insistia em dizer que era inocente, a não confissão acabou se tornando um empecilho para que deixasse a cadeia – por isso, a Justiça determinou o teste de Rorschach. Gil ficou com medo do exame e recorreu à segunda instância, e até ao Superior Tribunal de Justiça (STJ), para tentar escapar dessa obrigação. Em vão.

Em 23 de maio de 2024, ele recebeu em Tremembé a psicóloga Mônica Evelyn Thiago. A contragosto, teve de encarar as dez pranchas com imagens abstratas que compõem o exame. O resultado foi altamente desfavorável. O laudo apontou que o ex-seminarista apresentava um quadro psicológico marcado por imaturidade afetiva, impulsividade latente, egocentrismo e dificuldade de adaptação social. Segundo a perita, essas características comprometiam sua capacidade de convivência harmônica em liberdade. De acordo com o laudo, o teste revelou que o ex-seminarista possuía conflitos afetivo-emocionais importantes, que se manifestavam de forma mais acentuada em situações de ansiedade e estresse, provocando oscilações de humor, mudanças intempestivas de comportamento e baixa tolerância à frustração. Essas características o levavam a priorizar sempre seu próprio ponto de vista, demonstrando resistência a mudanças e autoritarismo de traço infantil.

A análise também identificou a presença de fantasias imaturas, que não apenas reforçaram sua desadaptação nos relacionamentos interpessoais, mas também poderiam desencadear reações impulsivas e agressivas quando as defesas emocionais falham. A psicóloga ainda destacou que Gil mantinha sentimentos recorrentes de impotência e inadequação que, somados ao desinteresse pelo ambiente externo, fragilizavam sua autonomia emocional. A conclusão do laudo reforça que o ex-seminarista, embora demonstre autonomia aparente, ainda depende de mecanismos psicológicos imaturos e egocêntricos para lidar com a realidade, mantendo impulsos básicos pouco controlados e comprometendo sua reintegração social. Apesar do laudo negativo, a Justiça concedeu liberdade a Gil Rugai em 14 de agosto de 2024.

Em liberdade, o romance de Cosme e Damião sucumbiu por causa da distância. Em julho de 2025, Marcos permanecia no regime semiaberto em Tremembé, enquanto Gil já havia deixado Taubaté e se instalado em São Paulo, onde morava com a mãe no bairro da Liberdade. Com a mudança, Marcos passou a indicar como endereço para as saídas temporárias a casa da ex-esposa, em Jaguariúna.

Fora da prisão, Gil encontrou um novo amor a partir de uma semente plantada ainda nos dias de Tremembé. Tudo começou em um Café Literário especial promovido por ele no pátio de visitas da penitenciária. Entre livros e versos, o ex-seminarista notou na plateia um rapaz que não conhecia, Joel, irmão mais novo de Noel Felipe de Medeiros, seu colega de galpão no semiaberto. Os dois trocaram olhares discretos e prolongados, como se cada um pressentisse que algo poderia nascer dali. No final do evento, foram apresentados. No entanto, comprometido com Marcos, Gil se conteve.

Damião percebeu algo entre Cosme e o visitante e passou a implicar com Noel dentro da penitenciária. Ora reclamava que ele era muito espalhafatoso, ora dizia que era preciso evitá-lo, tamanha a monstruosidade do crime pelo qual havia sido condenado. O rapaz, no entanto, carregava nas costas um delito tão estarrecedor quanto o de tantos outros internos de Tremembé.

Noel cumpria pena de vinte anos por ter participado de uma atrocidade que assustou o município de Paraibuna em julho de 2018: o assassinato brutal da cozinheira Leila dos Santos, de 40 anos. Desde que havia perdido o emprego, ela passara a morar na rua. Estava grávida de oito meses quando Noel e três cúmplices, Nicolas Diniz Lopes Caetano, Maria Terezinha Generoso Rodrigues Vieira e Mara Rubian Barbosa, bolaram um plano macabro. O quarteto planejou matar Leila para roubar seu bebê e registrá-lo como filho legítimo do casal Nicolas e Maria Terezinha. Durante dois meses, mantiveram a vítima sob vigilância, fornecendo drogas para que ela permanecesse por perto. No dia do crime, doparam Leila, colocaram-na no carro de Noel e a levaram para um local ermo, onde Nicolas a matou com um golpe de faca no pescoço. Em seguida, cortou a barriga da vítima para extrair a criança. Ato contínuo, incendiaram o corpo e o jogaram em uma vala.

Após o crime, Noel e os cúmplices foram a São José dos Campos com o bebê recém-nascido no colo. Em um cartório, tentaram registrá-lo como filho de Maria Terezinha, alegando falsamente que ela havia dado à luz. Mas a atendente exigiu a Declaração de Nascido Vivo (DNV), documento entregue pela maternidade em que a criança nasceu, assinado pelo médico. A golpista disse que havia dado à luz em casa, sem pré-natal. O cartório, então, avisou que só faria o registro se a mãe fosse encaminhada a um hospital para comprovar o parto. Com tanta exigência, os criminosos mudaram de ideia. Seguiram com a criança para o Rio de Janeiro, onde foram localizados e presos. Noel recebeu condenação por homicídio qualificado, ocultação de cadáver e falsidade ideológica.

Gil Rugai não se importava com os crimes dos outros. Afinal, vivia como se nunca tivesse cometido um crime. Caminhava livre pelas ruas do bairro da Liberdade, no Centro de São Paulo, com a mesma serenidade que exibia nos corredores de Tremembé, como se nada do que acontecera lá dentro fosse suficiente para marcá-lo por fora. O namoro com Marcos ficou definitivamente no passado, um capítulo encerrado sem alarde nem despedida. Fora da prisão, já em liberdade condicional, Marcos voltou a se relacionar apenas com mulheres, evidenciando que a sexualidade humana não é fixa, estática ou totalmente previsível, mas pode se moldar às experiências, ao contexto, às carências e às conexões que surgem em situações adversas.

Em 2025, ao lado de Joel, Gil seguia em frente, sem olhar para trás, sem pedir desculpas, sem carregar remorsos. Nunca visitou o túmulo do pai, nem derramou uma lágrima pela morte de quem sempre jurou não ter matado.

Gil Rugai e Marcos iam juntos todos os dias para a faculdade. Na sala de aula, sentavam lado a lado. O amor do casal era uma das coisas mais delicadas em Tremembé. A tornozeleira eletrônica funcionava como uma aliança: unia os dois na pena e no afeto.

O publicitário Luiz Carlos Rugai e sua esposa, Alessandra de Fátima, a Lelê, foram executados no meio da noite com quase uma dezena de tiros.

Alessandra foi a primeira a ser morta. Tombou na porta da cozinha, mergulhada em uma poça de sangue.

Todas as suspeitas recaíram sobre Gil Rugai. Condenado a 33 anos de prisão, ele nunca admitiu ter matado o pai e a madrasta. Uma sequência de falhas no inquérito levanta dúvidas: será que ele é mesmo um assassino?

Luiz Carlos foi executado na sala, após tentar se esconder atrás de uma porta. Impiedoso, o assassino disparou cinco vezes.

A arma usada no crime, uma pistola calibre .380, foi encontrada no esgoto do prédio onde funcionava o escritório de Gil, reforçando as suspeitas contra ele.

Em Tremembé, Gil inaugurou o Café Literário, projeto de ressocialização e humanização muito elogiado por especialistas. Organizou rodas de leitura e dirigiu peças teatrais encenadas pelos próprios presos. Na foto, aparece ao lado do ex-prefeito Acir Filló, que cumpriu pena em Tremembé por corrupção.

Promovido ao regime aberto em 2024, Gil passou a cumprir o restante da pena em liberdade. Fora da cadeia, terminou o namoro com Marcos e iniciou um relacionamento com o irmão de outro preso que conheceu em Tremembé. Escolheu o bairro da Liberdade para recomeçar.

CAPÍTULO 7

OS REIS DA PENITENCIÁRIA

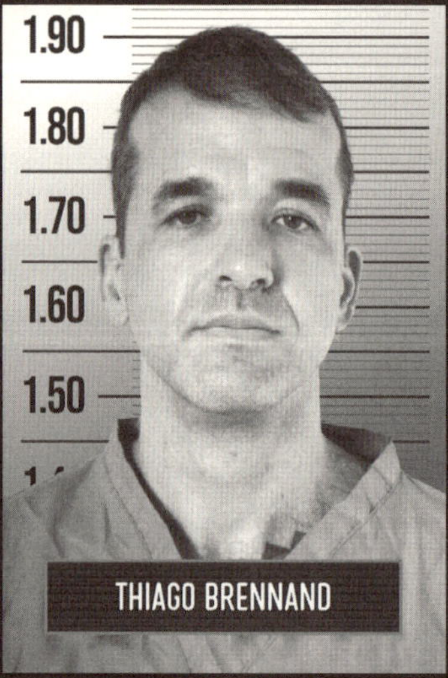

Deus, peço perdão pelo que eu fiz. Prometo que,
a partir de hoje, só farei sexo com a minha esposa.

Tremembé, 20 de março de 2024

Duas celebridades condenadas por estupro travaram uma disputa pelo protagonismo nas galerias do regime fechado da Penitenciária 2 – Dr. José Augusto César Salgado, conhecida como P2, de Tremembé. De um lado, a liderança era reivindicada pelo ex-jogador de fama internacional Robson de Souza, o Robinho. No lado oposto, um empresário egresso do noticiário policial com uma fortuna e um nome tão extensos quanto sua ficha criminal: Thiago Antonio Brennand Tavares da Silva Fernandes Vieira, conhecido como Thiago Brennand.

Robinho chegou primeiro a Tremembé. Ídolo do Santos, com passagens pela seleção brasileira e pelos clubes Atlético Mineiro, Real Madrid, Manchester City e Milan, o ex-atleta foi condenado a nove anos de prisão por participar do estupro coletivo da jovem albanesa Mersedes Kazazi, de 23 anos. O crime ocorreu em uma boate de Milão, na madrugada de 22 de janeiro de 2013, época em que Robinho jogava pelo Milan. O julgamento resultou em condenação por violência sexual em grupo, com sentença proferida pelo Tribunal de Milão em 23 de novembro de 2017 e confirmada em última instância pela Corte de Cassação quatro anos depois.

Quando a condenação se tornou definitiva, em 2022, Robinho estava em sua cobertura no litoral paulista. Como o Brasil não extradita seus cidadãos natos, o governo italiano recorreu ao Tratado Bilateral de Extradição e solicitou a transferência da execução da pena para o território brasileiro. O pedido foi analisado pelo Ministério da Justiça e homologado pelo Superior Tribunal de Justiça (STJ) em 20 de março de 2024. Robinho foi preso um dia depois e encaminhado ao regime fechado da P2, onde passou a ocupar a cela 59 do Pavilhão 1. Tinha 40 anos.

Três meses depois da chegada do ex-atleta, foi a vez do empresário Thiago Brennand desembarcar em Tremembé. Aos 44 anos, desceu de um "bonde", como é chamado o camburão que transporta presos de uma unidade a outra, em 26 de junho de 2024, egresso do Centro de Detenção Provisória (CDP I) de Pinheiros, onde já cumpria pena em regime fechado. Foi acomodado na cela 18 do Pavilhão 1. Na época, Brennand respondia por estupro, cárcere privado, tortura, lesão corporal, coação, divulgação de vídeos íntimos, entre outros crimes. Já acumulava três condenações por violência contra mulheres, que somavam quase trinta anos de prisão. As sentenças estavam relacionadas a dois delitos cometidos em sua mansão em Porto Feliz, interior de São Paulo – um contra uma norte-americana e outro contra uma massagista, além de uma agressão filmada na academia Bodytech do Shopping Iguatemi, em São Paulo. A condenação referente à massagista foi anulada meses depois por decisão do Tribunal de Justiça, que considerou não haver provas do estupro. Com isso, a pena passou para vinte anos, mas o empresário ainda tinha dezenas de processos aguardando julgamento.

A mudança de Brennand do CDP I para a P2 de Tremembé foi um alívio. O Centro de Detenção tinha capacidade para 521 presos, mas abrigava 1.016 homens na época em que o estuprador esteve por lá – quase o dobro do limite. Na primeira casa penal, o empresário conseguiu manter um hábito inusitado que cultivava em liberdade: costumava comprar mais de cem cuecas brancas por mês da grife Calvin Klein e usá-las uma única vez, tratando-as como descartáveis. Justificava a extravagância alegando que não era higiênico repetir roupas íntimas, especialmente quando ficavam marcadas por fezes. No CDP, usava uma cueca e a descartava no lixo antes do banho. As peças acabavam sendo reaproveitadas por outros presos. Rapidamente passou a ser bajulado pela massa carcerária, que disputava suas roupas íntimas e outras benesses.

Em Tremembé, Brennand tentou levar trinta cuecas para usar ao longo de um mês, mas a direção do presídio o enquadrou nas regras estabelecidas pela Secretaria da Administração Penitenciária (SAP), que determina que cada detento tenha apenas cinco peças íntimas. Ou seja, se entrar a sexta, uma precisa ser descartada. Caso o preso seja flagrado em sua cela com mais de cinco cuecas, contando a que está vestindo, poderá responder por falta disciplinar, com punições e prejuízos à progressão de regime. Como teria que reaproveitar as roupas de baixo, Brennand foi obrigado a lavá-las durante o banho e pendurá-las em cordas estendidas dentro da cela, algo que abominava. Sem disposição para tanto, passou a pagar um salário mínimo ao colega de alojamento para cuidar de seu vestuário.

Apesar de Brennand impor seu poder econômico, as regras da penitenciária não davam margem para luxos. Segundo o regimento interno das unidades prisionais do estado de São Paulo, estabelecido pela Resolução SAP nº 144, de 29 de junho de 2010, além das cinco cuecas, o enxoval deve ser modesto. Nada de marcas estampadas, cores vivas ou excessos: duas bermudas bege, duas calças simples sem bolso, duas blusas de frio sem capuz, dois pares de chinelos, dois de tênis de solado baixo. Tudo em tons neutros, sem zíper, sem forro, sem ostentação. Até mesmo lençol, toalha, fronha e cobertor seguem um padrão. O que excede essa quantidade é recusado na triagem ou, se for descoberto depois, gera punição. Para o empresário, acostumado a ter tudo em abundância, era como viver com o mínimo do mínimo, com quase nada.

Brennand levou para a prisão o mesmo personagem que sustentava em liberdade. Autoritário, narcisista e dono de uma lógica moldada à própria conveniência, tentou replicar em Tremembé os rituais da mansão em Porto Feliz. Passou a tratar os mais humildes como serviçais, especialmente os negros. Homofóbico, evitava qualquer aproximação com os gays. "Para um heterossexual raiz como eu, ficar rodeado de homens 24 horas por dia é a minha maior penitência", queixava-se enquanto caminhava pelo pátio.

Nas primeiras semanas, ele humilhava qualquer preso que lhe dirigisse a palavra – até mesmo os que tentavam lisonjeá-lo. Certa vez, um detento chamado Ronaldo Costa, de 42 anos, ambulante, preso por matar a esposa, puxou conversa com Brennand no pátio:

– Hoje em dia não dá para confiar em mulher, né, doutor? São todas mentirosas...

– Cala a boca, seu verme! Não se aproxime de mim, não me encare, não me dirija a palavra. Você é um merda! Estamos no mesmo ambiente, respirando o mesmo ar, mas não somos iguais, seu lixo!

– Mas, doutor... estamos no mesmo barco, vizinhos de cela, usando o mesmo uniforme... – insistiu.

Dentro e fora de Tremembé, Brennand era conhecido por emitir frases de impacto. Quando passou a ser acusado por suas vítimas, postou um vídeo nas redes sociais atacando diretamente as pessoas envolvidas em suas condenações. "As provas que tenho são cabais. Vocês mexeram com a pessoa errada [...] Vocês têm inveja de mim. São o excremento desta nação." Em outra postagem, defendeu pautas conservadoras: "Sou branco, heterossexual inegociável. Não tem essa de cisgênero. 'Cis' é o caralho. Armamentista, óbvio. Conservador, sempre. Pela família, pela propriedade privada, pela hierarquia, pela disciplina, pelo respeito ao próximo e pela hombridade". Em outro momento, foi provocativo: "Quem é Thiago Brennand? Hoje, sou um inimigo público, talvez um sociopata, talvez um estuprador. Será mesmo?".

Dos advogados que recebia no parlatório da penitenciária, o preso ilustre exigia pontualidade militar. Cronometrava o horário do atendimento e ficava irritado quando era interrompido enquanto falava. Na cela, organizava a própria vida como se estivesse em um gabinete executivo, montando cronogramas de atendimento e impondo suas regras pessoais aos colegas. Quando se deitava para descansar, por exemplo, ninguém podia dar um pio.

Brennand perpetuava arrogância na cadeia com desenvoltura. Gostava de corrigir erros de português de quem conversava com ele e construía, com segurança de orador, um currículo que não existia. Dizia já ter servido nas Forças Armadas da Rússia, ser campeão mundial de jiu-jítsu e instrutor de táticas especiais do GER, o grupo de elite da Polícia Civil de São Paulo. Os presos ficavam encantados com tantos predicados. Mas era tudo mentira. Nenhuma dessas informações consta em registros oficiais. Quando questionado sobre sua formação por um preso mais instruído ou por um policial penal, desconversava ou se atrapalhava, como quem se perde no próprio enredo. De todas as credenciais, só uma era verdadeira: o diploma de ensino médio.

Nos corredores, mantinha a pose de rei. Reclamava da comida, do ambiente, do barulho, do calor, do frio, da aparência dos presos, da falta de espaço para exercícios físicos. Ora exigia silêncio absoluto, ora se irritava com o eco opressivo da galeria. Achava o feijão malcozido, o arroz pastoso, o cobertor áspero, o travesseiro fino. Sentia-se cercado por ignorantes. Extremamente vaidoso, fazia questão de levantar a camiseta branca de presidiário para exibir o abdômen trincado diante dos advogados, dos presos ou dos funcionários. Falava com orgulho sobre o corpo musculoso e dos hábitos saudáveis que mantinha para preservar a forma física. Segundo relato dos detentos, o empresário adorava revelar o tamanho avantajado do seu pênis durante o banho, deixando-o ereto para quem quisesse ver.

No banho de sol, Brennand estava sempre com livros de viés filosófico nas mãos, como *A revolta de Atlas*, de Ayn Rand, que exalta o individualismo extremo, e *O príncipe*, de Maquiavel, manual clássico da astúcia e da dominação política. As publicações estavam escritas em inglês. Dizia aos demais presos que estava ali por engano, que o sexo praticado com as mulheres havia sido consensual, que os relatos eram mentirosos, que as ações na Justiça tinham motivação exclusivamente financeira. "Fui vítima de uma corja de vagabundas que me processaram para roubar o meu dinheiro. Tanto que todas essas putas estão entrando com ação pedindo indenização", dizia na cela, para quem estivesse disposto a ouvir. Ai de quem ousasse discordar.

Segundo uma funcionária do projeto de ressocialização de Tremembé, Brennand era amplamente rejeitado pela maioria dos presos, que o apelidaram de "Nutella", por distribuir o produto para pagar os detentos que compõem sua corte pessoal, especialmente os que trabalhavam para ele. "O Brennand mantém uma postura arrogante e enérgica, ignora cumprimentos das funcionárias quando se dirige ao parlatório e demonstra abertamente desprezo por mulheres, chegando a assustar profissionais com sua hostilidade. Nos corredores, impõe respeito pelo porte físico e pela altura, mas não esconde a aversão às regras sempre que possível. A maioria dos presos o vê como alguém deslocado no convívio coletivo, excessivamente vaidoso e isolado pelo próprio comportamento, reforçando a imagem de um homem que insiste em se portar como um rei mesmo em um ambiente onde isso apenas aumenta sua impopularidade", relatou ela.

O ego inflado de Brennand, porém, logo começou a ser ofuscado em Tremembé. Ele chegou à P2 pouco depois de Robinho e de Fernando Sastre Filho, o Bebê do Porsche – dois presos de alta visibilidade, conhecidos por serem ricos, mas que mantinham postura discreta e humilde na penitenciária. Robinho, por exemplo, tinha boa relação com funcionários e detentos, sobretudo por sua fama de atleta carismático. Brennand era apenas mais um homem endinheirado, mas sem nenhum prestígio. Isso o incomodava visivelmente. Não suportava a possibilidade de se tornar um anônimo na massa carcerária. Para tentar conquistar respeito e influência, passou a ajudar as famílias de alguns presos e oferecer favores, uma espécie de compra simbólica de reconhecimento.

Assim como Brennand, Robinho levou um choque quando chegou a Tremembé. Como todo preso novato, precisou cumprir doze dias na cela de inclusão antes de ter contato com o restante dos detentos. O primeiro impacto do ex-atleta foi ficar sem telefone celular, sem contato com a família e sem acreditar que estava sendo punido por algo que também jurava não ter feito. Nos primeiros dias, chorava feito uma criança. "Não tem fundamento. Minha condenação na Itália foi racismo. Se eu fosse branco, não estaria aqui", defendia-se, quando comentava sobre a sentença. A adaptação foi melhorando à medida que percebeu um fato: dez em cada dez presos de Tremembé eram seus fãs. Os policiais penais também o paparicavam. Pediam para comentar lances do futebol, conquistas, as famosas pedaladas, partidas das Copas do Mundo, os gols mais conhecidos. Também queriam saber dos bastidores dos grandes clubes pelos quais passou, histórias de vestiário, polêmicas com treinadores e colegas de time, curiosidades sobre outros jogadores da seleção brasileira e até detalhes sobre a vida de luxo que levava na Europa. Isso o ajudou a recuperar sua autoestima. Quando foi transferido para uma cela comum, já era o rei de Tremembé.

Junto aos fãs da penitenciária, Robinho passava horas e horas relembrando histórias com Neymar. Os dois cultivavam amizade desde os tempos do Santos, quando atuaram juntos em 2010 e conquistaram o Campeonato Paulista e a Copa do Brasil. Em 1º de fevereiro de 2025, em meio à euforia pelo retorno do camisa 10 à Vila Belmiro, o craque fez um gesto de afeto ao comentar uma publicação de Robson Junior, de 16 anos, filho de Robinho. O garoto postou um vídeo no Instagram com lembranças do pai ao lado do ídolo e celebrou sua volta ao clube. Neymar fez um comentário na postagem: "Bora moleque, teu pai cuidou de mim e eu cuidarei de você". "Se eles realmente fossem amigos como esse bosta diz, o Neymar já teria vindo visitá-lo aqui na cadeia. Cadê?", ridicularizava Brennand.

Tal como seu desafeto, Robinho não lavava cueca, não arrumava a cama, tampouco pegava em vassoura para faxinar a cela. Bastou chegar para virar líder do pavilhão. Presos se acotovelavam para servi-lo, disputando quem ia dobrar suas roupas ou esfregar o chão onde ele pisava. No pátio de visitas, o caos: crianças e adolescentes gritavam o nome do estuprador, como se estivessem na arquibancada de um estádio. A tietagem não rendia *selfies* porque celular era proibido, mas papel e caneta viraram instrumentos de devoção. Entre abril e junho de 2024, o número de visitantes dobrou na P2 por causa da presença do ex-atleta. "Fazia seis meses que meus dois filhos, de 14 e 16 anos, não viam o pai, que está preso há oito anos. Depois que o Robinho chegou, eles vêm todo fim de semana", contou Ana Célia Lemmos, de 46 anos, esposa de Daniel Cardoso Lemmos, de 47, ex-policial militar condenado por assassinar o vizinho a tiros durante uma briga por causa de um carro estacionado em frente à sua garagem.

Em Tremembé, os melhores amigos de Robinho eram dois presos notórios que dividiam com ele o pátio e os planos para o futuro. Um era o empresário João Gilberto Codognotto, conhecido como o Barão do Café. Milionários, os dois já se conheciam fora da prisão, pois moravam no mesmo condomínio no Guarujá. Na cadeia, mantinham conversas frequentes, demonstrando afinidade e confiança mútua mesmo num ambiente hostil como aquele. Codognotto fez fortuna no ramo do café e foi preso por envolvimento com o Primeiro Comando da Capital (PCC). Ele passava o dia falando sobre bebidas raras e caríssimas, explicando para Robinho quais eram os melhores grãos do mundo.

Os presos paravam para ouvi-lo explicando as lendas envolvendo o *kopi luwak*, considerado o café mais caro do mundo, feito com grãos expelidos pela civeta, pequeno mamífero asiático. Esse café chega a custar até 14.700 reais por quilo devido ao processo natural de fermentação no trato digestivo do animal, que confere um sabor específico e acidez peculiar. Codognotto também citava outros cafés renomados, como o *Hacienda La Esmeralda*, do Panamá, e o *Black Ivory*, da Tailândia, ambos igualmente caros e sofisticados. Como um gesto simbólico para marcar o recomeço fora das grades, marcou com Robinho de tomarem juntos uma xícara de *kopi luwak* em sua mansão no Guarujá assim que estivessem em liberdade.

Outro amigo do ex-jogador no xilindró era o ex-prefeito de Igarapava (SP), Sérgio Augusto Freitas, de 60 anos. O político foi condenado a 30 anos de prisão por ter mandado matar seu antecessor, Gilberto Soares dos Santos, o Giriri, então filiado ao PMDB. O crime ocorreu em outubro de 1998, quando Freitas estava no PPB. Mais tarde, ele também passou pelo PSDB.

Segundo o Ministério Público, o ex-prefeito agiu por vingança política. Giriri, que exercia o segundo mandato como prefeito da cidade, teria rompido acordos com aliados envolvendo divisão de propina, distribuição de cargos e a participação direta em decisões do governo. A vítima foi sequestrada em sua chácara por cinco homens armados, que prenderam sua família em um banheiro. O corpo foi encontrado no dia seguinte em uma estrada de terra, com sinais de espancamento e 11 tiros.

Freitas era vice-prefeito na época do assassinato e assumiu o cargo do falecido logo após o crime. Teve a cara de pau de decretar luto oficial pela morte que ele mesmo encomendou. Mas a casa começou a ruir rapidamente. Um dos envolvidos na execução declarou que Freitas participou das reuniões com matadores de aluguel, onde falava em "exterminar" o inimigo político para assumir o poder. No julgamento realizado em Franca, Freitas foi condenado por homicídio triplamente qualificado, sequestro e cárcere privado. No Tribunal do Júri, testemunhas, incluindo a filha da vítima e um dos executores, confirmaram que Freitas foi o mandante do crime.

Robinho também cultivou amizade com Walter Delgatti Neto, de 36 anos, o *hacker* de Araraquara. Sua fama nacional começou em 2019, quando extraiu uma série de mensagens dos perfis do aplicativo Telegram usados por integrantes da Operação Lava Jato, em Curitiba. Entre seus alvos estavam o procurador Deltan Dallagnol e o então juiz Sergio Moro, da 13ª Vara Federal da capital paranaense. As mensagens, reveladas pelo site *The Intercept Brasil*, expuseram ilegalidades e impropriedades cometidas no âmbito da operação, o que contribuiu para que o Supremo Tribunal Federal (STF) anulasse diversas sentenças, incluindo a que manteve o ex-presidente Luiz Inácio Lula da Silva (PT) preso por 580 dias numa cela especial da Polícia Federal em Curitiba.

Em 2022, sentindo-se abandonado pelo PT, Delgatti cedeu a flertes de cooptação lançados pela deputada Carla Zambelli (PL-SP) e pelo presidente do PL, Waldemar da Costa Neto. A partir dali, aproximou-se do entorno de Jair Bolsonaro (PL), então candidato à reeleição, e participou de ataques *hackers* às urnas eletrônicas e aos sistemas do Judiciário com o objetivo de desacreditá-los. Chegou a ser levado por Zambelli ao Palácio da Alvorada para uma reunião com Bolsonaro, onde discutiram detalhes técnicos das urnas. Depois disso, passou a cuidar das redes sociais da deputada e mergulhou no núcleo político bolsonarista. Segundo a defesa do hacker, Zambelli prometeu pagar-lhe um salário mensal, oferecer assistência médica para tratar de seus transtornos mentais e garantir um indulto presidencial, além de tê-lo remunerado em R$ 40 mil.

O episódio culminou com a inserção fraudulenta de um falso mandado de prisão contra o ministro Alexandre de Moraes, do STF, no sistema do Judiciário. Pela ação, Delgatti foi condenado a 8 anos e 3 meses de prisão por invasão de dispositivos informáticos do Conselho Nacional de Justiça e falsidade ideológica. Zambelli foi condenada com ele na mesma ação. Em depoimento à CPI dos Atos Golpistas, em 2023, Delgatti afirmou que Bolsonaro prometeu perdoá-lo caso fosse condenado, acusou o então presidente de grampear Moraes e de sugerir uma falsa invasão às urnas antes das eleições. Em 2024, foi condenado por calúnia por essas declarações.

Transferido para a penitenciária de Tremembé em 2025, o *hacker* reinventou a própria imagem. De herói da esquerda e justiceiro digital, passou a se apresentar como preso politizado, egocêntrico e meticuloso. Mas sua fama de mitômano logo se impôs: contava histórias fantasiosas para atrair atenção e interrogava todos ao redor – professores, servidores, policiais penais e colegas de cela – sobre suas posições políticas. Declarava-se conservador e rejeitava qualquer aproximação com presos de esquerda. Ainda assim, comentava que tinha simpatia por Dilma Rousseff e que Lula, como ele, havia sido perseguido por figuras do Judiciário.

Uma das maiores decepções que teve no cárcere foi saber que Alexandre de Moraes havia determinado o uso de tornozeleira eletrônica por Bolsonaro, em julho de 2025. Considerou o gesto humilhante, especialmente por já ter usado o dispositivo ao deixar a prisão sob medidas cautelares no contexto da Operação Spoofing, ação que investigou os vazamentos da Vaza Jato durante o governo Bolsonaro.

Delgatti cultivava obsessão com a própria imagem. A funcionários, perguntava com frequência como era retratado pela imprensa, pedia recortes de reportagens e acompanhava o noticiário por meio de terceiros. Mesmo encarcerado, tentava se manter relevante. Desenvolveu com Robinho um plano de negócios inusitado: abrir uma *bet*, como eram chamadas as plataformas virtuais de apostas esportivas, assim que saíssem da cadeia. Entre os presos, o projeto ganhou o nome de "Tremembet". O *hacker* via na ideia uma forma de reconstrução, unindo sua *expertise* tecnológica à fama do ex-jogador. A proposta era comentada por ele nos cursos profissionalizantes da unidade. Durante uma aula de almoxarifado, confessou à professora que o convite partira de Robinho, mas que tinha reservas por associar sua imagem à de um condenado por estupro. "Tenho uma reputação a zelar", dizia, esquecendo-se de sua própria ficha criminal.

Delgatti passou por um presídio pela primeira vez aos 19 anos, em Araraquara, acusado de sedução e tentativa de estupro pela namorada do irmão, uma menor de idade. Alegava que tudo fora armação de um delegado local. O caso foi arquivado após a vítima retirar a denúncia. Ainda aos 19, foi detido com medicamentos controlados sem receita. Em 2015, acumulava acusações por tráfico, estelionato e falsificação. Em seu apartamento, a polícia encontrou psicotrópicos, receitas médicas e uma falsa carteira de estudante de medicina da Universidade de São Paulo (USP). No mesmo ano, tentou entrar no Parque Beto Carrero World usando uma credencial de delegado. Também invadiu o celular da apresentadora Luciana Gimenez, por quem nutria uma paixão obsessiva, e copiou imagens íntimas da artista.

Natural de Araraquara, ganhou na adolescência o apelido de "Vermelho" por causa do cabelo ruivo e da pele clara. Após se tornar nacionalmente conhecido, deixou circular a versão de que o apelido era ligado a supostas inclinações comunistas, o que nunca correspondeu à realidade. Era extravagante e alcoólatra. Tinha uma biografia marcada pelo abandono e pela solidão. A mãe, que afirmava querer aproveitar a vida, deixou os filhos pequenos aos cuidados dos avós paternos. Delgatti acabou criado pela avó, que o favorecia em relação aos demais netos. O único parente com quem mantinha vínculo era o irmão caçula, dependente químico que vagava pela cracolândia feito um zumbi. Cursou até o terceiro ano de Direito em faculdades privadas e aprendeu informática por conta própria aos 11 anos, quando trabalhava como faz-tudo numa *lan house*, limpando *laptops* de clientes. Ali ele começou a descobrir senhas e invadir e-mails, dando início à carreira criminosa. Criou uma relação de afeto e confiança com seu advogado, Ariovaldo Moreira, a quem chamava de Ari e conhecia desde os tempos da *lan house*.

Brennand desdenhava tanto do *hacker* quanto do Barão do Café. Sua disputa de egos com Robinho começou na pelada semanal, realizada na área comum, onde os presos tomam banho de sol. O ex-atleta, naturalmente, era o capitão e o treinador do time. Para atrair o respeito dos jogadores, Brennand mandou seus advogados comprarem trinta pares de chuteiras brancas da Nike e distribuírem entre os detentos que jogavam futebol. Também providenciava artigos de luxo para consumo na cadeia, como doce de leite argentino, pasta de amendoim importada e dezenas e dezenas de potes de Nutella, artigos considerados proibidos.

Na batalha pelo trono, Robinho passou a treinar até os presos que haviam ganhado chuteiras do rival. Para não perder terreno, Brennand lançou mão de uma estratégia irresistível. Começou a pagar advogados para cuidar da execução penal de seus aliados, principalmente dos que usavam defensores públicos para movimentar os processos no Departamento de Execução Criminal (Decrim) de Taubaté. Para um preso, o trabalho do advogado é vital: se a progressão de pena não for pedida à Justiça, ela não ocorre automaticamente. Cabe também ao defensor requerer remição por trabalho, estudo ou leitura. Com esse "agrado", Brennand passou a ser tratado como "piloto" da P2, ofuscando o brilho de Robinho.

O duelo de vaidades entre os dois estupradores dentro de Tremembé foi notícia até no jornal *Folha de S.Paulo*, dando visibilidade à queda de braço dos presos famosos. Na edição de 29 de março de 2025, uma reportagem de Luciano Trindade e Rogério Pagnan detalhou a rivalidade entre eles. Segundo a apuração, Robinho e Brennand, além de disputarem a atenção da população carcerária, trocavam provocações frequentes sobre bens materiais, viagens internacionais e episódios de ostentação vividos fora da prisão. A tensão entre ambos ganhou contornos simbólicos e espirituais: Robinho, por exemplo, passou a frequentar cultos evangélicos dentro da unidade, e o pastor que ministra as reuniões só começou a comparecer ao presídio após a chegada do ex-jogador. A reportagem também destacou que, embora mantenha bom comportamento, Robinho não participa de atividades de laborterapia nem frequenta a biblioteca. Aliás, a falta de escolaridade e a origem humilde do atleta viraram motivo de chacota por parte de Brennand.

Para mostrar que era estudioso, o ex-jogador se matriculou no curso profissionalizante de Eletrônica Básica, Rádio e TV do Instituto Universal Brasileiro (IUB). Com carga horária de seiscentas horas e realizada na modalidade de ensino a distância (EAD), a formação ensinava desde fundamentos técnicos até práticas como a identificação de componentes eletrônicos, leitura de diagramas, montagem de circuitos e instalação de múltiplas antenas em um único mastro. O material incluía apostilas impressas, kit de ferramentas e videoaulas em DVD. Ao final, Robinho foi submetido a um questionário para avaliação e, em seguida, recebeu o diploma de conclusão. Quando soube do tipo de aulas que seu oponente fazia, Brennand soltou uma gargalhada debochada. "Esse aí vai longe", disse, no pátio. Com o diploma em mãos, o ex-jogador tentou usá-lo para obter benefícios no cálculo da pena, buscando uma remição de cinquenta dias. A Justiça, no entanto, não aceitou, por entender que o curso, feito por correspondência e sem acompanhamento adequado dentro da prisão, não cumpria os requisitos exigidos pela lei de execuções penais para redução da punição. Desde então, teria caído em depressão por causa dessa derrota.

Definitivamente, a penitenciária não vinha fazendo bem à cabeça de Robinho. Em julho de 2025, funcionários de Tremembé e colegas de pavilhão começaram a notar sinais de perturbação no comportamento do ex-jogador. À medida que o tempo passava, ele parecia cada vez mais desconectado da realidade. Era visto com frequência andando em círculos no pátio, ora falando, ora cantando louvores sozinho em voz alta com os braços erguidos para cima. Presos como o Barão do Café e o *hacker* de Araraquara tentaram se aproximar, perguntando se ele estava bem. Robinho respondia com um sorriso vago e se afastava, dizendo que precisava ficar sozinho porque estava em atendimento, sem explicar com quem. Nesses momentos, Delgatti chegou a tentar estimular o ex-craque a organizar bolões de resultados de jogos do Brasileirão – sem apostas a dinheiro, claro, mera diversão. Ele não se interessou. Logo voltava a conversar consigo mesmo, indiferente à presença alheia. Em outras ocasiões, era visto sentado na mureta do campo de futebol conversando com a esposa, embora ela não estivesse presente. No monólogo, suplicava repetidamente: “Me perdoa? Me perdoa? Nunca me abandone neste limbo!”. De longe, Brennand observava a cena e zombava do atleta em estado emocional deplorável. “Olha lá o maluquinho falando sozinho. Tá vendo? Tremembé é para os fortes”, dizia o empresário com desdém.

Robinho nasceu pobre, no município de São Vicente, litoral de São Paulo, em 25 de janeiro de 1984. Filho único de um encanador e uma faxineira, cresceu no bairro Parque Bitaru, jogando bola nas ruas de terra batida desde os 5 anos. A paixão pelo futebol era tão intensa que ele abria o berreiro quando precisava voltar para casa. A mãe, Marina da Silva Souza, insistia nos estudos, mas o desempenho escolar do filho era fraquíssimo. Raramente tirava notas azuis (acima de 5), esforçando-se apenas o suficiente para ser aprovado em recuperação. Ainda assim, ela fazia questão de mantê-lo matriculado, mesmo sabendo que o menino só pensava em bola. Conseguiu concluir o ensino fundamental a muito custo.

Além do futebol, Robinho brincava de empinar pipa e jogar bolinha de gude, mas era evidente que o campo improvisado na rua o atraía mais que qualquer coisa. Aos 15 anos, foi integrado às categorias de base do Santos. Em 1998, teve contato direto com Pelé, que chegou a treiná-lo por um período e previu que, se mantivesse a humildade e o foco, teria futuro no futebol profissional. Em 2002, a previsão se confirmou. Com 18 anos, Robinho liderou o Santos na conquista do Campeonato Brasileiro, o primeiro do clube desde a era Pelé. Driblador, veloz e carismático, foi apresentado como o sucessor natural do Rei do Futebol.

Também aos 15 anos, quando ainda era uma promessa no Santos, Robinho conheceu a futura esposa, Vivian Guglielmetti Juns de Souza, que tinha a mesma idade. Depois de dez anos de um relacionamento que atravessaria os altos e baixos da carreira dele no futebol profissional, os dois oficializaram a união, em julho de 2009, quando já tinham um filho e Vivian estava grávida do segundo – mais tarde, a família se completaria com um terceiro. Ao longo dos anos, ela se manteve discreta e afastada dos holofotes, ocupando o papel central no núcleo familiar e acompanhando o marido em diferentes fases da vida.

Em novembro de 2004, a família do atleta viveu um drama intenso. Marina, a mãe de Robinho, foi sequestrada durante um churrasco em Praia Grande, litoral de São Paulo, e mantida em cárcere privado por mais de 40 dias num sítio em Getulina, cidade a quase quinhentos quilômetros de Santos. Completou 44 anos, em 4 de dezembro, no cativeiro. Só foi libertada após o pagamento de R$ 200 mil de resgate, numa negociação conduzida exclusivamente pelo pai do jogador, Gilvan de Souza, que entregou o dinheiro no local combinado. Robinho ficou afastado dos jogos do Santos por não ter condições emocionais de atuar. Com a libertação, a polícia prendeu quatro sequestradores dentro de um supermercado de São Caetano do Sul, onde discutiam a divisão do dinheiro.

Recuperado da angústia do sequestro da mãe, em 2005 Robinho foi contratado pelo Real Madrid. Na Espanha, jogou ao lado de estrelas como Ronaldo, Zidane e Beckham, participou de 101 partidas, marcou 25 gols e levou dois títulos nacionais. Em 2008, transferiu-se para o Manchester City, clube então recém-adquirido por capital árabe. Estreou com brilho, mas não manteve regularidade. Após 14 gols em 41 jogos, foi emprestado ao Santos e reencontrou parte de seu futebol às vésperas da Copa do Mundo de 2010.

Mais tarde foi vendido ao Milan, onde ficou quatro anos, marcou 25 gols em 108 jogos e conquistou o título da Série A em 2011. Em seguida, passou pelos clubes Guangzhou Evergrande, na China, Atlético Mineiro, onde teve bom desempenho, Sivasspor e İstanbul Başakşehir, na Turquia.

Pela seleção brasileira, teve 100 convocações e marcou 28 gols. Disputou as Copas do Mundo de 2006 e 2010, foi campeão da Copa América de 2007 – artilheiro e melhor jogador do torneio – e das Copas das Confederações de 2005 e 2009. Ao longo da carreira, acumulou 542 jogos como profissional e 173 gols por clubes. Apesar das conquistas, o brilho de Robinho nos gramados foi progressivamente eclipsado por controvérsias fora de campo.

Em Tremembé, Brennand não perdia a oportunidade de desqualificar o atleta famoso. Dizia aos detentos que Robinho estava velho, que havia jogado sua carreira no lixo e que sua fortuna estava sendo drenada por advogados estrelados. Em tom de fofoca e ostentação, o empresário contava que sabia quanto custava uma defesa nos tribunais superiores, porque ele mesmo tinha processos tramitando em Brasília. "Vocês não fazem ideia de quanto custa um advogado para atuar no STJ", fuxicava, durante o banho de sol.

Na época da prisão, em março de 2024, Robinho tinha um patrimônio estimado em R$ 100 milhões. Calcula-se que cerca de 10% desse valor tenha sido consumido por despesas jurídicas no Brasil e na Itália. Seu principal bem era uma mansão no condomínio Jardim Acapulco, no Guarujá, avaliada em mais de R$ 30 milhões. A casa ficou conhecida por abrigar festas luxuosas e reuniões cercadas de extravagâncias.

Além da mansão, o ex-jogador era dono de 21 imóveis registrados em seu nome ou no nome da esposa e dos pais, dos quais é o único herdeiro. Os imóveis estão concentrados na Baixada Santista, região valorizada do litoral paulista. Também mantinha uma frota de oito veículos: uma Toyota Hilux, uma van Iveco Daily, um Audi A3, um Toyota Corolla, uma Chevrolet Montana, um Jeep Renegade, um VW CrossFox e um clássico Fusca 1300. Durante sua passagem por Milão, utilizava um Audi Q5. O conjunto de bens refletia o sucesso dentro de campo e a vida confortável que construiu fora dele.

Aparências, nada mais

Enquanto Robinho foi alçado da periferia à idolatria internacional pelo talento nos pés, Thiago Brennand veio ao mundo afogado em privilégios. Tinha tudo, menos a relevância que tanto almejava. Para ser visto, construiu uma *persona*. Nascido no Recife em 18 de abril de 1980, é filho dos empresários José Aécio Fernandes Vieira e Joana Tavares da Silva Fernandes Vieira. Até 2020, ele não utilizava oficialmente o sobrenome Brennand, que passou a adotar após solicitar a retificação de seu registro civil. A decisão tinha como objetivo vincular-se à linhagem materna, ligada a uma das famílias mais tradicionais e ricas de Pernambuco.

O sobrenome Brennand, de origem inglesa, tornou-se sinônimo de influência econômica e cultural no estado. Thiago é sobrinho-neto do industrial Ricardo Brennand, criador do Instituto Ricardo Brennand, e do artista plástico Francisco Brennand, idealizador da Oficina Francisco Brennand. Ambos consolidaram a imagem da família como símbolo de prestígio e patrimônio no Nordeste. A fortuna familiar, construída a partir das usinas de açúcar, da indústria de cimento e vidros e de investimentos diversificados na área imobiliária, é avaliada em bilhões de reais. A apropriação tardia do sobrenome nobre por Thiago é vista com repulsa por parte dos parentes, que o acusam de manchá-lo com fichas policiais. A linhagem original dos Brennand, em Pernambuco, repele o parentesco com Thiago.

Aos 27 anos, ele se casou com Andressa Góes Agra Marques, então com 24. O casal teve um único filho, Luiz Francisco Fernandes Vieira, nascido em 2006. Desde pequeno, o menino viveu sob a guarda exclusiva do pai, após uma longa disputa judicial. Em 2012, Andressa entrou com uma ação por alienação parental, alegando que o ex-marido a impedia de ver o filho, tomava decisões unilaterais, como batizá-lo sem avisá-la e viajar com ele sem autorização, e usava sua posição social para afastá-la. A Justiça, no entanto, manteve a guarda com Brennand.

Longe da mãe, Luiz desenvolveu uma convivência intensa com o pai, marcada pela presença constante em todos os compromissos sociais do empresário. Apareciam juntos em festas, baladas, vídeos praticando jiu-jítsu, tocando instrumentos musicais e fazendo trilhas no Brasil e no exterior. Tinham aparência semelhante – ambos altos, fortes e com traços marcantes. O garoto teve um relacionamento com uma mulher treze anos mais velha, que prestou depoimento relatando que o rapaz era repreendido pelo pai por ter trejeitos femininos e por comportamentos considerados inadequados para um "homem de verdade". Segundo ela, Brennand também exigia que o filho só viajasse se estivesse acompanhado de amigas dela. Luiz tinha 18 anos quando o pai foi preso. Desde então, o rapaz visita o empresário todos os finais de semana em Tremembé.

Segundo uma funcionária de Brennand, a relação dele com o filho era marcada por altos e baixos. Por trás da imagem do pai carismático e exigente, havia um histórico de controle, imposição e episódios de violência física e emocional. Dentro de casa, Brennand agia como um comandante: impunha regras rígidas, determinava horários, controlava as amizades do filho e moldava o comportamento dele a partir de sua própria visão distorcida de masculinidade. Chamava-o de "meu general" ou "meu sucessor", mas as demonstrações de afeto vinham acompanhadas de agressão verbal e, por vezes, de punição física. Em público, fazia questão de apresentar o filho como espelho e herdeiro. Na vida privada, Luiz vivia sob pressão constante.

Em 2020, aos 14 anos, Luiz procurou a mãe pelas redes sociais e pediu socorro. Fugiu de São Paulo em busca dela. Andressa o acolheu no Recife e o levou à Delegacia de Polícia de Crimes a Criança e Adolescente (DPCA), onde ele foi ouvido pelo delegado Geraldo Silva da Costa. No depoimento, contou que apanhava do pai desde os dois anos, quando passou a viver sob sua guarda exclusiva. Disse que, aos quatro, já era agredido com um cabo de carregador de iPhone que Brennand chamava de "dorzinha". Toda vez que cometia algum deslize, o pai anunciava: "Vou pegar a dorzinha". Com o fio enrolado, batia no corpo do menino.

Entre lágrimas, Luiz relatou que o ciclo de violência começou com cintos, passou para baquetas de bateria e, depois, para cabides de madeira. Uma dessas surras, disse ele, aconteceu em Fernando de Noronha, durante uma viagem. Após cometer alguma infração infantil, levou golpes com um pedaço de madeira, que chegou a se partir com as pancadas. "Uma vez ele me deu um choque com um equipamento, deixando o meu braço dormente", relatou. Segundo o adolescente, o pai dizia que aquilo era para "formar caráter".

Quando Luiz denunciou o pai na delegacia, eles moravam no hotel Staybridge, no Itaim-Bibi, em São Paulo. O estabelecimento cobra diárias de R$ 1.000. Brennand, segundo Andressa, não tinha residência fixa; dividia-se entre hotéis e passagens curtas por países como Rússia, Estados Unidos e Emirados Árabes. O garoto implorava para voltar a viver com a mãe. O delegado orientou Andressa a providenciar a autorização legal para que o filho pudesse viver em Recife. Pressionado pelo pai, Luiz voltou à delegacia depois, acompanhado de um advogado, para desmentir tudo que havia dito antes ao lado da mãe. "Não sei como pude contar tantas mentiras sobre o meu pai", relatou no novo boletim de ocorrência.

Aos olhos da sociedade, Brennand e Luiz formavam um par inseparável. No entanto, naquela relação havia medo, dor e uma dependência emocional sufocante. O empresário chegava ao cúmulo de envolver o próprio filho em seus crimes. Em um dos episódios mais estarrecedores, enquanto uma mulher era violentada no quarto, Luiz, ainda adolescente, estava na sala assistindo, num *tablet*, à gravação de uma cena de sexo entre o pai e outra vítima. O vídeo, registrado sem consentimento da mulher, fazia parte do acervo íntimo que Brennand mantinha com orgulho doentio. Quando a mulher saiu do quarto sangrando, após uma relação forçada, o menino a abordou friamente: "Você está apanhando porque não está obedecendo ao meu pai. Vou te dar uma dica: faça tudo que ele mandar, que você não vai levar nem um tapa".

Amigos de infância de Brennand contaram que ele sempre foi um homem violento e de moral questionável. "Ele dizia que estava escrito na Bíblia que a mulher estava no mundo para servir aos homens. Em todos os sentidos", relatou um colega de turma do ensino médio.

O empresário deixou o Recife ainda na juventude. A cidade era descrita por ele como um "povoado de gente feia e sem dinheiro". Declarava ter vivido em mais de cinquenta países, feito doutorado em Oxford e concluído diversas pós-graduações internacionais – nada disso, no entanto, foi comprovado. No Brasil, iniciou o curso de Direito na FAAP, mas não concluiu. Passou a ostentar uma vida de luxo entre São Paulo e Porto Feliz, em uma mansão no condomínio Fazenda Boa Vista.

Em 2007, Brennand recebeu por antecipação parte de sua herança, incluindo imóveis e recursos financeiros. Desde então, os conflitos com os pais se agravaram, especialmente em torno da divisão patrimonial. Em 19 de novembro de 2019, seu pai registrou um testamento no 8º Tabelionato de Notas do Recife, excluindo-o da sucessão. O documento anexava e-mails em que o filho expressava indignação e ameaçava retaliações. José Aécio, então com 81 anos, afirmava temer ser "encontrado morto por causas não naturais", sugerindo que poderia ser assassinado pelo filho, e incluía uma cláusula de reversão em que constava que "Brennand só herdaria caso não houvesse cometido agressão física ou psicológica contra a família".

A mãe também lavrou testamento em termos semelhantes, relatando agressão verbal e insultos constantes por parte do filho. Disse que era chamada por Brennand de "figura nojenta e abjeta" e "Goebbels da nossa família", em alusão a Joseph Goebbels, ministro da Propaganda da Alemanha nazista e um dos principais articuladores do antissemitismo e da máquina de manipulação ideológica do regime de Hitler. No mesmo documento, a matriarca, então com 71 anos, estipulou que qualquer outro herdeiro que contestasse judicialmente a exclusão de Brennand também perderia o direito à herança. Ambos os testamentos foram anexados a investigações criminais e marcam o rompimento entre o empresário e a família. Quando ele foi preso, parentes disseram sentir alívio.

Apesar das intrigas, os pais de Brennand tiraram carteirinhas de visitantes para vê-lo na penitenciária, numa demonstração de que as desavenças tinham ficado para trás. Aos 75 anos, dona Joana, a mãe, entrou com o pedido em 11 de maio de 2023. Quatro dias depois foi a vez do pai, José Aécio, então com 85 anos. Na época, Joana deixou claro aos advogados – que providenciaram a documentação – que só entraria em Tremembé se não fosse submetida a revistas humilhantes, como aquelas em que o visitante precisa tirar toda a roupa diante dos policiais penais e se agachar nu para inspeção íntima. Em Tremembé essa revista é feita por *scanner* corporal, sem necessidade de tirar a roupa.

José Aécio visitava o filho com mais frequência do que a mãe de Thiago. Com sobrepeso e dificuldades de locomoção, Joana era conduzida da portaria de Tremembé até o pátio de visitas numa cadeira de rodas. Os pais geralmente levavam ao filho matulas com comidas nobres, como camarão, lagosta, arroz de pato, queijos do tipo brie ou camembert, salmão defumado e fresco, nozes, amêndoas e castanhas, chocolate belga e suíço, presunto de Parma e *jamón* serrano – além de latas de Nutella, claro.

Entre os episódios mais cruéis atribuídos a Brennand está a perseguição ao primo Jason Vieira, cozinheiro, que incentivava vítimas de estupro a denunciá-lo. Jason, com câncer terminal no pulmão, recebeu do empresário um caixão e uma coroa de flores como provocação. Por engano, a entrega foi feita ao apartamento de um desembargador, causando confusão no condomínio. Em vídeos publicados nas redes sociais, Brennand zombava da aparência do primo, a quem chamava de "Cancinho". Dizia: "Meu rosto tá inchado de sono, mas o teu tá inchado por conta da metástase que tá vindo aí". No bilhete que acompanhava o caixão, escreveu: "Cancinho, descanse em paz, viu?". Em mensagens de WhatsApp, completou: "Já tá todo mundo sabendo da metástase. Que pena, né? Parece ferrugem corroendo o teu corpo". Jason morreu em 24 de março de 2023, antes da prisão do primo.

Colecionador de armas de fogo, Brennand costumava gravar vídeos nas redes sociais limpando ou ostentando sua coleção. Espalhava armas por diversos cômodos da mansão e fazia questão de mostrá-las a visitantes e funcionários. Seu acervo incluía carabinas táticas, espingardas calibre 12, pistolas Glock e Sig Sauer, submetralhadoras Uzi, fuzis, facões, bastões retráteis, *spray* de pimenta e granadas de gás lacrimogêneo. Em março de 2023, a Polícia Civil apreendeu 67 armas em um imóvel de Brennand após o Exército suspender seu registro de colecionador, atirador desportivo e caçador (CAC). Parte do armamento estava em nome de empresas; outras peças nem sequer tinham registro.

O delírio de superioridade alimentado por Brennand, tanto na vida em liberdade quanto dentro da prisão, pode ser compreendido à luz da filosofia que ele próprio dizia admirar. Alguns indivíduos, ao se perceberem mais inteligentes, cultos ou bem-nascidos, desenvolvem a convicção de que pertencem a uma elite naturalmente superior, imune às regras que regem o restante da sociedade. Essa visão, frequentemente alimentada por interpretações distorcidas das ideias de Friedrich Nietzsche sobre hierarquia de valores e o papel do "homem superior", conduz à crença de que existem pessoas excepcionais que, por sua genialidade ou força interior, estariam autorizadas a viver acima da moral comum. Nesse raciocínio enviesado, as leis não servem para limitar os fortes, mas apenas para conter os fracos.

O dinheiro, o prestígio e o refinamento cultural passam a ser vistos por esses sujeitos como evidências objetivas dessa pretensa superioridade. A pessoa convencida dessa lógica acredita que sua posição lhe permite desrespeitar normas, explorar os outros e ultrapassar limites sem culpa. Perde-se, assim, a noção de humanidade compartilhada. A empatia começa a ser substituída por desprezo silencioso e segue numa escalada. A legalidade torna-se um jogo manipulável, moldado aos próprios interesses. Essa forma de pensar corrói a ética pessoal e social, alimentando delírios de impunidade que afastam o indivíduo por completo da realidade.

Em maio de 2025, Brennand se envolveu numa treta. Começou a circular pela penitenciária uma fofoca sustentando que ele mantinha um telefone celular escondido na cela. Dois policiais penais fizeram uma revista no cubículo e encontraram apenas alimentos clandestinos. Enfurecido, o empresário saiu pelos corredores tentando descobrir quem havia espalhado o que classificava como uma mentira. Pressionando aqui, subornando ali, acabou descobrindo o nome por trás da "caguetagem", como os presos chamam esse tipo de denúncia: Michel Pierre, outro detento famoso em Tremembé.

Condenado a mais de setenta anos por lavagem de dinheiro, roubo e outros crimes, Michel ganhara notoriedade ao denunciar um esquema milionário operado pela Igreja Universal do Reino de Deus, no qual teria atuado por mais de uma década. Segundo a entrevista concedida ao Intercept Brasil dentro da penitenciária, ele entregava carros de luxo à igreja, que os revendia, e recebia parte dos valores de volta em espécie.

Afirmava ter sido usado como bode expiatório, enquanto a instituição saía ilesa do escândalo.

Dentro da P2, construiu prestígio como conselheiro jurídico informal. Ajudava detentos a recorrer de penas e entrar com ações contra o Estado. Também era conhecido por seu pequeno império clandestino: vendia xampu, sabonete, doces, chocolates e leite condensado. Para se vingar da denúncia, Brennand articulou com alguns presos – os mesmos que haviam ganhado chuteiras de presente – para que fizessem uma queixa contra Michel na administração. A denúncia funcionou: o comerciante foi descoberto e punido, perdendo todas as regalias.

A partir desse episódio, Michel passou a nutrir uma inimizade aberta contra Brennand. Não demorou para ele unir forças com Robinho. Os dois passaram a frequentar juntos os cultos na capela da penitenciária e, segundo relatos de outros presos, começaram a articular nos bastidores uma reação coordenada para isolar Brennand e minar sua influência. Estratégica, a aliança servia para equilibrar forças no jogo de vaidades, trocas e disputas que regiam a hierarquia em Tremembé.

Coube a Michel espalhar resenhas negativas sobre seu desafeto pelos corredores da penitenciária. Quando os presos pobres bajulavam Brennand por causa do poder econômico, o ex-fiel da Universal exibia um recorte de jornal com uma reportagem revelando que o empresário estava falido. De fato, apesar da herança milionária, o preso chamado de "Nutella" acumulava dívidas vultosas, incluindo um bloqueio judicial de R$ 2,1 milhões por não pagar aluguel e danificar um apartamento de luxo alugado em Alphaville, além de débitos com uma loja de móveis e decoração em Sorocaba que superavam o saldo disponível em suas contas. Enquanto circulava de Ferrari pelas ruas de São Paulo, hospedava-se em hotéis cinco estrelas e frequentava restaurantes caros, enfrentava problemas com cartões de crédito bloqueados por falta de pagamento.

Quando chegou à penitenciária, Brennand preencheu uma ficha na qual se declarou solteiro, ou seja, sem relacionamento estável. Um ano depois, porém, passou a receber visitas de mulheres, inclusive no espaço para encontros íntimos, onde os presos mantêm relações sexuais. Esse feito ajudou a oxigenar o poder do empresário dentro de Tremembé, inclusive junto à administração da P2. A primeira a conseguir autorização para visitá-lo foi a produtora de eventos Amélia Maria Tereza de Jesus, de 50 anos, conhecida pelo apelido de Memé. Ela apresentou à secretaria da prisão um documento fajuto declarando união estável com Brennand e, mesmo assim, obteve a carteirinha de visitante emitida pela SAP. Pelas regras do sistema prisional, presos só podem receber visitas íntimas de cônjuges ou companheiras formalmente reconhecidas, por isso a exigência de atestado de união estável ou certidão de casamento no ato do cadastro, além de atestado de antecedentes criminais negativo.

A SAP foi procurada para se manifestar sobre as visitas íntimas de Brennand e respondeu o seguinte: "A Secretaria da Administração Penitenciária esclarece que, ao ser incluído em uma unidade prisional, o reeducando é chamado para indicar quais familiares deseja receber em visitas, sendo o cadastro condicionado a essa indicação. Após isso, o parente encaminha a documentação necessária para análise, aprovação e confecção da carteirinha de visitante. São autorizados a visitar o preso: pai, mãe, filhos, irmãos, avós e esposa ou companheira com quem mantenha vínculo familiar. Não há qualquer irregularidade na imagem apresentada pela reportagem". A imagem apresentada, nesse caso, é a ficha do preso, reproduzida no final deste capítulo.

Antes de Memé, duas mulheres tentaram se cadastrar como companheiras do empresário condenado por estupro, conforme a ficha do preso. Uma delas foi a árabe Mina Yahia, que teria conhecido Brennand nos Emirados Árabes, quando ele estava foragido da polícia. A outra foi a advogada Raíssa Vescia Cerqueira Maia, que afirmou ter sido incluída no rol de visitas "por engano". "Eu fiz assessoria jurídica em alguns casos defendendo o Brennand criminalmente. Nunca tive nada com ele. Nunca. Só o encontrei no parlatório de Tremembé, onde sempre ficávamos separados por um vidro. Nem sei como meu nome foi parar na lista de visitas. Mas já providenciei a exclusão", declarou a advogada em julho de 2025.

Na verdade, no contexto dessa assessoria jurídica, foi a própria Raíssa quem providenciou a documentação para cadastrar Memé, possibilitando que ela ficasse apta a frequentar a sala de encontros íntimos. A revelação de que mulheres se enfileiravam para encontrar Brennand dentro de Tremembé foi feita pelo jornal *O Globo,* na edição do dia 16 de julho de 2025.

Na reportagem, o advogado de Brennand, Roberto Podval, um dos mais estrelados do país, manifestou-se sobre o escândalo que é seu cliente receber visitas de mulheres apesar de condenado por estupro. "Tudo que posso dizer é que responsabilizaremos todos pelo vazamento de informações sigilosas e ilegais. Essa exposição é ilegal e leviana. Uma matéria como essa apenas coloca Thiago Brennand em um enorme risco. Além disso, seria muito mais proveitoso usar toda a capacidade [de uma reportagem] para investigar a veracidade dos fatos pelos quais ele responde. Nem preciso mencionar que todas as acusações [de estupro] partem da mesma banca de advocacia, todas as ações pleiteiam o mesmo valor de R$ 1 milhão em indenização e todas as supostas vítimas tiveram contato pessoal e consentiram em sair com ele, muitas inclusive mantendo relações após as eventuais agressões, o que não faz nenhum sentido. Esse tipo de investigação jornalística poderia, de fato, ter o mérito de reparar o que me parece uma grande injustiça", escreveu o advogado. Então, tá.

Deus, cadê você?

Um dos maiores exemplos do poder de Robinho dentro de Tremembé foi a articulação feita por ele junto à administração para permitir a entrada de seu pastor particular na capela. Evangélico, o ex-jogador se apresentava como um "escolhido por Jesus" e tentava sustentar a imagem de alguém condenado injustamente. "Eu e Deus sabemos o que aconteceu dentro daquela boate", defendia-se, segurando uma Bíblia. A direção da penitenciária acatou o pedido do ex-atleta por causa dos episódios em que era flagrado falando sozinho no pátio e, principalmente, por causa de um episódio extremamente violento testemunhado pelo ex-jogador, que será narrado mais adiante.

Autores de crimes violentos costumam recorrer à religião nas prisões como forma de redenção simbólica, reinvenção da própria imagem e proteção dentro e fora do sistema. A conversão, especialmente à fé evangélica, fornece um discurso de transformação que suaviza a culpa e mitiga o julgamento alheio. Ao evocarem Deus e Cristo, esses detentos reconfiguram seus atos sob o verniz do arrependimento e do perdão, legitimando uma nova identidade e, por vezes, conquistando liderança moral entre os demais. Nem sempre, porém, essa adesão reflete uma mudança genuína. Muitas vezes, trata-se de uma estratégia de autopreservação e prestígio, embalada por uma retórica que reinterpreta o passado, sem repará-lo.

O primeiro laço de amizade estreitado por Robinho em Tremembé se deu com seu colega de pavilhão, Waldenberg Eugênio Souza, de 38 anos. Nos círculos religiosos da prisão, era terminantemente proibido perguntar o motivo da condenação de um "irmão". Partindo dessa premissa, o ex-jogador evitava qualquer menção a delitos. Mas havia um traço instável na personalidade de Waldenberg: ele costumava dormir com Deus no coração e acordar completamente ateu. Nos dias de descrença, era tomado por ideias suicidas. Nesses momentos, Robinho o amparava lendo passagens da Bíblia. No dia seguinte, Waldenberg voltava a acreditar no Ser Supremo e deixava de lado os pensamentos de morte. E assim seguia, oscilando entre a fé e o desespero.

Waldenberg não estava apenas com o espírito doente. Após uma série de consultas com o psiquiatra da penitenciária, passou a tomar diariamente uma combinação de medicamentos de tarja preta: quetiapina, um antipsicótico atípico, foi prescrita para estabilizar o humor e controlar episódios de delírio ou agitação; clonazepam, um benzodiazepínico, ajudava a conter as crises de ansiedade e os pensamentos obsessivos que o levavam à beira do colapso; e amitriptilina, um antidepressivo tricíclico, atuava como apoio para aliviar a dor emocional e induzir o sono, suavizando os períodos de maior desespero. No dia 4 de maio de 2024, nem os remédios, nem as orações surtiram efeito. Dizendo ter sido possuído por Satanás, Waldenberg foi à barbearia da cadeia, pegou uma lâmina às escondidas e retornou à sua cela. No meio da manhã, em silêncio, cortou a própria jugular com um único golpe. Às 11h, um "boieiro" – como é chamado o preso responsável por distribuir comida – foi entregar a marmita do almoço e o encontrou caído em uma enorme poça de sangue. Rapidamente, Waldenberg foi levado à enfermaria, onde os médicos conseguiram suturar o ferimento. Desde então, passou a ocupar uma cela de observação, espaço destinado exclusivamente a criminosos doentes e suicidas.

Mergulhado em uma depressão profunda, Waldenberg se isolou. Reclamava estar preso havia sete anos sem jamais ter recebido uma visita ou uma carta – nem do filho de 12 anos, nem da esposa, tampouco de parentes ou amigos. Nos cultos da capela, sentava-se na última fileira. No pátio, ficava num canto, sozinho. Caminhava pela galeria com os ombros caídos e a cabeça baixa. Chegou a abandonar até as aulas de música que vinha frequentando. Robinho tentava de tudo para animá-lo, "salvar sua alma", como dizia. Mas Waldenberg parou de falar com os outros, como se tivesse perdido a voz. Se alguém o chamava, ele virava o rosto para encarar o interlocutor, mas permanecia em silêncio. Por fim, nem saía mais da cela.

Robinho conseguiu uma autorização para que seu pastor realizasse um atendimento especial a Waldenberg. Na cela, o líder espiritual explicou que, segundo a doutrina cristã evangélica, o suicídio é considerado pecado grave, porque representa a quebra do mandamento "não matarás" e a rejeição da soberania de Deus sobre a vida. Também afirmou que, por se tratar de um ato sem possibilidade de arrependimento posterior, a salvação da alma fica comprometida. Enfatizou que o corpo é o templo do Espírito Santo e que tirar a própria vida é desobedecer diretamente a esse princípio.

Waldenberg ouviu o sermão inerte. Assim que o pastor saiu, deitou-se e dormiu sozinho. Na madrugada, levantou-se decidido. Pegou o lençol branco e torceu-o várias vezes, até transformá-lo em uma corda. Amarrou uma das pontas na luminária e a outra em torno do pescoço, com um nó firme. Ao contrário do que é comum em suicídios por enforcamento, ele não pulou nem se lançou no vazio. Manteve-se com os pés firmes no chão. Deixou o tecido totalmente esticado e começou a falar com Deus em voz alta. Pediu perdão, perdão, perdão. Não pelo que estava prestes a fazer, mas pelo que havia feito para estar ali, preso. Em seguida, foi se ajoelhando lentamente, até que a tensão da corda impedisse a respiração. Como falava em voz alta, os presos das celas vizinhas perceberam o que estava acontecendo. Robinho foi o primeiro a gritar, tentando impedir o amigo. "Deixa ele ir, irmão. É impossível conviver com o crime que ele cometeu", respondeu um detento, em voz alta. Os gritos ecoaram pela galeria, até que um policial penal chegou com a chave da cela. Era tarde demais.

O rosto de Waldenberg apresentava os sinais clássicos de enforcamento. A pele estava arroxeada, com marcas escuras ao redor dos olhos e dos lábios, resultado do acúmulo de sangue causado pela interrupção da circulação; os olhos, volumosos, com pequenos pontos vermelhos nas conjuntivas; e a língua projetava-se para fora da boca, já inchada. Uma marca profunda e oblíqua atravessava o pescoço, deixada pela corda que o estrangulou. A cartilagem da laringe e o osso hioide estavam fraturados. O rosto, rígido, parecia ter congelado em uma expressão de sofrimento. A morte foi comunicada à Delegacia de Taubaté sob o boletim de ocorrência número GN5929-1/2024, registrado às 5h16 do dia 13 de maio de 2024. Waldenberg foi enterrado no cemitério municipal de Santo André. Ninguém compareceu ao enterro.

Mas o que Waldenberg fez para ter uma condenação tão pesada? Por que ninguém o visitava? Ele foi casado por doze anos com Ana Antônia Ferreira, com quem teve um filho. Ana já tinha um menino de 1 ano, que foi registrado por Waldenberg como seu. O garoto cresceu chamando-o de pai. Segundo relatos dela, o marido era um excelente pai e um companheiro amoroso. Nunca havia sido violento dentro de casa. "Eu o conheci na rua, numa dessas coincidências da vida", contou ela, em junho de 2025.

Depois de enfrentar um quadro depressivo severo, Waldenberg ficou cada vez mais introspectivo. Chegou a ser afastado do trabalho de torneiro mecânico por causa da doença. Com o tempo, recebeu diagnóstico de esquizofrenia e passou a ter surtos em casa. Dizia que era perseguido por assombrações durante pesadelos. No meio da noite, sentava-se na cama e falava sozinho, mesmo de olhos fechados. No início de 2018, amedrontada, Ana pediu a separação. Ele aceitou, mas não saiu de casa, apesar de ter outros dois imóveis em Santo André. A mulher passou a dormir no quarto dos filhos, enquanto ele permaneceu no cômodo do casal.

No dia 15 de outubro de 2018, Ana saiu cedo para trabalhar. Por volta das 15h, a vizinha da casa ao lado ouviu barulhos de móveis sendo arrastados, seguidos de gritos. Mandou uma mensagem a Ana perguntando se estava tudo bem. Pressentindo o pior, ela correu para casa. Ao chegar, desmaiou ao ver o filho de 13 anos, Erick Ferreira Souza, morto na cama. O de 5 anos estava caído no chão. Waldenberg havia assassinado o mais velho com um golpe conhecido como mata-leão. Na delegacia, disse que estrangulou o menino porque ele havia usado o banheiro e não dera descarga, além de ter deixado o chão todo molhado. O filho mais novo, segundo ele, sobreviveu por um milagre. A criança dormia enquanto o irmão era asfixiado. Ao acordar e ver a cena, o caçula desmaiou. Mesmo assim, Waldenberg ainda tentou matá-lo, apertando o pescoço do menino com as próprias mãos. Só saiu de casa quando acreditou que os dois estavam mortos. Parentes levaram a criança sobrevivente ao Hospital Mário Covas, onde ficou internada por cinco dias. Após receber alta, repetia em casa: "Mamãe, por que o papai matou o meu irmão?". Ana não sabia responder. "Aquelas crianças eram horríveis. Não obedeciam. Deixavam a casa imunda", justificou o assassino na delegacia. No Tribunal do Júri, Waldenberg confessou que matou Erick para atingir a mulher.

Uma modelo internacional, duas dezenas de crimes

As atrocidades de Brennand só começaram a vir à tona depois que ele xavecou a modelo Alliny Helena Gomes, de 37 anos. Ela também frequentava diariamente a Bodytech do Shopping Iguatemi, na zona oeste de São Paulo. Certo dia, o empresário pediu seu número de telefone. Pelo WhatsApp, convidou-a para jantar. Houve uma recusa. Diante da negativa, passou a atacá-la com mensagens depreciativas, chamando-a de "alpinista social" e "vagabunda". "Você fala merda pra cacete. Por isso te tratei feito lixo", escreveu.

No dia 3 de agosto de 2022, o empresário a agrediu fisicamente dentro da própria academia. Cuspiu em seu rosto, puxou seus cabelos com violência e a chamou de "puta" diante de outros frequentadores, inclusive de seu próprio filho, Luiz, então menor de idade, que repetiu os insultos do pai e ainda ameaçou testemunhas.

Alliny foi a primeira mulher a romper o silêncio. Sua denúncia escancarou o que por anos se manteve encoberto por dinheiro, influência e medo. Em abril de 2024, Brennand foi condenado a um ano e oito meses de prisão pelo episódio, além de ser obrigado a pagar R$ 50 mil em indenização à modelo. A repercussão rompeu uma barreira invisível: outras mulheres, antes isoladas por vergonha ou ameaça, passaram a procurar as autoridades. Entre elas, a modelo internacional Karmel Moura de Lira Bortoleti, que tinha 39 anos em 2025, cujo depoimento levaria Brennand ao centro do processo mais grave de sua trajetória criminal.

Brennand e Karmel se conheceram em 2011, em Recife. Frequentavam os mesmos círculos sociais e se cruzavam esporadicamente na academia, em festas e em boates. O contato foi interrompido depois que ela se mudou para os Estados Unidos. Somente em agosto de 2021 Brennand voltou a procurá-la, enviando uma mensagem pelo Instagram e, em seguida, migrando a conversa para o WhatsApp. Passou a seduzi-la com promessas de casamento, de uma vida em comum e da formação de uma família tradicional no Brasil. Amigos próximos ao empresário confirmaram que ele falava abertamente sobre o desejo de se casar com a modelo.

Convencida de que viveria um romance de novela, e com o plano inicial de passar apenas alguns dias em São Paulo antes de visitar a família no Recife, Karmel decidiu vir ao Brasil. Chegou de Miami em 28 de agosto de 2021, trazendo apenas uma mala. Brennand buscou-a no aeroporto de Guarulhos e a levou para sua mansão em Porto Feliz. Ao darem o primeiro beijo, a modelo estranhou o fato de Brennand estar armado. Ele justificou que era muito rico e precisava de proteção. No caminho, dirigia em alta velocidade, a 300 km/h, e fazia questão de se mostrar influente: dizia que controlava tudo em São Paulo, inclusive as delegacias e a Justiça.

Na primeira noite juntos, mantiveram uma relação sexual consensual, segundo ela. O que Karmel não sabia era que Brennand havia colocado uma câmera no quarto e filmado o ato sem sua autorização. Depois, compartilhou o vídeo com amigos.

Na manhã seguinte, enquanto tomavam banho, o empresário notou uma tatuagem com as iniciais "BAD" no corpo da modelo, o que, segundo ele, era uma referência a um ex-namorado. A informação consta do processo de execução penal de Brennand (nº 0022569-66.2023.8.26.0041), que em 2024 tramitava sem sigilo. "Na verdade, a tatuagem que eu tinha não eram as iniciais de um ex-namorado. Ele simplesmente interpretou dessa maneira", contestou Karmel, em junho de 2025.

A partir desse episódio, o empresário tornou-se agressivo. Exigiu que ela entregasse o celular e desbloqueasse o aparelho, para verificar se havia contato com o suposto ex. "Eu não sou otário. Jamais serei corno!", gritava. Diante da recusa, deu-lhe um tapa no rosto, derrubando a modelo no chão. Armado com uma metralhadora, tomou o telefone, obteve a senha à força e a trancou em um quarto por cerca de três horas. Na sequência, passou a insultá-la com frases como: "Você é uma rata, uma puta, não presta, como todas as outras mulheres". Usou a gravação íntima como instrumento de ameaça. "Quando finalmente ele me tirou desse quarto, os abusos começaram. Era realmente um pesadelo. Uma dor que eu não consigo descrever", relatou a modelo em junho de 2025.

As agressões se tornaram cada vez mais violentas, envolvendo sessões prolongadas de humilhação física e psicológica. Em uma das ocasiões, Brennand a posicionou contra um móvel, de modo que ela pudesse ver a arma, e praticou sexo anal à força, enquanto a agredia com tapas no rosto, puxões de cabelo e golpes com um sapato. O abuso causou hemorragia, manchando de sangue os lençóis de cetim. Mesmo assim, ele não parava. Ao final, mandou uma empregada levá-la ao banheiro e a humilhou: "Olha pra você. Chegou aqui em casa toda radiante. Agora está sem brilho. Mas mereceu, porque é uma ratazana".

A relação de Brennand com os empregados da casa era uma bizarrice à parte. Sempre que ia ao banheiro, fosse para tomar banho ou para usar o vaso sanitário, ele chamava uma das funcionárias para acompanhá-lo. A empregada levava um banquinho e ficava sentada ao seu lado. As mais antigas conversavam com o patrão sobre as demandas da mansão, como as compras do mês, a manutenção da piscina, os cuidados com o jardim e a visita do veterinário que tratava dos seus cavalos de raça. Isso enquanto ele fazia suas necessidades fisiológicas.

Num dia em que obrigou Karmel a acompanhá-lo até a academia Bodytech, Brennand parou o carro no acostamento durante o trajeto, sacou a arma e exigiu que ela confessasse ter traído o ex-marido. Temerosa, a modelo inventou uma história de traição para evitar nova agressão. Na volta, foi estuprada novamente com coito anal, sob ameaça de morte, e espancada no rosto para que chorasse no momento em que ele estivesse gozando.

Karmel era forçada a acompanhá-lo a restaurantes e não podia sequer desviar o olhar. O empresário dizia que queria "transformá-la numa mulher de verdade". Numa noite, a brutalidade atingiu outro patamar: Brennand ordenou que seu tatuador pessoal, Tony Gomes da Silva, fosse até a mansão. Com a arma em punho, determinou que Karmel recebesse uma tatuagem com as iniciais de seu nome, TFV, sua logomarca, a mesma estampada nas toalhas da casa e nos arreios de seus cavalos de raça. Aos prantos, ela implorou para não ser marcada. Tony hesitou, mas Brennand reagiu: "Você não entendeu quem eu sou, sua vagabunda. Não tatuar não é uma opção". Em silêncio, o tatuador ligou o dermógrafo e iniciou o desenho. A dor era intensa. Segundo Brennand, tratava-se de "um presente para ela". Enquanto Tony cravava a tinta na pele ainda trêmula da modelo, o empresário dedilhava um violão. Ao final, declarou: "Agora que tem a minha marca, você é minha".

Com a pele ainda ferida, Karmel aproveitou-se de um momento em que Brennand levou a funcionária Elisângela ao ambulatório, após um mal-estar. Pegou o celular e ligou para o irmão, pedindo socorro e enviando a localização da mansão do estuprador. Quando o empresário retornou, flagrou a ligação, apertou com força o local recém-tatuado e deu tapas no rosto da modelo. Seguiram-se mais agressões, coito anal e empurrões. Em todos os episódios, Karmel sangrou. Em todos, pediu que ele parasse. Em todos, foi ignorada.

Quando soube, por um amigo, que a polícia estava em seu encalço depois da denúncia do irmão da modelo, Brennand teve medo e resolveu fugir do condomínio, levando Karmel. E ainda ameaçou: "Se eu descobrir que foi você quem me denunciou, vou atrás de você, da sua família, dos seus filhos". Ela seguia calada e chorando. De repente, ele parou o carro. "E se eu te matasse agora e jogasse seu corpo na estrada, quem iria te procurar?", aterrorizou. Por fim, convencido por um amigo, permitiu que a vítima fosse levada ao Aeroporto de Congonhas e despachada para Recife. Dias depois de reencontrar a família, e tendo sido novamente ameaçada por Brennand, Karmel foi à polícia. O empresário acabou sendo denunciado pelo Ministério Público por 21 crimes, entre eles estupro, coação, ameaça, cárcere privado, lesão corporal gravíssima, tortura, constrangimento ilegal e divulgação de cena de estupro. "Tudo isso me dói muito. Um dia vou contar a minha história da melhor forma possível, para que eu possa inspirar e ajudar vítimas como eu. Quero ajudá-las a alcançar a superação", disse Karmel em junho de 2025.

Num dos interrogatórios feitos por videoconferência de dentro da Penitenciária de Tremembé, Thiago Brennand apresentou sua versão sobre os crimes pelos quais responde envolvendo Karmel. Durante a audiência, tomava medicamentos controlados para conter a ansiedade e os impulsos. Seus advogados o orientaram a falar baixo e a manter a calma diante do juiz e da promotora que o acusava. A estratégia de defesa adotada por ele consistiu em transformar as denúncias em um grande mal-entendido amoroso. Brennand tentou reduzir os episódios relatados pela modelo a uma desilusão sentimental, afirmando que todas as relações foram consensuais, que a convivência foi voluntária e que não houve coação ou violência. Ao inverter a lógica da acusação, procurou se apresentar como vítima de uma mulher emocionalmente instável, ignorando os desequilíbrios de poder e controle que marcaram a relação. No interrogatório, afirmou:

"O que estão dizendo a meu respeito, em especial sobre o caso com a Karmel Bortoleti, precisa ser esclarecido. Eu a conheci numa festa em Recife. Ela estava com um namorado, na época, que depois virou marido. Foi ela quem flertou comigo. Isso virou assunto na cidade inteira. Eu conhecia os irmãos dela e, por uma questão de honra, não dei sequência àquilo. Não éramos amigos, mas eu apertava a mão do cara, então achei que seria antiético".

"Anos depois, ela reapareceu na minha vida. Desde o início, o tom era afetivo. Já no segundo dia, as conversas tomaram um rumo claramente romântico. Ela me contou que havia terminado um relacionamento com uma pessoa influente de Miami, que a pressionava muito. Disse que queria vir para o Brasil ficar comigo. Mesmo com o processo de *green card* em andamento, resolveu jogar tudo para o alto. Isso significava abrir mão do sonho americano, porque, se você sai dos Estados Unidos com o processo em andamento, não pode mais voltar e tem que começar tudo do zero. Ainda assim, decidiu vir."

"O primeiro dia foi absolutamente normal. Tivemos relações, inclusive múltiplas vezes, de forma consensual. Saímos para jantar, fomos juntos à academia. Tudo dentro da mais absoluta normalidade. Ela me acompanhava em tudo. No segundo dia, começamos a ter pequenas tensões. O estopim foi quando, ao voltar de um passeio a cavalo, percebi que ela estava trancada num quarto escuro, conversando com alguém ao telefone. Era uma conversa em inglês, com um homem, e o tom era íntimo. Pedi para ver o celular, ela errou a senha duas vezes e só na terceira vez desbloqueou. Foi aí que vi conversas comprometedoras. Descobri que ela ainda recebia apoio financeiro de um ex chamado Brett, cujo nome aparecia salvo na agenda como 'Brenda.'"

"Naquele momento, percebi que não dava para seguir. Falei na hora: acabou. Ela chorou por horas. Chegou a pedir para dormir lá, porque já era tarde. Eu aceitei. E naquela mesma noite, apesar de tudo, ainda houve relação sexual entre nós – consensual. Ela mesma veio até meu quarto. Tínhamos sentimentos um pelo outro, ainda que eu já soubesse que não daria certo. No dia seguinte, seguimos a vida normalmente. Ela foi comigo à academia, saímos para jantar. Foi uma rotina absolutamente comum de um casal. Em nenhum momento houve ameaça, agressão ou qualquer tipo de coerção."

"A tatuagem com minhas iniciais foi ideia dela. Eu nem queria que ela fizesse naquele dia. Mandei o tatuador embora porque ela estava indecisa, olhava no espelho, mudava de ideia. Depois, ela insistiu e chamou o Tony de volta. O Tony é um tatuador renomado. Ela elogiou o trabalho e ficou satisfeita. Descobri depois que ela já tinha outra tatuagem no mesmo local, também com iniciais de um ex. Nunca forcei nada. Aliás, nenhuma mulher com quem me relacionei fez tatuagem em minha homenagem. Ela foi a única." [Aqui, vale um adendo: outras duas mulheres, uma russa e uma irlandesa, também acusam Brennand de terem sido tatuadas à força com as iniciais do nome dele.]

O réu seguiu no interrogatório: "Sobre os vídeos que estão nos autos: todos foram gravados com consentimento da Karmel. Ela mesma pediu. Um deles mostra ela em cima de mim – seria impossível filmar isso sem que ela soubesse. São três vídeos, feitos com poucos minutos de diferença, na madrugada do dia 1º de setembro de 2021, pouco antes de ela ir embora. Um deles foi divulgado depois pelo meu filho. Por quê? Porque começaram a espalhar que eu a havia estuprado. Ele quis mostrar que isso era mentira. Foi um ato impulsivo, eu não teria feito. Mas ele estava revoltado. Temos família em Miami, e isso nos afetou muito".

"Dizem que houve cárcere privado. Impossível. Minha casa não tem estrutura para isso. Ela andava livremente, ficava sozinha, saía comigo para todos os lugares. Chegou a passear pelo condomínio enquanto eu montava a cavalo."

"Sobre as acusações formais: não houve estupro, não houve cárcere, não houve ameaça com arma, não houve filmagem sem consentimento.

Os vídeos comprovam. A perícia comprova. A única coisa que aconteceu foi uma desilusão amorosa forte, mas não criminosa."

A estratégia de Brennand de transformar episódios de violência em uma narrativa de romance mal resolvido não se sustentou diante do conjunto probatório reunido. No caso da modelo, o Ministério Público baseou sua denúncia em exames periciais que confirmam as agressões, no depoimento detalhado da vítima, em áudios e imagens e em testemunhos de terceiros que presenciaram o sofrimento de Karmel. Para a acusação, o interrogatório é uma tentativa de inverter a lógica da responsabilização criminal e desviar o foco da brutalidade dos atos praticados.

Cínico, Brennand acusa Karmel de capitalizar o "romance" que teria vivido com ele. Em 14 de dezembro de 2023, tanto o *Diário de S. Paulo* quanto a CBN publicaram matérias informando que a modelo produziu um filme nos Estados Unidos intitulado *Unfelt* ("Não sentido", em tradução livre), dirigido por Lorenzo Antonucci. No longa, ela interpreta a protagonista Lola Santiago, uma mulher seduzida por um homem rico e manipulador que, aos poucos, revela traços de psicopatia e controle. As reportagens chamam atenção pelas semelhanças com o depoimento que Karmel prestou à Justiça ao acusar Brennand. Em junho de 2025, no entanto, ela negou que o filme seja baseado nos horrores que viveu em Porto Feliz.

Karmel não pode – nem deve – ser definida apenas como uma vítima das monstruosidades de Brennand. Modelo internacional, ela foi capa da edição de novembro de 2024 da revista *L'Officiel Colombia*, versão latino-americana da consagrada revista francesa *L'Officiel*. Fundada em 1921 e presente em mais de trinta países, a publicação tem foco em moda, cultura e comportamento. Ao destacar a artista como "uma força de resiliência no cinema", a revista traçou um perfil inspirador, exaltando sua beleza, a trajetória de superação, sua versatilidade profissional e o protagonismo no cenário do cinema independente.

Segundo a matéria, Karmel construiu uma carreira sólida como modelo desde os 14 anos, tendo trabalhado em campanhas de marcas de prestígio, como Chanel, Prada e Louis Vuitton. Ela também desfilou nas principais capitais da moda, do Japão a Paris. "Sua imagem sofisticada, aliada a uma presença magnética diante das câmeras, consagrou-a como uma das brasileiras mais requisitadas da indústria *fashion* internacional. Mas sua inquietação criativa e sua coragem de recomeçar a transformaram em algo ainda maior: uma artista completa, que usa a própria história para dar voz a outras mulheres", destacou a publicação.

O pecado da traição

Rivais em Tremembé, Brennand e Robinho tinham algo em comum. Ambos alegavam ser vítimas de falsas denúncias de estupro. Em vez de demonstrar arrependimento, desprezavam as mulheres que os acusaram, minimizavam a violência e tentavam transformar as vítimas em vilãs. Nos dois casos, os autos dos processos revelam o oposto: mulheres foram violentadas em contextos marcados por premeditação, manipulação e abuso de poder.

No caso de Robinho, a violência sexual ocorreu na madrugada de 22 de janeiro de 2013, na boate Sio Café, em Milão. Ele estava acompanhado de cinco amigos brasileiros: Ricardo Falco, Clayton Santos, Rudney Gomes, Fabio Galan e Alexsandro Silva. A vítima, Mersedes Kazazi, uma jovem albanesa de 23 anos, celebrava seu aniversário no local com amigas. Em determinado momento, ficou visivelmente embriagada, não conseguia andar sozinha e perdeu o controle sobre o próprio corpo. Segundo testemunhas, ela cambaleava e foi carregada por Robinho e seus amigos até uma sala reservada da boate.

Clayton, conhecido como "Claytinho", é músico do grupo de pagode Pé de Cachorro. Rudney comemorava seu aniversário naquela noite. A decoração do camarote havia sido feita pela esposa de Robinho. Fabio Galan, amigo de infância do ex-jogador, trabalhava como *personal trainer* e servidor da prefeitura de São Vicente. Alexsandro Silva, ou Alex, como era chamado, também era *personal* e gerenciava uma rede de futevôlei em Santos.

Grampos telefônicos e escutas ambientais feitos pela polícia italiana foram cruciais para confirmar o estupro coletivo cometido por Robinho e seus amigos. Nas gravações, os próprios envolvidos descreveram os atos praticados contra Mersedes. Robinho revelou, com desprezo e deboche, que ele e os amigos tinham plena consciência da vulnerabilidade da jovem: "Estou rindo porque não estou nem aí, a mulher estava completamente bêbada. Não sabe nem o que aconteceu".

Em outro momento, o ex-jogador relatou: "Claytinho que comeu a mina. Quem eu lembro, porque também faz muito tempo, né? Claytinho rangou". Ao mencionar os demais, acrescentou: "Eu vi o Rudney rangando ela, e os outros caras rangando ela também". O próprio Robinho admitiu ter participado do ato. Gargalhando, confessou: "Botei o pau na boca dela, mas isso não é estupro".

As conversas gravadas também mostraram que o grupo combinava versões e zombava da possibilidade de punição: "Fiquem tranquilos, ninguém vai falar nada, vocês não vão se complicar". Em outro trecho, Robinho ameaçou: "Vou dar um murro na cara dela". Ao saber da denúncia, registrada meses depois, voltou a ironizar: "A mina está falando de coisa de um ano atrás. Só que não tem como provar que a gente fez nada, entendeu?". E pôs em xeque a memória da vítima: "Como que a menina lembra desse bagulho? Ela é idiota?".

De fato, Mersedes levou quatro meses para procurar a Justiça italiana e formalizar a denúncia. As investigações se arrastaram por mais de um ano, e os estupradores usavam o lapso temporal para tentar deslegitimar os relatos. A jovem explicou a demora com base em sentimentos de vergonha, culpa por ter bebido e a própria dificuldade de compreender o que havia ocorrido. No início, desejava apenas esquecer. A demora em relatar é comum em casos de violência sexual, especialmente quando a vítima está emocionalmente fragilizada. A legislação italiana prevê até seis meses para a denúncia. Em países como Estados Unidos e França, o prazo pode chegar a dez e trinta anos, respectivamente. No Brasil, embora o prazo varie conforme a pena e a idade da vítima, denúncias tardias ainda enfrentam desconfiança institucional, o que fragiliza a acusação e favorece a impunidade.

Como Mersedes já conhecia alguns dos amigos de Robinho antes da noite do crime, a defesa tentou explorar esse fato para insinuar intimidade e consentimento. Mersedes e suas amigas já haviam se encontrado com Ricardo Falco, Clayton Santos e Fabio Galan cerca de um ano antes e mantinham contato pelas redes sociais. A própria vítima havia saído com Galan e uma amiga dela se envolveu com Clayton. Mas a estratégia da defesa não funcionou.

A Justiça italiana concluiu que Mersedes foi violentada em grupo enquanto estava incapaz de reagir e que todos os envolvidos agiram com dolo e premeditação. A condenação de Robinho a nove anos de prisão foi confirmada em todas as instâncias. Segundo a denúncia, a jovem foi levada para o ambiente reservado sem nenhuma capacidade de consentimento. Em estado de semiconsciência, foi despida à força e submetida a múltiplos atos sexuais. A sentença foi categórica: crime coletivo, reiterado, com uso da vulnerabilidade da vítima como método de dominação. O tribunal rejeitou as alegações da defesa, que tentou desqualificar o estado de embriaguez e sustentar consensualidade. Os juízes foram unânimes em reconhecer que não havia nenhuma possibilidade de consentimento.

Além de Robinho e Ricardo Falco, condenados a nove anos de prisão, os outros quatro amigos do ex-jogador – Clayton, Fabio Galan, Alex e Rudney Gomes – foram formalmente identificados. Mas, como deixaram a Itália antes das audiências preliminares, seus processos acabaram desmembrados e suspensos. Em março de 2025, Rudney se suicidou em Santos. Morreu sem pagar pelo crime que cometeu.

Mesmo após a sentença definitiva, Robinho continuou negando. Disse que "houve um mal-entendido", que "não estuprou ninguém" e que era vítima de perseguição. Jogou seu destino aos céus, reduzindo seu crime ao pecado da traição: "Senhor, perdoe-me por ter traído a minha mulher. Prometo que, a partir de hoje, só farei sexo com a minha esposa". Preso em Tremembé, de fato, ele só tem tido encontros íntimos dentro da penitenciária com Vivian. Ela o visita todos os fins de semana em Tremembé.

Aos colegas de cela, o ex-jogador exibe a presença da mulher como uma espécie de certificado de inocência. Os filhos, com idades entre 8 e 16 anos, também frequentam a unidade quinzenalmente. Em janeiro de 2025, Vivian deu o seguinte depoimento:

"Conheço o Robinho desde criança. Ele foi o primeiro menino que eu beijei, aos 12 anos. Crescemos juntos. Meu pai era treinador de futebol de salão e ele jogava no Portuários. Foi assim que tudo começou. Aos 17, começamos a namorar. Nunca imaginei que aquele menino, que se lamentava no sofá da minha casa por uma chance no futebol, um dia seria conhecido no mundo inteiro. Acompanhei tudo: as pedaladas, o sucesso, a fama, que chegou como um furacão. E então tudo desmoronou. Eu não esperava que ele fosse preso, mas fiquei ao seu lado porque sempre soube quem ele era. Tivemos três filhos. Construímos uma vida.

A primeira vez que ouvi a palavra 'estupro' ligada ao nome do meu marido foi em janeiro de 2014. Estava em casa, em Milão, deitada, fazendo drenagem linfática, quando os policiais bateram à porta. Uma policial me chamou para conversar sozinha. 'Você sabe por que estamos aqui?' Eu não sabia. Ela me entregou um documento e disse que Robinho teria que depor sobre um crime cometido um ano antes. Um crime que eu nunca imaginei ouvir associado a ele.

No caminho para a delegacia, perguntei se era verdade. Ele negou. Quando saímos, fui direta: 'Se você tiver culpa, vai pagar. Eu não vou compactuar'. Eu acreditava na inocência dele. Porque eu estava lá naquela noite. Vi as fotos. Vi as mensagens. Mas nada disso importou.

Fui ridicularizada. No começo eu tentei me proteger. Evitava o assunto. Mas as pessoas falavam por mim. Quando o Robinho tentou voltar para o Santos, em 2020, fui atacada nas redes. Me chamavam de mulher de estuprador, de cúmplice, diziam que eu estava com ele por dinheiro. Como se eu não tivesse dignidade. Como se eu fosse só a esposa dele.

Meus filhos sofreram. Foram xingados. Um dia, abri todo o processo com eles. Mostrei tudo. 'É isso que essa moça diz que aconteceu. E é isso que o pai de vocês diz.' Eles choraram. Ficaram revoltados. O mais velho me disse: 'Mãe, a gente precisa mostrar a verdade'. Mas como? Quem quer ouvir?

Quando a condenação saiu, em 2022, estávamos ajoelhados no chão, chorando. A pergunta era: o que vai acontecer agora? Ele vai ser extraditado? Vão levar ele de nós? Um desespero tomou conta da nossa casa. Tudo que queríamos era que o processo viesse para o Brasil. Achávamos que aqui alguém nos ouviria. Mas ninguém ouviu.

No dia 21 de março de 2024 ele foi preso. De um dia para o outro. Sem aviso. Levaram o Robinho. Desde então, todo fim de semana eu vou vê-lo. Preparo a bolsa com as comidas que ele gosta. Levo produtos de higiene. Atravesso os corredores da penitenciária para estar com ele. Ele sorri, mas eu vejo tristeza nos olhos dele. E eu também estou destruída. Mas não abandono. De jeito nenhum! Jamais virarei as costas para a minha família".

O depoimento de Vivian e sua fidelidade canina a Robinho evidenciam uma dinâmica perversa em que a mulher é socialmente condicionada a suportar abusos e a defender a honra do marido, mesmo diante de crimes brutais. Sua decisão de permanecer ao lado dele, visitá-lo semanalmente na prisão e sustentar publicamente sua inocência não pode ser vista apenas como um gesto de amor, mas também como resultado da pressão cultural que legitima a submissão feminina e a tolerância à violência masculina em nome da família. A forma como Vivian internaliza a narrativa do marido e a reproduz sem questionar os fatos reforça estereótipos de gênero que tiram a responsabilidade do agressor e culpabilizam as mulheres que denunciam. Essa postura revela como o machismo estrutural sequestra a subjetividade das mulheres, transformando-as em cúmplices involuntárias de opressores, ao mesmo tempo que silenciam dores e anulam suas próprias possibilidades de ruptura e autonomia.

Thiago Brennand foi rejeitado pelos pais bilionários, que queriam vê-lo pelas costas. Em um e-mail, ele chegou a chamar a própria mãe de "imunda".

"Vocês morrem de inveja. Sou homem branco, armamentista, conservador e heterossexual inegociável", vangloriava-se.

Foragido da polícia, o empresário gravava vídeos em que dizia: "Quem sou eu? Talvez um sociopata, talvez um estuprador. Será mesmo?"

Condenado por violência sexual, ele usava armas para obrigar as mulheres a praticar sexo anal.

Capa de revista, a modelo internacional Karmel Bortoleti foi uma das vítimas de Brennand. Em menos de uma semana de relacionamento, o empresário cometeu contra ela duas dezenas de crimes.

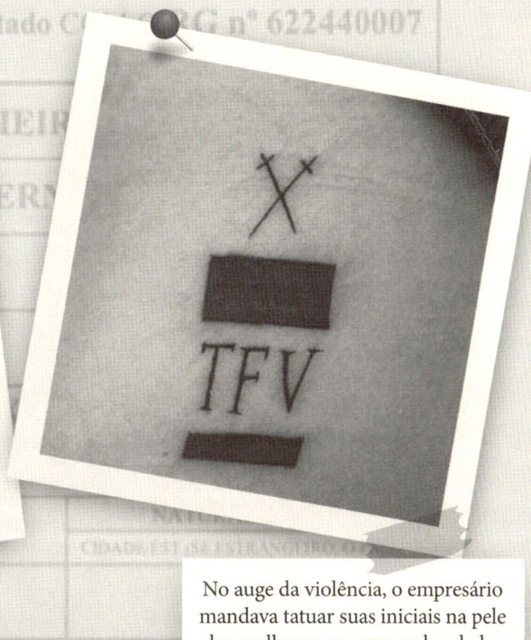

No auge da violência, o empresário mandava tatuar suas iniciais na pele das mulheres, as mesmas bordadas em suas toalhas e roupas de cama.

1323399 THIAGO ANTONIO BRENNAND TAVARES DA SILVA FERNANDES VIEIRA

Dados do Preso

NOME: THIAGO ANTONIO BRENNAND TAVARES DA SILVA FERNA

62244000 62244000

RG CIVIL

CPF

RG CRIM.

MATR. 1323399-4

PAI

CIN: NÃO INFORMADO

FIM RO: 06-07-2024

MÃE

MOTIVO: TRANSF. DE ESTAB. PENAL

ENTRADA NA UNIDADE: 26-06-2024

VAGA: FE

UNIDADE DE ALOCAÇÃO GEPEN: PENITENCIÁRIA "DR. JOSÉ AUGUSTO CÉSAR SALGADO" DE TREMEMBÉ

LOCAL: PAV 1 CELA 18

UNIDADE DE ALOCAÇÃO ATUAL: PENITENCIARIA II DE TREMEMBE

LOCAL: PAV 1 CELA 18

1.323.399-4

Imprimir Rol

Rol de Visitas

NOME: AMELIA MARIA TEREZA DE JESUS
RG:
CPF:
Grau de Relacionamento: COMPANHEIRA
Idade: 50 Anos
Status: Sem Restrições
Carteirinha Ativa

NOME: LUIZ FRANCISCO FERNANDES VIEIRA
RG:
Grau de Relacionamento: FILHO
Idade: 19 Anos
Status: Sem Restrições
Carteirinha Ativa

NOME:
RG:
Grau de Relacionamento: MAE
Idade: 75 Anos
Status: Sem Restrições

NOME:
RG:
Grau de Relacionamento: PAI
Idade: 85 Anos
Status: Sem Restrições

Dados Pessoais ROL:1916863P1816273RTP1817972

NOME: AMELIA MARIA TEREZA DE JESUS

CPF

IDADE: 50 Anos

NAS.

SEXO: FEMININO

DOC

OR.SEX: HETEROSEXU

PAI

NACIONALIDADE: BRASIL

MÃE

NATURALIDADE: CAMPINAS-SP

EGRESSO DO SISTEMA PENAL

Outros Documentos

RG: UF: SP Incluido/Alterado

Endereço

ATUAL RUA: Bairro: Cidade: SAO PAULO SP BRASIL CEP:
Incluido/Alterado em: 04-10-2024

Observações Gerais Sobre o Visitante

AUTORIZADA A VISITA INTIMA

MATR. 1323399-4

Relacionamentos

PRESO(A): THIAGO ANTONIO BRENNAND TAVARES DA SILVA FERNANDES VIEIRA

ULTIMA UNIDADE: PENITENCIARIA "DR JOS� AUGUSTO C�SAR SALGADO" DE TREMEMB�

1. PARENTESCO COM O PRESO(A): COMPANHEIRA Inclusão: 04-10-2024

Documentos Apresentados

Nenhum Documento Apresentado.

Dias Visitados

1. PENITENCI�RIA "DR. JOS� AUGUSTO C�SAR SALGADO" DE TREMEMB�

Entrada	Saída
18-01-2025 07:53	18-01-2025 15:30

Em Tremembé, Brennand articulou uma manobra para receber mulheres na visita íntima. Uma dessas moças era Amélia Maria Tereza de Jesus, conhecida como Memé, que teve encontros amorosos com o empresário no xilindró.

Aos 10 anos, Robinho com Roberto Antônio dos Santos, o Betinho, técnico que o revelou.

No início da carreira, o atleta foi apadrinhado por Pelé e tinha Neymar como um de seus maiores fãs. Era o auge de uma carreira promissora no esporte.

Ídolo nacional, Robinho chegou a defender a seleção brasileira em duas Copas do Mundo: 2006 e 2010.

A carreira do atleta entrou em declínio após ele participar da comemoração de aniversário de um amigo na boate Sio Café, em Milão. O aniversariante era Rudney Gomes. Na ocasião, estavam presentes também Alex Silva, Clayton Santos e Fábio Gulan. Todos foram acusados de estupro coletivo, mas apenas Robinho e Ricardo Falco foram condenados. Os demais escaparam da Justiça ao deixarem a Itália antes do fim do processo.

Mersedes, albanesa, 23 anos, vítima de estupro coletivo em Milão. “Me senti culpada, envergonhada, como se tudo aquilo tivesse acontecido por minha causa. Demorei muito para entender o que tinha acontecido”, disse em depoimento que condenou o ex-jogador.

Vivian e Robinho. Eles se conheceram quando tinham 15 anos. Ela suportou a traição, manteve o casamento e até hoje o visita em Tremembé. “Luto pela minha família até o fim”, justificou a esposa.

Robinho foi fotografado e identificado pela polícia italiana em 2014, ao ser interrogado durante a investigação do caso.

CAPÍTULO 8

A CELA DOS ESPÍRITOS

Acredito que o Criador vai me levar de uma forma repentina, como se um raio me atingisse e eu simplesmente desaparecesse.

Ubatuba, 4 de maio de 2019

No meio da madrugada, o celular de Aline Thaynara Santos de Camargo, de 26 anos, emitiu um sinal sonoro. Era uma mensagem urgente de uma de suas irmãs. Havia acontecido uma tragédia na família. Aline tinha de acordar imediatamente para receber em casa ainda naquela noite os dois filhos pequenos, Perolla e Raphael, de 11 e 8 anos. As crianças moravam com a avó em Pindamonhangaba, e já seguiam ao encontro da mãe em Ubatuba, no litoral paulista. A distância entre os dois municípios era de 127 quilômetros. Aline se levantou da cama apreensiva e acordou o companheiro, Henry James Baldi, de 48 anos. Tentou ligar para a família, mas ninguém atendia. A falta de resposta só fazia aumentar o clima de aflição.

– O que houve? – quis saber o marido.

– Não faço a mínima ideia. Minha irmã enviou uma mensagem enigmática. Estou com um frio na barriga – respondeu a mulher.

O relógio marcava três e meia da madrugada quando um carro do Conselho Tutelar de Pindamonhangaba chegou debaixo de um temporal. Da porta de casa, Aline avistou através do vidro da janela do carro oficial seus dois filhos assustados, os olhos arregalados, sentados no banco traseiro.

Dois agentes desceram primeiro, pedindo para conversar a sós com a mãe, que já estava chorando. "O que aconteceu? Pelo amor de Deus, me fala o que houve!". O conselheiro foi curto e grosso. Contou que Perolla havia sofrido abuso sexual. A menina não poderia mais ficar com a avó materna, pois o estuprador era o companheiro dela. Sabe-se lá por que a polícia não aceitou o flagrante, ou seja, o acusado estava solto enquanto era investigado. Já a avó culpava a menina, acusando-a de ter seduzido seu cônjuge, um homem de 48 anos. Aline quase desmaiou quando ouviu tal relato. Em seguida, as crianças entraram e foram acomodadas no quarto de hóspedes.

Desde que Aline havia se separado do primeiro marido, pai dos seus filhos, Perolla e Raphael ficaram morando com a avó. A razão para a mãe deixar os filhos para trás estava no novo companheiro: Henry não gostava de crianças e dizia que nunca teria filhos. Quando perguntado sobre os motivos para essa escolha, ele respondia que sua religião não permitia herdeiros de sangue. Terrivelmente apaixonada, Aline aceitou a imposição do marido e deixou seus rebentos com a própria mãe. "Mas nunca imaginei que ela poria um pedófilo dentro de casa", ressaltou, revoltada.

Ainda na sala, os agentes do Conselho Tutelar pediram a Aline que levasse Perolla quanto antes a um psicólogo infantil e a um médico, para ver como estava a saúde da menina após uma sucessão de estupros. "Mas houve conjunção carnal?", indagou Henry. Aline levou as mãos à boca quando viu o conselheiro mover a cabeça para cima e para baixo, bem devagar, em sinal afirmativo. Nesse momento, o padrasto agradeceu e pediu que as visitas se retirassem da casa imediatamente. Em seguida, ele foi até o quarto onde as crianças estavam acomodadas, fitou o rosto de Perolla por alguns segundos, saiu e trancou a porta à chave.

No café da manhã, Henry e Aline tiveram uma conversa que selaria o destino da menina. O marido fazia parte de uma seita religiosa chamada Veneno de Deus, formada por um grupo de fiéis do interior paulista. Na congregação, Henry foi batizado de Samael. Nas tradições místicas judaicas e esotéricas, Samael era um anjo associado à morte, ao rigor e ao julgamento. Era visto como uma figura ambígua, que atua tanto como executor da justiça divina quanto como acusador da humanidade. Em algumas correntes, é identificado com o próprio diabo, símbolo de transgressão, destruição e conhecimento proibido.

A seita Veneno de Deus não tinha sede fixa nem hierarquia formal: os integrantes reuniam-se na floresta ou em vales para orações, jejuns coletivos e rituais de penitência. Pregavam que o corpo de uma criança corrompido pelo sexo com um adulto carregava a marca do pecado mortal e precisava ser purificado por meio da dor e da privação, única forma de torná-lo digno de entrar no reino dos céus após a morte. Para eles, não havia redenção sem sofrimento. Aline fazia parte da mesma seita e concordava com o marido.

Naquela manhã, o casal satânico decidiu que o processo de purificação de Perolla começaria imediatamente. Retiraram o caçula do quarto e serviram a ele maçã, pão, ovos mexidos e leite, enquanto Perolla permaneceu em jejum, sentada na cama, à espera do horror que viria a seguir.

Por volta das dez da manhã, a menina tentou sair do quarto. Como a porta estava trancada, ela chamou pela mãe e pelo irmão. Nessa hora, Henry já havia saído para trabalhar no seu pequeno comércio de materiais de construção. Comovida, Aline tirou a filha de lá e serviu-lhe um café reforçado. "Não vou deixar que nada aconteça a você, meu anjo", prometeu a mãe. Em seguida, os irmãos ficaram vendo desenho animado na televisão. À tarde, conforme sugerido pelo conselheiro, a garota foi levada a um médico, que atestou dilaceração vaginal e anal recentes na garota. O profissional da saúde acionou a polícia, que detectou no sistema o inquérito aberto para investigar o crime de estupro de vulnerável cometido pelo companheiro da avó.

Aline levou Perolla para casa antes de o marido chegar. "Minha filha, você está em perigo por causa do que aconteceu. Para sua proteção, ficará trancada no quarto. Mas você não estará sozinha. Vou colocar uma tevê para você se distrair. Quando o Henry estiver em casa, não fale nada, fique calada", pediu a mãe. A menina ainda perguntou se não iria mais à escola. "Melhor não, filha. Diante do que fizeram com você, é melhor não ir mais a lugar nenhum", justificou Aline. Assustada com o tom dramático da mãe, Perolla concordou com a decisão.

À noite, Henry chegou em casa e perguntou se a enteada havia saído do quarto. Aline respondeu que a levara ao médico para confirmar os abusos. Durante o jantar, na frente de Raphael, o padrasto disse à esposa que, a partir do dia seguinte, Perolla começaria a primeira etapa do processo de purificação que culminaria em sua passagem. O menino não entendeu nada. Aline pediu a Henry que esperasse mais tempo, pois não tivera a oportunidade de conviver muito com a filha. A conversa macabra foi interrompida por uma batida na porta da sala.

A melhor amiga do casal era a vizinha de porta, a técnica de enfermagem Mariella Gonçalves, de 28 anos. Entusiasmada com a chegada das crianças, ela foi fazer uma visita. Conseguiu ver apenas Raphael. "Cadê a menina?", perguntou. "Ela está meio adoentada. Está no quarto", desconversou Aline. Com expressão fechada, Henry se levantou da mesa e foi assistir à televisão no quarto. A vizinha percebeu o clima pesado na casa e foi embora, prometendo voltar no dia seguinte.

Enquanto o marido se entretinha com um jogo de futebol, Aline colocou numa caneca uma sopa de carne e legumes, acompanhada de um pão francês, e a levou para a filha. Raphael pediu para dormir com a irmã, mas o padrasto havia determinado que Perolla estava em processo de "limpeza" e precisava ficar reclusa. Depois que todos foram dormir, Henry foi até o quarto da menina e entoou cantos de louvor. Na noite seguinte, o ritual se repetiu.

No período em que esteve confinada, Perolla manteve um diário. Isolada, usava as páginas para registrar o cotidiano do cárcere privado e as dores que sentia. Em 9 de maio de 2019, escreveu sobre uma menina que morava com a avó e, depois, passou a viver com a mãe. No texto, dizia que essa mãe, chamada Aline, fazia coisas erradas porque havia "demônios" dentro dela. A única forma de se livrar dessas criaturas era por meio do jejum, um sacrifício que a própria menina se impunha. Era o primeiro sinal claro de que Perolla havia internalizado o sofrimento físico como forma de purificação religiosa.

No dia seguinte, escreveu "Alice no mundo das mentiras". Relatava a frustração de uma criança constantemente enganada por adultos que prometiam levá-la para passear, mas nunca cumpriam o combinado. A personagem do texto decide se trancar no quarto para planejar uma fuga, mas se dá conta de que as janelas haviam sido seladas com parafusos. O tom da narrativa revelava a solidão e a sensação de abandono que permeavam sua relação com os familiares.

No dia 25 de maio, Perolla escreveu "O dia do raio". Contou que via a mãe, o padrasto e o irmão saírem para passear sem ela. Tentava rezar para não sentir raiva e agradecia pela comida que recebia quando eles voltavam. Dizia que pedia a Deus que um raio a atingisse junto com o irmão, para que ambos pudessem ir para o céu, onde viveriam felizes com os anjos. Acrescentava que não se sentia digna de confiança nem de alegria, acreditando que falhara como filha e como irmã.

Em 4 de julho, Perolla revelou, em outra carta, que chegou a desejar o mal à própria mãe. No Dia das Mães, no entanto, escreveu uma nova mensagem para Aline, agradecendo por tê-la ajudado a "lutar contra os demônios" e por ensiná-la a jejuar para se purificar. A redação escancarava o fato de que a criança havia passado a enxergar os abusos como demonstrações de afeto e cuidado.

Em outro texto, sem data registrada, Perolla escreveu como se estivesse se despedindo: "Acredito que o Criador vai me levar de uma forma repentina, como se um raio me atingisse e eu simplesmente desaparecesse, deixando apenas minha roupa e meus sapatos no chão. Desejo muito que, ao abrir os olhos, eu veja o Criador e os anjos. Sinto que falhei em muitas coisas. Não fui feliz, não me senti livre, não consegui ajudar minha mãe, nem brincar com meu irmão. Não fui uma boa irmã, nem uma boa filha. Não consegui nadar, surfar ou passear com eles. Nem comemorar meu aniversário ao lado do meu irmão D.D.S.S., da minha mãe e do tio. Também não conquistei a confiança deles. Fiz muitas coisas erradas. Mas acredito que, no céu, vou ter uma vida muito melhor ao lado de uma nova família. E vai ser incrível poder viver essa nova vida".

Por fim, um dos textos mais perturbadores encontrados em seu diário, também sem data definida, trazia o título "A vida de P.A.S.S. no sexo". A redação foi feita sob orientação explícita da mãe. Aline ordenava que a filha escrevesse sobre quando começou a "se coçar", se assistia a filmes pornográficos, como eram seus sonhos sexuais, se tinha vontade de fazer sexo e com quem. Nesse texto, Perolla dizia que beijava meninas porque "o Diabo estava em sua cabeça". Revelava ainda que, aos 6 anos, foi beijada por uma tia e por um primo. E que, aos 10, passou a ser estuprada pelo avô. "Ele beijava minha boca e meu sexo. No início eu não gostava. Mas depois fui sentindo prazer. Principalmente quando ele deixava seu leite dentro de mim."

De acordo com um estudo do psiquiatra Táki Cordás, professor dos programas de pós-graduação do Departamento de Psiquiatria da Universidade de São Paulo, a exposição de crianças e pré-adolescentes ao sexo de forma extremamente precoce os torna mais propensos a desenvolver transtornos alimentares, como compulsão (comer demais ou de menos) e bulimia, além de depressão e alterações nas funções cerebrais ainda na infância, comprometendo a relação entre hipotálamo, hipófise e adrenal, o chamado circuito do estresse. Cordás integra o Programa de Pós-Graduação em Neurociências e Comportamento do Instituto de Psicologia da USP e coordena o Programa Ambulatorial Integrado dos Transtornos do Impulso (Pro-Amiti) do Instituto de Psiquiatria do Hospital das Clínicas da Faculdade de Medicina da USP. "A sexualização infantil leva a mudanças de comportamento não apenas na criança, mas em toda a sociedade. Quando o menor se coloca como um objeto desejado, abre-se uma prerrogativa para o assédio e o abuso por parte dos adultos", avalia o médico. A psicanalista Karin Szapiro, mestre em psicologia clínica pela Pontifícia Universidade Católica de São Paulo, associa a sexualidade precoce a uma vida adulta marcada pela dificuldade de experimentar emoções, sobretudo quando o fenômeno decorre de eventos traumáticos, como estupros.

Passados três meses, Perolla continuava trancada no quarto da casa da mãe. Todos os dias, Henry e Aline se revezavam entrando e saindo de lá com comida. Curiosamente, algumas vezes a porta do quarto ficava aberta, mas a menina não saía, condicionada a permanecer ali, mesmo sem tranca. Sentava-se na beira da cama, com olhar perdido, sem reagir aos sons da casa, como se já não reconhecesse mais o direito de circular pelos outros cômodos. Às vezes, o irmão passava no corredor e chamava baixinho por ela, tentando convencê-la a sair, mas ela apenas balançava a cabeça em negativa.

Nas semanas seguintes ao confinamento da garota, Henry explicou a Aline que o processo de purificação exigia etapas bem definidas para testar a submissão e a fé de Perolla antes da passagem final. Inicialmente, ela ainda recebia refeições completas e podia assistir à televisão, para se manter calma e obediente. Aos poucos, no entanto, Henry ordenou que a comida fosse reduzida a sopas leves e frutas, retirou a TV e proibiu que ela falasse com o irmão. A cada mês, as restrições se intensificavam. O jejum se tornava mais prolongado, como uma espécie de provação espiritual. Quando Henry anunciou a antepenúltima fase do ritual satânico, a menina já estava visivelmente enfraquecida, totalmente submissa à ideia de que merecia a penitência.

Numa segunda visita à casa, a vizinha Mariella perguntou por Perolla. Aline mentiu, dizendo que a filha havia voltado a morar com a avó. Àquela altura, Raphael já estava matriculado na escola. Diante do incômodo causado pela vizinha, Henry avisou à esposa que apressaria a penúltima etapa do rito de passagem da enteada. A partir dali, a criança teria de passar os fins de semana em jejum completo: comeria normalmente até a sexta-feira, ficaria sábado e domingo apenas à base de água e só voltaria a se alimentar na segunda.

Ao iniciar essa nova fase, Perolla media 1,53 metro e pesava 38 quilos. Logo nos primeiros fins de semana sem comer, começou a perder peso rapidamente, e a saúde se deteriorou. O mais triste era vê-la implorar por comida, enquanto Henry aumentava o volume de uma caixa de som com música alta para abafar os gritos desesperadores da menina. A barulheira atraiu Mariella mais uma vez, que bateu à porta. Aline a atendeu do lado de fora, pedindo para não ser incomodada. "Não dá para perceber que estamos com problemas familiares?", questionou, irritada. Desconfiada, a vizinha resolver ligar para a polícia.

Na noite de sábado, Perolla já não tinha forças nem para falar. Raphael tentava se comunicar com a irmã pela porta, pedindo que tivesse calma. Ele chegou a implorar à mãe que a alimentasse, mas era solenemente ignorado. Na manhã de segunda-feira, quando enfim pôde comer, a criança estava visivelmente debilitada, mal conseguindo se levantar sozinha. Sentia tontura, caminhava devagar, apoiando-se nas paredes e reclamando de dores nas pernas e na barriga. Aline notava as roupas cada vez mais largas e viu que a filha já passava a maior parte do tempo deitada, sem forças sequer para ficar de pé.

Uma viatura encostou em frente à casa do casal. Henry e Aline atenderam os policiais do lado de fora e foram informados de que os vizinhos haviam se queixado do som alto. Depois de uma promessa de que só ouviriam música no volume adequado, os homens da lei foram embora, como se nada de mais estivesse acontecendo dentro daquela casa.

Henry decidiu acelerar o processo – mas, quando ele não estava em casa, Aline aproveitava para dar à filha o máximo de comida que conseguia, retardando os planos do satanista. Depois de dois dias sem se alimentar, entretanto, Perolla só começava a se recuperar na noite de quinta para sexta-feira. No sábado, porém, o inferno recomeçava com mais um jejum forçado. Ao vê-la agonizando, Aline chorava em silêncio. Para "acabar com o sofrimento" da esposa, Henry anunciou que Perolla seria submetida à fase final do processo de purificação. A partir daquele instante, o jejum seria integral por sete dias. Quando foi submetida a essa tortura, a menina estava trancada no quarto havia cinco meses.

Deitada na cama, inicialmente Perolla pareceu aceitar o destino traçado pela mãe e pelo padrasto. No primeiro dia da última fase, ainda havia alguma reserva de glicose no fígado e nos músculos, que seu corpo consumiu rapidamente, para manter os órgãos vitais funcionando. Ela sentia uma sede insuportável, a boca seca, os lábios rachando, a língua áspera e os olhos ardendo por falta de lágrimas. A cabeça latejava, as mãos tremiam e a garganta queimava. À noite, já febril, ainda conseguiu sussurrar, chamando pela mãe, mas ninguém entrou. Do lado de fora do quarto, Henry e Aline rezavam baixinho, entoando cânticos para que a alma da menina encontrasse a luz, como ensinava a seita.

A vizinha bateu à porta da casa de Aline pela enésima vez, mas foi ignorada. Pelo sim, pelo não, Mirella foi a uma delegacia tentar registrar um boletim de ocorrência. Mas os investigadores não deram a mínima, até porque ela não sabia contar o que, de fato, se passava na casa. Relatou apenas que achava "tudo muito estranho". "Acho que eles mexem com bruxaria", afirmou. Nessa hora, a vizinha foi expulsa da delegacia, sob acusação de intolerância religiosa.

No segundo dia do jejum definitivo, o organismo de Perolla entrou em estado de choque leve. A pressão arterial começou a cair, a urina rareou e escureceu o colchão, pois os rins já sofriam para filtrar o pouco líquido que restava no corpo. A criança mal conseguia manter os olhos abertos, que estavam fundos, ressecados e opacos. Em um impulso de lucidez, juntou o pouco de ar que ainda cabia em seus pulmões e tentou pedir socorro. O som saiu como um fiapo de voz, rouco e fraco, inaudível do lado de fora. A pele ficou fria e pegajosa, com as extremidades arroxeadas devido à má circulação. Suava frio, estremecia, o coração já lento e irregular. Ainda assim, Henry e Aline continuavam do lado de fora, ajoelhados, recitando versículos e pedindo aos anjos que carregassem sua menina ao paraíso.

Preocupada, Mirella começou a esmurrar a porta da casa de Aline, querendo saber o que se passava lá dentro. Dessa vez, quem atendeu foi Henry, que estava nu e portava uma pistola. Ele mirou a arma no rosto da vizinha e fez uma ameaça explícita: se ela voltasse lá, levaria um tiro no meio da cara. Desde então, Mirella nunca mais ousou bater naquela porta.

Enquanto isso, o jejum absoluto de Perolla chegava ao terceiro dia. A consciência da criança oscilava. Ela delirava, alternando murmúrios confusos com períodos de total apatia. O cérebro, faminto de glicose e água, falhava, provocando alucinações e convulsões leves. Os músculos se contraíam, as juntas doíam, o abdômen se retraía em cólicas. Quando conseguia virar a cabeça, via borrões de luz e sombra. Já incapaz de falar, ela apenas gemia de dor, com respiração curta e desigual. O coração batia devagar e fraco, a cada batida mais distante. Os rins entraram em falência total, o sangue foi envenenado pelas próprias toxinas.

Na madrugada, enquanto a mãe e o padrasto dormiam, Raphael saiu pé ante pé pelo corredor escuro. Abriu a geladeira em busca de algo que pudesse ajudar a irmã. Pegou uma caixinha de Toddy gelado e seguiu para o quarto onde Perolla estava morrendo. Ela permanecia imóvel na cama, os olhos entreabertos, a pele já acinzentada, respirando devagar. Raphael aproximou-se. Num gesto desesperado, enfiou o canudinho entre os lábios da menina. Tentou animá-la falando baixinho, mas o corpo dela já não reagia. A língua inchada e os músculos flácidos impediam qualquer tentativa de sugar o alimento. Vendo que não adiantava, ele amassou a caixinha para forçar o líquido a entrar e descer pela garganta da irmã. O achocolatado se acumulou dentro da boca. Sem ser engolido, acabou transbordando, escorrendo pelos cantos dos lábios e pelo queixo. Sentindo um aperto no coração, Raphael abraçou a irmã e a beijou no rosto para se despedir. Saiu do quarto às pressas, antes que Henry acordasse e descobrisse sua tentativa inútil de salvá-la.

Na manhã do quarto dia, Perolla já não reagia a nada. Estava imóvel, com os olhos opacos, emitindo soluços longos e espaçados. Rapidamente a respiração tornou-se irregular, lenta, intercalada por longas pausas, que davam a impressão de que já havia partido. Do lado de fora, Henry apertava as mãos da esposa, com a testa colada à porta, orando para que a alma da menina encontrasse a redenção. Aline chorava, repetindo para si que "aquilo tudo" era para "o bem da filha".

Quando a noite caiu, o corpo de Perolla estava tão frio quanto a parede do quarto. O último fôlego foi um suspiro longo, quase um lamento. As mãos se afrouxaram sobre a colcha, o peito parou de se erguer. Um silêncio pesado encheu o ambiente, quebrado apenas pelas preces murmuradas do casal de assassinos do lado de fora. O processo durou pouco mais de 72 horas desde o início do jejum absoluto até o coração parar de vez. Perolla morreu no dia 24 de outubro, vítima de inanição e desidratação severa, numa morte lenta e dolorosa, enquanto o casal de monstros pedia aos céus que a menina fosse acolhida na luz. Pesava vinte quilos, dezoito a menos do que tinha quando chegou àquele inferno.

Depois que Perolla morreu, Henry e Aline fizeram uma rodada de orações com integrantes da seita Veneno de Deus. Para eles, o corpo da menina já não tinha importância alguma, era apenas matéria descartável. Na visão distorcida dos criminosos, a alma da vítima havia se purificado. Restava apenas livrar-se daquela carcaça sem chamar atenção. Tiveram a ousadia de levar o corpo da criança ao pronto-atendimento da Santa Casa de Ubatuba, alegando que ela havia desmaiado. Ao perceberem o estado físico deplorável da vítima, extremamente magra, sem sinais vitais e com aspecto cadavérico, os médicos recusaram-se a atestar morte natural e acionaram a polícia. O corpo foi encaminhado para exame necroscópico no Instituto Médico Legal, onde o legista constatou desnutrição proteico-calórica de grau III, resultado de meses de privações alimentares e maus-tratos. Enquanto isso, Aline e Henry, que aguardavam do lado de fora fingindo desespero, foram presos em flagrante após as primeiras diligências policiais. Quando soube do crime, Mariella sentiu uma culpa colossal, pois poderia ter salvado a menina.

Na delegacia, o casal assumiu a autoria do crime. Aline confessou que Perolla era submetida a jejuns semanais como forma de castigo e que não tinha autorização para sair de casa. Em interrogatório, a assassina explicou que acreditava naquele castigo como uma forma de corrigir o comportamento da criança, "que era muito sexualizada". Henry também admitiu a prática e tentou isentar a companheira, afirmando que a responsabilidade era exclusivamente dele. O assassino alegou ainda que as medidas tinham o objetivo de educar e disciplinar a menina, negando qualquer intenção de maltratá-la.

Em depoimento na delegacia, acompanhado de uma psicóloga infantil forense, Raphael relatou: "Eu não via a minha irmã sair do quarto para passear com a gente. Achava que ela estava só de castigo. Lá em casa cada um comia em um lugar diferente, porque a casa não era muito espaçosa. A Perolla sempre comia sozinha no quarto. Às vezes ela falava baixinho e pedia comida. Mas não sei ao certo o que era servido, eu não via. Lembro que emagreceu muito. Nas últimas vezes que eu vi a minha irmã, ela já não conseguia nem andar direito. Eu também já fiquei de castigo sem comer, mas era só sem leite ou sem café da tarde. Não era igual com a Perolla". Perguntado sobre como era Aline, o menino, já com 9 anos, respondeu, surpreendentemente: "A minha mãe era amorosa com a gente".

Em junho de 2022, o casal foi submetido ao Tribunal do Júri em Ubatuba. No banco dos réus, os dois monstros mudaram a versão apresentada na fase policial. Orientados pelos advogados, negaram veementemente as acusações. Aline afirmou aos jurados que a filha não era mantida presa e que a alimentação restrita fazia parte de uma reeducação para melhorar sua saúde física e emocional. "Jamais quis fazer mal à minha filha, a quem tanto amava. Na delegacia, fui pressionada psicologicamente a confessar o que eu jamais fiz", afirmou, cinicamente. Henry também negou ter submetido Perolla a jejuns prolongados e cárcere, dizendo que a menina tinha liberdade para circular, que era alimentada quatro vezes ao dia e que a decisão de não matriculá-la na escola visava protegê-la de abusadores. No tribunal, ele tentou novamente assumir a responsabilidade sozinho por algumas decisões para isentar a companheira. Os jurados preferiram acreditar na tese do Ministério Público, segundo a qual o casal agiu deliberadamente para castigar a menina com intenso sofrimento físico e psicológico, matando-a por inanição, configurando crime de tortura com resultado morte. Outros fatores cruciais para a condenação do casal foram o depoimento de Raphael e as redações no diário da vítima, lidas em voz alta no tribunal. O casal foi condenado a trinta anos de prisão e levado para Tremembé. Em qualquer outra penitenciária, os dois não sobreviveriam um dia sequer.

A besta-fera de Santo André

Na noite de 27 de janeiro de 2020, Anaflávia Martins Meneses Gonçalves, então com 24 anos, colocou em prática um plano diabólico, meticulosamente preparado ao longo de semanas, para exterminar a própria família. Ao lado da namorada, Carina Ramos de Abreu, de 27 anos, com quem mantinha uma relação marcada por ciúme obsessivo e submissão emocional, comandou uma chacina movida pela cobiça, com o objetivo de se apropriar dos bens familiares. À custa de muito trabalho, o casal Romuyuki Veras Gonçalves, de 43 anos, e Flaviana de Meneses Gonçalves, de 41, pais da assassina, havia conquistado uma casa modesta no condomínio Morada Verde, na periferia de Santo André; outra de veraneio na Praia Grande, litoral paulista; um Jeep Compass avaliado em 160 mil reais; e dois quiosques da franquia Água de Cheiro, um no Shopping Plaza, em São Bernardo do Campo, e outro no Shopping Mauá. Além desses bens, a jovem também planejava colocar as mãos na herança deixada pelo pai de Flaviana, no valor de 85 mil reais.

Para executar a empreitada, Anaflávia e Carina cooptaram três cúmplices próximos. Assim, completaram o bando de facínoras os irmãos

Juliano Oliveira Ramos Junior, de 22 anos, e Jonathan Fagundes Ramos, 23, primos de Carina, além do amigo deles, Guilherme Ramos da Silva, 19. O casal de lésbicas assassinas prometeu aos três uma quantia total de 35 mil reais, tirados dos 85 mil reais que elas acreditavam estar guardados no cofre dos pais de Anaflávia. Juliano e Guilherme receberiam 15 mil reais cada um, enquanto Jonathan ficaria com 5 mil, por um serviço extra a ser combinado depois.

Calculista, Carina pesquisara na internet, na noite de Natal, como resgatar seguro de vida em casos de homicídio. Ela acreditava que o sogro tinha uma apólice no valor de 150 mil reais contratada no Banco Santander. Também orçou, usando as medidas exatas (47 m²), a troca do carpete do pavimento superior da residência das vítimas por um piso vinílico, tipo de revestimento feito à base de PVC, "muito chique" na avaliação das duas crápulas. "Sempre achei o piso da sua casa meio cafona", comentou Carina com a namorada, sinalizando a convicção de que em breve seria dona do imóvel.

Conforme combinado, o crime ocorreu no primeiro mês de 2020. Às 17h58, câmeras de segurança do condomínio registraram Anaflávia chegando em seu Palio cinza com os três comparsas escondidos no banco traseiro, para uma rápida inspeção no imóvel, que estava vazio. Eles fizeram um reconhecimento do ambiente e identificaram a localização do cofre. Em menos de cinco minutos, o carro deixou o condomínio e o grupo passou a aguardar em um quiosque do lado de fora.

O carro de Anaflávia teria sido um dos estopins para o crime. Romuyuki havia dado o veículo de presente à filha em 23 de agosto de 2018. Um mês depois, o Palio foi transferido para o nome de Carina. Ao descobrir a troca, Romuyuki proibiu a entrada da companheira da filha no condomínio, alegando que ela manipulava Anaflávia para se apropriar dos bens da família.

Às 19h38 do dia do crime, Anaflávia voltou sozinha e ficou em casa. Em seguida, Carina chegou a pé no condomínio, vestindo calça jeans e casaco com capuz e fumando um cigarro. Como estava proibida de entrar na casa, ficou sentada discretamente no bolsão de estacionamento, aguardando o sinal da namorada para invadir o imóvel.

Pouco depois, chegaram Romuyuki e Juan, o filho caçula. As cachorras da família, a vira-lata Belinha e a *shih tzu* Giulia, recepcionaram os dois com festa. O pai foi preparar o jantar, que incluía frango empanado frito em óleo quente, arroz e molho branco. Na mesa, já posta para quatro pessoas, havia uma garrafa de vinho tinto e três taças. Enquanto isso, Anaflávia jogava *videogame* com o irmão.

Quando percebeu que o momento era oportuno, Anaflávia saiu para fumar na frente da casa, dando o sinal combinado para os cúmplices. Juliano, Jonathan e Guilherme entraram logo em seguida, encapuzados e armados, simulando um assalto. Para justificar a presença de Carina, eles a levaram como se fosse uma refém rendida. Com o excesso de estranhos na casa, Belinha e Giulia escaparam para a rua, assustadas.

As cenas seguintes foram de brutalidade revoltante. Juliano ordenou que Anaflávia, Carina e Juan ficassem trancados no banheiro, no andar de baixo. O adolescente teve os pulsos amarrados com cadarços de sapatos. Dominado, Romuyuki foi levado ao quarto do casal, no piso superior. Sem que ninguém dissesse nada, Jonathan abriu o guarda-roupa, afastou cabides com camisas e casacos e localizou o cofre. Aos gritos, Guilherme exigiu que Romuyuki revelasse a combinação numérica. Mas apenas a esposa sabia a senha. Num acesso de fúria, Juliano desferiu uma coronhada na parte de trás da cabeça dele, causando afundamento do crânio. O golpe atingiu o osso occipital. Mesmo sangrando bastante, Romuyuki permaneceu consciente, de joelhos, com o tronco inclinado sobre a cama. Guilherme desceu até o banheiro e arrastou Juan para o quarto principal. O garoto entrou em pânico ao ver o pai caído sobre a cama com a cabeça esmagada.

Juliano colocou Juan de joelhos ao lado do pai. Em seguida, ameaçou Romuyuki com uma escolha cruel: "Você prefere abrir o cofre ou ver seu filho levando uma coronhada na cabeça?". O desespero ficou estampado no rosto do pai, que implorou: "Pelo amor de Deus. Eu não sei a senha. Se soubesse já teria repassado. Mas não bata nele, eu te imploro. Bata novamente em mim, mas nele não". Juliano, impassível, atingiu a têmpora do menino com uma coronhada. Romuyuki entrou em estado de choque, letárgico, incapaz de reagir. Pai e filho receberam alternadamente uma sequência de pancadas violentas na cabeça. Os gritos eram ouvidos na casa toda.

Às 22h18, Flaviana chegou do trabalho no Jeep Compass e adentrou a casa segurando as cachorras de estimação, recolhidas da rua, assustadas. Mal a porta se abriu, ela foi rendida por um dos agressores, que apontou a arma de fogo para seu rosto. "Basta um tiro para os seus miolos estourarem", gritou Guilherme. A mãe também teve as mãos amarradas, com fios de carregador de telefone. Os olhos foram vendados com fita adesiva e ela foi levada até o quarto do casal, onde ordenaram que destravasse o cofre. Flaviana informou a senha. Jonathan abriu e ficou surpreso. O cofre estava vazio, para frustração dos criminosos. Irritado, Guilherme desferiu pelo menos dez golpes violentos na cabeça da mulher, enquanto ela permanecia amarrada e vendada no chão do quarto.

O trio de assassinos desceu até o banheiro e revelou ao casal de lésbicas que não havia um tostão no cofre. Estavam irritadíssimos diante da expectativa de ficar sem o pagamento combinado. Decidida, Anaflávia garantiu que ninguém acabaria no prejuízo. Em voz alta, a filha ordenou o assassinato da família inteira. "Deu merda! Vamos matar todo mundo", disse ela várias vezes. Carina tomou a frente da execução, ponderando que seria importante executar os três, para que o seguro de vida de Romuyuki ficasse integralmente com a namorada. A partir daquele momento, a violência escalou de forma desmedida, expondo uma selvageria bestial, impossível de ser explicada à luz da humanidade.

Flaviana foi escolhida para morrer primeiro. Carina montou no corpo da sogra, com um joelho de cada lado do tronco, imobilizando-a no chão. Pressionou firmemente um pano embebido em água sanitária no rosto dela, que imediatamente começou a estrebuchar, soltando um gemido rouco enquanto os vapores cáusticos queimavam suas narinas, a garganta e os olhos. Nos primeiros minutos, Flaviana ainda lutava com força. Braços e pernas se agitavam convulsivamente, tentando livrar-se da assassina. "Me ajuda a matar essa vaca, caralho! Ela tá se contorcendo toda, vai acabar escapando", gritou Carina, sem aliviar o peso do corpo. Sem demonstrar constrangimento, Anaflávia entregou uma sacola plástica de supermercado à companheira e segurou as pernas da mãe para facilitar a execução. Carina concluiu sufocando a vítima com o saco. "Vai com o diabo!", gritou, ao confirmar que Flaviana não respirava mais.

Espancado pelo trio com golpes violentos na cabeça, Juan ainda se debateu, tentando escapar. Fez tanta força para sobreviver que urinou na roupa. Romuyuki, já bastante debilitado por causa das coronhadas anteriores, não demorou para sucumbir; morreu por traumatismo craniano com exposição de massa encefálica e o rosto inteiramente deformado. Segundo relato de Jonathan, um pedaço da arcada dentária caiu sobre o tapete, tamanha a truculência. Ao final do massacre, os assassinos ainda beberam o vinho que estava na mesa para o jantar da família. Anaflávia e Carina se beijaram para comemorar o êxito. Restava apenas se livrar dos corpos.

Os homicidas arrastaram os cadáveres, um a um, até o pavimento inferior e os colocaram no porta-malas do Jeep Compass. Carina e Anaflávia limparam os vestígios de sangue e arrumaram a casa antes de sair. Por volta da uma da madrugada do dia 28 de janeiro, os dois veículos, o Palio de Anaflávia e o Compass, conduzido por Carina, saíram do condomínio, deixando as cachorrinhas da família na rua. No porta-malas do Jeep estavam os corpos das três vítimas. Jonathan, Juliano e Guilherme seguiam agachados no banco traseiro. Carina vestia uma camiseta de Flaviana para simular que era a dona do carro que o dirigia.

Duas horas depois, Jonathan usou um Palio preto para cumprir o serviço extra pelo qual ganharia 5 mil reais. Ele parou em um posto Ipiranga e comprou vinte litros de gasolina, armazenados em um galão de plástico. Anaflávia, ao lado dele, foi quem pagou pelo combustível. De lá, a dupla seguiu para uma estrada de terra batida conhecida como Montanhão, numa área deserta de São Bernardo do Campo. Carina aguardava sozinha no Compass com os corpos das vítimas.

Anaflávia desceu do carro e despejou a gasolina sobre os cadáveres da mãe, do pai e do irmão. Para garantir a perda total do carro e ficar com o dinheiro do seguro, também jogou gasolina no interior do veículo. Quem ateou fogo foi Jonathan. Ele fumava um cigarro e, ao se aproximar do carro, jogou a bituca lá dentro. Uma forte explosão lançou labaredas pelas janelas e atingiu 20% do corpo dele, queimando metade do rosto, o ombro direito e parte do peito. Os pelos da sobrancelha e do tórax, além de boa parte dos cabelos, ficaram chamuscados. Mesmo com a derme derretendo, ele não quis ir ao pronto-atendimento, com receio de sair de lá preso. Carina passou a noite cuidando do comparsa, passando manteiga na queimadura e aplacando a dor com um ventilador.

O primeiro a ser preso foi Juliano, que confessou tudo. Em seguida, Guilherme foi capturado. Depois Jonathan, ainda com queimaduras pelo corpo, foi localizado. Por fim, Anaflávia e Carina também foram presas. Submetidos ao Tribunal do Júri, os assassinos receberam penas proporcionais à brutalidade dos crimes, que incluíram triplo homicídio qualificado, roubo, tortura, cárcere privado, ocultação e destruição de cadáveres, além de participação em organização criminosa. As qualificadoras reconhecidas foram motivo torpe, meio cruel e impossibilidade de defesa das vítimas. Anaflávia foi condenada a 85 anos de prisão, Carina a 74 anos e Guilherme a 54 anos. Os irmãos Juliano e Jonathan, que assumiram participação no roubo e apontaram Anaflávia como a mentora dos assassinatos, foram condenados a 65 e 56 anos de prisão, respectivamente.

O casal de lésbicas cumpre pena no regime fechado de Tremembé. Numa carta escrita com caneta de tinta vermelha dentro da prisão, em 2020, Carina contou que sua vida era marcada por solidão, controle e um ambiente hostil. Logo ao chegar, sentiu-se devastada por estar afastada das filhas e da família, mas tentou se apegar à rotina para suportar o encarceramento. As regras rígidas do convívio entre as detentas, as disputas veladas e a falta de privacidade compunham um cotidiano difícil. Carina descreveu que vivia sob vigilância constante, sem liberdade para se misturar ou fazer amizades no pátio, por medo de represálias e para não chamar a atenção das outras presas. A cela que dividia com mais quatro mulheres era um espaço opressor, onde não havia lugar para a individualidade. Cada movimento era observado e cada aproximação com alguém era interpretada como uma afronta por parte de quem detinha poder dentro do ambiente. Por isso, ela passou a se isolar, acreditando que o silêncio e o distanciamento a protegeriam de problemas maiores.

No início, Anaflávia e Carina mantiveram o namoro de forma discreta em Tremembé. Embora estivessem em celas diferentes, elas se encontravam durante as duas horas diárias de banho de sol no pátio, único momento em que podiam se ver. Ainda assim, eram proibidas de trocar carícias ou demonstrar afeto, o que tornava a relação cada vez mais tensa.

Carina relatou na carta que Anaflávia, ciumenta e possessiva, a impedia de manter contato com outras mulheres na penitenciária. Com isso, as duas ficavam lado a lado durante todo o banho de sol. Para não gerar atritos nem alimentar fofocas, a assassina obedecia às ordens de Anaflávia. Evitava conversas e mantinha-se calada. "No começo, enxergava na minha companheira uma aliada para suportar a vida atrás das grades. Acreditava que receberia amor, carinho e proteção. Com o tempo, porém, a relação se transformou em um tormento. Anaflávia passou a ditar como eu deveria me comportar e o que podia ou não fazer. Criticava minha aparência", escreveu.

Logo a convivência passou a ser marcada por ciúme, humilhação e brigas silenciosas. Anaflávia mantinha relacionamentos simultâneos com presas de outras celas, mas exigia que Carina lhe fosse fiel e submissa. "Nem quando estava em liberdade fui tão pisoteada. Em um ano, a Anaflávia estava adaptadíssima à vida de prisioneira, enquanto eu me sentia uma extraterrestre naquele ambiente", escreveu Carina em outra carta.

O romance começou a ruir de vez quando tiveram início as audiências do processo, nas quais ambas passaram a se acusar mutuamente para tentar reduzir suas próprias responsabilidades no triplo homicídio. Nesse período, Carina descobriu que Anaflávia já mantinha um relacionamento com sua colega de cela, Melissa Dias, de 25 anos. "Por um tempo, ela manteve o namoro com as duas, fazendo ciúme e intrigas para que nós a disputássemos. Mas resolvi cair fora. Mereço coisa melhor", ressaltou Carina.

O suplício das almas

Dentro de Tremembé, a chamada guerra santa transformou o pátio e os corredores da penitenciária em um campo de disputa entre diferentes vertentes religiosas. No passado, a Igreja Católica predominava no presídio por meio da Pastoral Carcerária, uma das organizações não governamentais mais relevantes no acolhimento de presos. Atuava levando a mensagem do Evangelho, promovendo a dignidade humana de detentos e familiares e oferecendo apoio jurídico aos que não tinham advogado, além de lutar por melhores condições de vida e defender os direitos humanos.

Com o tempo, os evangélicos passaram a dominar o cenário religioso nas prisões, com uma atuação mais agressiva e bem mais expansiva. Enquanto a Igreja Católica mantinha uma presença discreta, protocolar e tradicional, denominações como a Universal do Reino de Deus e a Assembleia de Deus conquistaram espaço ao afirmar que os detentos eram manipulados pelo diabo para cometer crimes hediondos e que só poderiam ser salvos pela fé. Esse discurso direto e combativo rapidamente conquistou boa parte da população carcerária, consolidando o domínio das igrejas evangélicas sobre a vida espiritual em Tremembé.

Os evangélicos se destacaram no complexo penitenciário pela capacidade de formar lideranças dentro da própria prisão. Pastores da Universal passaram a ordenar detentos como responsáveis por recrutar companheiros durante atividades coletivas, como o banho de sol. A estratégia fortalecia a presença das congregações no cotidiano do presídio e ainda atraía católicos para suas fileiras. Cada cela e galeria contava com ao menos um desses representantes, encarregados de organizar cultos, orientar novos convertidos e expandir o número de adeptos. Assim, a dita guerra santa se consolidava diariamente, com as denominações evangélicas ganhando espaço por meio de uma rede bem estruturada de líderes internos.

Com tantas religiões disputando a alma dos detentos, a administração de Tremembé precisou se adaptar à presença crescente de diferentes congregações atuando dentro da penitenciária. Para organizar essa diversidade de cultos, a antiga capela católica foi transformada em um espaço ecumênico, aberto a todas as crenças. Um calendário rigoroso passou a regular o uso do local, garantindo a cada grupo um dia específico para reunir seus fiéis. Havia espaço para todas as correntes, inclusive congregações pequenas, pouco conhecidas e religiões de matriz africana, como a umbanda. Nesse caso, porém, os rituais eram realizados em uma área externa, já que o som dos atabaques incomodava inclusive os funcionários.

Entre 2014 e 2024, quem acabou roubando a cena e conquistando cada vez mais fiéis dentro de Tremembé foram os espíritas. A doutrina cresceu entre os detentos com a promessa de oferecer algo que nenhuma outra religião propunha: a possibilidade de um encontro metafísico entre o assassino e sua vítima, para que houvesse perdão e reconciliação. Essa proposta tocava fundo em muitos presos condenados por assassinato e atraía inclusive aqueles ligados a outras crenças, já que o espiritismo não exigia conversão imediata nem o abandono da religião de origem. O movimento ganhou tanta força que um espaço da penitenciária passou a ser conhecido como "a cela dos espíritos", onde os adeptos se reuniam para estudar e realizar os encontros mediúnicos.

O espiritismo é uma doutrina religiosa fundada no século XIX pelo educador francês Allan Kardec. Ele definiu o movimento como uma combinação de religião, filosofia e ciência de observação, baseada na comunicação entre o mundo dos vivos e o mundo espiritual. Segundo Kardec, os seres humanos são espíritos imortais que habitam temporariamente um corpo físico e reencarnam sucessivas vezes, para aprender, evoluir moralmente e reparar erros do passado.

A prática espírita inclui o estudo do Evangelho, preces coletivas, passes energéticos e sessões mediúnicas, nas quais pessoas com sensibilidade para perceber espíritos – os médiuns – servem de intermediárias para mensagens vindas do plano superior. A crença central é a de que ninguém está condenado para sempre e que todos terão a oportunidade de melhorar e se reconciliar com as vítimas de seus erros, mesmo que isso leve várias vidas.

Diferentemente de outras religiões, a doutrina não impõe rituais complexos, conversão formal nem hierarquia rígida. Baseia-se na caridade, no perdão e no progresso espiritual como caminhos para alcançar a paz e a harmonia com as leis de Deus.

Como era de esperar, a proposta kardecista encontrou terreno fértil entre os criminosos, oferecendo exatamente o que muitos deles mais desejavam: a chance de se reconectar com suas vítimas para pedir perdão. Essa promessa de reconciliação atraiu assassinos atormentados pela culpa, ansiosos por uma forma de aliviar o peso dos crimes que cometeram. Uma das integrantes da cela dos espíritos era Melissa, com quem Anaflávia se envolveu após romper com Carina. Foi ela que apresentou Anaflávia à doutrina e a levou para o grupo espírita. Na mesma galeria também estavam Aline, condenada por matar a própria filha, Perolla, ao deixá-la morrer de fome, e Tatiana Ferreira Lozano, que assassinou o filho, Itaberli Lozano Rosa, de 17 anos, com uma facada no pescoço, apenas por ele ser gay. Essas três mulheres – Aline, Anaflávia e Tatiana – entraram no espiritismo justamente com o objetivo de buscar suas vítimas, ainda que em espírito, e suplicar pelo perdão que jamais conseguiriam em vida.

A cela dos espíritos de Tremembé ganhou notoriedade nacional depois que a mídia passou a divulgar a história de que Suzane von Richthofen teria recebido uma carta psicografada da mãe, Marísia, assassinada por Cristian Cravinhos a mando dela, em 2002. O canal *O Espiritualista*, no YouTube, e os portais *Terra* e Metrópoles reproduziram na íntegra a mensagem atribuída a Marísia, que surpreendeu pela postura de perdão e amor incondicional em relação à filha assassina.

A carta psicografada endereçada a Suzane dizia:

> *"Minha querida filha, escrevo estas palavras em aflição, mas também cheia de esperança e amor incondicional por você. Mas quero que saiba, acima de tudo, que eu a amo e sempre amarei. Não importa quais erros tenha cometido. Nossa querida filha, Suzane von Richthofen, não possui qualquer cumplicidade no crime que abala este tribunal.*
>
> *Ela própria foi vítima de influências malévolas, de mentes que a conduziram por caminhos obscuros. Foi a mão do destino que determinou que nosso ciclo terreno chegasse ao fim da forma que aconteceu, como uma lição que todos devemos compreender, que a vida e a morte estão nas mãos de Deus.*

Minha filha, acredito que esses erros não definem quem você é e acredito que você é capaz de se redimir, de encontrar o caminho certo. Não estou aqui para julgá-la, mas para apoiá-la em sua caminhada de transformação. Sei que está arrependida e quer fazer as pazes consigo mesma e com os que magoou. Não importa o que aconteça, nós amamos você".

Segundo a doutrina espírita, o perdão de uma vítima a seu assassino é um gesto natural para almas que já alcançaram certo grau de amadurecimento espiritual. Após a morte, a alma não deixa de existir, apenas passa para outro plano, onde permanece por um tempo em processo de aprendizado e reflexão sobre a última encarnação. Mais tarde, reencarna para dar continuidade à própria jornada de aperfeiçoamento. Manter-se presa ao passado, nutrindo rancor ou desejo de vingança contra quem lhe causou sofrimento, impede a alma de progredir e a prende a uma etapa que já deveria ter sido superada. Por isso, perdoar se torna uma forma de se libertar do peso emocional e seguir adiante no caminho da transformação interior. Esse perdão, no entanto, só se manifesta por parte de espíritos que já alcançaram maior compreensão, algo que geralmente leva tempo após o desencarne. Os menos adiantados tendem a permanecer ligados ao ódio por muitos anos antes de reconhecer no perdão a chave para a própria paz.

Além disso, o perdão também seria favorecido pela condição em que alguns espíritos já se encontram no plano espiritual. Muitas vezes eles já reencarnaram em novas vidas bem estruturadas, com outros vínculos afetivos e experiências. Com isso, já não têm motivos para permanecer ligados a conflitos do passado. Vivendo novas emoções e outros amores, esses espíritos enxergam pouco sentido em nutrir ressentimentos por episódios que já ficaram para trás, reforçando ainda mais a disposição para o perdão. Esse desprendimento é visto como um sinal claro de evolução e de desapego às dores da existência anterior.

Numa tarde de segunda-feira, dezesseis mulheres integrantes da cela dos espíritos se reuniram no espaço ecumênico de Tremembé para mais uma sessão mediúnica. A líder era Luiza Motta, presa de 48 anos condenada por ter atropelado e matado um homem enquanto dirigia embriagada. Os encontros eram sempre conduzidos com rigor e respeito ao ritual. O uniforme, composto por camiseta branca e calça bege, reforçava a simplicidade do ambiente. As mulheres se acomodavam ao redor de uma mesa retangular coberta por uma toalha clara, mantendo sempre uma postura silenciosa e disciplinada e um clima de introspecção.

Antes do início, Melissa, sentada ao lado de Anaflávia, leu um trecho de *O Evangelho segundo o Espiritismo*, seguido de uma prece coletiva pedindo amparo aos bons espíritos e proteção para todas as mulheres presentes. Algumas participantes fecharam os olhos e oraram em silêncio, enquanto outras escreviam mensagens atribuídas a espíritos desencarnados. O clima era sereno, marcado pela fé, na possibilidade de reconciliação e progresso moral.

Naquela tarde, todas sabiam que o momento mais esperado ainda estava por vir. Tatiana, emocionada, aguardava ansiosa por uma comunicação mediúnica do filho, Itaberli. O ambiente ficou ainda mais carregado de emoção quando Luiza, a médium-líder, se concentrou para receber a mensagem. As detentas em volta prenderam a respiração enquanto a psicografia começava a se formar no papel, dando início ao encontro sobrenatural.

Antes, é bom lembrar o que Tatiana fez com o filho de 17 anos. Homofóbica, a assassina não aceitava a orientação sexual do rapaz. Ainda criança, ele já demonstrava interesse por bonecas, maquiagem e roupas femininas, o que para a mãe era motivo de vergonha. Os conflitos entre os dois se intensificaram ao longo dos anos, com agressão física, humilhação pública e expulsão de casa. Em dezembro de 2016, depois de prometer uma reconciliação com o filho, Tatiana armou uma emboscada e contratou dois rapazes para espancá-lo. Ao ver Itaberli caído e ferido, ela mesma desferiu três facadas no pescoço do filho, matando-o no chão de casa. Depois, com ajuda do marido, queimou o corpo em um canavial, para tentar apagar os rastros do crime. Esse histórico brutal de rejeição e violência marcou profundamente a trajetória de Tatiana e explica por que o encontro mediúnico com Itaberli, anos depois, seria tão carregado de dor e expectativa.

Durante a sessão, a médium Luiza Motta manteve-se em profundo estado de concentração, enquanto as demais detentas permaneciam em silêncio, formando uma corrente de preces e vibrações positivas, como orienta a doutrina espírita. A mesa estava preparada para o ritual, o ambiente era sereno e a energia do grupo voltava-se para a harmonia. Pouco a pouco, Luiza começou a escrever com a mão direita, em traços firmes, até que anunciou a presença de Itaberli no local. Com voz calma, explicou que o espírito do rapaz havia sido amparado e esclarecido após seu desencarne, o que lhe permitia agora retornar para perdoar a mãe e seguir seu próprio caminho de amadurecimento da alma.

Tatiana, cabisbaixa, ouvia cada palavra com lágrimas escorrendo pelo rosto. Luiza transmitiu a mensagem ditada por Itaberli: ele compreendia as limitações humanas da mãe, já não carregava ressentimentos e dizia que sua dor havia sido transformada em aprendizado. No final, pela mão da médium, deixou uma frase que fez a sala inteira se comover: *"Mãezinha, lembra que, um pouquinho antes de você me desencarnar, eu disse que te amava? Isso continua valendo, viu?"*.

De acordo com os princípios do espiritismo, a mensagem de Itaberli ressaltava que o perdão não apaga a responsabilidade pelos atos, mas liberta quem perdoa e quem é perdoado para prosseguir em frente. Tatiana permaneceu em prantos, agradecendo ao filho em pensamento, consciente de que aquele encontro representava para ambos um passo importante no caminho da sua redenção.

Numa tarde abafada, a mesa mediúnica foi novamente preparada no espaço ecumênico para receber Aline. A líder do grupo conduziu a abertura novamente com a leitura de *O Evangelho segundo o Espiritismo*, seguida da prece protocolar. Aline estava lívida, os olhos fixos no caderno e na caneta Bic postos sobre a toalha branca que cobria a mesa retangular, tentando conter a ansiedade, enquanto as médiuns se concentravam. O ambiente permanecia silencioso, exceto pelo som baixo de uma prece repetida em coro pelas internas.

De repente, um temporal desabou sobre Tremembé, revelando goteiras no telhado do espaço ecumênico. Em poucos minutos, o chão e a toalha ficaram encharcados, enquanto raios e trovoadas reforçavam o clima pesado. No meio do caos, Luiza pegou a caneta e iniciou a psicografia. Sua mão deslizava rápido, quase compulsiva, rabiscando palavras de Perolla endereçadas a Aline. Quando terminou, Luiza leu e não quis reproduzir a mensagem em voz alta. Entregou o papel à destinatária, dizendo apenas: "Leia você mesma".

A mensagem de Perolla era clara e dura: *"Não vou te perdoar! Nem agora, nem nunca!"*. Em estado de choque, Aline parou de ler a mensagem da filha. A menina, por meio da médium, explicou que ainda se sentia presa ao sofrimento e incapaz de se libertar da crueldade que lhe fora imposta. Escreveu que não encontrava forças para compreender nem aceitar o que lhe acontecera nas mãos de quem deveria protegê-la. "Ainda sinto dor, revolta e uma mágoa que me consome. Não consigo enxergar em você nenhuma sinceridade, nenhum arrependimento. Aos meus olhos, continua sendo a mesma mulher que me deixou definhar sem piedade. Não espere de mim o perdão que você não merece. [...] Não estenda a mão para mim como se fosse fácil. Por enquanto, só posso pedir que ore por mim e por você, mas saiba que essas orações não limpam as marcas que você me deixou".

Dessa vez, a sessão terminou sem aplausos nem palavras. Aline continuou sentada por alguns minutos, tentando assimilar o peso de não ter recebido o perdão da filha. A negativa ecoava como uma lição de humildade e paciência, um lembrete de que, na doutrina espírita, nem todas as feridas se curam no tempo terreno. Até então, Anaflávia acreditava que todos os espíritos que baixavam na mesa branca estavam dispostos a perdoar. "*Nem sempre, amor. Isso depende de muitos fatores*", explicou Melissa à namorada. A assassina não escondia a aflição, pois sabia que na próxima sessão seria sua vez de enfrentar os pais e o irmão que ela mesma matara.

De acordo com *O livro dos espíritos* e *O livro dos médiuns*, os espíritos que se manifestam em reuniões mediúnicas variam muito em grau de esclarecimento e maturidade moral. Nem todos alcançaram a lucidez ou o desprendimento necessário para perdoar e seguir adiante. Muitos ainda permanecem presos às paixões humanas, às mágoas e ao desejo de vingança. Por isso, durante uma sessão, um espírito pode indicar, através do médium, que ainda não perdoou, que continua sofrendo ou que está revoltado com o que lhe aconteceu. Isso não é visto como uma falha do ritual, mas como um indicativo de que tal espírito ainda precisa de tempo e de auxílio para compreender as leis do perdão e da evolução ultraterrena.

Ainda arrasada, Aline ouviu de Melissa, na cela dos espíritos, uma explicação reconfortante: "*Um dos propósitos dessas reuniões é justamente consolar as almas sofredoras, oferecendo-lhes orações, esclarecimento e vibrações de amor para ajudá-las a se libertar desses sentimentos. A doutrina espírita não força ninguém a perdoar, porque entende que o livre-arbítrio e o amadurecimento moral de cada um devem ser respeitados. Às vezes, esse processo de cura é lento e pode levar décadas, ainda mais quando se trata de uma criança*".

Aline, no entanto, não gostou da explicação da médium assistente. Saiu da capela com o semblante fechado e sentou-se a um canto do pavilhão rangendo os dentes, revoltada. Na sessão seguinte, nem compareceu. Para as colegas, reclamava em tom baixo pelas galerias de Tremembé. "Como pode? A Tatiana esfaqueou e queimou o filho e é perdoada. E eu, que só queria salvar a alma da minha menina, sou tratada como um monstro? Isso aqui é um circo!", esbravejou. Na sequência, passou a criticar abertamente Luiza Motta, insinuando que ela manipulava as mensagens conforme sua simpatia por determinadas internas. "Já dividi cela com essa espírita de araque. Nunca me dei bem com essa bruxa. Já brigamos até por causa de um sabonete. Agora quer dar uma de superior, que conversa com os mortos e tal. Tudo mentira!", disparou, com raiva. "É que sua filha ainda está no Umbral", ponderou uma integrante da cela dos espíritos.

No espiritismo, o Umbral é descrito como uma região extrafísica de sofrimento e perturbação para onde vão, temporariamente, os espíritos desencarnados que ainda permanecem fortemente ligados às paixões, vícios, ódios, culpas ou apegos materiais. Não se trata de um inferno eterno, mas de um plano intermediário, reflexo do estado mental e moral do próprio espírito. Ali os desencarnados permanecem até que consigam, por arrependimento e esforço de regeneração, se libertar das próprias sombras e ser resgatados para regiões mais elevadas. O Umbral é retratado em obras como *Nosso Lar*, de Chico Xavier (pelo espírito André Luiz), como um lugar de dor moral, trevas e desorientação, mas sempre transitório.

Volta e meia, as líderes da cela dos espíritos deturpavam a doutrina de Allan Kardec. No entendimento espírita, uma criança de 11 anos que desencarna, mesmo em circunstâncias trágicas, como a fome, a exemplo do que aconteceu com Perolla, não poderia ser levada ao Umbral. Espíritos infantis, ainda em estado de pureza relativa ou sem consciência moral plena de seus atos, são recolhidos por benfeitores espirituais e acolhidos em colônias ou hospitais do plano superior, onde recebem cuidados e são preparados para novas etapas de sua evolução. A própria codificação kardecista explica que o sofrimento físico vivido na Terra não define por si só o destino espiritual.

Isso ocorre porque o espírito de uma criança, embora já seja um espírito antigo em processo de reencarnação, ainda não carrega a autonomia moral para ser responsabilizado ou punido como um adulto. Mesmo que traga débitos de outras vidas, ao desencarnar jovem ele é tratado com misericórdia, assistência e orientação para que, ao atingir maior consciência, possa responder por suas escolhas. Por isso, de acordo com o espiritismo, a criança vítima de maus-tratos jamais seria condenada a vagar no Umbral, como disse a médium de Tremembé. Ela seria amparada com amor em esferas superiores.

Enquanto se desenvolviam conflitos na cela dos espíritos, Anaflávia e Melissa viviam uma história de amor delicada. Como não moravam na mesma cela, tinham só o momento das atividades coletivas para se relacionar. Ainda assim, muito discretamente. Se uma policial penal flagrasse as duas se beijando, por exemplo, seriam mandadas imediatamente ao "pote", a cela de castigo individual. Melissa já estava pleiteando o regime semiaberto, ou seja, logo mais se mudaria para o prédio vizinho, onde passaria a dormir em um beliche dentro de um galpão coletivo, sem celas nem grades. "Lá tem a gaiola do amor, né? As mulheres podem se casar e dormir juntinhas. Ai, que sonho!", vislumbrou Anaflávia. Melissa, porém, deixava claro que um namoro jamais resistiria à liberdade do novo regime, ainda mais que ela teria as saidinhas temporárias. "Amor, não vou te iludir. Não tem como continuar a nossa relação depois que eu sair daqui. Vamos aproveitar o momento", aconselhou Melissa.

Romântica, Anaflávia perguntou se a namorada a esperaria no semiaberto. "Até lá, poderíamos ficar trocando cartas", propôs. Nessa hora, sua namorada riu. "Meu amor, você não sabe fazer contas?", provocou. Em seguida, a médium pegou papel e caneta e começou a explicar. "Veja bem: você foi condenada a 85 anos. Como ré primária, a lei prevê que você só pode progredir para o semiaberto depois de cumprir pelo menos 40% da pena, o que dá mais de trinta anos. E a conta começa a partir da sua prisão, em 2020. Então, você só vai poder migrar para o semiaberto em 2053, aos 58 anos de idade, isso se você não aprontar nada aqui dentro e sofrer punições que aumentem sua pena", explicou, didaticamente. "O que eu mais gosto em você é seu papo reto, sem dourar a pílula", retrucou Anaflávia, resiliente.

Para ser promovida ao semiaberto, Melissa teria de enfrentar várias etapas jurídicas. A primeira delas seria passar pelo exame criminológico, uma avaliação feita por uma equipe composta por psicólogo, psiquiatra e assistente social para verificar se a detenta apresenta condições emocionais e sociais para cumprir a pena em um regime menos rigoroso. Esse exame busca identificar sinais de arrependimento, equilíbrio e capacidade de convivência fora do regime fechado, servindo de subsídio para o juiz decidir sobre a progressão. A médium cumpria pena de 26 anos por ter matado a avó a marteladas porque a senhora implicava com sua dependência química. Quando não estava bêbada, Melissa vivia sob o efeito de cocaína – muitas vezes, dos dois ao mesmo tempo. A avó, de 75 anos, trabalhava durante a madrugada vendendo vasos na Feira de Flores da Companhia de Entrepostos e Armazéns Gerais de São Paulo (Ceagesp).

Certa manhã, a senhora voltava do trabalho e encontrou a neta em casa com um grupo de oito rapazes, todos vestidos de preto, alterados por substâncias químicas e vindos de uma balada na Rua Augusta. A avó implicou com Melissa, dando-lhe um sermão, e expulsou todos de casa para poder descansar. Quando o último amigo saiu, a assassina foi até um armário, pegou um martelo e desferiu um único golpe na cabeça da avó, cravando a ferramenta em seu crânio e provocando-lhe morte instantânea. Em seguida, ainda sob o efeito das drogas, deitou-se sobre o cadáver. Num rompante de emoção, agradeceu à avó por tê-la acolhido quando ficou órfã de mãe.

Uma das etapas mais difíceis do exame criminológico é convencer o psicólogo de que está verdadeiramente arrependido do crime cometido. O procedimento começa com uma pergunta direta do avaliador: "Você está arrependida?". Melissa respondeu de imediato que sim. Então a psicóloga continuou: "E por que você está arrependida?". A detenta disse ser porque havia perdido a maior parte da juventude dentro da prisão. A título de comparação, Suzane von Richthofen já havia tropeçado na mesma pergunta, considerada uma armadilha clássica pelos avaliadores. Aliás, quase todos os presos caem nela. A psicóloga interrompeu a sessão e explicou a Melissa que aquele tipo de resposta revelava egoísmo e falta de consciência sobre a gravidade do crime. "Se você estivesse realmente arrependida, pensaria na vida que tirou, a da sua avó, e não na sua, porque você está aqui vivíssima pagando pelo que fez", disse a avaliadora, encerrando o atendimento. Antes de dispensá-la, concluiu: "Volte aqui quando estiver de fato arrependida. Caso contrário, será submetida ao teste de Rorschach para uma avaliação mais detalhada".

Para tentar convencer a psicóloga de Tremembé, Melissa recorreu ao espiritismo. Pediu que a médium-chefe, Luiza Motta, psicografasse uma carta atribuída à avó em que esta declarava ter perdoado a neta pelo assassinato. Na mesa branca de uma segunda-feira ensolarada, Luiza escreveu a mensagem diante das demais criminosas, afirmando que o espírito da senhora havia se manifestado para dizer que já não guardava mágoa. Entre as mulheres do grupo, porém, circulava a suspeita de que a carta fora forjada, com o objetivo de ajudar Melissa a progredir de regime. Nos parâmetros do espiritismo, a prática é condenável, pois a mediunidade deve ser usada para fins elevados, jamais para atender a interesses pessoais ou enganar terceiros.

De posse da carta com a suposta mensagem da avó, Melissa tentou convencer a psicóloga de que havia sido perdoada e de que ela própria se sentia arrependida pelo crime. A estratégia, como era de se prever, não surtiu efeito. A profissional não reconheceu a autenticidade da carta e recomendou à Justiça que Melissa fosse submetida ao teste de Rorschach para uma avaliação mais aprofundada. O laudo foi devastador: concluiu que ela não demonstrava arrependimento genuíno, que era manipuladora, controladora, obsessiva, fraudulenta, egoísta, violenta e, ainda, potencialmente capaz de cometer novos crimes fora da prisão. Com essa avaliação negativa, o tão sonhado galpão do semiaberto ficou ainda mais distante. A Justiça determinou que ela só poderia apresentar um novo laudo após dois anos, adiando por tempo indeterminado qualquer chance de progressão de regime.

Problema meu

Uma das frequentadoras assíduas da cela dos espíritos era Neide Celestino dos Santos, de 48 anos. Quando entrou em Tremembé, era católica praticante. Assediada pela Igreja Universal, passou a bater ponto nos cultos do pastor Alencar Jr., mas logo foi seduzida pelo espiritismo. Segundo ela mesma contava, não se adaptou à religião evangélica porque o pastor dizia que o diabo havia entrado em seu corpo de forma permanente. Toda semana, Alencar Jr. a submetia a uma sessão de descarrego. No ritual, mandava que Neide ficasse em pé diante do altar, impunha a mão em sua cabeça e começava a orar em voz alta, num tom imperativo. Em seguida, dirigia-se ao suposto espírito maligno, exigindo que se identificasse e deixasse o corpo da mulher. O demônio, segundo ele, se manifestava na forma de uma criança de 2 anos que não sabia falar, o que explicaria a dificuldade de comunicação. Enquanto Alencar Jr. bradava "Sai, espírito imundo, em nome de Jesus", Neide tremia, gritava e caía em convulsão, interpretada como a presença do demônio infantil. Sem conseguir se expressar, a entidade apenas reagia com movimentos e sons inarticulados, confundindo ainda mais o processo.

Cansada das gritarias do pastor, Neide trocou os cultos pelas sessões mediúnicas da cela dos espíritos de Tremembé. Para sua surpresa, o que ele chamava de demônio mirim foi identificado pela médium Luiza Motta como um espírito infantil preso a ela por um laço profundo e doloroso. Segundo a médium, não se tratava de um ser maligno, mas de uma alma ligada a Neide por sentimentos mal resolvidos e necessidade de reparação. Como era um espírito na forma infantil, mostrava-se confuso, sem consciência do que lhe acontecera, incapaz de expressar o que sentia. Luiza explicou que essas almas não têm força para seguir sozinhas e acabam se agarrando às pessoas com quem têm vínculos, implorando por acolhimento, compreensão e orações para encontrar paz.

Na verdade, Neide não era perseguida por demônios nem espíritos. Seu tormento vinha do próprio passado, que tentava esconder dentro de Tremembé por medo e vergonha. Aos 26 anos, era casada com o torneiro mecânico Reinaldo Alves, de 32. Os dois moravam em Campinas e pareciam viver uma história de amor, já que se conheciam desde a infância. O sonho dele era ser pai. Quando ela engravidou, a notícia foi recebida como a maior bênção de suas vidas. Meses depois nasceu Fabiana, rapidamente transformada no centro das atenções da casa. Reinaldo mimava a filha e a exibia com orgulho, como a realização de seu maior desejo. Mas, à medida que a menina crescia, Reinaldo notava que a pele, os cabelos e os traços da filha destoavam completamente dos dele. No início ele tentou ignorar, mas a dúvida foi alimentada por comentários de vizinhos e irmãos, que a apelidaram de "filha do leiteiro". Até que, um dia, ele flagrou Neide conversando com um homem suspeito. Tomado pela desconfiança, passou a pressioná-la implacavelmente, até que ela confessou que Fabiana era filha de outro. Humilhado, Reinaldo arrumou as malas e saiu de casa, dizendo que jamais criaria a filha de outro homem.

O casal ainda tentou se reconciliar algumas vezes, mas Reinaldo não conseguia sequer olhar para a menina. Assustada com a perspectiva de ser abandonada de vez, Neide prometeu ao marido que daria um jeito no seu "problema". "Vou reparar o meu erro para provar que te amo", disse. Enquanto Fabiana brincava inocentemente na cama, Neide pegou um travesseiro e o pressionou contra o rosto da filha, até ela parar de se debater. Em seguida, enrolou o corpo num saco de estopa, amarrou bem e o carregou até um matagal próximo. Cavou um buraco raso com as próprias mãos e enterrou o cadáver.

Naquela mesma noite, procurou Reinaldo para dizer que agora poderiam recomeçar, pois ela havia resolvido o "problema". Para o marido, amigos e parentes, contou que a filha fora enviada para viver com uma tia no Rio de Janeiro. A mentira durou pouco. Sem conseguir contato com a suposta tia para comprovar a história, Reinaldo acionou a polícia. Pressionada, Neide confessou o crime, tentando ainda culpar o marido, sem sucesso. Quando levou os agentes ao matagal, o corpo de Fabiana já havia sido devorado por urubus, restando apenas os ossos e as roupas. Condenada a 24 anos e 6 meses de prisão, foi levada para Tremembé. Lá ela acumulou confusão, brigas e faltas graves, engordando a pena para trinta anos, com previsão de liberdade apenas para 2032.

Atormentada, Neide jamais conseguiu conviver com o seu "problema". Nem o tempo nem a prisão lhe trouxeram paz. Dentro de Tremembé, foi diagnosticada com esquizofrenia após anos de surtos, delírios e crises nervosas. A cada dia, sentia-se mais assombrada pela própria filha. Fabiana parecia estar em todos os lugares. Aparecia deformada nos espelhos do banheiro, surgia nos pesadelos durante a madrugada, espreitava as galerias em silêncio, sentava-se nos bancos do culto da Universal, seguia a mãe até as sessões espíritas, onde ficava a observá-la das sombras, sempre com aspecto assustador. Para onde quer que fosse, a criança a acompanhava, como se quisesse infernizá-la.

No Natal de 2023, Neide resolveu seu novo "problema", como gostava de chamar suas questões. Acordou no meio da madrugada sentindo um frio na espinha. Olhou ao redor e viu a filha em pé, parada no centro da cela, como em tantas outras vezes. Estava com aspecto ainda mais medonho, sem as partes do corpo comidas pelas aves de rapina. No lugar dos olhos, havia cavidades. Naquela noite, a menina finalmente falou. Entre lágrimas, a mãe implorou a Fabiana que a deixasse em paz. Argumentou que já estava pagando pelo que havia feito, que sua pena era dura demais e que já não aguentava mais ser perseguida. Pediu à menina que procurasse outra dimensão, que a libertasse para cumprir o resto do seu castigo. Mas Fabiana não se moveu. Apenas estendeu a mão deformada. Com voz baixa, propôs uma condição: só desapareceria da "cela dos espíritos" se Neide fosse com ela, para viverem juntas "do outro lado".

Perturbada, exausta e enlouquecida pela culpa, a assassina não hesitou por muito tempo. Pegou a própria calça, amarrou uma das pernas bem firme na grade alta da cela e fez um nó com a outra em volta do pescoço. Enquanto estendia a mão no escuro, como se segurasse a filha, subiu no beliche e se jogou. Seu corpo ficou balançando lentamente, como se aceitasse, enfim, o convite para partir. Na manhã seguinte as colegas encontraram-na sem vida, com o olhar perdido em direção ao teto. Morreu sozinha, convencida de que a filha a esperava para recomeçarem juntas em outra dimensão.

Segundo o kardecismo, o espírito do suicida não encontra paz após a morte. Preso às impressões do corpo e ao sofrimento moral, ele permanece ligado à Terra, vagando num estado de perturbação, incapaz de seguir adiante enquanto não se arrepende e recomeça seu processo de reparação. Neide passou a viver num limbo sombrio, habitado por espectros que interromperam suas próprias provas e agora enfrentavam a consequência de suas escolhas. Nem de Tremembé a assassina conseguiu se livrar, pois era vista com frequência nas sessões promovidas pela médium Luiza Motta. Quando não estava na mesa branca com outras criminosas, sua alma vagava pelas galerias, sem descanso, sem sossego. Sempre acompanhada da filha.

Outra assassina *habituée* da cela dos espíritos era Joyce Daniela Rodrigues de Freitas, de 41 anos. Condenada a 75 anos de prisão, a detenta dizia às colegas de pavilhão que não devia mais nada à justiça divina, pois também havia sido agraciada pelo perdão dado pelas vítimas do seu crime em uma sessão especial conduzida pela médium Luiza Motta. Joyce se preparava para seguir os mesmos passos da mentora: estudava doutrina espírita, decorava trechos de *O Evangelho segundo o Espiritismo* e participava de orações coletivas. Caminhava pelos corredores de Tremembé com um livro embaixo do braço e um discurso de redenção pronto para ser anunciado. Sua ficha criminal era uma das mais estarrecedoras da penitenciária.

Joyce foi uma das responsáveis pela chacina de Embu, um crime que escandalizou o país em dezembro de 2006. Ao lado do irmão, Ronie Anderson Rodrigues de Freitas, da mãe, Maria Sueli Rodrigues de Freitas, e da cunhada, Elaine de Lima Bávaro, ela planejou e executou o assassinato de uma família inteira que morava ao lado de sua casa. O alvo principal era João Evaristo Pereira das Neves, conhecido como Cocada, com quem sua mãe teve um relacionamento conturbado. Maria Sueli temia perder a casa em que vivia por causa do casamento iminente de João com outra mulher. Movida por ganância e ciúme, decidiu eliminá-lo – junto com toda a nova família.

Na noite do crime, Joyce, a mãe, a cunhada e o irmão se reuniram para beber vinho e ouvir música com som alto, com o objetivo de abafar os gritos que viriam a seguir. Ronie, embriagado de forma premeditada, saltou o muro da casa das vítimas e entrou pela janela. Com uma faca de cozinha, assassinou Regina com vários golpes nas costas e no pescoço. As duas filhas do casal, Evelyn, de 8 anos, e Janaína, de 5, assistiram à cena de horror. Para evitar ser reconhecido, Ronie desferiu cerca de setenta facadas no pescoço das crianças, matando-as no sofá da sala. Horas depois, quando o patriarca chegou em casa, também embriagado, foi recebido por Ronie com golpes de marreta no crânio, seguidos de várias facadas no peito.

Os corpos foram embrulhados em lençóis, sacos plásticos e cobertores. Janaína e Evelyn foram colocadas no porta-malas de um carro, enquanto João e Regina foram acomodados nos bancos traseiros, previamente forrados com plástico. O veículo, pertencente ao padrasto de Ronie, foi dirigido por Elaine, enquanto Joyce ajudava na limpeza da cena e na ocultação dos cadáveres. Os quatro corpos foram levados até um matagal em Embu-Guaçu e lançados perto de um riacho.

Dias depois, a polícia desvendou o crime. Ronie confessou tudo, detalhando a participação de cada cúmplice. Joyce tentou alegar que havia sido coagida pelo irmão, mas sua versão foi desmontada diante das provas e de seu próprio depoimento. Foi condenada a 75 anos de prisão por homicídio triplamente qualificado, ocultação de cadáver e agravantes, como crime contra crianças e embriaguez preordenada. Na época do seu julgamento, o tempo máximo permitido pela legislação brasileira para cumprimento de pena era de trinta anos. Sendo assim, Joyce deverá ser libertada em 2036. "Estou na paz do Senhor. Conversei com eles, até com as crianças. São espíritos evoluídos, totalmente desprendidos de picuinhas terrenas. Já estão encarnados em outras vidas, felizes", declarou a uma psicóloga de Tremembé.

Um ano antes do julgamento, chegou a vez de Anaflávia receber, numa sessão especial, os espíritos da família que ela mesma ajudou a matar. A capela estava lotada, com mais de cem mulheres sentadas lado a lado, mergulhadas num silêncio quase sufocante. O ambiente era pesado e tenso, o ar carregado pelo cheiro de incenso e suor, as paredes úmidas. A luz amarelada tremulava sobre a mesa branca coberta por uma toalha de linho simples. Anaflávia sentou-se no centro, nervosa, com as mãos espalmadas sobre as coxas, os dedos trêmulos. Melissa, ao seu lado, segurava sua mão tentando transmitir confiança. Carina, sua ex-companheira e cúmplice na chacina de Santo André assistia de longe, recostada numa das últimas fileiras, com um sorriso de desdém nos lábios. Luiza Motta, a médium-chefe, pediu silêncio absoluto e iniciou o ritual com uma prece longa, entoada em tom baixo e hipnótico.

A primeira manifestação veio em nome do pai, Romuyuki. De olhos fechados, a médium começou a escrever rapidamente, enquanto a sala prendia a respiração. As palavras traduziam uma dor ainda viva, uma tristeza profunda, mas insinuavam que a ferida poderia um dia cicatrizar. Em seguida, Flaviana se apresentou. Luiza rabiscou frases mais ríspidas, carregadas de mágoa e melancolia, acompanhadas de um pedido para que a filha refletisse e se transformasse, sem deixar claro se a perdoava ou não. Por fim, veio Juan, cuja presença foi sentida com mais intensidade. Descrita pela médium como um espírito confuso, ainda preso à dor e ao medo daquela noite, a mensagem dele terminou com um singelo "talvez um dia", antes de uma assinatura vacilante. Luiza dobrou o papel e o entregou à detenta, que o apertou contra o peito, mantendo o rosto impassível, sem derramar uma lágrima. Do fundo da sala, Carina cruzou os braços e soltou um riso abafado de deboche. "Só eu sei o que essa mulher fez com os pais. Jamais terá perdão. Só numa picaretagem como essa aquela família passaria pano para tudo", comentou Carina com as vizinhas de banco, em tom baixo.

À noite, já recolhida à cela que dividia com outras quatro mulheres, Anaflávia teve seu próprio encontro com os mortos. Adormeceu inquieta e acordou no meio da madrugada, sozinha, imersa na escuridão. Sentou-se no beliche, estranhou a ausência das colegas e chamou por elas, sem obter resposta. Não conseguia se localizar no tempo nem no espaço. Voltou a se deitar, sentindo calafrios. Quando abriu novamente os olhos, eles estavam ali, parados diante de sua cama: Romuyuki, Flaviana e Juan, vestindo as mesmas roupas do dia em que morreram, com manchas de sangue ressecado nos tecidos e a cabeça deformada pelos golpes brutais que receberam – o rosto do pai, afundado de um lado e com um pedaço de osso exposto junto à têmpora; o cabelo de Flaviana empastado de sangue, as órbitas profundas e sem brilho; Juan, pálido, o maxilar deslocado, a respiração inexistente, as roupas ainda grudadas ao corpo esguio.

O pai se adiantou, com uma voz cavernosa ecoando na cela vazia: "Só na tua cabeça doente a gente vai te perdoar, sua assassina!". Anaflávia tentou gritar, mas o medo a fez perder a voz. Flaviana avançou, encarando-a com uma fúria gelada. Sentenciou: "Você nunca vai nos encontrar. Nós estamos num lugar bonito. E você vai para o inferno, seu monstro!".

Quando finalmente soltou um grito agudo de pavor, acabou acordando as companheiras de cela e de todo o pavilhão. Anaflávia ergueu-se, trêmula, com os olhos arregalados, ainda sentindo o peso do crime bárbaro que carregava nas costas.

Segundo a doutrina espírita, a visão que Anaflávia teve naquela madrugada não foi apenas fruto de sua imaginação. Para o espiritismo, os sonhos não são simples criações do subconsciente, mas experiências autênticas da alma, que, durante o sono, se desprende parcialmente do corpo físico e entra em contato com o plano espiritual. Espíritos desencarnados, especialmente aqueles ligados por fortes laços de afeto ou de dor com quem ainda está vivo, podem manifestar-se nessas circunstâncias, atraídos pela sintonia mental e emocional do sonhador.

No caso de Anaflávia, a intensa angústia espiritual em que vivia serviu como uma porta aberta. Ao passar por ela, os espíritos dos pais e do irmão a encontraram em estado onírico, trazendo-lhe impressões vívidas e perturbadoras de suas próprias dores, refletidas nas deformidades com que apareceram. Segundo a doutrina, tais manifestações têm o objetivo de despertar a consciência do culpado para o arrependimento sincero, lembrando-o das consequências morais de seus atos e convidando-o, ainda que tarde, a iniciar sua própria reparação espiritual. Mas quem poderia acreditar que um espírito tão demoníaco como o de Anaflávia fosse capaz de se redimir? Quem?

Sonho real

A mãe de Flaviana, Vera Lúcia, de 62 anos, não acreditava que Anaflávia tivesse sido perdoada pelos pais. Para ela, era "muito oportunista" da parte da neta fazer tal afirmação para tentar limpar a própria consciência. Vera contava que ela sim, costumava sonhar que a filha e o genro estavam em um lugar muito bonito, um campo verde com flores coloridas, árvores frondosas e um lago tranquilo. Nesse lugar, os dois surgiam de mãos dadas, sorrindo para ela, em silêncio, com um semblante sereno e leve, como se estivessem em paz, longe do sofrimento terreno. Já Anaflávia, nas palavras da avó, era uma mulher cínica, ardilosa e inescrupulosa por se escorar em supostas mensagens espirituais para se livrar do passado. "É fácil dizer que os mortos perdoaram, porque morto não fala, não tem como ela provar esse perdão", desabafou, revoltada, em 23 de julho de 2025. Para Vera, o perdão verdadeiro teria sido o da família que Anaflávia deixou destruída. "Isso ela não terá nunca! Nem depois de morta!", avisou a avó.

A revolta de Vera não decorria somente do assassinato de Flaviana, Romuyuki e Juan. O triplo homicídio e seus desdobramentos no tribunal abalaram a família de uma forma irreversível. Segundo contou, seu filho Flávio Meneses, de 42 anos, enforcou-se numa árvore em 11 de março de 2021. "Meu filho se matou porque foi incapaz de suportar a dor e a vergonha do crime cometido pela sobrinha. Meses depois, foi a vez do meu marido, Jorge Conceição, de 66 anos. Nos surtos, ele saía de casa dizendo que iria até Tremembé confrontar a Anaflávia. Um dia, acordou e saiu pela rua perguntando pela minha filha. Eu cheguei do trabalho e fui atrás dele. Foi encontrado enforcado em outra árvore. Também sucumbiu à depressão. Foi muito triste perder minha família desse jeito por causa daquele monstro", relatou Vera, emocionada. "Não sei de onde eu tiro forças para sobreviver", completou, aos prantos.

Anaflávia e Carina exterminaram uma família com histórico de superação. Desde pequena, Flaviana se mostrava uma menina alegre. Era brincalhona e estudiosa. Foi amamentada por Vera até os 3 anos. Aprendeu a andar antes de completar 1 ano de idade. Dedicada aos estudos, era sempre a primeira aluna da classe. Cresceu no bairro Cidade Tiradentes, na zona leste da capital paulista, em um apartamento simples, dividindo os dias entre os irmãos mais novos, os estudos na escola pública Aureliano Leite e as brincadeiras de rua.

Na adolescência, conheceu Romuyuki, morador do prédio em frente ao seu. Eles se viam desde pequenos pelos corredores do conjunto habitacional, já que Vera era amiga do pai do menino e convivia com a madrasta dele. Na época, o pai de Romuyuki trabalhava vendendo produtos de limpeza e os filhos ajudavam, batendo de porta em porta nos prédios da região. Os dois cresceram próximos, e a amizade de infância aos poucos se transformou em namoro, para desgosto inicial de Vera, que achava a filha jovem demais para se envolver com homens.

Flaviana tinha apenas 15 anos quando engravidou de Anaflávia. O namoro com Romuyuki era recente, e eles ainda não tinham estrutura para formar uma família. Apesar do susto, os pais apoiaram a filha e Romuyuki assumiu as responsabilidades imediatamente, demonstrando maturidade e dedicação. Ele conseguiu seu primeiro emprego como *office boy* na região da República, no Centro da cidade, e continuava vendendo produtos de limpeza nos fins de semana para complementar a renda. Com o apoio das duas famílias, o jovem casal conseguiu alugar um apartamento e criou a bebê com muito esforço. "Ninguém nunca teve coragem de cogitar um aborto. Mas, se o tempo voltasse atrás, eu mandaria Flaviana tirar aquele monstro da barriga. Assim, meus filhos, meu neto, meu genro e meu marido estariam vivos", dizia.

Quando completou 16 anos, já com Anaflávia nos braços, Flaviana se casou com Romuyuki no civil. Começaram uma vida a dois do zero. Enquanto ele trabalhava para subir na empresa e garantir uma vida melhor para a família, ela terminou os estudos e se matriculou em um curso técnico de enfermagem. Depois de formada, foi empregada na empresa em que o marido já trabalhava e depois em clínicas particulares como enfermeira ocupacional.

Junto, o casal construiu uma história de superação. Saíram da condição humilde em que cresceram para conquistar estabilidade financeira e dar à filha uma vida confortável, sem nunca deixar de lado a simplicidade e os valores familiares. Segundo Vera, eles eram empreendedores incansáveis e sonhavam unidos, sustentando o lar com esforço e amor, cuidando para que nada faltasse à filha. Depois, abandonaram seus respectivos empregos e adquiriram os dois quiosques da franquia Água de Cheiro, despertando cobiça em Anaflávia e Carina.

Cinco anos após o crime, Vera Lúcia ainda carregava uma revolta profunda por não ter conseguido ver a filha após a morte. Quando foi à funerária para o velório, implorou para que abrissem o caixão de Flaviana, de Romuyuki e de Juan, na esperança de se despedir dos três, mas os funcionários lhe disseram que seria impossível, pois os corpos haviam sido reduzidos a cinzas e pó depois da carbonização. Aquela explicação a deixou ainda mais inconformada, sentindo-se roubada até do direito de dar um último olhar à família. "Muita gente não sabe, mas sem olhar minha filha morta parece que o luto não acaba nunca", justificava.

Depois da tragédia, Vera adotou as duas cachorras, Belinha e Giulia, que pertenciam a Flaviana e Romuyuki. Hoje, os animais são os únicos vínculos afetivos que lhe restaram da antiga casa. Curiosamente, Belinha demonstrava um comportamento estranho no dia 28 de todo mês: ficava o dia inteiro sem comer, recolhida a um canto, como se também carregasse a memória da tragédia. "Depois do que me aconteceu, passei a não acreditar mais na humanidade. Só confio nos meus cachorros. Em mais ninguém", finalizou Vera.

O casal Anaflávia Gonçalves e Carina Ramos de Abreu cometeu um dos crimes mais cruéis de Tremembé. Assassinaram uma família inteira e carbonizaram os corpos por ambição. Anaflávia foi condenada a 85 anos de prisão e Carina a 74.

Anaflávia matou o pai, Romuyuki, a mãe, Flaviana, e não poupou nem o irmão, Juan, de 15 anos. Por dinheiro, planejou, comandou e participou diretamente do crime. Orquestrou tudo com frieza e contratou três marginais para executar o plano. As vítimas foram mortas com coronhadas na cabeça e desovadas em um matagal.

Flaviana conheceu Romuyuki na juventude. Aos 15 anos, ela engravidou de Anaflávia. Pais muito cedo, o casal batalhou, empreendeu e conquistou casa própria, casa na praia e carro zero.

O casal gostava de curtir cada momento. Eram de bem com tudo, adoravam viajar e estar ao lado da família. A vida foi interrompida no auge pelas mãos da própria filha.

No alto, Anaflávia e Carina. Abaixo delas, Juliano e Jonathan Ramos e Guilherme Silva. Os cinco assassinos da família Gonçalves. Promoveram uma verdadeira carnificina em busca de R$ 85 mil. Vão agora passar o resto da vida presos.

Depois de executar a família Gonçalves, os assassinos levaram os corpos das vítimas no carro de Romuyuki até uma área de matagal e os carbonizaram para simular um incêndio. Como a placa permaneceu intacta, a polícia identificou rapidamente o veículo. Os corpos ficaram calcinados.

Acima, Vera Lúcia ao lado da filha Flaviana. Até hoje, carrega uma dor profunda por não ter conseguido se despedir. No dia do velório, implorou para que abrissem o caixão, mas os funcionários da funerária disseram que era impossível: o corpo havia sido reduzido a pó.

aviana e o filho Juan, de 15 anos. Anaflávia poupou nem o irmão adolescente. O mais el é que ele viu os pais sendo assassinados. Em seguida, foi executado por ordem da ópria irmã, que queria ficar sozinha com o guro de vida dos pais. Se ele sobrevivesse, ela teria que dividir o dinheiro.

Os dois pets da família Gonçalves, Belinha e Giulia, estavam na casa no momento do crime. Testemunharam a barbárie que destruiu o lar onde viviam. Agora estão com Vera Lúcia, avó materna de Anaflávia. “Depois do que me aconteceu, passei a não acreditar mais na humanidade. Só confio nas minhas cachorras. Em mais ninguém”, diz ela.

CAPÍTULO 9

JUÍZO FINAL

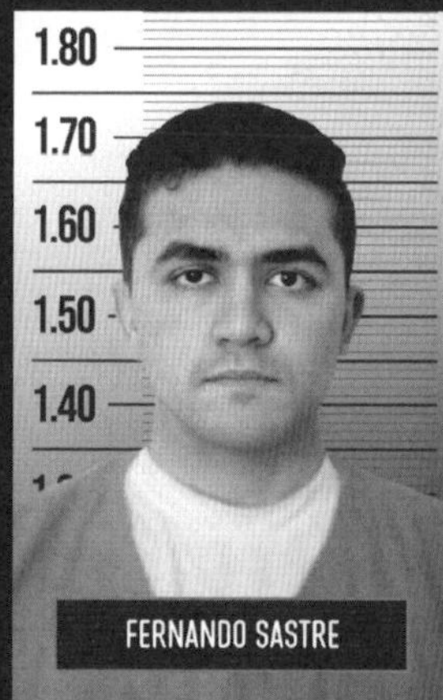

FERNANDO SASTRE

LINDEMBERG ALVES

MATHEUS CARNEIRO

Deus julgará os vivos e os mortos, condenando os pecadores e salvando os justos.

São Paulo, 30 de março de 2024

Mal a noite havia começado, o empresário Fernando Sastre de Andrade Filho, de 24 anos, já parecia pronto para dominá-la. Animado, vestiu-se como quem se preparava para celebrar a própria juventude: camiseta branca onde se lia *Only Porsche*, calça de alfaiataria escura e sapatênis bege. Passou pomada fixadora nos cabelos rebeldes, borrifou um perfume *Yves Saint Laurent* no pescoço e enviou duas mensagens curtas pelo celular – uma para Marcus Vinícius Machado Rocha, 22, amigo de infância, e outra para Giovanna Pinheiro Silva, 23, sua namorada. O ponto de encontro seria a Porchetteria Gastronomia & Cocktail Bar, restaurante nobre no Tatuapé, especializado em carne suína, inspirado no conceito de *comfort food*, que resgata os sabores e temperos de família.

Fernando saiu de casa dirigindo o Porsche azul-cintilante do pai, o empresário Fernando Sastre de Andrade, de 56 anos. O carro, um 911 Carrera GTS avaliado em R$ 1,2 milhão, exibia motor biturbo de 480 cavalos e interior revestido de couro fino e fibra de carbono, com painéis digitais de última geração. Aceleração de 0 a 100 km em 3,4 segundos. Velocidade máxima de 310 km/h.

De casa, no bairro do Tatuapé, Fernando fez inicialmente dois percursos tão curtos que não chegaram a 4 quilômetros. Primeiro, passou na casa da namorada, na Rua Demétrio Ribeiro. Giovanna era uma garota bonita. Estava sempre impecavelmente vestida com roupas de grife. Era magra, esbelta, com pele, olhos e cabelos claros. Para esse rolê, escolheu uma miniblusa bege, calça jeans e bolsa cor-de-rosa pendurada no ombro.

Junto, o casal seguiu até a Porchetteria, aonde chegou por volta das 21h. Na área externa do restaurante, Marcus e Juliana de Toledo Simões, 22 anos, já os aguardavam. Por volta das 23h, Fernando se viu diante de uma dúvida: levar os amigos para sua casa e jogar sinuca ou seguir para um lugar de apostas, onde poderiam disputar partidas de pôquer com dinheiro em jogo. Optaram pela segunda alternativa. Alguém pediu a conta. O garçom trouxe rapidamente o tíquete discriminando o consumo. O quarteto havia pedido entradas e pratos à base de carne suína. Na nota, constavam oito drinques com uísque e uma caipirinha de vodca com caju. O total da conta foi de R$ 600, dividido em partes iguais.

Cinco horas antes, a 30 quilômetros da Porchetteria, Ornaldo da Silva Viana, 55 anos, deixava sua casa, no bairro Cidade Soberana, em Guarulhos, para mais uma noite de trabalho como motorista de aplicativo. Além de vestir uma camisa polo branca e azul emprestada do filho e uma calça jeans surrada, borrifou colônia de O Boticário. Maranhense de Codó, evangélico, extrovertido, tinha o hábito de registrar sua saída de casa em vídeos motivacionais curtos, postados no Instagram. No crepúsculo do sábado, 30 de março de 2024, ele falou olhando direto para a câmera: "Olá, família! Vamos pra luta, vamos pra guerra. Tá tudo certo! Tá tudo ok! Vamos ver o que é que vai dar de bom, o que Deus vai mandar pra nós. Ele sempre manda corridas boas e excelentes trabalhos. Que Deus abençoe a nossa noite, o nosso trabalho. Aqui tá zerado e vamos pra luta, hein? Na certeza da vitória. A vitória vem de Deus. É Ele quem dá oportunidade pra gente conquistar a vida".

O vídeo foi gravado de um posto de gasolina. Ornaldo dirigia um Renault Sandero Expression branco, ano 2017, modelo 2018. Um *hatch* compacto de R$ 45 mil financiado na Aymoré em 48 parcelas de R$ 1.216,61. Fabricação nacional, equipado com motor 1.6 aspirado de 118 cavalos, câmbio manual, rádio básico, ar-condicionado e volante de plástico. Interior simples, funcional, sem painel digital, couro ou fibra de carbono. Tanque cheio. Luzes acesas. Rodas em movimento.

No estacionamento da Porchetteria houve uma troca. Fernando e Giovanna haviam chegado juntos no Porsche, enquanto Marcus e Juliana vieram em um Audi Q5 avaliado em R$ 400 mil. Na saída, rumo à casa de pôquer, Marcus pediu para acompanhar Fernando na máquina azul. Giovanna cedeu o banco do carona ao amigo e seguiu com Juliana no outro carro.

Feito anfitrião, Fernando abriu as portas do Porsche com um gesto teatral, convidando Marcus a conhecer o carro de perto. O amigo se aproximou com entusiasmo, admirou a lataria reluzente e entrou. No banco do motorista, Fernando girou a chave e, com o carro ainda parado, pisou fundo no acelerador. O ronco grave do motor preencheu o estacionamento, ressoando pelas paredes ao redor. Marcus se surpreendeu com o som encorpado e perguntou se aquele barulho era mesmo original. Rindo, Fernando contou que havia trocado o escapamento por um modelo esportivo, "pra dar mais presença na rua", como ele mesmo definiu. A modificação aumentava o volume do ruído e realçava a resposta do motor, mesmo em um carro que já saía de fábrica com desempenho agressivo.

Durante o trajeto de pouco mais de um quilômetro até o clube de pôquer, Fernando foi exibindo ao amigo os recursos menos óbvios do painel. Mostrou os comandos da suspensão, acionou a câmera de ré no console central, demonstrou os ajustes do volante elétrico e ativou a iluminação interna em tons azulados. Comentou sobre a calibragem automática dos pneus, a frenagem esportiva e a direção ultrassensível nas curvas. Marcus sorria e absorvia tudo com olhos atentos. Por um instante, parecia que os dois voltavam à adolescência, se divertindo com um brinquedo novo. Na frente da casa de jogos, Marcus reclamou: "Achei o percurso curto demais para um carro tão luxuoso. Quero andar mais".

O grupo chegou ao estacionamento do clube pouco depois das 23h. Desceu calmamente. Fernando estava animado, e Giovanna, ao lado do namorado, mantinha-se atenta, como se o vigiasse. Marcus e Juliana caminhavam logo atrás, de mãos dadas. Para entrar na casa de pôquer, cada um pagou R$ 400. O valor incluía uma modalidade conhecida como *open bar*, com consumo liberado de bebidas alcoólicas, além de acesso irrestrito ao bufê, que oferecia variedade de petiscos.

Durante a permanência no local, Fernando e Marcus jogaram pôquer e beberam diversos drinques. Ganharam algumas rodadas, perderam outras. Como não participavam das partidas, as duas garotas passavam o tempo conversando e indo ao bufê, onde se serviam de queijos, salames e azeitonas. Por volta das 2h, Giovanna se irritou. Encontrou o namorado saindo cambaleante do banheiro, trançando as pernas e com a voz pastosa. Sem disfarçar o tom, decretou o fim da noite. Disse apenas que era hora de ir embora.

Enquanto os jovens discutiam o fim da noitada, Ornaldo já havia cruzado São Paulo de ponta a ponta, transportando sem pausa passageiros em seu Sandero branco. Entre as 18h e as 2h, atendeu ao menos dez chamadas, com média de 25 minutos de viagem cada uma. Considerando o valor médio de uma corrida na capital, estimado entre R$ 20 e R$ 25, o motorista teria faturado algo em torno de R$ 220 reais naquela noite. Era com esse dinheiro que ele sustentava a casa, a mulher Francilene Morais de Caldas, de 49 anos, e os três filhos, Luam, de 24, Lucas, de 28, e a caçula Nayara, de 14. A esposa o classificava como trabalhador e devoto. Não faltava aos cultos, envolvia-se nos mutirões promovidos pela igreja e costumava oferecer carona a vizinhos com dificuldade de locomoção. A fé fazia parte da sua rotina – mas não como discurso, e sim como prática diária, refletida na forma como tratava a família, os passageiros e os amigos da vizinhança.

Integrante da Igreja Universal do Reino de Deus, o motorista participava ativamente do ponto de oração, uma ação promovida pela congregação religiosa aos sábados em locais públicos de grande circulação, como praças e estações de transporte. Nesses encontros, fiéis se reúnem para oferecer apoio espiritual a quem passa, por meio de escuta, aconselhamento e oração. A proposta era levar consolo imediato a pessoas aflitas, criando espaços improvisados de acolhimento e fé no meio da cidade.

Certa vez, durante uma ação do ponto de oração na Praça 8 de Dezembro, em Guarulhos, Ornaldo iniciou uma pregação com voz firme. Aos poucos, cerca de 30 pessoas se reuniram ao seu redor, ouvindo suas palavras sobre fé, superação e coragem. Ele escutou relatos de dificuldades pessoais e profissionais e aconselhava com paciência. Em seguida, puxou um cântico evangélico. No meio da oração, um carro de som passou tocando *Tempo de Alegria*, de Ivete Sangalo. A música tomou conta da praça, atrapalhando a pregação. Ornaldo interrompeu o louvor e pediu para os fiéis ouvirem a canção da cantora baiana. Segundo ele, aquela também era uma canção de celebração da vida. Convidou todos a cantar a música, que se inicia com os versos: *É tanto amor que eu sinto esse momento, é tão bonito esse mar de mãos, ver todo mundo assim cantando junto...* Em seguida, liderou a multidão com uma coreografia improvisada. As pessoas se soltaram, dançavam de mãos dadas, riam e se emocionavam. O motorista do carro de som parou para observar a cena: o que começou como uma atividade da igreja se transformou em um encontro espontâneo de fé e alegria. Católicos, evangélicos e pessoas sem religião se uniram naquela roda animada pela força do afeto. No centro, Ornaldo dançava com os olhos brilhando e uma energia contagiante. "Essa era a marca do meu pai: alegria, solidariedade, força, fé na vida", disse o filho Lucas.

Em frente à casa de pôquer, o conflito entre os jovens ricos fervia na calada da madrugada. Com os braços cruzados e o semblante carregado, Giovanna se recusava a entrar no Porsche do namorado. Fernando, já acomodado no banco do motorista, tentava convencê-la com frases desconexas e voz arrastada, demonstrando sinais claros de que os drinques da noite já haviam surtido efeito. Estava visivelmente alterado. "Vamos jogar sinuca! Vamos jogar sinuca!", repetia, rindo sozinho, como se ignorasse o clima pesado ao redor. A porta do carro permanecia aberta e ele falava alto, com os olhos semicerrados.

Achando a cena engraçada, Juliana pegou o celular e começou a filmar o amigo bêbado. Registrou o momento exato em que Fernando, cambaleante, insistia no convite. Giovanna começou a rir, mas não cedeu. Impediu que o namorado fechasse a porta do Porsche:

– Quer apanhar? – perguntou ela, tentando puxar o namorado para fora do Porsche.

– Vamos jogar sinuca! – insistia ele.

– Vamos o quê, Fernando? – questionou Juliana.

– Jogar sinuca – repetiu pela enésima vez.

Todos gargalharam do estado deplorável de Fernando.

– Vai... Bora jogar sinuca! – insistia o jovem totalmente bêbado.

– Eu não. Vai você sozinho! Tchau! Eu vou embora com eles – sentenciou a namorada.

O que estava prestes a acontecer não foi fruto do acaso, de uma coincidência ou do inesperado. Era o desfecho previsível de uma cadeia de imprudências, da ausência de freios morais. Faltou o senso mínimo de responsabilidade diante de um risco evidente. Fernando não tinha a menor condição de dirigir, mas, sob efeito do álcool, zombava disso. Ria, insistia, desdenhava dos alertas. E os amigos, em vez de contê-lo, consentiram. Ninguém agiu com firmeza. Ninguém interrompeu. Cada escolha feita naquele estacionamento empurrou o grupo para a sequência triste que estava por vir. O desfecho daquela noite alteraria de forma irreversível o destino daqueles quatro jovens, todos com uma vida inteira pela frente.

O álcool é uma substância depressora do sistema nervoso central. Seus efeitos começam de forma sorrateira, já nas primeiras doses. Inicialmente pode parecer inofensivo ou até estimulante, gerando sensação de excitação. Mas essa aparente euforia é rapidamente substituída por redução da capacidade de julgamento, perda de inibição, comprometimento das habilidades motoras e aumento da impulsividade. À medida que o consumo avança, o tempo de resposta a estímulos diminui, a coordenação fica prejudicada e o comportamento se torna mais instável. Em doses elevadas, o álcool pode causar sonolência, desmaio e descontrole completo. Para motoristas, mesmo pequenas quantidades são suficientes para comprometer a capacidade de condução.

Estudos demonstram que jovens são o grupo mais vulnerável ao comportamento de beber e dirigir. Segundo a Organização Mundial da Saúde (OMS), cerca de 15% das mortes no trânsito no mundo inteiro estão relacionadas ao consumo de bebida alcoólica. No Brasil, dados da Polícia Rodoviária Federal mostram que, só em 2024, foram registrados 3.855 acidentes provocados por motoristas alcoolizados, resultando em 194 mortes e 3.109 pessoas feridas. Mesmo cientes dos riscos, muitos jovens universitários relatam já ter dirigido sob efeito de álcool ou aceitado carona de condutores embriagados. O consumo de cinco ou mais doses eleva em mais de quatro vezes a chance de envolvimento em acidentes. Esses dados escancaram o potencial destrutivo de decisões aparentemente simples, mas tomadas sob efeito de uma substância que compromete justamente a capacidade de avaliá-las.

A legislação brasileira é clara. Qualquer concentração de álcool no sangue já configura infração administrativa, punível com multa, suspensão da carteira por um ano e retenção do veículo. Se o teste do bafômetro indicar 0,05 miligrama por litro de ar alveolar expirado, o motorista já estará sujeito às sanções. Acima de 0,34 miligrama por litro, configura-se crime. Isso equivale a algo em torno de uma taça de vinho, uma lata de cerveja ou um drinque simples. Ou seja, uma única dose é suficiente para colocar um condutor fora da legalidade. A legislação não apenas pune, mas busca impedir que o álcool torne-se um vetor de tragédias. Ainda assim, jovens e adultos continuam ignorando os alertas, desafiando o bom senso e desrespeitando os limites mínimos de responsabilidade.

Marcus entrou no Porsche do amigo e fechou a porta. No banco do motorista, Fernando deu a partida e acelerou. Mantinha o ar descompromissado, mas sua condução denunciava que algo estava fora de controle. Se estivesse sóbrio e realmente a caminho de casa, teria seguido da casa de pôquer, na Rua Marechal Barbacena, pelas seguintes vias do Tatuapé: Bento Gonçalves, Maria Otília, Emília Marengo, Antônio de Barros, Mestrinho, Caçaquera e, por fim, Reboujo, onde morava. Todas são ruas curtas, estreitas e residenciais, sem a menor condição de comportar manobras mais ousadas ou o uso da potência de um carro esportivo como o Porsche. Para se ter uma ideia, a distância entre o ponto de partida e a casa de Fernando era de cerca de três quilômetros, facilmente percorrida em sete minutos. Mas não foi o que aconteceu.

Fernando tomou o caminho oposto ao que levaria à sua casa. Da Marechal Barbacena, entrou direto na Avenida Salim Farah Maluf, uma das principais vias expressas da zona leste de São Paulo. Àquela hora da madrugada, o trânsito era escasso e o asfalto liso se estendia livre, como uma pista de testes. No seu delírio, era o cenário ideal para colocar a potência do Porsche à prova.

Aproveitando a liberdade da via, Fernando passou a acelerar de forma intermitente, alternando arrancadas bruscas com freadas repentinas. Fazia curvas fechadas, oscilava entre faixas, invadia a pista da esquerda sem necessidade e retornava abruptamente para a direita, como se estivesse brincando com a direção. Não havia rumo, nem controle.

Segundo Marcus, que seguia no banco do carona, sem cinto de segurança, a condução era errática e perigosa. A cada quadra, ficava mais claro que Fernando não tinha condição de estar ao volante. Em diferentes momentos, Marcus tentou fazê-lo recobrar o juízo, pedindo que diminuísse a velocidade. Mas os apelos eram ignorados. Fernando apenas ria, como se o mundo ao redor fosse uma miragem sem consequência.

Diversas pesquisas acadêmicas, feitas a partir de observações clínicas ao longo dos anos, tentaram classificar os padrões de comportamento que indivíduos manifestam quando estão sob efeito do álcool. Um dos estudos mais citados nesse campo, realizado por pesquisadores da Universidade do Missouri e publicado em 2015, propôs uma divisão dos bêbados em quatro tipos principais, com base em entrevistas e análises de personalidade. A pesquisa envolveu quase 400 universitários e levou em conta as mudanças de comportamento em relação ao estado de sobriedade, autocontrole, extroversão e agressividade.

O primeiro tipo é o chamado Mary Poppins, em alusão à personagem afável e gentil do clássico infantil. São pessoas que, mesmo bêbadas, permanecem dóceis, empáticas, responsáveis e sociáveis. O álcool não altera significativamente o senso de responsabilidade ou os filtros morais dessas pessoas. O segundo tipo, classificado como Ernest Hemingway, refere-se àqueles que mantêm a mesma personalidade tanto sóbrios quanto embriagados. São sujeitos que toleram grandes quantidades de álcool sem mudanças evidentes de comportamento. A expressão nasceu da frase atribuída ao próprio escritor americano, que dizia poder "beber qualquer quantidade de uísque sem se embriagar".

O terceiro tipo é o chamado Professor Aloprado. São indivíduos que, quando sóbrios, apresentam baixa extroversão e comportamento mais reservado, mas se transformam completamente sob efeito do álcool. Tornam-se expansivos, falantes, mais soltos, ainda assim mantêm certo controle social. Por fim, há o perfil Mr. Hyde, inspirado no personagem fictício de Robert Louis Stevenson. São pessoas que, quando bêbadas, exibem comportamentos hostis, impulsivos e desprovidos de filtros sociais. Tornam-se menos conscientes, mais desobedientes, irritadiços e perigosos para si e para os outros. São os mais propensos a se envolver em situações de risco, como brigas, acidentes ou confrontos com a lei.

Fernando, ao que tudo indica, enquadra-se nesse último grupo. Seu comportamento etílico era marcado por teimosia, agressividade intercalada com períodos de falsa calma, desobediência e impulsividade. Tornava-se um bêbado inconveniente, incapaz de atender a qualquer pedido, por mais sensato que fosse. Como já havia demonstrado na porta do estacionamento da casa de pôquer, ao recusar ajuda para não dirigir, sua postura desafiadora acabava vencendo pelo cansaço. Os amigos, exaustos da insistência, desistiam de argumentar e cediam. Ele fazia o que queria. E o que queria, naquele momento, era dirigir o Porsche possante do pai.

Na Salim Farah Maluf, Fernando resolveu exibir toda a potência do motor envenenado do carro de luxo. Primeiro, reduziu a velocidade. Nesse momento, passou lentamente ao lado do veículo em que estava a recepcionista Natália Santanna, de 37 anos. Ao avistar o Porsche azul-cintilante, ela comentou com o amigo que a acompanhava sobre a beleza do automóvel. Instantes depois, Fernando pisou fundo no acelerador, alcançando em questão de segundos a impressionante e mortal marca de 136 km/h, segundo registro de uma câmera de segurança. O limite da pista era de 50 km/h. "Parecia uma cena do filme *Velozes e Furiosos*", disse Natália, ao ver o carro desaparecer no horizonte como num passe de mágica.

O veículo avançou como uma bala cuspida do cano de um revólver. Com o tranco, Marcus foi projetado contra o encosto do banco, pressionado pela força da arrancada. A acústica interna abafava os sons externos. A sensação era de estar em uma cápsula em disparo contínuo. Em altíssima velocidade, as luzes da cidade riscavam o teto solar como relâmpagos, fragmentos de neon atravessando a madrugada.

Num piscar de olhos, o Porsche também deixou para trás o HB20 conduzido pelo analista de sistemas Arthur Henrique Maia Araújo, de 27 anos, que trafegava com a namorada na mesma via abaixo dos 50 km/h, atento à presença de um radar logo adiante. A ultrapassagem foi tão rápida que Arthur nem sequer conseguiu identificar o modelo do carro a jato. "Vi apenas um risco luminoso passando ao lado, como se fosse uma bola de fogo", definiu. O Audi em que Juliana e Giovanna seguiam logo atrás de Fernando também ficou para trás com a propulsão do Porsche. "Foi uma aceleração tão potente que rapidamente perdemos eles de vista", relatou Juliana.

Depois de deixar Giovanna, Juliana, Arthur e Natália para trás, Fernando se deparou com um estreitamento da pista e desviou abruptamente para a esquerda, perdendo o controle do carro. Na altura do número 1.871 da Avenida Salim Farah Maluf, sua vida se cruzou de forma definitiva com a de Ornaldo. A bordo do Porsche azul-cintilante, em velocidade diabólica, Fernando atingiu violentamente a traseira do Sandero branco.

No instante do choque, um clarão violento cortou a escuridão, como se a noite tivesse sido rasgada por uma descarga elétrica incandescente. Não eram faíscas simples. O que se viu foi uma breve, mas intensa erupção de luz, provocada pela ruptura de cabos elétricos, compressão de fluidos e esmagamento abrupto de metais. Por um segundo, o acidente teve aparência de explosão.

O impacto foi tão devastador que a parte traseira do carro popular praticamente desapareceu, esmagada até a altura do eixo central. O assoalho foi empurrado para a frente e as rodas traseiras se dobraram, prensadas contra a carroceria, evidenciando a brutalidade da colisão. Internamente, os bancos traseiros do Sandero foram projetados para a frente com o impacto, comprimindo todo o habitáculo do motorista.

Com a força do choque, o corpo de Ornaldo foi submetido, em milissegundos, à massa de um Porsche de quase 1,5 tonelada, que havia atingido 156 km/h instantes antes da colisão. Segundo laudo da Polícia Técnico-Científica, no momento exato da aproximação, o carro de luxo ainda mantinha 114,8 km/h, enquanto o Sandero trafegava a cerca de 40 km/h. A diferença brutal entre os dois gerou uma descarga instantânea de energia cinética colossal, comprimindo com força monstruosa o corpo de Ornaldo contra a estrutura do veículo.

Mesmo contido pelo cinto de segurança, o motorista de aplicativo foi lançado para a frente com violência inumana. A trava do banco cedeu. O encosto inclinou. O tronco foi comprimido contra o volante e o painel. A cabeça foi arremessada para a frente e para trás, rompendo vértebras cervicais e destruindo a base do crânio. O cérebro, em fração de segundo, se chocou contra as paredes ósseas da caixa craniana antes de ser parcialmente expelido. A massa encefálica foi projetada contra o painel de plástico e respingou no teto do carro, manchando o forro de poliuretano moldado com sangue. Houve fraturas múltiplas, rompimento de costelas, deslocamento de órgãos internos. O tórax colapsou. O que aconteceu dentro daquele Sandero foi uma desmontagem súbita e irreversível da estrutura humana diante de uma força para a qual nenhum corpo está preparado.

A vítima chegou a ser levada ao Hospital Municipal do Tatuapé, mas não resistiu aos ferimentos. Ornaldo morreu no domingo de Páscoa, ainda de madrugada, enquanto trabalhava, vítima de um acidente brutal provocado por um Porsche com escapamento adulterado. Foi sepultado sob aplausos no Cemitério Nossa Senhora do Bom Sucesso, em Guarulhos.

O carro do pai de Fernando também ficou completamente destruído. O capô se dobrou para cima, retorcido, e a lataria frontal se enrugou, como se tivesse sido comprimida por uma prensa. O para-brisa estilhaçou e o motor ficou exposto, deformado, com peças metálicas aparentes em desalinho. A parte da frente afundou e a suspensão dianteira cedeu. O Porsche teve perda total e a família ficou no prejuízo, pois o carro não tinha seguro.

Marcus sobreviveu por um milagre, mas não saiu ileso da tragédia. Sofreu traumatismo craniano, fratura nas costelas, lesão grave no baço e múltiplos ferimentos internos. Precisou ser operado com urgência para retirada do baço e passou por intervenções delicadas no abdome, no tórax e nos pulmões devido a complicações respiratórias e hemorragia.

Diante da gravidade do quadro, permaneceu internado por 15 dias no Hospital São Luiz Anália Franco, boa parte deles intubado na Unidade de Terapia Intensiva (UTI). Laudos médicos constataram ainda roturas parciais dos ligamentos cruzado anterior e posterior do joelho esquerdo, rompimento completo do ligamento colateral medial e fraturas impactadas no côndilo femoral e no planalto tibial.

As consequências dessas lesões farão parte da vida de Marcus para sempre. Em 2025, ele convivia com dores persistentes, dificuldade de locomoção e seguia em reabilitação ortopédica, com previsão de nova cirurgia e sessões contínuas de fisioterapia. A retirada do baço comprometeu sua imunidade, exigindo vacinação específica e vigilância permanente contra infecções. As intervenções torácicas e o tempo de ventilação mecânica aumentam o risco de sequelas respiratórias, como limitação da função pulmonar e dor crônica no tórax. As lesões articulares podem causar degeneração precoce e perda funcional do membro. No campo neurológico, o traumatismo craniano, ainda que leve, pode provocar sintomas duradouros, como dor de cabeça crônica, insônia e alterações de memória e humor.

Marcus também carrega marcas visíveis da tragédia. As cicatrizes cirúrgicas no abdome e no tórax, resultantes da drenagem torácica e da laparotomia, tornaram-se registros permanentes do que viveu. No plano emocional, a experiência da colisão, da internação prolongada e da proximidade da morte impôs um desgaste profundo. O trauma psicológico ainda ecoa no medo, na ansiedade, nos episódios de angústia e na dificuldade de retomar a normalidade. Trata-se de um quadro de reabilitação complexa, com repercussões físicas e emocionais de longo prazo, que modificaram radicalmente sua relação com o corpo, com o tempo e com a própria vida.

Mãe zelosa

Ainda no local do acidente, uma sucessão de cenas bizarras selou o destino de Fernando Sastre. Em vez de prestar socorro às vítimas, ele permaneceu deitado na calçada até sua mãe, Daniela Cristina de Medeiros Andrade, de 46 anos, chegar e ampará-lo. De acordo com testemunhas, ela gritava muito e tentava proteger o filho do flagrante. Marcelo Sastre, tio de Fernando, também apareceu e ajudou a levantá-lo do chão. Cambaleante, o rapaz foi conduzido pelos dois em direção ao carro do tio. "Se fosse pobre, seria preso agora", comentou um popular.

A tentativa de retirar Fernando do local foi percebida por um vizinho, que avisou os policiais militares. Os agentes interceptaram o grupo antes que ele fosse levado embora. Câmeras corporais da PM registraram o momento em que mãe e filho, já afastados do ponto do impacto, foram abordados por uma policial. Ao ser questionado se era o condutor do Porsche, Fernando se manteve calado. Daniela assumiu a conversa e respondeu por ele em quase todas as perguntas dos agentes.

Ela alegou que o filho havia batido a cabeça e precisava fazer um raio-X urgentemente. Fato: as imagens mostravam Fernando com sangramento no nariz. A policial tentou cumprir o protocolo, pedindo a carteira de habilitação do jovem, mas a mãe respondia por ele. Diante da insistência de Daniela, os policiais cederam. Fernando, mesmo com sinais visíveis de embriaguez relatados por testemunhas, não foi submetido ao teste do bafômetro. Ao final da abordagem, que durou menos de cinco minutos, assinou as informações registradas pela PM em um *tablet* e saiu com Daniela. Um policial perguntou para onde o levariam. "Ao Hospital São Luiz", respondeu a mãe.

Era um golpe. Os policiais foram até o hospital para colher depoimento do condutor e constataram que o rapaz nunca esteve lá. Fernando foi levado para casa. Daniela deu um banho no filho, colocou-o na cama e lhe ministrou um calmante para que dormisse em paz. Trinta e oito horas depois, ao perceber a repercussão nacional do caso, ele se apresentou espontaneamente na delegacia do Tatuapé, ao lado da mãe e de advogados. Aos policiais, Fernando disse que estava morrendo de medo, pois vinha recebendo ameaças de morte pelas redes sociais e até pelo celular. Esse fato, inclusive, seria a razão para ele não ter ido ao hospital, conforme havia informado. Como era de esperar, a culpa caiu nas costas dos jornalistas que cobriam o caso. "A imprensa distorceu tudo, fomentando um ódio coletivo contra meu filho e minha família. O Fernando é uma pessoa de boa conduta, íntegro. Namora sério há sete anos. Nunca matou uma barata", justificou Daniela.

Na delegacia, Fernando negou ter ingerido bebida alcoólica. Disse que deixou o local do acidente por causa do estado de choque. Também contou não se lembrar de nada, nem do momento da colisão, pois ainda estava abalado psicologicamente. Mesmo diante da destruição do Sandero e da morte de uma pessoa, o jovem preferiu apresentar uma versão evasiva, sem demonstrar arrependimento. No final, ele e sua família saíram da delegacia numa BMW.

Ao comparecer à cena do crime para resgatar o filho do flagrante, Daniela acabou também se enrolando criminalmente. Numa audiência realizada no Tribunal do Júri, a testemunha Monique Libania de Souza, de 30 anos, prestou um depoimento que corroeu ainda mais a versão da defesa. Moradora da casa atingida pelo Porsche, Monique contou que estava dormindo quando sentiu sua casa tremer e viu um clarão. Quando saiu, viu Marcus deitado no chão e Fernando vomitando. Disse que os bombeiros chegaram e priorizaram o resgate de Ornaldo, preso nas ferragens do Sandero. Em seguida atenderam Marcus, que reclamava de dor intensa e dificuldade para respirar. Fernando, segundo ela, estava desorientado e aparentemente embriagado.

Segundo Monique, foi Daniela quem, nesse intervalo, retirou três garrafas de bebida alcoólica de dentro do Porsche e as colocou no carro do tio de Fernando. A ação ocorreu no exato momento em que Ornaldo era retirado do Sandero e colocado na ambulância. Os policiais estavam afastados e não viram a movimentação, segundo relatou a testemunha.

O depoimento de Monique levou à abertura de um novo inquérito por fraude processual. A Polícia Civil instaurou investigação com base no artigo 347 do Código Penal. Daniela passou a ser formalmente investigada por possível tentativa de obstrução de provas. Caso fique comprovado que agiu com a intenção de dificultar o trabalho da perícia, ela poderá responder criminalmente, com pena que pode chegar a até 8 anos de prisão.

Somente 40 dias após a morte de Ornaldo, Fernando foi preso sob acusação de assassinato. Em 10 de maio de 2024, ele deu entrada em Tremembé. Lá teve os cabelos bem cuidados, aparados à máquina número 2, e vestiu o tradicional uniforme de calça marrom e camiseta branca. Por cerca de um mês, o *playboy* ficou sem acreditar no rumo que sua vida tomou ao escolher assumir o volante do carro depois de ter ingerido bebida alcoólica.

Desde que foi privado de liberdade, o jovem passou a ser defendido por advogados caros, que tentaram uma série de recursos para libertá-lo. Até 2 de agosto de 2025, todas as instâncias da Justiça já haviam analisado e negado sete pedidos de liberdade. Nos argumentos para mantê-lo preso, juízes e desembargadores citam a embriaguez do réu e a forma covarde como ele fugiu do local do crime, orientado pela mãe, com o intuito de escapar do teste do bafômetro. Num pedido protocolado no Supremo Tribunal Federal (STF), o ministro Gilmar Mendes, usando as palavras a seguir, justificou que Fernando deveria continuar preso: “Como se observa dos autos, o paciente, sob efeito de álcool, em velocidade três vezes superior à máxima permitida na via, teria ceifado a vida da vítima após colidir na traseira do veículo que ela dirigia. Ainda segundo os autos, o paciente teria enganado os policiais com a informação de que teria de ir, com urgência, a uma determinada unidade de saúde, apenas com a finalidade de se furtar à submissão ao exame de alcoolemia. Isso porque os policiais que o liberaram (para que ele fosse ao hospital) dirigiram-se à unidade, mas o paciente nem sequer teria dado entrada".

Com os desdobramentos jurídicos do caso, o quarteto de amigos se separou. Marcus Vinícius, na condição de vítima, passou a ser a testemunha mais contundente contra Fernando. Juliana se tornou a peça-chave da acusação ao entregar ao Ministério Público o vídeo gravado com seu celular, no qual Fernando aparece ao volante do Porsche com a voz pastosa. "Depois que eu soube que o motorista havia morrido, não podia guardar esse vídeo no meu celular. Me senti no dever de fazer justiça", justificou a estudante. Desde então, Giovanna cortou relações com a amiga.

O rompimento entre Fernando e Marcus foi selado na audiência de instrução realizada em 28 de junho de 2024, na 1ª Vara do Júri do Fórum da Barra Funda. Ali ficou evidente que as versões apresentadas pelos jovens não resistiam ao confronto com os laudos periciais e os demais elementos de prova.

O juiz Roberto Zanichelli Cintra conduziu a sessão, que durou o dia inteiro. Das 19 testemunhas ouvidas, algumas foram contundentes ao confirmar o consumo de bebida alcoólica por parte de Fernando antes de assumir o volante do Porsche. Natália, uma das primeiras a chegar ao local do acidente e prestar socorro, chegou a dizer em juízo que também viu garrafas verdes no chão do carro de luxo, complicando ainda mais a vida do réu.

Em depoimento, Juliana chorou ao relatar a pressão que sofreu de amigos de Fernando para omitir fatos e salvar a pele dele. Disse que foi chamada de "traidora" e que só resolveu contar a verdade por respeito à memória de Ornaldo e ao sofrimento de Marcus, que quase morreu. Afirmou com todas as letras que Fernando havia consumido bebida alcoólica e que todos sabiam que ele não estava em condições de dirigir.

Giovanna foi a única que sustentou veementemente que o namorado era inocente. Disse que eles tinham um combinado: quando um bebia, o outro dirigia. E que, naquele dia, Fernando havia optado por não beber. Só tinha ingerido água mineral tanto na Porchetteria quanto na casa de pôquer. Atribuiu a briga diante do Porsche à sua vontade de ir embora, e não ao consumo de álcool por parte do namorado.

Desde a audiência de instrução, os advogados de Fernando passaram a adotar uma estratégia cada vez mais clara: adiar ao máximo o julgamento, como se isso fosse benéfico para ele. Em março de 2025, às vésperas do julgamento, a defesa apresentou de última hora um laudo técnico sugerindo um defeito de fábrica, já que o Porsche teria falhas na fixação das rodas. Os advogados de Fernando alegaram ainda que a ausência de cinto de segurança por parte de Marcus teria agravado o resultado da tragédia. O Tribunal de Justiça de São Paulo rejeitou o pedido de conversão do julgamento em diligência, classificando-o como intempestivo. O relator João Augusto Garcia destacou que o veículo havia sido liberado à família em junho do ano anterior e que o suposto defeito jamais fora mencionado por Fernando em qualquer fase do processo. Para o tribunal, não havia justificativa para a demora na apresentação da tese, e a tentativa foi interpretada como uma manobra para retardar o desfecho do caso.

Essa sucessão de adiamentos, no entanto, tem afetado emocionalmente o próprio réu. Detido preventivamente desde 6 de maio de 2024, Fernando vivia uma rotina de indefinição dentro de Tremembé, sem saber quanto tempo ainda permaneceria ali. Psicologicamente, a ausência de uma sentença concreta o coloca num limbo: ele não cumpre pena, tampouco é absolvido. Depois de uma série de derrotas jurídicas, incluindo a rejeição de pedidos de liberdade por instâncias máximas como o STF, ele passou a demonstrar abatimento crescente. Pessoas próximas relatam que, se ao menos já estivesse condenado, teria uma noção clara de quando poderia deixar a prisão.

Inevitavelmente, Fernando será julgado por homicídio qualificado, acusado de ter assumido o risco de matar ao dirigir em alta velocidade após beber, colocando outras vidas em perigo. Também é réu por lesão corporal gravíssima, por ter ferido o amigo no mesmo acidente. Se condenado pelos dois crimes, poderá pegar de 14 a 38 anos de prisão em regime fechado.

Os advogados de Fernando classificaram a denúncia do Ministério Público contra seu cliente como "lacônica, anêmica e de uma pobreza franciscana". Os defensores Jonas Marzagão e Elizeu Soares de Camargo Neto sustentaram que não há lastro suficiente sequer para torná-lo réu. "A peça é contraditória, incompatível com a tese de dolo eventual e foi construída sob pressão midiática, sem respaldo em indícios válidos", ressaltaram os advogados.

A defesa também contestou a imputação de lesão corporal gravíssima contra Marcus. Segundo os advogados, não há como atribuir a Fernando a responsabilidade direta pelos ferimentos do amigo, uma vez que ele estaria sem cinto de segurança no momento da colisão. Esse fator, de acordo com a tese defensiva, contribuiu de forma decisiva para a gravidade das lesões sofridas por ele, retirando o nexo de causalidade direto entre a conduta de Fernando e o resultado lesivo.

No meio desse turbilhão, Fernando teve um revés devastador, que certamente será usado contra ele no tribunal. Um levantamento no Detran revelou que ele acumulava um histórico extenso de infrações de trânsito, incluindo mais de 40 multas por excesso de velocidade. Ele também foi multado por ter praticado “rachas” com o Porsche do pai na Avenida Paulista. O prontuário incluiu ainda duas multas por excesso de velocidade registradas no mesmo dia, em dezembro de 2020, em estradas do Ceará. Em um trecho da Rodovia CE-040, no município de Cascavel, seu carro foi flagrado a 132 km/h, onde o limite era de 80 km/h. Quarenta minutos depois, já em Aracati, recebeu outra autuação por acelerar seu carro de luxo além do permitido. Além disso, Fernando se envolveu em pelo menos dois acidentes anteriores na zona leste de São Paulo. No primeiro, alegou que um motoqueiro avançou um semáforo vermelho e se chocou com seu carro. Com tantas infrações, sua habilitação foi suspensa em outubro de 2023 e só havia sido restituída treze dias antes do acidente que matou Ornaldo da Silva.

Em Tremembé, Fernando era considerado um preso exemplar. Gentil com todos, mostrava-se prestativo com os funcionários e com os demais detentos. Cuidava com zelo das plantas cultivadas nos canteiros internos da unidade e se voluntariava para ajudar na organização dos cultos realizados no espaço ecumênico. Os servidores o descreveram como um rapaz educado, respeitoso, silencioso e muito triste. Carregava no semblante um sofrimento contínuo e ganhou dos outros detentos o apelido de Bebê do Porsche, por viver chorando, sentindo falta da mãe.

Assim que chegou à penitenciária, foi encaminhado para a cela de inclusão, onde passou os primeiros dez dias completamente sozinho. Na solitária, mergulhado na quietude do isolamento, começou a experimentar um estado profundo de febre mental. Depois desse período, foi transferido para a cela 10 do Pavilhão 1. Quando saiu para o pátio pela primeira vez, assustou-se com a quantidade de presos condenados por assassinato que estavam ao seu redor. Era como se tivesse sido lançado em um universo assombroso do qual não fazia parte. À medida que se abria para o convívio e fazia amizades, descobria que muitos detentos haviam cometido crimes brutais contra a vida: filho que matou os pais, pai que assassinou os filhos, maridos que executaram as esposas. Estupradores e pedófilos. No meio dessa gente toda, Fernando não conseguia se ver como um assassino. Nem agora, nem nunca.

Segundo relatos de funcionários de Tremembé, Fernando enfrentava episódios recorrentes de depressão profunda e vivia em estado permanente de aflição, consumido pela espera do julgamento. Em conversas com outros presos, especialmente os que também respondiam por homicídio, ouvia prognósticos desanimadores. A maioria dizia que ele pegaria muitos anos de cadeia e precisava se preparar psicologicamente para passar boa parte da vida ali dentro. Aconselhavam-no a se resignar.

Em Tremembé, os presos que ainda aguardam julgamento costumam se referir ao Tribunal do Júri como "juízo final". A expressão é uma metáfora herdada do cristianismo: acredita-se que, no fim dos tempos, Deus julgará os vivos e os mortos, condenando os pecadores e salvando os justos. No ambiente carcerário, esse simbolismo ganhava peso. Fernando esperava o seu juízo final em permanente estado de melancolia, atormentado pela ideia de ser condenado por algo que dizia ter sido um acidente e não um assassinato. O que mais o confortava, segundo dizia, eram as visitas da mãe e da namorada, que continuavam indo à penitenciária religiosamente todos os fins de semana.

No dia 28 de junho de 2025, Daniela, mãe de Fernando, deu o seguinte depoimento:

"Sou mãe, e falar disso é uma dor que me atravessa todos os dias. Ainda não consigo entender como nossas vidas foram parar nesse lugar, nessa tragédia. Jamais imaginei que o caminho da minha família fosse cruzar com o de outra por causa de uma perda tão devastadora. Uma vida se foi, e isso é irreversível. O senhor Ornaldo era um pai, um marido, um homem amado. Jamais diminuiria a dor da família dele. Oro por eles todos os dias. Rezo para que encontrem paz.

Mas sou a mãe do Fernando. E o que eu vi acontecer foi um acidente. Uma fatalidade. Meu filho não é um assassino. Ele nunca foi uma pessoa violenta. Sempre foi um menino bom, gentil, educado. Nunca fez mal a ninguém. É difícil aceitar que ele esteja sendo tratado como se fosse alguém que escolheu tirar uma vida.

Eu entendo que há muita dor dos dois lados. Mas é muito duro ver meu filho sendo colocado ao lado de criminosos frios, como se ele tivesse premeditado o que aconteceu. Como se ele fosse alguém cruel. Ele não é. A tragédia tomou uma proporção que até hoje ninguém compreende. Nós éramos uma família comum, vivendo nossa rotina, trabalhando, cuidando uns dos outros. De repente, fomos jogados nesse furacão de exposição, julgamento, manchetes. Eu mesma ainda não consegui entender tudo que aconteceu.

Sinto que somos duas famílias dilaceradas. E mesmo com toda essa dor, eu ainda tenho o desejo profundo de, um dia, poder olhar nos olhos da família do senhor Ornaldo. Dizer que lamento. Dizer que rezo por eles. Mas só vou fazer isso quando Deus me mostrar que é a hora. Tudo no tempo Dele. No tempo certo".

No dia 5 de agosto de 2025, Francilene Morais de Caldas, viúva de Ornaldo da Silva Viana, deu o seguinte depoimento:

"Conheci o Ornaldo numa praça em Santo André. Estava com uma amiga e ele chegou puxando conversa. No começo foi só isso, uma conversa. Mas logo convidou a gente pro aniversário dele, que ia acontecer no mês seguinte. Eu fui. E foi ali que a gente começou a namorar. Três meses depois, já estávamos morando juntos. Foi tudo rápido, mas foi no tempo certo. A gente construiu nossa vida com muito esforço. Primeiro moramos de aluguel, depois conseguimos comprar nossa casinha em Guarulhos. Tivemos dois filhos, o Lucas e o Luam, e a pequena Nayara. O Ornaldo trabalhou em metalúrgica, depois virou motorista de aplicativo. Sempre correu atrás. Era um homem vivo, bom, trabalhador, presente. Um pai que fazia tudo pelos filhos. Um marido amoroso. Fazia piada, enchia nossa casa de alegria. De uma hora pra outra eu perdi tudo isso.

Às vezes a gente até dá risada aqui em casa. Os meninos inventam graça, colocam música, fazem de tudo pra quebrar esse clima pesado. Por um instante, parece que funciona. A gente ri. Mas é uma alegria que vem por cima da dor, como se estivesse tentando encobrir o sofrimento. Uma alegria frágil, que não se sustenta. Porque, logo depois, a tristeza volta ainda mais forte.

Me disseram que o tempo cura tudo. Mas é mentira. O tempo não cura nada. O tempo só faz a ausência dele pesar mais. Cada dia que passa é um dia a mais sem o meu marido. Vivo mergulhada nesse buraco, nesse vazio.

Eu sonho com ele direto. Às vezes meu marido tá com a roupa que usava pra trabalhar, aquela camisa do Luam que ele pegou no armário sem avisar, a calça social, o perfume. Já sonhei com ele todo de branco também. E sempre é um sonho tão real que parece que ele tá ali comigo. Eu escuto a voz dele, ele me diz pra não me preocupar, diz que tá bem. Quando eu acordo, é como se ele tivesse mesmo aqui em casa, como se tivesse me visitado de verdade. Mas aí vem o choque. Eu lembro que era só sonho. Aí eu choro.

A família do rapaz que assassinou o meu marido fala em fatalidade. Mas não foi. Meu marido morreu trabalhando. Foi atingido por um carro de luxo, dirigido por alguém que não podia nem estar ao volante. Fugiu do local. E até hoje a gente tá esperando por justiça. Eu também sou mãe. Se um dia um dos meus filhos errar, vou amar do mesmo jeito. Mas vou dizer: assuma. Pague. Não vou proteger como se fosse vítima. Porque não é. E isso é o que mais me revolta. Essa tentativa de transformar o assassino do meu marido em vítima. Ele não é. A vítima foi o meu marido. E também o Marcus Vinícius.

A mãe do Fernando falou em clemência. Ela não faz ideia do que eu estou passando. Fui eu que reconheci o corpo dele no necrotério. Fui eu que enterrei o homem que eu amava. O homem com quem eu ia envelhecer. Perdoar exige cura. E eu ainda estou sangrando. Hoje, não!"

* * *

O PÂNICO DO ASSASSINO

Dez entre dez presos de Tremembé sonham com a liberdade. Aos 40 anos, Lindemberg Alves Fernandes era o ponto fora da curva. Condenado a 39 anos pelo assassinato da ex-namorada Eloá Pimentel, de 15 anos, ele nunca teve tanto medo de pôr o nariz para fora da penitenciária como agora. Desde 2022 no regime semiaberto e com previsão para migrar ao aberto em 2028, o detento famoso sai cinco vezes por ano e passa sete dias em liberdade a cada escapadela. No entanto, para ele, as saidinhas são motivo de pânico. Fora do cárcere, Lindemberg vive apavorado com a possibilidade de ser assassinado na rua, como aconteceu com Pedro Rodrigues Filho, o Pedrinho Matador, executado em 2023 no meio da rua, aos 68 anos. O mesmo fim teve João Acácio Pereira da Costa, o Bandido da Luz Vermelha, morto a tiros em um bar de Florianópolis logo após deixar a prisão, em 1998, aos 55 anos. Os dois assassinos morreram após cumprirem pena.

Na criminalidade, matar uma adolescente é considerado um pecado imperdoável. Lindemberg sabe disso. Tem consciência de que, fora dos muros da prisão, pode virar alvo de facções, justiceiros ou inimigos anônimos. Mas não é só o submundo que o deixa perturbado. Durante o sequestro de Eloá, em 2008, ele desmoralizou publicamente a polícia paulista ao sustentar que só começou a disparar depois que os agentes do Grupo de Ações Táticas Especiais (GATE) invadiram o apartamento. Na época, a corporação afirmou que a invasão foi motivada por um tiro dado por ele, o que justificaria a ação emergencial. Lindemberg, porém, sempre negou essa versão e insistiu que os tiros que mataram Eloá foram dados apenas após a entrada dos policiais, num rompante. A controvérsia gerou constrangimento institucional. Desde então, ele teme que o episódio tenha deixado feridas abertas entre os agentes de segurança. E que, em liberdade, possa ser alvo da mesma força letal que um dia desafiou.

Mas o maior dos seus temores atende por um nome: Everaldo Pereira dos Santos, de 61 anos, alagoano, conhecido no submundo do crime como "Amarelo". Pai de Eloá, ex-cabo da Polícia Militar de Alagoas e miliciano de alta periculosidade, Everaldo atuou durante anos como matador de aluguel. Vivia há quinze anos foragido da Justiça, sob o nome falso de Aldo José da Silva, levando uma vida discreta em São Paulo, longe dos holofotes e da polícia. Como se não bastasse, sua identidade só veio à tona por causa de Lindemberg.

Durante a cobertura ao vivo do sequestro da filha, "Amarelo" apareceu nas imagens de televisão sendo atendido por socorristas após passar mal diante do prédio onde a adolescente era mantida refém. A cena, transmitida nacionalmente, permitiu que delegados de Alagoas o reconhecessem. O homem que chorava na ambulância era, na verdade, um condenado à revelia por duplo homicídio qualificado. Em 1991, havia participado da execução do delegado Ricardo José Lessa Santos – irmão do ex-governador Ronaldo Lessa – e do motorista dele, José da Costa Dantas, em ação atribuída à "gangue fardada", grupo de extermínio formado por policiais militares alagoanos. Em 1993, "Amarelo" também foi apontado como autor do assassinato da própria ex-mulher, Marta Lúcia Alves Vieira, encontrada degolada, queimada e esfaqueada em um canavial de Pilar (AL). O crime, até então arquivado sem apuração, só começou a ser investigado após a reaparição de Everaldo.

A revelação da identidade do pai de Eloá foi o gatilho para sua captura. Everaldo fugiu de São Paulo logo após a morte da filha, mas foi preso em dezembro de 2009, em um sítio da família em Maceió. Desde então, passou a cumprir pena, progredindo ao regime aberto em 2014. Voltou a viver em São Paulo, ironicamente, no mesmo conjunto habitacional em que vive a mãe de Lindemberg e para onde o criminoso se dirige durante as saídas temporárias.

A maior prova do tormento do assassino nas saidinhas fica evidente no modo como se veste: casaco com capuz cobrindo a cabeça, grandes óculos escuros e uma máscara no rosto, mesmo sem pandemia. À primeira vista, o disfarce remete à precaução contra vírus e bactérias. Porém, o verdadeiro motivo é o desespero. Ele acredita que seus algozes estão sempre à espreita, circulando pelos arredores de Tremembé, prontos para cumprir um plano de vingança.

O medo constante também se reflete em sua saúde mental. Durante os exames criminológicos realizados por psicólogas da penitenciária, Lindemberg relatou pesadelos recorrentes em que o pai de Eloá surgia como um executor implacável. Numa das noites mais perturbadoras, sonhou que estava algemado a uma cadeira no meio de um canavial em chamas, cercado por homens fardados e encapuzados que entoavam cânticos de morte. Everaldo, com o rosto coberto por uma máscara de couro, aproximou-se empunhando um facão. Ao lado dele, Eloá surgiu séria. "Faça o que você me prometeu, meu pai", ordenou a adolescente. Sem dizer uma palavra, o matador arrancou-lhe a língua com as próprias mãos e o decapitou de forma implacável, causando derramamento de sangue. Em seguida, ele acordou na cela em sobressalto, aos gritos, com os olhos arregalados, despertando os colegas no meio da madrugada.

O crime cometido por Lindemberg era um dos mais comentados de Tremembé. No início da tarde do dia 13 de outubro de 2008, uma segunda-feira, ele iniciou o sequestro que marcaria para sempre a crônica policial brasileira. Armado com um revólver calibre 32, invadiu o apartamento 24, no terceiro andar do Bloco 24, no conjunto habitacional Companhia de Desenvolvimento Habitacional e Urbano de São Paulo (CDHU), na cidade de Santo André. Ali estavam Eloá, sua ex-namorada de 15 anos, e três colegas de escola da mesma idade: Nayara Rodrigues da Silva, Victor Lopes de Campos e Iago Vilera de Oliveira. O grupo havia se reunido para fazer um trabalho escolar. O que começou como uma visita sob pretexto de reconciliação rapidamente se transformou em cárcere privado.

Inconformado com o término do relacionamento que durara quase três anos, Lindemberg já vinha demonstrando comportamento obsessivo e agressivo. Segundo relatou, na época em que namorava Eloá, foi abordado por uma amiga dela chamada Aline, de 16 anos. A garota, movida por ciúme e interesse próprio, afirmou que Eloá estava saindo com um rapaz chamado Paulo Henrique. "Eu vi os dois se beijando em frente a uma locadora de Santo André", revelou. Sem pestanejar, Lindemberg confrontou a namorada, que negou. "Peça à sua amiga fuxiqueira provas concretas da traição, porque esse tipo de acusação não pode ser feito só da boca pra fora", rebateu Eloá, já exausta da toxicidade daquele relacionamento. No dia seguinte, Aline admitiu não ter provas, mas, determinada a desestabilizar Eloá e se aproximar de Lindemberg, ofereceu uma narrativa pronta: "Diga que, no dia em que ela beijou o Paulo Henrique, os dois estavam matando aula. Fale também que você viu o vídeo das câmeras de segurança da locadora, onde eles aparecem juntinhos, de rostinhos colados".

Lindemberg conheceu Eloá quando ela tinha apenas 12 anos, e ele, 18. O relacionamento foi marcado por idas e vindas, brigas constantes e um controle sufocante. Aos 15, ela já não suportava mais e decidiu acabar o namoro, que durava nove meses naquela última fase. Sem revelar o nome, a garota admitiu estar envolvida com outro rapaz. Lindemberg, que já demonstrava instabilidade emocional, não aceitou a rejeição. Irritado, deu um tapa no rosto de Eloá e fez uma ameaça doce na boca de autores de feminicídio: "Se você não é mais minha, não será de mais ninguém".

No dia seguinte, ainda tomado pela raiva, Lindemberg circulava de moto quando avistou Paulo Henrique pilotando outra motocicleta, com Eloá na garupa. Sem hesitar, acelerou e emparelhou com o casal. Olhou fixamente para os dois e, transtornado, fez ameaças de morte. Usou a mão para simular uma arma e apontou para a ex-namorada, como se estivesse atirando. A cena deixou Eloá em pânico e marcou o início de uma escalada de intimidação que culminaria na tragédia dias depois.

Cerca de uma semana após o término, ele foi até a casa da ex-namorada para buscar algumas roupas de frio e um boné que haviam ficado por lá. Durante a visita, Ana Cristina Pimentel, mãe de Eloá, quis saber o motivo da separação:

– Por que vocês terminaram? – indagou.

– Pergunte à sua filha. Vou dar a ela o privilégio de contar sua versão – provocou Lindemberg.

– Ouvi dizer que houve traição das duas partes – comentou Cristina.

– A partir de agora, cada um vai seguir o seu caminho – previu o rapaz.

No início da tarde do dia 13 de outubro, usando bermuda jeans e camiseta vermelha, Lindemberg se armou e saiu de casa. Enviou uma mensagem para a mãe de Eloá: "Vou fazer uma besteira". Com o revólver em punho e um saco de munições pendurado na cintura, arrombou a porta do apartamento. As agressões foram imediatas. Deu socos em Victor e Iago, tapas e chutes em Eloá, puxões de cabelo. O ambiente de estudo se transformou em cena de terror, em uma ação que se prolongaria por longos quatro dias. Trancou a porta e enfiou a chave no bolso. Gritava, andava de um lado para o outro, descontrolado:

– Fiquem quietos! Sentem na cama! Ninguém grita! – ordenou.

– Calma, Lindemberg! – pediu Nayara.

– Eu vim aqui pra matar a Eloá. E depois me suicido. Esse é o plano!

– Pelo amor de Deus, não faz isso! Eu só tenho 15 anos. Você tem 22. A gente tem uma vida inteira pela frente – implorou Eloá.

– Vou matar um na frente, na sua frente. Para você ver. Para sofrer como estou sofrendo. Depois de te matar, eu me mato! – gritou para a namorada, acertando-lhe um chute.

Com a falta de notícias sobre os adolescentes, o pai de Eloá ligou para o apartamento e soube que o grupo era mantido refém. A polícia foi acionada e um cerco se formou. Dentro da casa, Lindemberg apontou a arma para Victor, que cambaleou e desmaiou. Só por volta das 22h o sequestrador concordou em libertá-lo após pressão emocional feita por Nayara, apelidada de Barbie. "Solta os rapazes, Lindemberg. Eles não têm nada contra você", argumentou a garota. Pouco antes das 23h, Iago também foi solto.

O negociador do GATE era o capitão Adriano Giovaninni, que fez contato com o sequestrador:

– Lindemberg, boa noite. Tudo bem?

– Boa noite! Quem é?

– Sou o capitão Giovaninni. Aqui é da Polícia Militar. Estamos cientes da situação. Queremos conversar, entender o que você precisa.

– Eu não quero polícia! Não encosta na porta! Se tentar entrar aqui, eu mato todo mundo!

– Ninguém vai entrar. Fica tranquilo. Só queremos conversar.

– Quero falar com a mãe da Eloá. Agora!

Ana Cristina atendeu o pedido:

– Lindemberg, o que você tá fazendo com a sua vida? Solta as meninas, meu filho. Acaba com isso.

– Dona Tina! Lembra que eu falei pra senhora que ia fazer uma besteira na minha vida? A senhora duvidou. Olha agora o que eu tô fazendo!

– Pelo amor de Deus, Lindemberg, solta a minha filha.

– Eu amava a Eloá. Ela me largou. Ela vai sair daqui morta.

– Não faz isso. Vocês são jovens.

– Já era! Eu só tô mostrando que cumpro o que falo.

O capitão Giovaninni pegou o telefone das mãos de Ana Cristina:

– Lindemberg, sua mãe tá preocupada. A mãe da Eloá também. Ninguém quer te machucar. A gente só quer sair dessa com todos bem.

– Não quero mais ouvir promessa. Eu não tô brincando. Tenho bala aqui. Se tentarem qualquer coisa, eu começo.

– Ninguém vai fazer nada. A gente respeita sua palavra. Mas você precisa confiar que a gente tá aqui pra te ouvir.

– Estou esperando uma ligação. Quando ela vier, aí sim o terror vai começar – ameaçou o sequestrador.

– Não precisa ser assim. Ninguém quer te provocar. Mas você precisa entender que tem vidas em risco.

Inclusive a sua.

– Eu só queria que a Eloá ficasse comigo. Eu a amava, capitão. Agora olha onde a gente tá.

Ana Cristina voltou a falar:

– Ela é minha filha, Lindemberg. Você também é filho de alguém. Você sabe o que é uma mãe sentir isso?

– Não adianta, dona Tina! Eu avisei! Da próxima vez, a senhora me escuta.

Giovaninni assumiu novamente:

– Lindemberg, respira. Vamos dar um tempo. Pensa na sua família. Pensa na Eloá. A gente vai seguir conversando.

O celular usado por Lindemberg para conversar com o capitão Giovaninni e outros integrantes do GATE também foi utilizado para atender ligações de jornalistas. Enquanto mantinha Eloá e Nayara sob a mira de um revólver, o sequestrador atendia repórteres pelo telefone, descrevendo sua própria versão dos fatos e comentando seu estado emocional, ciente de que suas palavras estavam sendo transmitidas para todo o país. A exposição midiática, sem nenhum controle inicial por parte das autoridades, deu a ele o palco que parecia desejar desde o começo.

Narcisista, o sequestrador fazia questão de falar com a imprensa. Acompanhava as transmissões em tempo real pela televisão ligada no apartamento e sentia orgulho de ter se tornado uma figura conhecida nacionalmente. Assim que dava entrevistas, corria para assistir aos telejornais, revisitar sua imagem, ver o impacto de suas falas. Chegou ao cúmulo de responder a um apresentador enquanto o via na tela, interagindo com a TV como se estivesse em um estúdio.

Em um dos episódios mais graves desse espetáculo circense, Lindemberg interrompeu um acordo de rendição que já estava encaminhado com a polícia após receber uma ligação ao vivo da apresentadora Sônia Abrão, do programa *A Tarde É Sua*, da RedeTV!. Segundo relato de um dos promotores que acompanhavam o caso, o capitão Giovaninni, o irmão de Eloá e o próprio sequestrador haviam acertado os termos para que ele se entregasse. Mas, ao perceber que estava em rede nacional, Lindemberg recuou. Desistiu da rendição e prolongou o sequestro, ciente de que era o centro das atenções do país. A apresentadora, ao assumir o papel de mediadora em seu show televisivo, interferiu diretamente numa negociação de vida ou morte.

Durante o sequestro, Lindemberg disparou dentro do apartamento contra a tela do computador, dentro do banheiro e para fora, contra a imprensa e os policiais. Usando Eloá como escudo, chamava a si mesmo de "o cara" e "o príncipe do gueto".

Para impedir que Lindemberg prolongasse o sequestro em função do seu tempo de tela nas TVs, a polícia decidiu cortar o fornecimento de energia elétrica do apartamento. A intenção era silenciar a televisão que ele mantinha ligada o tempo todo, assistindo à própria cobertura transmitida ao vivo para todo o país. No escuro, sem o brilho da tela refletindo sua imagem, o sequestrador perdeu momentaneamente o palco que o sustentava. Aproveitou para espancar Eloá ainda mais. No entanto, a iniciativa da polícia durou pouco. Sem energia, também não havia como o sequestrador carregar o celular e a comunicação com os negociadores do GATE ficou comprometida. Para preservar o único canal de diálogo com o bandido, a polícia foi obrigada a restabelecer a luz.

No segundo dia, por volta das 23h, ele libertou Nayara após mais de 30 horas de cárcere. Dois dias depois, exigiu a presença dela e do irmão de Eloá, prometendo se render. Quando Barbie se aproximou, ele abriu a porta com Eloá sob a mira do revólver e a puxou de volta para dentro do apartamento. Ambas voltaram a ser reféns. Ele passou a alternar ameaças, agressões, momentos de calma e falas desconexas. Eloá continuava apanhando.

No terceiro dia, o promotor Augusto Rossini entregou um documento garantindo a integridade física de Lindemberg caso se rendesse. Ele hesitou com um anúncio suicida:

– O bagulho é louco, doutor: tem um anjinho falando uma coisa e um capetinha falando outra. E o capetinha tá ganhando.

A nova entrada de Barbie no apartamento representou um dos momentos mais críticos do sequestro. Atiradores de elite já estavam posicionados para neutralizar Lindemberg caso surgisse uma oportunidade segura de disparo. No entanto, com a aproximação de Nayara ao prédio e o inesperado retorno da adolescente ao cativeiro, o plano foi imediatamente abortado. De acordo com o capitão Giovaninni, a partir desse momento a polícia "não teve mais chance de atingir o acusado". Nayara, que já havia vivenciado o terror do cárcere, tornou-se refém pela segunda vez. Segundo o agente, Lindemberg demonstrava frieza absoluta, utilizava gírias típicas do meio criminoso e nunca aparentava desespero. Espancava Eloá durante o sequestro e repetia que mataria a ex-namorada antes de se suicidar.

No quinto dia, a aurora encoberta por uma espessa neblina frustrou uma das últimas alternativas das autoridades: uma nova tentativa de intervenção dos atiradores de elite posicionados nos telhados dos prédios vizinhos. As miras estavam preparadas desde a madrugada para executar Lindemberg com um tiro preciso na cabeça, mas a baixa visibilidade tornou a ação inviável. Diante do impasse e da escalada de ameaças por parte do sequestrador, decidiu-se por uma entrada forçada.

Foi uma invasão atabalhoada, com agentes do GATE explodindo a porta com carga controlada e subindo pelas janelas. Ao perceber a movimentação, por volta das 18h, Lindemberg reagiu com quatro disparos dentro do apartamento. Um subiu em direção ao teto. Dois acertaram Eloá, na cabeça e na virilha. Nayara tentou se proteger, mas o quarto tiro atingiu seu rosto de raspão. Lindemberg foi baleado na perna e rendido. Eloá morreu às 23h30 do dia 18 de outubro de 2008. Nayara sobreviveu.

Mesmo com o coração dilacerado, a mãe de Eloá autorizou a doação dos órgãos da filha. Cinco pessoas foram beneficiadas. O coração foi para Maria Augusta dos Anjos, que havia nascido com má-formação cardíaca e esperava na fila do SUS havia dois anos. Evangélica, Augusta contou aos parentes que havia pedido a Deus um coração novo de presente no dia do seu aniversário. A profecia se cumpriu. Aos 39 anos, recebeu o órgão de Eloá e sobreviveu ao transplante, voltando a ter qualidade de vida. Viveu por mais 13 anos, até ser internada com covid-19 em um hospital do Pará. Com 75% dos pulmões comprometidos, não resistiu. Além do coração, os dois pulmões, o pâncreas, o fígado e os rins de Eloá foram encaminhados a pacientes em estado grave. No total, cinco pessoas receberam sete órgãos da adolescente.

Desde que Lindemberg passou a sair da prisão em datas autorizadas pela Justiça, Nayara, com 32 anos em 2025, passou a viver amedrontada. O simples rumor de que ele poderia estar de volta ao bairro era suficiente para provocar noites de insônia, crises de ansiedade e um estado de alerta constante. A lembrança do que viveu ao lado da melhor amiga no apartamento onde tudo aconteceu ainda a persegue. Desenvolveu oscilações de humor, episódios de agressividade e retraimento social. Chegou a iniciar tratamento com psicólogos, mas abandonou as sessões. Preferiu o resguardo, tentando seguir a vida sem precisar revisitar a tragédia. Ainda hoje Nayara evita falar sobre o sequestro.

Submetido ao juízo final, Lindemberg foi condenado em 2012 a 98 anos e 10 meses de prisão pelos crimes cometidos durante o sequestro e assassinato de Eloá. Anos depois, a pena foi reduzida para 39 anos e 3 meses, por decisão do Tribunal de Justiça de São Paulo. Desde então, ele cumpre pena em Tremembé.

Apesar de ter assassinado uma adolescente e ferido outra, Lindemberg passou a receber uma avalanche de cartas românticas na penitenciária. Durante um único ano, foram mais de mil mensagens enviadas por admiradoras de todo o Brasil, muitas delas jovens, fascinadas pela notoriedade que ele alcançou durante o cerco policial transmitido pela TV. Vaidoso, contou ao psiquiatra forense Leandro Gavinier que passava os dias lendo cada carta, avaliando qual remetente poderia se tornar sua próxima namorada. O critério era inusitado: escolhia sempre as que demonstravam menor expectativa de futuro. Segundo ele, depois de um relacionamento sufocante e cheio de cobranças com Eloá, buscava algo sem projeções, leve e sem pressão. Entre 2012 e 2013, engatou um namoro com uma dessas admiradoras, que chegou a obter um atestado de união estável para visitá-lo regularmente na prisão. Mas a relação não resistiu: com uma pena longa a cumprir, Lindemberg diz que a jovem perdeu a paciência de esperar.

O novo perfil amoroso de Lindemberg encontrou respaldo no laudo psicológico produzido em Tremembé. Em 24 de junho de 2022, a psicóloga Mônica Evelyn Thiago aplicou o teste de Rorschach – técnica que investiga aspectos profundos da personalidade a partir da interpretação de manchas de tinta. O resultado apontou imaturidade emocional, dependência afetiva e tendência à fuga da realidade. Lindemberg era voltado para si mesmo, demonstrava pouca empatia e apresentava falta de submissão diante de figuras de autoridade. Tinha dificuldade para lidar com expectativas, sentimentos alheios e exigências práticas da vida. Suas ações eram instáveis, os vínculos eram frágeis e a expressão emocional era bloqueada. Ansioso e introspectivo, possuía um julgamento comprometido por uma subjetividade intensa. Falava com frequência do medo do pai de Eloá. Paradoxalmente, Lindemberg era um assassino que se sentia mais seguro dentro da cadeia do que fora dela.

* * *

A VIDA NO LIXO

Matheus Carneiro Assunção nasceu numa família de classe média tradicional do Recife. Filho único de uma professora e de um comerciante, cresceu cercado de afeto e de uma rígida cultura do esforço. Desde cedo demonstrava traços marcantes: introspectivo, metódico e muito inteligente; preferia a companhia dos livros aos jogos no recreio. No Colégio Marista São Luís, instituição tradicional frequentada pela elite local, seus cadernos eram os mais organizados; suas redações, as mais elogiadas; suas respostas, as mais precisas.

A adolescência consolidou esse perfil reservado. Destacava-se nos estudos, mas mantinha distância das agitações sociais. Os professores o viam como um aluno exemplar; os colegas, com uma mistura de admiração e estranhamento. Era educado, mas não exatamente acessível. Os poucos amigos com quem se conectava o descreviam como generoso em pensamento, sensível ao sofrimento alheio, mas completamente fechado quanto às próprias emoções. Seus interesses estavam nas humanidades. Lia Foucault e Norberto Bobbio antes dos 17 anos. Gostava de músicas calmas, teatro e escrevia pequenos ensaios sobre desigualdade social e função da pena, enquanto os colegas se dividiam entre futebol e balada. Esse comportamento introspectivo e avesso à exposição só começaria a se alterar anos depois, quando ingressou na Faculdade de Direito da Universidade Federal de Pernambuco, em 2002, aos 18 anos.

No ambiente acadêmico ele encontrou um território familiar. A linguagem jurídica, a lógica do raciocínio argumentativo e o rigor teórico o encantavam. Logo se destacou como um dos melhores alunos da turma. Passou a frequentar grupos de pesquisa, tornou-se monitor de Direito

Constitucional e fazia questão de participar dos debates mais complexos nas aulas. Seu senso de justiça era forte, mas sempre guiado por princípios abstratos, quase filosóficos, mais do que pela vivência concreta.

Foi na universidade que conheceu Isaac Batista de Carvalho Neto, um ano mais velho. Isaac era seu oposto em muitos aspectos: falante, sociável, espontâneo, fã de festas, bares e viagens. Foi ele quem apresentou Matheus a esse universo mais leve e descontraído que a juventude costuma explorar. Começaram a sair em grupo, frequentar shows, festas universitárias e a paquerar mulheres nas noites do Recife e de outras capitais. Apesar das diferenças, tornaram-se grandes amigos, unidos pela afinidade intelectual. Passavam horas discutindo política, ética, história e literatura. Juntos eles organizaram grupos de estudo, participaram de viagens com colegas da turma.

Durante a graduação, Matheus viveu poucos relacionamentos afetivos, sempre discretos. Seus namoros eram marcados por intensidade emocional contida. Não era romântico nos moldes clássicos, mas gostava de escrever cartas, recomendar leituras e fazer compilações de músicas. As parceiras, geralmente colegas do meio jurídico ou acadêmico, o viam como alguém doce e inteligente, mas emocionalmente opaco. Tinha dificuldade em lidar com ciúme, com frustrações, com as nuances dos vínculos afetivos.

No fim da faculdade, concentrou-se nos estudos para concursos. Sua rotina se tornou ainda mais solitária e disciplinada. Passava mais de dez horas por dia estudando, com um cronograma rígido e detalhado. Recusava convites, evitava encontros e restringia seu cotidiano ao essencial. O foco era a Procuradoria da Fazenda Nacional, cargo que considerava ideal por unir técnica, estabilidade e a possibilidade de exercer o Direito de forma mais abstrata. Foi aprovado após um processo árduo e assumiu o cargo em São Paulo, em 2008. Celebrando discretamente, avisou apenas os mais próximos. Segundo Isaac, que se tornou juiz federal, o amigo chorou ao saber do resultado. Sentia que finalmente tinha cumprido seu papel. Era como se toda a sua vida tivesse sido redirecionada para aquele momento.

Já como procurador, Matheus manteve o mesmo perfil. Atuava na cobrança judicial de grandes devedores da União – empresas que deviam dezenas de milhões de reais em tributos federais. Especializado em Direito Tributário, com mestrado e doutorado pela Universidade de São Paulo (USP), lidava com ações fiscais complexas, fazia sustentações orais no Tribunal Regional Federal da 3ª Região e redigia pareceres densos e meticulosos. Trabalhava com extremo rigor e era reconhecido como um técnico brilhante, embora distante.

Ganhava cerca de R$ 45 mil por mês e morava sozinho em um apartamento no 13º andar de um arranha-céu de luxo nos Jardins, um dos bairros mais nobres de São Paulo. De casa, tinha uma vista privilegiada da cidade. Aquela vida, marcada por prestígio e ordem, simbolizava para ele a plena ascensão profissional – o auge da carreira, o auge da juventude, o auge da vida.

Natasha Mihaliuc Dias Branco foi a primeira e única namorada séria de Matheus. Empresária cearense, tinha 26 anos quando começou a se envolver com ele, então com 35. O relacionamento teve início no começo de 2019. Ela morava em Fortaleza, mas sempre que vinha a São Paulo se hospedava no apartamento dele. Também formada em Direito, parecia representar uma tentativa de Matheus de se aproximar de um cotidiano mais afetivo. Natasha o incentivava a sair, a caminhar, a experimentar coisas novas. Por um tempo ele demonstrou alegria genuína.

Baixo, branco, de cabelos pretos e barba bem cuidada, Matheus costumava se vestir com camisas sociais até em momentos informais. Nas fotos com amigos, mantinha quase sempre a expressão contida. Nunca sorria, como se algo o impedisse de relaxar por completo, mesmo nas situações mais triviais de convivência.

Com o passar dos meses, Natasha notou mudanças. Matheus dizia estar esgotado, falava em *burnout*, em exaustão física e mental. Dormia mal, tomava remédios para ansiedade e consumia diariamente grandes quantidades de bebida alcoólica, entre destilados e fermentados, para tentar repousar. Segundo ela, o comportamento mais estranho se manifestou durante os shows do rapper Drake e do DJ Alok, no Rock in Rio, onde estiveram juntos pela última vez. Matheus parecia alheio e distante. Após o evento, no restaurante, comentou que estavam sendo observados. No dia seguinte, Natasha voltou para Fortaleza. Pouco depois, recebeu uma ligação do namorado. Ele disse que ela tinha sido a melhor coisa da vida dele, mas que a perderia em breve. Natasha interpretou como uma despedida.

Desde então, Matheus se afastou de tudo e de todos. Isaac tentou contato. "Notei nele uma tristeza mais profunda. Afastou-se ainda mais das pessoas, passou a responder menos às mensagens, a recusar convites. Dizia que estava bem, que era apenas cansaço, mas sua aparência denunciava exaustão emocional", relatou o amigo.

Nos últimos dias de setembro de 2019, Matheus caminhava pela Avenida Paulista no horário do *rush*, quando a rua fervilhava de gente. No meio da multidão, teve a nítida sensação de estar sendo seguido. Avistou uma criatura de semblante medonho e sentiu que ela o perseguia. Acelerou o passo e dobrou uma esquina, com o rival ao seu encalço. Entrou às pressas no prédio onde morava, na Rua Ministro Rocha Azevedo, e avisou ao recepcionista que alguém o seguia. "Não deixe ele entrar", ordenou.

Segundo relato do porteiro, Matheus estava com os olhos arregalados, suado, visivelmente assustado. Instantes depois, o jovem afirmou ter visto a mesma criatura entrando no edifício. Desesperado, correu até o elevador e gritou mais uma vez para o porteiro não deixar aquela coisa subir. A figura correu atrás, segurando uma faca. Quando a porta do elevador começou a fechar, Matheus viu as mãos do perseguidor tentando forçá-la. Gritou. Conseguiu apertar o botão a tempo e subiu sozinho. Trancou-se no apartamento e passou horas deitado, em pânico. Mais tarde, contou a Isaac que o rosto da figura que o perseguia lembrava o pai da namorada.

Por causa da perseguição na rua, Matheus resolveu procurar ajuda profissional. Foi atendido pelo psiquiatra Orestes Vicente Forlenza, professor da Faculdade de Medicina da USP, que identificou um quadro de ansiedade intensa, relatada por ele como consequência de problemas profissionais. O médico observou que o paciente estava visivelmente abalado, prescreveu um ansiolítico e recomendou seu afastamento do trabalho por dois dias. Em casa, o jovem tomou a medicação controlada e ingeriu uma garrafa de vinho tinto. A combinação de ansiolítico com bebida alcoólica potencializou os efeitos sedativos, provocando sonolência excessiva, confusão mental, perda de reflexos, amnésia e rebaixamento do nível de consciência – o álcool intensifica a ação do medicamento no sistema nervoso central, desencadeando quadros de desorientação e comportamento imprevisível.

Na consulta de retorno, Matheus apresentava estado ainda mais grave, com sinais de depressão psicótica e risco iminente de suicídio. Diante da perturbação mental severa, o psiquiatra recomendou internação urgente e cogitou o uso de eletroconvulsoterapia para conter a crise.

Na manhã de 3 de outubro de 2019, Matheus voltou pela terceira vez ao consultório com sinais claros de agravamento. Estava mais desorganizado, dizia ouvir vozes que o controlavam e apresentava espasmos no corpo. O psiquiatra identificou um possível transtorno de origem neurológica e levantou a hipótese de encefalite imunomediada, inflamação cerebral causada por falha no sistema imunológico, capaz de provocar delírio, alucinação e perda de contato com a realidade. Recomendou internação imediata e exames urgentes. Matheus, no entanto, não tinha ninguém por perto. Morava sozinho, sem apoio familiar ou supervisão direta. Saiu da consulta como entrou, andando desamparado pelas ruas de São Paulo, entregue a uma doença que só piorava.

Na sequência, Matheus voltou para casa tomado pelo sentimento de perseguição. Assustado, acreditando ainda estar sendo seguido por uma criatura imaginária, correu pelas calçadas da Avenida Paulista até o apartamento onde morava sozinho. Lá, ainda em surto, abriu uma gaveta da cozinha e pegou uma faca Tramontina com lâmina de 20 centímetros. Em seguida foi até o quarto, escolheu um terno azul, camisa social branca e uma gravata lilás. Guardou a arma branca no bolso interno do paletó e saiu novamente para a rua.

Quando chegou ao prédio da Justiça Federal, na Avenida Paulista, Matheus subiu ao 25º andar. Depois desceu aos poucos, passando pelo 24º, 23º, 22º e 20º. Parava, olhava painéis, voltava, subia e descia pelas escadas, circulando pelos corredores e observando os gabinetes. No 21º andar, não foi visto pelas câmeras, mas horas depois surgiu andando a esmo. Nesse intervalo, ele entrou no gabinete da desembargadora Cecília Marcondes, naquele dia sob a responsabilidade da juíza federal Louise Filgueiras. A magistrada estava sozinha, sentada à mesa, de costas para a porta, concentrada na leitura de um voto. Quando Matheus entrou, ela ouviu o barulho, virou-se e o viu fechar a porta. Pediu que ele a deixasse aberta. Sem falar nada, ele ignorou o pedido, pegou uma jarra de vidro que estava na mesa e arremessou contra ela. Na sequência, sacou a faca e avançou. A juíza gritou.

Em surto psicótico, ele enxergou na magistrada a figura de quem acreditava persegui-lo pelas ruas. Caminhou até a mesa onde ela estava, inclinou o corpo e desferiu um golpe mirando o pescoço da vítima. O braço esbarrou no espaldar da cadeira, o que impediu a lâmina de penetrar por completo. Ainda assim, o corte atingiu a lateral do pescoço, fraturando o processo transverso da vértebra C7 e provocando enfisema subcutâneo na região cervical, conforme revelaria a tomografia. Servidores do gabinete intervieram e imobilizaram Matheus até a chegada da Polícia Federal.

Após ser interrogado, ele foi mantido na carceragem da PF, onde continuou em delírio: dizia que queria matar um desembargador e que deveria ter levado uma arma de fogo e não uma faca. Declarou aos agentes que pretendia se suicidar ali mesmo. A gravidade da situação levou a Justiça a autorizar, no dia 5 de outubro, sua transferência para o Instituto de Psiquiatria do Hospital das Clínicas. Lá ele permaneceu algemado a um leito hospitalar e passou a ser medicado. Mesmo com o diagnóstico de surto psicótico, Matheus foi transferido em 24 de outubro para a Penitenciária II de Tremembé, medida considerada inadequada diante da ausência de estrutura psiquiátrica na unidade. Na chegada, permaneceu por 12 dias na cela de inclusão. Com a porta trancada, teve novo surto: afirmou que a criatura que o perseguia estava sentada diante dele e passou a gritar desesperadamente. Os policiais penais abriram a cela, mas não havia ninguém ali.

Após o período de observação, Matheus foi transferido para uma cela comum, compartilhada com outro preso. Durante a madrugada, enquanto o companheiro dormia, tentou se enforcar usando a própria calça. Foi salvo pelo colega, que conseguiu impedir a ação. Em resposta, os agentes penitenciários retiraram toda a roupa de Matheus e o reconduziram nu à cela de inclusão. A direção da unidade comunicou imediatamente à Justiça sobre as ideações suicidas do detento.

Depois de trinta dias enclausurado na Penitenciária II de Tremembé, Matheus Carneiro Assunção foi finalmente transferido, por ordem judicial, para a Clínica de Repouso Parque Julieta, uma das mais tradicionais e luxuosas instituições psiquiátricas de São Paulo. A decisão marcou o fim de um ciclo de desassistência e o início de um tratamento mais humanizado, num espaço que oferecia estrutura de hotelaria, liberdade assistida, academia, bosque, acompanhamento psiquiátrico em tempo integral e conforto físico. Matheus deixou Tremembé no dia 22 de novembro, usando tornozeleira eletrônica, e passou a receber visita dos pais, da irmã e de Isaac, o amigo de longa data.

Nos primeiros encontros, Isaac encontrou um Matheus transformado. Sentado no bosque, vestindo pijama azul, tinha olhar distante, fala arrastada e raciocínio embaralhado pelos efeitos dos medicamentos. Às vezes ele fazia uma pergunta e, poucos minutos depois, repetia a mesma indagação, como se a resposta tivesse se dissolvido no ar. A mais recorrente era sobre seu futuro: "Vou ser julgado como um assassino, né?". Isaac respondia que ele provavelmente seria considerado inimputável, ou seja, não seria submetido ao tribunal do júri, o tal do juízo final, como diziam os detentos de Tremembé. Logo depois ele voltava: "Amigo, vai ser tentativa de homicídio ou lesão corporal grave?". E Isaac respondia de novo, pacientemente, como se não tivesse acabado de explicar. Também queria saber se haveria alguma chance de recuperar a carreira na Procuradoria da Fazenda Nacional. Infelizmente não, não seria. Mas ninguém teria coragem de falar uma verdade dilacerante como aquela para uma pessoa doente. "Joguei a minha vida no lixo", concluiu Matheus, com os olhos encharcados de lágrimas. Nesse momento, o amigo também sucumbiu.

Isaac ia à clínica uma vez a cada 15 dias porque morava em Florianópolis. "Cada visita era um sofrimento porque me lembrava de como ele era festeiro, gostava da vida, bem realizado profissionalmente, estava amando. Passei a ter contato com os meus próprios medos e fragilidades. Me questionava sobre os limites da razão, sobre o que restava de um ser humano quando a saúde mental se deteriorava. Refletia se o Matheus que conhecera continuava ali, aprisionado por uma névoa psíquica, ou se havia desaparecido por completo", disse o juiz federal.

Na terceira visita de Isaac, Matheus estava bem melhor. Falava pelos cotovelos. Confidenciou ao amigo os momentos que antecederam o ataque à juíza. Contou que vinha sofrendo crises de angústia e insônia dias antes, que sentiu um calor subindo pelos braços e pelo peito, e que havia saído de casa com uma faca porque enfrentaria o pai da namorada. Disse que, ao entrar no gabinete do tribunal, viu na juíza a figura que "queria pegá-lo", mas não conseguia explicar os detalhes do ataque nem entendia o que, de fato, o havia levado àquela situação. Falava de forma desconexa, entre lapsos de memória e sentimentos de arrependimento.

No dia 3 de fevereiro de 2020, Matheus acordou cedo. Caminhou pelo bosque, alimentou passarinhos. Tomou café da manhã e percorreu os corredores gelados da clínica. Voltou ao quarto, leu um livro e adormeceu. Passou a tarde inteira na cama. No jantar, comeu arroz integral, peito de frango grelhado e purê de batata-doce. Às 22h, uma enfermeira entrou no quarto e lhe entregou o medicamento da noite. Assim que ela saiu, Matheus se levantou. Tentou remover a tornozeleira eletrônica, mas não conseguiu. Pegou papel e caneta e redigiu uma carta. O texto era comovente e preciso. Português impecável. Em cada linha, transpareciam a dor de uma mente dilacerada e a delicadeza de quem ainda enxergava beleza na existência.

> *É difícil dizer adeus. Tive uma vida bem-vivida e, por um breve instante de insanidade, coloquei tudo a perder. O fardo dos destroços se tornou demasiadamente pesado para suportar. Faz-se a hora de partir. No correr do tempo, pude amar e ser amado; adquiri e transmiti conhecimento; apreciei a plenitude do universo em noites estreladas; vi o espetáculo do sol raiar e se pôr em variadas paisagens; tive bons amigos, uma família sempre apoiadora e uma carreira profissional na*

qual me realizei. Isto me basta. A vida é breve e precisa ser aproveitada da melhor forma, em cada singelo momento.

A escolha de antecipar o fim, embora trágica e sofrida, foi por mim tomada como o desfecho de um roteiro no qual vivi intensas emoções, entre alegrias e tristezas. No balanço dos dias, fui feliz. Tive solidariedade nos momentos difíceis, suporte familiar incondicional e um relacionamento amoroso com o qual muito aprendi nos últimos meses.

À família, uni-vos em paz e harmonia. Desejo ser cremado e ter as cinzas lançadas em algum lugar belo por onde andei. Obrigado por tudo. Espero que um dia me entendam. Aos amigos, grato imensamente por todos os momentos juntos. Por fim, minhas desculpas a quem feri.

Mas opto por despedir-me. Minhas sinceras desculpas a quem esperava de mim resistência maior. E obrigado a todos que me deram amparo nesses dias nebulosos. A trajetória foi curta, porém bela. Saio da vida com a certeza de ter construído pontes de amor que hão de permanecer em memória. Do corpo, sobram as cinzas; da vida, uma estória; do amor, uma lição.

Ato contínuo, Matheus, com 35 anos, arrastou a mesa do quarto até a porta e a usou como trava. Puxou o lençol da cama e o torceu até transformá-lo em uma corda. Amarrou uma ponta na viga de sustentação da cortina e a outra ao redor do próprio pescoço. Enforcou-se em silêncio, na calada da noite, com o rosto voltado para a janela, mirando o horizonte.

Fernando Sastre, de 24 anos, tinha uma vida inteira pela frente. Rico e com um futuro promissor, deu um giro completo no destino ao decidir beber e dirigir, causando um acidente que mudaria para sempre a trajetória de duas famílias

Depois de sair bêbado da balada, Fernando assumiu o volante do Porsche do pai. Sua namorada, Giovanna, tentou impedi-lo de dirigir, mas ele resistiu e saiu dirigindo mesmo assim.

Fernando dirigia pela Avenida Salim Farah Maluf às 2h30 quando, de repente, acelerou até atingir 136 km por hora.

O carro de luxo colidiu violentamente com o Sandero conduzido por Ornaldo da Silva Viana, de 55 anos.

No instante do choque, um clarão cortou a noite. Ornaldo sofreu traumatismo craniano, politraumatismos e morreu no mesmo dia.

Naquele dia, Ornaldo havia saído para trabalhar às 5 da tarde. Passou no posto de gasolina, abasteceu o carro e varou a madrugada percorrendo a cidade, levando passageiros de um lado a outro.

Sua esposa, Francilene, de 50 anos, teve um pressentimento. No último dia em que viu o marido, estranhou o cuidado com que ele se arrumou. Pegou emprestada uma camiseta do filho mais velho, vestiu uma calça jeans, um sapato social e passou perfume. “Ele nunca tinha se arrumado tanto para trabalhar. Encarei aquilo como uma despedida, porque ele subiu e desceu três vezes a escada de casa.”

Um gráfico mostra exatamente como foi a dinâmica da batida que matou o motorista de aplicativo. A violência do impacto equivalia a uma massa de uma tonelada em movimento.

Nas duas fotos, o retrato do estrago. Ambos os carros tiveram perda total e nenhum deles estava no seguro.

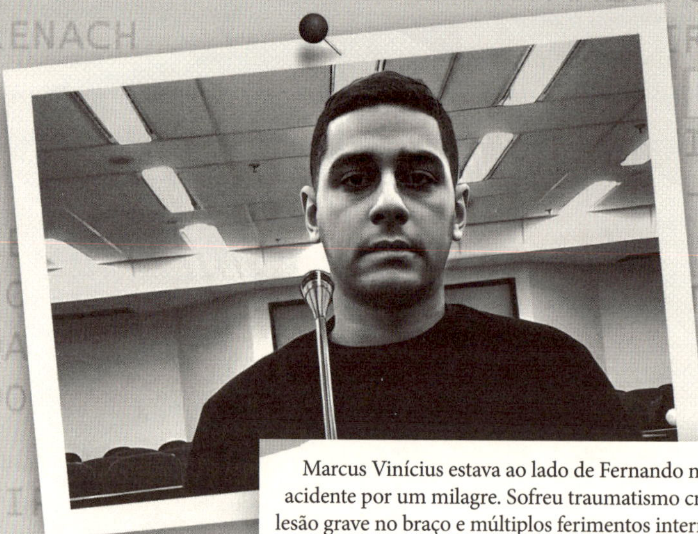

Marcus Vinícius estava ao lado de Fernando no Porsche e sobreviveu ao acidente por um milagre. Sofreu traumatismo craniano, fratura nas costelas, lesão grave no braço e múltiplos ferimentos internos. Em audiência na Justiça, revelou que o amigo havia bebido antes de assumir o volante.

Amiga de Fernando, Juliana não conteve as lágrimas durante a audiência na Justiça. Também confirmou que ele havia bebido. Entre lágrimas, disse que decidiu falar a verdade em respeito à memória de Ornaldo.

A namorada de Fernando, Giovanna, tentou livrá-lo dizendo que ele havia bebido apenas água. Mas entrou em contradição durante o depoimento. Fiel escudeira, faz visitas ao namorado todo fim de semana em Tremembé. Ele tem direito a visitas íntimas.

Daniela Sastre, mãe de Fernando, disse que o que aconteceu foi obra do acaso. No momento certo, pretende procurar a família de Ornaldo e pedir perdão. "O meu filho não é um assassino. O que aconteceu foi um acidente." Ela responde por fraude processual por ter retirado o filho do local do acidente para impedir que ele fizesse o teste do bafômetro.

A família de Ornaldo – Luam, Nayara, Francilene e Lucas – espera pelo desfecho do caso, já que, até agosto de 2025, Fernando ainda não havia sido submetido ao Tribunal do Júri. Francilene disse que entende a dor de Daniela, mas não aceita seu perdão. "Se um filho meu errar, ele vai assumir a responsabilidade e pagar pelo que fez."

Eloá Pimentel, de 15 anos, foi submetida a 100 horas de cárcere privado em 2008, em Santo André (SP), sequestrada pelo ex-namorado Lindemberg Alves, que não aceitava o fim do relacionamento. A jovem foi assassinada com um tiro na cabeça e outro na virilha. Um dos casos criminais mais emblemáticos e perturbadores do Brasil.

Melhor amiga de Eloá, Nayara, de 15 anos, também foi mantida em cárcere privado durante o sequestro. Lindemberg chegou a libertá-la para ficar a sós com a ex-namorada. Mas, por falha da polícia, ela foi enviada de volta ao cativeiro para negociar com o sequestrador. Acabou feita refém novamente e levou um tiro no rosto, mas sobreviveu.

A polícia invadiu o cativeiro de forma atabalhoada, provocando a reação de Lindemberg, que disparou quatro vezes dentro do apartamento. Ele foi condenado a 39 anos de prisão e cumpre pena em Tremembé, onde vive com medo de ser assassinado, já que o pai de Eloá é miliciano.

O procurador da Fazenda Nacional, Matheus Carneiro Assunção, foi um estudante brilhante. Graduou-se em Direito e passou em um dos concursos públicos mais disputados do país. Aos 35 anos teve um surto psicótico, invadiu um tribunal da Justiça Federal em São Paulo e esfaqueou a juíza Louise Filgueiras.

Baladeiro, Matheus saía frequentemente com seu melhor amigo, o juiz federal Isaac Batista Neto. Viajavam juntos, curtiam a vida. Mas não suportou as consequências do que fez e acabou tirando a própria vida. Seus últimos momentos foram acompanhados de perto por Isaac. "Saio da vida com a clareza de ter construído pontes de amor", disse Matheus em suas últimas palavras.